Contraste insuffisant

NF Z 43-120-14

18
lock — masc.

RÉPERTOIRE

DE LA

LITTÉRATURE

ANCIENNE ET MODERNE.

IMPRIMERIE DE E. POCHARD,
RUE DU POT-DE-FER, N° 14, A PARIS.

RÉPERTOIRE

DE LA

LITTÉRATURE

ANCIENNE ET MODERNE,

CONTENANT :

1° LE LYCÉE DE LA HARPE, LES ÉLÉMENTS DE LITTÉRATURE DE MARMONTEL, UN CHOIX D'ARTICLES LITTÉRAIRES DE ROLLIN, VOLTAIRE, BATTEUX, etc. ;

2° DES NOTICES BIOGRAPHIQUES SUR LES PRINCIPAUX AUTEURS ANCIENS ET MODERNES, AVEC DES JUGEMENTS PAR NOS MEILLEURS CRITIQUES, TELS QUE :

D'*Alembert*, *Batteux*, *Bernardin de Saint-Pierre*, *Blair*, *Boileau*, *Chénier*, *Delille*, *Diderot*, *Dussault*, *Fénelon*, *Fontanes*, *Ginguené*, *La Bruyère*, *La Fontaine*, *Marmontel*, *Maury*, *Montaigne*, *Montesquieu*, *Palissot*, *Rollin*, *J.-B. Rousseau*, *J.-J. Rousseau*, *Thomas*, *Vauvenargues*, *Voltaire*, etc.;

Et MM. *Amar*, *Andrieux*, *Auger*, *Burnouf*, *Buttura*, *Chateaubriand*, *Duviquet*, *Feletz*, *Gaillard*, *Le Clerc*, *Lemercier*, *Patin*, *Villemain*, etc.

3° DES MORCEAUX CHOISIS AVEC DES NOTES.

TOME DIX-HUITIÈME.

A PARIS,

CHEZ CASTEL DE COURVAL, LIBRAIRE-ÉDITEUR,

RUE DE RICHELIEU, N° 87 ;

Et BOULLAND ET Cⁱᵉ, PALAIS ROYAL, GALERIES DE BOIS, N° 254.

M DCCC XXV.

RÉPERTOIRE

DE LA

LITTÉRATURE

ANCIENNE ET MODERNE.

LOCKE, (JEAN) naquit à Wrington, près de Bristol, en 1632, d'un père capitaine dans l'armée que le parlement leva contre Charles Ier. Après avoir fait les études ordinaires, il se dégoûta des universités et s'enferma dans son cabinet pour lire et pour penser. Il s'attacha pendant quelque temps à la médecine; mais la faiblesse de sa santé ne lui permit pas de l'exercer. Après deux voyages, l'un en Allemagne et l'autre en France, il se chargea de l'éducation du fils de milord Ashley, depuis comte de Shaftesbury. Ce lord, devenu grand-chancelier d'Angleterre, lui donna la place de secrétaire de la présentation des bénéfices; mais son protecteur ayant été disgracié en 1673, le philosophe perdit cette place. La crainte de tomber dans la phthisie l'obligea d'aller à Montpellier en 1675, d'où il passa à Paris et de là en Hollande. Ce fut là qu'il acheva son *Essai sur l'Entendement humain* : ouvrage qui a fait beaucoup de bruit. Il aurait été à souhaiter que l'auteur n'eût pas toujours consulté la physique dans une matière que son flambeau ne peut éclairer. En voulant développer la raison humaine, comme un anatomiste explique les ressorts du corps humain, il a fait presque une machine de l'être spirituel qui l'anime. Son idée, que *Dieu par sa toute-puissance pourrait rendre la matière pensante*, a paru, avec raison, d'une dangereuse conséquence, ainsi qu'elle est en elle-même fausse et contraire à toutes les lumières d'une saine métaphysique. Il n'est pas vrai cependant, comme quelques écrivains plus zélés qu'intelligents l'ont avancé, que cette erreur de Locke renverse le dogme de l'immortalité de l'âme; car il faudrait pour cela prouver qu'une matière capable d'intelligence n'est pas capable de l'immortalité, et qu'il est plus impossible de concevoir une matière immortelle qu'une matière pensante. La pensée est aussi excellente que l'immortalité; si la matière est élevée jusqu'à l'une, pourquoi n'atteindrait-elle pas l'autre? Il y a plus; les éléments de la matière sont réellement indestructibles, à raison de leur simplicité (ou exemption de mélange) et de leur incorruptibilité; pourquoi notre âme n'aurait-elle pas, supposé quelle fût de même nature, la même propriété ? C'est ce qui a fait dire à un homme de génie : « Il n'y a qu'un intérêt secret et « honteux, contraire à l'amour naturel que nous « avons pour l'existence qui puisse nous faire ex-« cepter notre âme du sort éternel des matières « brutes et inanimées. » Non, la spiritualité de l'âme n'est pas la seule preuve de son immortalité. 1° La religion chrétienne est un fait établi par des preuves victorieuses ; cette religion m'enseigne que je suis immortel : il faut la convaincre de fausseté avant de corriger ma croyance. 2° L'existence de Dieu est une vérité à laquelle un homme sensé ne peut se refuser : et cette vérité est évidemment liée avec l'immortalité de nos âmes. L'univers est un fait qui suppose une cause, et nous déduisons du fait l'existence et les attributs de la cause ; or, parmi ces attributs, il y en a qui supposent évidemment la conservation de l'âme humaine, quelle qu'elle soit de sa nature. 3° La distinction du vice et de la vertu n'est pas une chose arbitraire, mais née avec les hommes, gravée dans leur âme avec des caractères ineffaçables ; et cette distinction serait abolie si l'âme de l'homme n'échappait pas à la ruine du corps.... Du reste l'ouvrage de Locke est estimable pour la clarté, la méthode et l'esprit d'analyse qui le caractérisent. M. Tabaraud, dans son *Histoire du philosophisme anglais*, présente un examen sévère, mais bien fait, de la philosophie de Locke. Nous avons aussi en français, par Martin Roche, un *Traité de la nature de l'âme et de l'origine de ses connaissances, contre le systéme de Locke*, 2 vol., 1759. Il n'y avait pas un an que Locke était sorti d'Angleterre, lorsqu'on l'accusa d'avoir fait imprimer en Hollande des libelles contre le gouvernement anglais. Cette affaire lui fit perdre sa place dans le collège du Christ à Oxfort. Le philosophe Locke avait du goût pour les conspirations ; il se trouva impliqué dans l'affaire du duc de Montmouth, et s'enfuit en Hollande : nouvelle preuve que ces philosophes qui se disent des gens si paisibles et si pacifiques, sont toujours prêts à profiter des troubles de l'état. Jacques II le fit demander aux états-généraux, et Locke fut obligé de se cacher jusqu'à ce que le monarque anglais fut détrôné par le prince d'Orange, son gendre. Il retourna alors dans sa patrie sur la flotte qui y conduisit la princesse depuis reine d'Angleterre, et devint commis du commerce et des colonies anglaises ; place qu'il remplit jusqu'en 1700. Il s'en démit, parce que l'air de Londres lui était absolument contraire, et se retira à dix lieues de cette ville, chez le chevalier Marsham, son ami. Il passa le reste de ses jours, partageant son temps entre la prière et l'étude de l'Écriture sainte : occupation bien remarquable dans un homme qui avait essayé d'attribuer la pensée à la matière. Il mourut en philosophe chrétien, le 28 octobre 1704, âgé de soixante-douze ans.

Il nous reste de lui un grand nombre d'ouvrages en anglais, dans lesquels on voit briller l'esprit géométrique, quoique l'auteur n'eût jamais pu se soumettre à la fatigue des calculs, ni à la sécheresse des vérités mathématiques. Ils ont été recueillis en 3 vol. in-fol., 1714, et 4 vol. in-4°, 1748. Les principaux sont : 1° *Essai philosophique concernant l'Entendement humain*, dont la meilleure édition en anglais est celle de 1700, in-folio. Il a été traduit en français par Coste, sous les yeux de l'auteur,

1700, in-4°, réimprimé en 4 vol. in-12. Cette version a été abrégée en 1 vol. in-12. 2° Un traité intitulé : *Du gouvernement civil*, en anglais, qui a été assez mal traduit en français, in-12, 1724; il y en a une édition de 1780. Le philosophe y combat fortement le pouvoir arbitraire, et semble même ébranler les principes de tout gouvernement monarchique. 3° Trois *Lettres sur la Tolérance en matière de religion*. 4° Quelques *Écrits* sur la monnaie et le commerce. 5° *De l'Éducation des enfants*. Ce livre estimable à beaucoup d'égards, mais dont plusieurs endroits ont été critiqués avec raison, a été traduit en français, en allemand, en hollandais et en flamand. 6° Un traité intitulé : *Le Christianisme raisonnable*, traduit aussi en français, et imprimé en 1715 en 2 vol. in-12. Quelques propositions de ce livre, prises à la rigueur, pourraient le faire soupçonner de socinianisme. Il y soutient que J.-C. et les apôtres n'annonçaient d'autre article de foi, que de croire que J.-C était le messie. Il s'excusa ou tâcha de se justifier dans des lettres au docteur Stillengfleet. M. Coste a traduit *la défense de Locke*, et l'a ajoutée à celle du *Christianisme raisonnable*. Il y a du reste dans cet ouvrage d'excellentes choses et de solides réfutations du philosophisme : on y trouve même des observations sur la convenance et la nécessité de l'autorité suprême du chef de l'église, qui seules suffisent pour confondre les richéristes, les jansénistes et les fébroniens. 7° Des *Paraphrases sur quelques Épîtres de saint Paul*. 8° Des *Œuvres diverses*, 1710, en 2 vol. in-12. On y trouve une

Méthode très commode pour dresser des recueils : plusieurs savants l'ont suivie. 9° Des *Œuvres posthumes*. Elles renferment des morceaux sur divers sujets de philosophie.

Locke avait une grande connaissance des mœurs du monde et des arts. Il avait coutume de dire que « la connaissance des arts mécaniques ren-« ferme plus de vraie philosophie que tous les sys-« tèmes, les hypothèses et les spéculations des phi-« losophes. » Jugement qui lui fait honneur et qui est d'une vérité aussi sensible qu'intéressante. Son style n'a ni la force de celui de La Bruyère, ni le coloris de celui de Malebranche ; mais il a beaucoup de justesse, de clarté et de netteté. Sa conversation était enjouée. Il savait plusieurs contes agréables, qu'il rendait encore plus piquants par la manière dont il les racontait. Son humeur était portée à la colère, mais ses accès n'étaient que passagers, et il était le premier à reconnaître ses torts [*].

Dictionnaire historique de Feller.

LONGEPIERRE (BERNARD DE REQUELEYNE, baron DE), né à Dijon le 18 octobre 1659, s'attacha de bonne heure à l'étude des langues anciennes, et vint ensuite à Paris où son mérite lui procura plusieurs emplois avantageux. D'abord précepteur du comte de Toulouse et du duc de

---

[*] Voyez le jument de La Harpe sur Condillac ; il y est souvent mention de Locke.   F.

Chartres, depuis régent, il devint secrétaire des commandements et gentilhomme de ce prince, après avoir rempli la première de ces places chez le duc de Berri.

Très jeune encore, Longepierre publia des traductions en vers français d'Anacréon, de Sapho, de Théocrite, de Bion et de Moschus; mais elles prouvèrent qu'il avait plus d'amour pour les anciens que de talent pour imiter leurs beautés, et elles lui attirèrent une épigramme de J.-B. Rousseau.

Cependant les notes qui accompagnent les traductions de Longepierre prouvent qu'il comprenait et sentait bien ses auteurs, et son *Discours sur les anciens*, qu'il publia en 1687, en offre une nouvelle preuve.

Après avoir traduit les bucoliques grecs, il voulut composer lui-même en ce genre, et donna en 1690 un *Recueil d'Idylles* qui eut moins de succès encore que ses traductions. Il passa ensuite au genre dramatique et donna au théâtre *Médée*, *Sésostris* et *Électre* : *Médée*, qui parut en 1694, y est seule restée. *Sésostris* tomba dès la première représentation. *Électre*, représentée d'abord à Versailles à l'hôtel de Conti, et dix-sept ans après à Paris, à l'invitation du régent, eut six représentations et n'a point été reprise.

« Longepierre, dit Voltaire, imita les poètes
« grecs dans ses tragédies, en ne mêlant point
« l'amour à ses sujets sévères et terribles ; mais
« aussi il les imita dans la prolixité des lieux com-
« muns, et dans le vide d'action et d'intrigue, et

« ne les égala point dans la beauté de l'élocution, « qui fait le grand mérite des poètes. »

Longepierre mourut à Paris le 31 mars 1721, ayant joui d'une assez grande fortune, et d'une plus grande considération personnelle encore.

JUGEMENT.

Sa tragédie de *Médée* a fait oublier celle de Corneille, à l'exception du fameux *moi*, que l'on n'oubliera jamais, et de plusieurs vers dignes d'accompagner ce trait sublime : mais lorsqu'il fit sa *Médée*, Corneille n'en était qu'à son aurore.

Voltaire a profité dans son *Oreste* de *l'Électre* de Longepierre, ou plutôt, ayant puisé dans la même source que lui, c'est-à-dire dans Sophocle, il n'est pas surprenant qu'il y ait quelque ressemblance, non dans le style, mais dans le plan des deux pièces. Longepierre avait le mérite rare de bien connaître les anciens, mais il sentait mieux leurs beautés qu'il ne savait les rendre. On peut en juger par ses traductions d'Anacréon, de Sapho, de Théocrite, de Moschus, de Bion, écrites en vers durs et faibles, souvent même ridicules.

PALISSOT, *Mémoires sur la Littérature.*

MORCEAUX CHOISIS.

I. Désespoir de Médée.

Où suis-je, malheureuse ? où porté-je mes pas ?
Qu'ai-je vu ? qu'ai-je ouï ? je ne me connais pas.

Furieuse, je cours, et doute si je veille.
Quel bruit, quels chants d'hymen ont frappé mon oreille?
Corinthe retentit de cris et de concerts;
Ses autels sont parés, ses temples sont ouverts;
Tout à l'envi prépare une odieuse pompe,
Tout vante ma rivale, et l'ingrat qui me trompe.
Jason, honteusement me chasse de son lit!
Jason, il est donc vrai, jusque-là me trahit!
Il m'ôte tout espoir! épouse infortunée!
Que dis-je épouse? hélas! pour nous plus d'hyménée!
L'ingrat en rompt les nœuds... dieux justes, dieux vengeurs,
De la foi conjugale augustes protecteurs,
Garants de ses serments, témoins de ses parjures,
Punissez son forfait, et vengez nos injures!
Toi sur-tout, ô soleil! j'implore ton secours!
Toi qui donnas naissance à l'auteur de mes jours;
Tu vois, du haut des cieux, l'affront qu'on me destine,
Et Corinthe jouit de ta clarté divine!
Retourne sur tes pas, et dans l'obscurité
Plonge tout l'univers privé de ta clarté;
Ou plutôt donne-moi tes chevaux à conduire.
En poudre dans ces lieux je saurai tout réduire;
Je tomberai sur l'isthme avec ton char brûlant;
J'abîmerai Corinthe et son peuple insolent;
J'écraserai ses rois, et ma fureur barbare
Unira les deux mers que Corinthe sépare....
Mais où vont mes transports? est-ce donc dans les cieux
Que j'espère trouver du secours et des dieux?
Déités de Médée, affreuses Euménides,
Venez laver ma honte et me servir de guides;
Armons-nous; de notre art déployons la noirceur;
Que toute pitié meure et s'éteigne en mon cœur.
Que de sang altéré, que de meurtres avide,

A l'isthme il fasse voir ce qu'a vu la Colchide.
Que dis-je ! de bien loin surpassons ces forfaits,
De ma tendre jeunesse ils furent les essais.
J'étais et faible et simple, et de plus innocente ;
L'amour seul animait ma main encor tremblante.
La haine avec l'amour, le courroux, la douleur,
M'embrasent à présent d'une juste fureur.
Que n'enfantera point cette fureur barbare ?
Le crime nous unit, il faut qu'il nous sépare.
Médée, act. II, sc. 1.

II. Médée évoque les Furies et les Divinités infernales.

Ministres rigoureux de mon courroux fatal,
Redoutables tyrans de l'empire infernal,
Dieux, ô terribles dieux du trépas et des ombres ;
Et vous, peuple cruel de ces royaumes sombres,
Noirs enfants de la nuit, Mânes infortunés,
Criminels sans relâche à souffrir condamnés,
Barbare Tisiphone, implacable Mégère ;
Nuit, Discorde, Fureur, Parques, Monstres, Cerbère,
Reconnaissez ma voix, et servez mon courroux !
Dieux cruels ! dieux vengeurs ! je vous évoque tous.
Venez semer ici l'horreur et les alarmes ;
Venez remplir ces lieux et de sang et de larmes.
Rassemblez, déchaînez tous vos tourments divers ;
Et, s'il se peut, ici transportez les enfers....
On m'exauce : le ciel se couvre de ténèbres,
L'air retentit au loin de hurlements funèbres.
Tout redouble en ces lieux le silence et l'horreur ;
Tout répand dans mon âme une affreuse terreur.
Ce palais va tomber, la terre mugit, s'ouvre :
Son sein vomit des feux, et l'enfer se découvre.
Quel est ce criminel qui cherche à se cacher ?

LONGEPIERRE.

Je reconnais Sisyphe à ce fatal rocher.
Témoin des maux cruels qu'on prépare à sa race,
Il se cache de honte, et pleure sa disgrace;
Son désespoir commence à soulager le mien.
Le crime de ta race est plus noir que le tien,
Audacieux Sisyphe, et le Roi du Tartare
Ne saurait vous trouver de peine assez barbare.

Mais quels fantômes vains sortent de toutes parts?
Que de spectres affreux s'offrent à mes regards!
Quelle ombre vient à moi? que vois-je? c'est mon père.
Quel coup a pu sitôt lui ravir la lumière?
Chère ombre, apprends-le-moi. Ma fuite et ma fureur,
Hélas, t'ont fait sans doute expirer de douleur :
Tends-moi les bras du moins... Mais quelle ombre sanglante
Se jette entre nous deux, terrible et menaçante?
De blessures, de sang, couvert, défiguré,
Ce spectre furieux paraît tout déchiré.
C'est mon frère; oui, c'est lui, je le connais à peine.
Ah! pardonne, chère ombre, à ma rage inhumaine;
Pardonne, l'amour seul a causé ma fureur :
Il fut ton assassin, il sera ton vengeur,
Et saura t'immoler de si grandes victimes,
Qu'il obtiendra de toi le pardon de ses crimes.
Le sang..... tout disparaît; tout fuit devant mes yeux;
Tisiphone avec moi reste seule en ces lieux.....
Noire fille du Styx, furie impitoyable,
Ah! cesse d'attiser mon courroux effroyable;
Calme de tes serpents les affreux sifflements;
Tu ne peux ajouter à mes ressentiments;
Ne songe qu'à servir une fureur si grande :
Hécate le désire, et je te le commande.
Nuit, Styx, Hécate, Enfers, terribles Déités;

J'ordonne. Obéissez, sourdes Divinités !
Le charme a réussi, poursuivons ma vengeance.
Ibid. Act. IV, sc. 2.

LONGIN, auteur grec, nommé par les anciens Cassius Longinus et Longinus Cassius, eut une grande réputation dans le troisième siècle par son éloquence et par sa philosophie.

Ce fut lui qui apprit le grec à Zénobie, femme d'Odenat et reine de Palmyre. Il devint premier ministre de cette princesse, l'aida de ses conseils dans la lutte glorieuse qu'elle soutint contre les armées d'Aurélien, et lui dicta la réponse noble et fière qu'elle fit à cet empereur quand il la pressait de se rendre.

Longin paya ensuite de sa vie le zèle qu'il avait montré en cette occasion. Aurélien, après de longs efforts, s'étant rendu maître de Palmyre, Zénobie, pour se concilier la clémence du vainqueur, accusa ses serviteurs les plus fidèles, et particulièrement Longin de la résistance qu'elle avait opposée aux armes romaines, et l'empereur souilla sa victoire en ordonnant le supplice du ministre courageux qu'il aurait dû admirer.

Longin ne démentit point à ses derniers moments la grandeur d'âme qu'il avait montrée durant sa vie. Il mourut en 273, au milieu des plus cruels tourments, sans avoir articulé une seule plainte, et consolant même ceux qui pleuraient autour de lui.

Cet homme illustre avait un goût délicat et une érudition profonde. On disait de lui qu'il était une *bibliothèque vivante.* Il avait composé en grec des *Remarques critiques* sur tous les anciens auteurs. Cet ouvrage n'existe plus, ainsi que plusieurs autres productions de philosophie et de littérature, dont il ne nous reste que le *Traité du Sublime*; « chef-d'œuvre de bon sens, d'érudition et d'élo-« quence », selon l'expression de Boileau, qui en a donné une traduction avec des notes. « Longin, dit-« il, ne s'est pas contenté de nous donner des pré-« ceptes tout secs et dépouillés d'ornements. En « traitant des beautés de l'élocution, il a employé « toutes les finesses de l'élocution, et en parlant « du sublime, il est lui-même très sublime.... Ca-« saubon appelle ce livre un livre d'or. »

Les meilleures éditions de ce livre précieux sont celles de Tollius, 1694; de Pearce, 1724; de Morus, 1769; de Toup, 1778, avec d'excellentes notes de Ruhnkenius; enfin celle de Weiske, Leipzig, 1809.

JUGEMENTS.

I.

Le *Traité du Sublime* de Longin surpasse à mon gré *La Rhétorique* d'Aristote. Cette rhétorique, quoique très belle, a beaucoup de préceptes secs et plus curieux qu'utiles dans la pratique; ainsi elle sert bien plus à faire remarquer les règles de l'art à ceux qui sont déjà éloquents, qu'à inspirer l'éloquence et à former de vrais orateurs; mais le *Sublime* de Longin joint aux préceptes beaucoup d'exemples qui les rendent sensibles. Cet auteur traite le sublime d'une manière sublime, comme le traducteur (Boileau) l'a remarqué; il échauffe l'imagination, il élève l'esprit du lecteur, il lui forme le goût et lui apprend à distinguer judicieusement le bien et le mal dans les orateurs célèbres de l'antiquité.

Fénelon, *IIIe Dialogue sur l'Éloquence.*

II.

Si quelque chose semble se refuser à toute analyse, et même à toute définition, c'est sans doute le sublime. En effet, comment définir ce qui ne peut jamais être préparé par le poëte ou l'orateur, ni prévu par ceux qui lisent ou qui écoutent, ce qu'on ne produit que par une espèce de transport, ce qu'on ne sent qu'avec enthousiasme, enfin ce qui met également hors d'eux-mêmes, et l'artiste qui compose, et la multitude qui admire? Comment rendre compte d'une impression qui est à la fois la plus vive et la plus rapide de toutes? Et quelle explication n'est pas aussi froide qu'insuffisante, lorsqu'il s'agit de développer aux hommes ce qui a si fortement ébranlé toutes les puissances de leur âme? Qui ne sait que, dans tous les sentiments extrêmes, il y a quelque chose au-dessus de toute expression, et que, quand notre âme est émue à un certain degré, c'est pour elle une espèce de tourment de ne plus trouver de langage? S'il est reconnu que la faculté de sentir s'étend fort loin au delà de celle d'exprimer, cette vérité est sur-tout applicable au sublime, qui émeut en nous tout ce qu'il est possible d'émouvoir, et nous donne le plus grand plaisir que nous puissions éprouver, c'est-à-dire la jouissance intime de tout ce que la nature a mis en nous de sensibilité.

Lorsque nous venons d'entendre une belle scène, un beau discours, un beau morceau de poésie, si quelqu'un venait nous demander pourquoi cela nous a fait plaisir, pourquoi nous avons applaudi, chacun de nous suivant ses connaissances, pourrait rendre compte de son jugement, et louer plus ou moins dans l'ouvrage l'ensemble ou les détails, les pensées, la diction, l'harmonie, enfin tout ce que l'art enseigne à bien connaître, et le goût à bien apprécier. Mais, lorsque le vieil Horace a prononcé le fameux *qu'il mourût*, lorsqu'à ce mot les spectateurs ont jeté tous ensemble le même cri d'admiration, si quelqu'un venait leur demander pourquoi ils trouvent cela si beau, qui est-ce qui voudrait répondre à cette étrange question? Et que pourrait-on répondre, si ce n'est : Cela est beau, parce que nous sommes transportés; cela est beau, parce que nous sommes hors de nous-mêmes. Quand le grand Scipion, accusé par les tribuns, parut dans l'assemblée du peuple, et que pour toute défense, il dit : « Romains! il y a vingt ans qu'à pareil jour je vain-« quis Annibal et soumis Carthage. Allons au capi-« tole en rendre graces aux dieux », un cri général s'éleva, et tout le monde le suivit. C'est que Scipion avait été sublime, et qu'il a été donné au sublime de subjuguer tous les hommes.

Le sublime dont je parle ici est nécessairement

rare et instantané; car rien de ce qui est extrême ne peut être commun ni durable. C'est un mot, un trait, un mouvement, un geste, et son effet est celui de l'éclair ou de la foudre. Il est tellement indépendant de l'art, qu'il peut se rencontrer dans des personnes qui n'ont aucune idée de l'art. Quiconque est fortement passionné, quiconque a l'âme élevée, peut trouver un mot sublime. On en connaît des exemples. C'est une femme d'une condition commune, qui répondit à un prêtre, à propos du sacrifice d'Isaac, ordonné à son père Abraham : *Dieu n'aurait jamais ordonné ce sacrifice à une mère.*

Ce mot est le sublime du sentiment maternel. Il y a plus : le sublime peut se rencontrer même dans le silence. Ce fameux ligueur, Bussi Leclerc, se présente au parlement, suivi de ses satellites. Il ordonne aux magistrats de rendre un arrêt contre les droits de la maison de Bourbon, ou de le suivre à la Bastille. Personne ne lui répond, et tous se lèvent pour le suivre. Voilà le sublime de la vertu. Pourquoi? C'est que nulle réponse ne pouvait en dire autant que ce silence; car, sans prétendre définir exactement le sublime (ce que je crois impossible), s'il y a un caractère distinctif auquel on puisse le reconnaître, c'est que le sublime, soit de pensée, soit de sentiment, soit d'image, est tel en lui-même, que l'imagination, l'esprit, l'âme, ne conçoivent rien au delà. Appliquez ce principe à tous les exemples, et il se trouvera vrai. Ce qui est beau, ce qui est grand, ce qui est fort, admet le plus ou le moins :

il n'y en a pas dans le sublime. Essayez d'imaginer quelque chose que Scipion eût pu dire au lieu de ce qu'il a dit; substituez quelque discours que ce soit au silence des magistrats, et toujours vous resterez au-dessous. Mettez-vous dans la situation du vieil Horace, et cherchez ce que peut imaginer le sentiment le plus exalté du patriotisme et de l'honneur, et vous ne concevrez rien au-dessus du *qu'il mourût*. Rappelez-vous une autre situation, celle d'Ajax qui, dans le moment où les Grecs plient devant les Troyens que Jupiter protège, se trouve enveloppé d'une obscurité affreuse, qui ne lui permet pas même de combattre, et cherchez ce que l'audace orgueilleuse d'un guerrier au désespoir peut lui suggérer de plus fort; l'imagination même, qui est si vaste, ne vous fournira rien au-dessus de ce vers si souvent cité :

Grand Dieu! rends-nous le jour, et combats contre nous*.

Observons, en passant, que c'est La Motte qui a resserré ainsi en un seul vers les trois vers de *l'Iliade*, que Boileau a traduits plus littéralement par ces deux-ci :

Grand Dieu, chasse la nuit qui nous couvre les yeux,
Et combats contre nous à la clarté des cieux.

J'ai parlé de ces mouvements produits par un instinct sublime. En voici un exemple singulier, arrivé dans le dernier siècle. Un lion s'était échappé de la ménagerie du grand-duc de Florence, et courait

* Le grec dit : « Et fais-nous périr même, si tu veux, pourvu que ce soit au grand jour. »

dans les rues de la ville. L'épouvante se répand de tous côtés, tout fuit devant lui. Une femme qui emportait son enfant dans ses bras le laisse tomber en courant. Le lion le prend dans sa gueule. La mère éperdue se jette à genoux devant l'animal terrible, et lui demande son enfant avec des cris déchirants. Il n'y a personne qui ne sente que cette action extraordinaire, qui est le dernier degré de l'égarement et du désespoir; cet oubli de la raison, si supérieur à la raison même; cet instinct d'une grande douleur qui ne se persuade pas que rien puisse être inflexible, est véritablement ce que nous appelons ici le sublime. Mais ce qui suit est susceptible de plus d'une explication. Le lion s'arrête, la regarde fixement, remet l'enfant à terre sans lui avoir fait aucun mal, et s'éloigne. Le malheur et le désespoir ont-ils donc une expression qui se fait entendre même aux bêtes farouches? On les connaît capables de sentiments qui tiennent à l'habitude, et l'on cite beaucoup de traits de leur attachement et de leur reconnaissance. Mais ici cette mère, pour arrêter la dent de l'animal féroce, n'avait qu'un moment et qu'un cri. Il fallait qu'il entendît ce qu'elle demandait, et qu'il fût touché de sa prière; et il l'entendit, et il en fut touché! Comment? C'est ce qui peut fournir plusieurs réflexions sur la correspondance naturelle entre tous les êtres animés, mais qui ne sont pas de mon sujet. J'y reviens.

Sur tout ce que j'ai dit du sublime, la première question qui se présente est celle-ci : puisqu'il ne peut être ni défini ni analysé, qu'est-ce donc qu'a fait Longin dans son *Traité du Sublime*? C'est qu'il n'a pas voulu traiter de celui-là, mais de ce que les rhéteurs appellent le style sublime, par opposition au style simple et au style tempéré, qui tient le milieu entre les deux; le style qui convient aux grands sujets, aux sujets élevés, à la poésie épique, dramatique, lyrique; à l'éloquence judiciaire, délibérative ou démonstrative, quand le sujet est susceptible de grandeur, d'élévation, de force, de pathétique. C'est ce que l'examen même du *Traité* de Longin peut prouver avec évidence : ce n'est pourtant pas l'opinion de Boileau; mais il a été réfuté sur cet article par de savants philologues, entre autres par Gibert, dans le *Journal des Savants*. Ce qui a pu l'induire en erreur, c'est qu'en effet il y a quelques endroits de Longin qui peuvent s'appliquer à l'espèce de sublime dont je viens de parler, et quelques exemples qui s'y rapportent; mais la suite et l'ensemble du *Traité* font voir que ces exemples ne sont cités que comme appartenant au style sublime, dans lequel ils entrent naturellement. On pourra demander encore comment l'objet de ce *Traité* peut donner matière au doute et à la discussion, puisqu'il semble que l'auteur a dû commencer par déterminer, d'une manière précise, ce dont il allait parler. Le commencement de l'ouvrage va répondre à cette question. Il suffit d'avertir auparavant qu'il existait du temps de Longin un *Traité du Sublime*, d'un autre rhéteur nommé Cécilius; Traité qui a été entièrement perdu, et qui ne nous est connu que par ce qu'en dit Longin. Voici comme s'exprime celui-ci dans l'exorde de son ouvrage, qu'il adresse au jeune Térentianus, son disciple et son ami :

« Vous savez, mon cher Térentianus, qu'en exa« minant ensemble le livre de Cécilius sur le subli« me, nous avons trouvé que son style était au-des« sous de son sujet; qu'il n'en touchait pas les points « principaux; qu'enfin il n'atteignait pas le but que « doit avoir tout ouvrage, celui d'être utile à ses « lecteurs. Dans tout traité sur l'art, il y a deux « objets à se proposer : de faire connaître d'abord « la chose dont on parle; c'est le premier article : le « second pour l'ordre, mais le premier pour l'im« portance, c'est de faire voir les moyens de réussir « dans la chose dont on traite. Cécilius s'est étendu « fort au long sur le premier, comme s'il eût été « inconnu avant lui, et n'a rien dit du second. Il a « expliqué ce que c'était que le sublime, et a négligé « de nous apprendre comment on peut y parvenir. »

Longin part de là pour s'autoriser à passer très légèrement sur la nature du sublime; et, parlant à Térentianus comme à un jeune homme très instruit : « Je me crois dispensé, continue-t-il, de vous « montrer que le sublime est ce qu'il y a de plus « élevé et de plus grand dans les écrits, et que c'est « principalement ce qui a immortalisé les meilleurs « écrivains. » Il prouve ensuite, suivant la méthode des philosophes et des rhéteurs, qu'il y a un art du sublime; il spécifie les vices de style qui lui sont le plus opposés; et, après cette espèce d'avant-propos, il entre en matière, et assigne les sources principales du sublime, qui sont, selon lui, au nombre de cinq. Mais avant de le suivre dans le cours de son ouvrage, il convient de dire un mot de l'auteur.

Longin était né à Athènes, et florissait vers la fin du troisième siècle de notre ère. C'était l'homme le plus célèbre de son temps pour le goût et l'éloquence et la seule lecture du Traité qui nous reste de lui suffit pour justifier cette réputation. Il y règne un jugement sain, un style animé et un ton d'éloquence convenable au sujet. La fameuse Zénobie reine de Palmyre, qui lutta si malheureusement contre la fortune d'Aurélien, avait fait venir Longin à sa cour, pour prendre de lui des leçons de langue grecque et de philosophie. Découvrant dans son maître des talents supérieurs, elle en avait fait son principal ministre. Lorsqu'après la perte d'une grande bataille qu'elle livra aux Romains, elle fut obligée de se renfermer dans sa capitale, et reçut d'Aurélien une lettre qui l'invitait à se rendre, ce fut Longin qui l'encouragea à se défendre jusqu'à l'extrémité, et qui lui dicta la réponse noble et fière que l'historien Vopiscus nous a conservée. Cette réponse coûta la vie à Longin. Aurélien, vainqueur, maître de la ville de Palmyre et de Zénobie, réserva cette reine pour son triomphe, et envoya Longin au supplice. Il y porta le même courage qu'il avait su inspirer à sa reine, et sa mort fit autant d'honneur à sa philosophie que de honte à la cruauté d'Aurélien. Il avait fait quantité d'ouvrages dont nous n'avons plus que les titres. Ils roulaient tous sur des objets de critique et de goût. La traduction de son *Traité du Sublime*, par

Boileau, n'est pas digne de cet illustre auteur. Elle manque d'exactitude, de précision et d'élégance, et je n'ai pu en faire que peu d'usage. Ce n'est pas qu'il ne sût bien le grec; mais, s'étant mépris sur le but principal de l'ouvrage, il est obligé souvent de faire violence au texte de l'auteur pour le ramener à son sens : on sait d'ailleurs que sa prose est en général fort au-dessous de ses vers; elle est lâche, négligée et incorrecte, quoique dans plusieurs préfaces, et dans les réflexions qui suivent sa traduction, y ait encore des endroits où l'on retrouve le sel de la satire et ce sens droit qui le caractérisait partout.

Ce que nous avons vu de l'exorde de Longin fait apercevoir déjà qu'il ne s'agit point de ce sublime proprement dit, dont j'ai parlé jusqu'ici. Comment pourrait-il dire en ce sens qu'il y a un art du sublime? Cela ne saurait se supposer d'un homme aussi judicieux qu'il le paraît dans tout le reste. On peut, avec du talent, apprendre à bien écrire; mais certes, on n'apprend point à être sublime. Le titre littéral de son ouvrage est *De la Sublimité*; ce qui doit s'entendre naturellement de la perfection du genre sublime. Voici les cinq choses principales qui, selon lui, peuvent y conduire : une audace heureuse dans les pensées, l'enthousiasme de la passion, l'usage des figures, le choix des mots ou l'élocution, et ce que les anciens appelaient la composition, c'est-à-dire l'arrangement des paroles, relativement au nombre et à l'harmonie. Qui ne voit que ce sont là les cinq choses qui forment la perfection d'un ouvrage, mais qu'elles peuvent s'y réunir toutes sans qu'il y ait un trait de ce sublime qui transporte tous les hommes avec un seul mot, tandis qu'au contraire ce seul mot peut se trouver dans un ouvrage qui n'aura d'ailleurs aucun mérite. Citons des exemples : *Britannicus* est assurément un des plus beaux monuments de notre langue. Il y a des morceaux d'un style sublime, entre autres, le discours de Burrhus à Néron. Il n'y a rien cependant qui produise le même effet d'admiration que cet endroit de la *Médée* de Corneille pièce très mauvaise de tout point, que l'on a toujours cité parmi les traits sublimes de ce grand homme.

Voyez en quel état le sort vous a réduite !
Votre pays vous hait, votre époux est sans foi.
Dans un si grand revers, que vous reste-t-il ?
            Moi.
Moi, dis-je, et c'est assez.

Des gens difficiles ont prétendu que ce dernier hémistiche affaiblissait la beauté du *moi* : c'est se tromper étrangement : bien loin de diminuer le sublime, il l'achève, car le premier *moi* pouvait n'être qu'un élan d'audace désespérée; mais le second est de réflexion : elle y a pensé, et elle insiste; *moi, dis-je, et c'est assez*. Le premier étonne, le second fait trembler quand on songe que c'est Médée qui le prononce.

Et dans *Nicomède*, tragédie d'ailleurs si défectueuse et si souvent au-dessous du tragique (1) quand le timide Prusias dit à son fils :

* Voyez sur cette mauvaise opinion, que La Harpe, d'après Voltaire;

Je veux mettre d'accord l'amour et la nature,
Etre père et mari dans cette conjoncture.

Nicomède lui répond :

Seigneur, voulez-vous bien vous en fier à moi ?
Ne soyez l'un ni l'autre......

PRUSIAS.

Et que dois-je être ?

NICOMÈDE.

Roi.

Ce mot seul de *roi*, dans la situation, dit tout ce qu'il est possible de dire. On ne peut rien concevoir au delà : c'est le sublime de la pensée. Celui de l'expression s'offre encore dans une de ces productions du grand Corneille, où il n'est grand que dans un seul endroit : je veux dire *Othon*. Il est question de trois ministres pervers qui se disputaient les dépouilles de l'empire romain sous le règne passager du vieux Galba.

On les voyait tous trois s'empresser sous un maître
Qui, chargé d'un long âge, a peu de temps à l'être ;
Et tous trois à l'envi s'empresser ardemment
A qui dévorerait ce règne d'un moment.

Dévorer un règne : Quelle effrayante énergie d'expression ! et cependant elle est claire, juste et naturelle : c'est le sublime *.

avait de la tragédie de *Nicomède*, ce qui en a été dit, tom. IX, pag. 159 de notre *Répertoire*. H. P.

* Cette belle expression ne serait-elle pas empruntée à ce passage de la *Vie de Galba*, par Plutarque ?

« .... Comme l'empereur était vieux et cassé, Vinicius voulut se *gorger* de sa fortune..... » H. P.

Longin ne prend guère ses exemples que dans les meilleurs écrivains, dans Homère, dans Sophocle, dans Euripide, dans Démosthène parce qu'il cherche des modèles de style. S'il eût voulu ne citer que ces traits sublimes qui se présentent quelquefois, même dans les auteurs du second rang, il en eût trouvé plus d'un dans les tragédies de Sénèque; par exemple, ce vers de son *Thyeste*, vers traduit littéralement par Crébillon. Atrée, au moment où Thyeste tient la coupe remplie du sang de son fils, lui dit avec une joie féroce :

Méconnais-tu ce sang ?
                        Je reconnais mon frère,

répond ce père infortuné; et il ne peut rien dire de plus fort. Dans ses autres ouvrages, ce même Sénèque, si rempli d'esprit et de mauvais goût, et qu'il est si juste d'admirer quelquefois, et si difficile de lire de suite, n'a-t-il pas de temps en temps des traits frappants, et plus fréquemment que Cicéron ? Celui-ci a des morceaux sublimes, c'est-à-dire d'une élévation et d'une force soutenues : Sénèque a des traits de ce sublime qui brille comme l'éclair; et je préfère de beaucoup, quoiqu'on en ait voulu dire, Cicéron à Sénèque, parce que l'éclair le plus brillant me plaît beaucoup moins qu'un beau jour, et parce que j'aime les plaisirs qui durent.

Ne cherchons donc point à soumettre à aucun art, à aucune recherche, ce qui ne peut être qu'une rencontre heureuse, et pour ainsi dire une bonne fortune du génie, laquelle même arrive quelquefois à d'autres qu'à lui. Cependant plusieurs écrivains ont cherché à le définir. Je vais rassembler plusieurs de ces définitions. On jugera.

Voici d'abord celle de Despréaux, dans ses *réflexions sur Longin;* car il était juste que dans son système il cherchât à suppléer Longin qui n'a point défini, attendu que, voulant parler du style sublime, de ce qu'il y a, comme il vient de nous le dire, de plus élevé, de plus grand dans le discours, il trouvait inutile de répéter ce que tous les rhéteurs avaient dit avant lui.

« Le sublime est une certaine force du discours,
« propre à élever et à ravir l'âme, et qui provient,
« ou de la grandeur de la pensée, ou de la magni-
« ficence des paroles, ou du tour harmonieux, vif
« et animé de l'expression, c'est-à-dire d'une de ces
« choses regardées séparément, ou, ce qui fait le
« parfait sublime de ces trois choses jointes en-
« semble. »

Cette définition, quoique assez longue pour s'appeler une description, ne m'en paraît pas meilleure. Je ne saurais me représenter le sublime comme *une certaine force du discours*, ni comme *un tour harmonieux, vif et animé*. Il y a tant de choses où tout cela se trouve, sans qu'on y trouve le sublime ! ce que je vois de plus clair ici, c'est la distinction des trois genres de sublime, empruntée des trois premiers articles de la division de Longin, celui de pensée, celui de sentiment ou de passion, celui des figures ou images; mais une division n'est pas une définition. En voici une autre de La Motte, dans son *Discours sur l'Ode:*

« Le sublime n'est autre chose que le vrai et le
« nouveau, réunis dans une grande idée, exprimée
« avec élégance et précision. »

Ce qui convient à tout ne distingue rien. Le *vrai* doit se trouver partout ; le *nouveau* peut très souvent n'être pas sublime, et l'élégance n'entre point nécessairement dans l'idée du sublime. Le *moi* de Médée et le *qu'il mourût* du vieil Horace n'ont rien d'élégant, non plus que ce trait de la Genèse, cité par Longin à propos du sublime de pensée : *Dieu dit : Que la lumière soit, et la lumière fut.* Huet a fait une longue dissertation pour prouver que ces paroles n'étaient point sublimes ; mais comme il est impossible de donner une plus grande idée de la puissance créatrice, il faut que Huet nous permette d'être de l'avis de Longin.

Troisième définition ou description : celle-ci est de Silvain, qui a fait un *Traité du sublime*, adressé au traducteur de Longin, et dans lequel il y a beaucoup plus de mots que d'idées.

« Le sublime est un discours d'un tour extraor-
« dinaire.... » (On serait tenté de s'arrêter là ; car de tout ce que nous avons cité jusqu'ici de sublime, il n'y a rien qui ne soit d'un *tour extraordinaire*, et qui ne soit même d'un tour extrêmement simple, si ce n'est l'expression de *dévorer un règne*; mais poursuivons), « qui, par les plus nobles images et les
« plus grands sentiments dont il fait sentir toute la
« noblesse par ce tour même d'expression, élève
« l'âme au dessus de ses idées ordinaires de gran-
« deur, et qui, la portant tout-à-coup à ce qu'il y

« a de plus élevé dans la nature, la ravit et lui
« donne une haute idée d'elle-même. »

Il n'y a de bon dans tout cela que les derniers mots exactement copiés de Longin, qui marque avec raison comme un des effets du sublime, de donner à ceux qui l'entendent une grande idée d'eux-mêmes. Cette pensée, aussi juste qu'heureuse, semble déplacée dans le long verbiage de Silvain.

Quatrième définition : elle est de M. de Saint-Marc, homme de lettres fort instruit, qui a commenté utilement Boileau et Longin, mais dont le goût n'est pas toujours sûr : « Le sublime, dit-il, est
« l'expression courte et vive de tout ce qu'il y a
« dans une âme de plus grand, de plus magnifique
« et de plus superbe. » Cette définition, plus courte et plus claire que les autres, ne laisse pas d'avoir du vague et des inutilités, car, après avoir dit *ce qu'il y a de plus grand* dans une âme, ajouter *ce qu'il y a de plus magnifique*, n'est-ce pas dire deux fois la même chose, puisque *magnifique* en cet endroit ne peut signifier que grand? Au reste, il a mieux saisi que les autres l'idée du sublime, en ce qu'il le présente comme le plus haut degré de grandeur ; mais il commet la même faute que La Motte, qui, dans sa définition ne compte pour rien le pathétique, genre de sublime qui en vaut bien un autre.

Deux écrivains également célèbres, quoique dans des genres bien différents, ont aussi parlé du sublime, Rollin et la Bruyère, et ni l'un ni l'autre n'a cherché à le définir. Le premier, dans son *Traité des Études*, composé principalement pour les jeunes

gens, mais dont je conseillerais la lecture à tout le monde, est conduit, par son sujet, à parler de cette division des trois genres d'éloquence que j'ai déjà indiqués ci-dessus, le simple, le tempéré, le sublime. Quand il en est à celui-ci, il se contente d'extraire de Longin ce qu'il y a de plus propre à marquer les différents caractères du sublime. Quant à l'objet particulier du *Traité* de Longin, il s'abstient de prononcer, mais de manière à faire entendre qu'il n'est pas de l'avis de Despréaux. Pour lui, regardant ces distinctions délicates comme peu essentielles à son objet, il prend un parti fort sage : « Sans
« entrer, dit-il, dans un examen qui souffre plu-
« sieurs difficultés, je me contente d'avertir que par
« le sublime j'entends ici également celui qui a plus
« d'étendue, et se trouve dans la suite du discours,
« et celui qui est plus court, et consiste dans des
« traits vifs et frappants, parce que dans l'une et
« l'autre espèce se trouve également une manière
« de penser et de s'exprimer avec noblesse et gran-
« deur, qui fait proprement le sublime..... Il y a
« dans Démosthène, dans Cicéron, beaucoup d'en-
« droits fort étendus, fort amplifiés, et qui sont
« pourtant très sublimes, quoique la brièveté ne
« s'y rencontre point. »

On peut conclure de ce passage que le judicieux Rollin, sans vouloir contredire ouvertement Despréaux, s'est pourtant rapproché de Longin, en ne voyant dans le sublime que ce qu'il y a de plus relevé et de plus grand dans la poésie et dans l'éloquence.

Écoutons maintenant La Bruyère, mais souvenons-nous que la concision abstraite de son style nous éclairera moins qu'elle ne nous fera penser.

« Qu'est-ce que le sublime ? Il ne paraît pas qu'on
« l'ait défini. Est-ce une figure ? Naît-il des figures
« ou du moins de quelques figures ? Tout genre
« d'écrire reçoit-il le sublime ? ou s'il n'y a que les
« grands sujets qui en soient *capables* * ? Peut-il
« briller autre chose dans l'églogue (par exemple),
« qu'un beau naturel, et dans les lettres familières,
« comme dans les conversations, qu'une grande dé-
« licatesse; ou plutôt, le naturel et le délicat ne sont-
« ils pas le sublime des ouvrages dont ils sont la
« perfection ? »

Si j'osais prendre sur moi de répondre aux questions de la Bruyère, je dirais : Le sublime n'est point une figure, et n'a nul besoin de figures. Cent exemples le prouvent. A l'égard des genres d'écrire qui peuvent le recevoir, c'est au bon sens à décider en suivant la grande règle des convenances. Il serait facile de dire quels sont les genres où il entre le plus naturellement, mais pas si aisé de dire ceux qui l'excluent absolument. On ne peut pas prévoir toutes les exceptions. Qui empêche que dans la conversation ou dans une lettre on ne place un mot sublime ? cela dépend du sujet de la lettre et de la conversation. Mais je ne crois pas, pour répondre à la dernière question, que la perfection

---

* Mot impropre. Il fallait dire qui en soient *susceptibles*. *Capable* signifie qui est en état de faire, et se dit des personnes; *susceptible* signifie qui peut recevoir, et se dit des choses.

des petites choses puisse jamais s'appeler le sublime.
Il continue :

« Le sublime ne peint que la vérité, mais en un
« sujet noble il la peint tout entière dans sa cause
« ou dans son effet; il est l'expression ou l'image
« la plus digne de cette vérité... Il n'y a même entre
« les grands génies que les plus élevés qui soient
« capables du sublime. »

Oui, du sublime soutenu, de ce que nous appelons style sublime, tel que celui d'*Athalie* et de *Brutus*; mais pour le sublime de trait, je crois avoir démontré le contraire*.

Après avoir fait cette excursion chez les modernes qui ont parlé du sublime, il est temps de retourner à Longin, qui, sans avoir voulu le définir précisément, en expose avec beaucoup de justesse les différents caractères, et en trace vivement les effets.

« La simple persuasion, dit-il, fait sur nous une
« impression agréable, à laquelle nous nous laissons aller volontairement; mais le sublime exerce
« sur nous une puissance irrésistible. Il nous com-

---

* Toutes ces définitions du sublime sont un peu vagues, on a mis depuis dans cette recherche plus de méthode philosophique. On a distingué le sentiment du sublime des causes qui peuvent l'exciter en nous; on s'est demandé ce que nous éprouvons à la vue d'un objet de la nature ou de l'art, jugé par nous *sublime*, et qu'elles sont, dans cet objet, les qualités qui nous affectent de cette sorte. On est ainsi parvenu à des résultats plus précis, mais sur lesquels on ne s'accorde pas encore. La question la plus débattue est de savoir si le *sublime* est un sentiment distinct du beau, et excité en nous par d'autres causes, ou si, comme on le pense assez généralement, et comme La Bruyère semble l'insinuer; il n'est que le plus haut degré *du beau*. Voyez sur ce sujet, qui demanderait des développements très étendus pour une simple note, ce qu'ont écrit Blair, Burcke, Kant, etc.   H. Patin.

« mande comme un maître ; il nous terrasse comme
« la foudre.

« Naturellement notre âme s'élève quand elle
« entend le sublime. Elle est comme transportée
« au-dessus d'elle-même, et se remplit d'une es-
« pèce de joie orgueilleuse, comme si elle avait
« produit ce qu'elle vient d'entendre. » Voilà sans
doute parler dignement du sublime. Il ajoute : « Cela
« est grand, qui laisse à l'esprit beaucoup à penser,
« qui fait sur nous une impression que nous ne
« pouvons pas repousser, et dont nous gardons un
« souvenir profond et ineffaçable. » Remarquons
que l'auteur se sert indifféremment des mots de
grand, de *sublime*, et de plusieurs autres analogues,
pour exprimer la même idée : nouvelle preuve de
la vérité du sens que nous lui donnons ici. Une plus
forte encore, c'est qu'à l'endroit où il distingue les
principales sources du sublime : « Je suppose, dit-
« il, pour fondement de tout, le talent de l'élo-
« quence, sans lequel il n'y a rien, » Il en résulte que
ce dont il traite ici n'est que la perfection de ce
talent, dont la nécessité lui paraît indispensable.

Pour ce qui regarde les deux premières sources
du sublime, l'élévation des pensées et l'énergie des
sentiments et des passions, il avoue très judicieusement que ce sont plutôt des dons de la nature que
des acquisitions de l'art. Il reprend avec raison Cécilius de n'avoir pas fait entrer le pathétique dans
les différentes espèces de sublime. « Il s'est bien
« trompé, dit-il, s'il a cru que l'un était étranger
« à l'autre. J'oserais affirmer avec confiance qu'il

« n'y a rien de si grand dans l'éloquence qu'une
« passion fortement exprimée et maniée à propos ;
« c'est alors que le discours monte jusqu'à l'en-
« thousiasme, et ressemble à l'inspiration. »

Il revient sur ce qu'il a dit de cette disposition au grand qu'il faut tenir de la nature. « On peut
« cependant la fortifier et la nourrir par l'habi-
« tude de ne remplir son âme que de sentiments
« honnêtes et nobles. Il n'est pas possible qu'un
« esprit toujours rabaissé vers de petits objets
« produise quelque chose qui soit digne d'admira-
« tion et fait pour la postérité. On ne met dans ses
« écrits que ce qu'on puise dans soi-même, et le su-
« blime est pour ainsi dire le son que rend une
« grande âme. »

J'avoue que, de tout ce qui a été dit sur ce sujet, ce trait me paraît le plus heureux.

C'est dans *l'Iliade* que Longin choisit le plus volontiers ses exemples des grandes idées et des grandes images ; car il paraît les considérer comme provenant de la même source, la faculté de concevoir fortement.

On n'est pas étonné de cette préférence quand on connaît Homère, de tous les poètes le plus riche en ce genre, sur-tout pour qui peut entendre sa langue ; car, il faut bien en convenir, Boileau lui-même, quoique les différents morceaux qu'il a traduits en vers soient la partie la plus estimable de son ouvrage, affaiblit un peu Homère en le traduisant. C'est pourtant sa version que je vais mettre sous vos yeux. Qui oserait se flatter d'en faire une meilleure ? Mais auparavant je donnerai la traduction littérale des vers grecs, afin qu'on puisse mieux la comparer aux vers de Boileau.

Un des passages dont il s'agit dans Longin est tiré du commencement du XXe livre de *l'Iliade*. C'est le moment où Jupiter a rendu aux dieux la permission de se mêler de la querelle des Grecs et des Troyens, et de descendre dans le champ des combats. Il donne lui-même le signal en faisant retentir son tonnerre du haut des cieux, et Neptune, frappant la terre de son trident, fait trembler les sommets de l'Ida et les tours d'Ilion. Voici maintenant les vers qui suivent, exactement traduits; il y en a cinq dans le grec : Boileau en a fait huit.

« Pluton lui-même, le roi des enfers, s'épouvante,
« dans ses demeures souterraines; il s'élance de son
« trône, et jette un cri, tremblant que Neptune,
« dont les coups ébranlent la terre, ne vienne enfin
« à la briser, et que les régions des morts, hideuses,
« infectes, dont les dieux mêmes ont horreur, ne
« se découvrent aux yeux des mortels et des im-
« mortels. »

Souvenons-nous que, dans tout grand tableau, dans tout morceau de grand effet, la chose la plus capitale, c'est qu'il n'y ait pas une circonstance inutile, et que toutes soient à leur place ; car alors tout ce qui ne va pas à l'effet l'affaiblit. Il n'y a pas là-dessus le moindre reproche à faire aux vers d'Homère. Le tableau est complet; il n'y a pas un trait inutile ou faible. Tout est frappant, tout va en croissant. Voyons maintenant les vers de Boileau.

L'enfer s'émeut au bruit de Neptune en furie.
Pluton *sort* de son trône; *il pâlit, il s'écrie:*
Il a peur que ce dieu, dans cet affreux séjour,
D'un coup de son trident ne fasse entrer le jour,
Et, *par le centre ouvert* de la terre ébranlée,
Ne fasse voir du Styx la rive désolée,
Ne découvre aux vivants cet empire odieux,
Abhorré des mortels et craint même des dieux.

Le premier vers est très élégant. *Au bruit de Neptune* est une de ces tournures figurées qui distinguent si heureusement la poésie de la prose : celle-ci n'applique le mot de *bruit* qu'aux choses, et non pas aux personnes. Dans le langage ordinaire on ne dirait pas *au bruit du roi en colère*, on dirait *au bruit de la colère du roi.* Ce sont toutes ces figures de la diction, auxquelles on ne prend pas garde ordinairement, qui lui donnent la véritable élégance poétique. Mais dans le second vers, *Pluton sort de son trône* n'est-il pas bien faible en comparaison du mot grec qui est le mot propre, *il s'élance?* Celui-ci peint le mouvement brusque de la terreur; l'autre ne peint rien : c'est tout que cette différence; et si l'on ajoute que dans le grec ces mots, *il s'élance de son trône et jette un cri*, coupent le vers par le milieu, et forment une suspension imitative, au lieu de cet hémistiche uniforme, *il pâlit, il s'écrie*, ne pardonnera-t-on pas à ceux qui peuvent jouir de ces beautés originales, d'être un peu difficiles sur les traductions qui les affaiblissent ? Au reste le poète français se relève bien dans les deux vers suivants :

Il a peur que ce dieu, dans cet affreux séjour,
D'un coup de son trident ne fasse entrer le jour.

Ce dernier vers est admirable. Il n'est pas dans Homère ; il est imité de Virgile*, et c'est là ce que Boileau appelait, avec raison, joûter contre son auteur ; c'est dommage que dans ce qui suit il ne se soutienne pas au même niveau.

Et *par le centre ouvert* de la terre ébranlée,

est un remplissage de mots : rien n'est plus contraire au style sublime.

Ne fasse voir du Styx la rive désolée.

Ne fasse voir, *ne fasse entrer* en trois vers, c'est une négligence dans un morceau important ; mais *faire voir du Styx la rive désolée* forme-t-il une image aussi forte que *briser la terre en la frappant?* Et cet hémistiche nombreux, *la rive désolée*, rend-il à l'imagination *ces régions hideuses, infectes ?* C'est là que le redoublement des épithètes pittoresques est d'un effet sûr, et Homère et Virgile en sont pleins. Les deux derniers vers sont beaux et harmonieux ; mais en total il me semble que le tableau d'Homère ne se retrouve pas tout entier dans le traducteur **.

« Voyez-vous dit Longin à propos de cette ma-
« gnifique peinture, voyez-vous la terre ébranlée
« dans ses fondements, le Tartare à découvert, la

---

* *Trepidentque immisso lumine Manes.* (*Æneid.* VIII, 246.)
** On peut comparer avec cette critique empruntée du *Traité des Études* de Rollin (DE LA LECTURE D'HOMÈRE, art. II, sect. 2.), la censure indiscrète que fait Marmontel de cette traduction de Boileau. Voyez t. XV, p. 161 de notre *Répertoire*.   H. P.

« machine du monde bouleversée, et les cieux, les
« enfers, les mortels et les immortels tous ensemble
« dans le combat et dans le danger ? »

Ce grand admirateur de *l'Iliade* ne l'est pas, à
beaucoup près, autant de *l'Odyssée*; bien différent
en cela de plusieurs modernes, qui la mettent à
côté ou même au-dessus de *l'Iliade*. Ce n'est pas
ici le lieu de comparer ces deux poèmes, ni d'exposer pourquoi mon opinion est entièrement celle
de Longin ; mais ce qu'il dit à ce sujet est un morceau trop remarquable pour n'être pas cité.

« *L'Odyssée* est le déclin d'un beau génie, qui
« en vieillissant, commence à aimer les contes.
« *L'Iliade*, ouvrage de sa jeunesse, est toute pleine
« de vigueur et d'action. *L'Odyssée* est presque
« tout entière en récits; ce qui est le goût de la
« vieillesse. Homère, dans ce dernier ouvrage, est
« comparable au soleil couchant, qui est encore
« grand aux yeux, mais qui ne fait plus sentir sa
« chaleur. Ce n'est plus ce feu qui anime toute
« *l'Iliade*, cette hauteur de génie qui ne s'abaisse
» jamais, cette activité qui ne se repose point, ce
« torrent de passions qui vous entraîne, cette foule
« de fictions heureuses et vraies. Mais comme
« l'Océan, même au moment du reflux, et lorsqu'il
« abandonne ses rivages, est encore l'Océan, cette
« vieillesse dont je parle est encore la vieillesse
« d'Homère*. »

---

* La Harpe s'est autorisé de ce passage de Longin pour faire de *l'Odyssée*
une critique bien plus sévère, et dont nous avons cru devoir relever la dureté. Voyez dans notre *Répertoire*, t. XV, p. 325-330.   H. P.

Longin voulant donner un autre exemple de la vivacité des images, quoique fort inférieur, de son aveu, à tout ce qu'il a cité d'Homère, le choisit dans une tragédie d'Euripide, *Phaéton*, que nous avons perdue ainsi que tant d'autres. Il avoue qu'Euripide, qui a excellé dans le pathétique, mais que tous les critiques anciens, à commencer par Aristote, ont mis, pour le style, fort au-dessous de Sophocle, ne peut pas soutenir la comparaison avec Homère. « Mais pourtant, ajoute-t-il, son génie, sans « être porté au grand, ne laisse pas de s'animer « dans certaines occasions, et de lui fournir des « coups de pinceau assez hardis. » Le morceau qui suit a été traduit en vers par Boileau, et l'on s'aperçoit bien que ce n'est plus contre Homère qu'il lutte : autant il était au-dessous de celui-ci, autant il est au-dessus d'Euripide. C'est le Soleil qui parle à son fils :

« Prends garde qu'une ardeur trop funeste à ta vie
« Ne t'emporte au-dessus de l'aride Libye.
« Là, jamais d'aucune eau le sillon arrosé
« Ne rafraîchit mon char dans sa course embrasé.

Et un peu après :

« Aussitôt devant toi s'offriront sept étoiles.
« Dresse par-là ta course, et suis le droit chemin. »
Phaéton, à ces mots, prend les rênes en main :
De ses chevaux ailés il bat les flancs agiles ;
Les coursiers du soleil à sa voix sont dociles.
Ils vont : le char s'éloigne, et, plus prompt qu'un éclair,
Pénètre en un moment les vastes champs de l'air.
Le père cependant, plein d'un trouble funeste,

Le voit rouler de loin sur la plaine céleste,
Lui montre encor sa route, et, du plus haut des cieux,
Le suit, autant qu'il peut de la voix et des yeux.
« Va par-là, lui dit-il, reviens, détourne, arrête, etc. »

« Ne diriez-vous pas, continue Longin, que l'âme
« du poète monte sur le char avec Phaéton, qu'elle
« partage tous ses périls, et vole dans les airs avec
« les chevaux. »

A cette peinture si vive il en oppose une autre
d'un caractère différent : c'est celle des sept chefs
devant Thèbes, tirée d'Eschyle, et très bien rendue par Boileau :

Sur un bouclier noir, sept chefs impitoyables
Épouvantent les dieux de serments effroyables.
Près d'un taureau mourant qu'ils viennent d'égorger,
Tous, la main dans le sang, jurent de se venger.
Ils en jurent la Peur, le dieu Mars et Bellone.

On a dit avec raison qu'il ne fallait pas rimer fréquemment par des épithètes; d'abord pour éviter l'uniformité, et ensuite parce que cette ressource est trop facile. Là-dessus, ceux qui veulent toujours enchérir sur la raison et la vérité, ont pris le parti de trouver mauvais tous les vers qui finissent par des épithètes ; erreur d'autant plus ridicule, que souvent elles peuvent faire un très bel effet, quand elles sont harmonieuses, énergiques, et adaptées aux circonstances. Ici elles sont très bien placées; mais ce qu'il y a de plus beau dans ces vers, c'est cet hémistiche pittoresque, *tous, la main dans le sang*. Le traducteur l'emporte sur l'original, qui a mis un vers entier pour ce tableau, que la suspension de l'hémistiche rend plus frappant en français, parce qu'elle force de s'y arrêter : c'est un des secrets de notre versification.

J'observerai encore que les deux morceaux qu'on vient d'entendre, l'un d'Euripide, l'autre d'Eschyle, n'ont rien qui soit proprement sublime ; mais que l'un est remarquable par la vivacité, et l'autre par la force des images ; et tous deux par conséquent appartiennent à ce style élevé, qui est l'objet dont il s'agit.

A l'article des figures oratoires, il cite deux endroits fameux de Démosthène : je remets à en parler quand nous lirons cet orateur. Mais à propos des figures, il donne un précepte bien sage, et qui peut servir à les bien employer et à les bien juger. « Il est naturel aux hommes, dit-il, de se défier de « tout espèce d'artifice, et comme les figures en « sont un, la meilleure de toutes est celle qui est si « bien cachée, qu'on ne l'aperçoit pas. Il faut donc « que la force de la pensée ou du sentiment soit « telle, quelle couvre la figure, et ne permette pas « d'y songer. »

Cela est d'un grand sens ; et ce qui a tant décrié ces sortes d'ornements qu'on appelle figures de rhétorique, ce n'est pas qu'ils ne soient fort bons en eux-mêmes, c'est le malheureux abus qu'on en a fait. Il fallait se souvenir que les figures doivent toujours être en proportion avec les sentiments ou les idées, sans quoi elles ne peuvent ressembler à la nature, puisqu'il n'est nullement naturel qu'un homme qui n'est pas vivement animé se serve de figures vives dont il n'a nul besoin. Il est reconnu que c'est la passion, la sensibilité, qui a inventé toutes les figures du discours pour s'exprimer avec plus de force. Aussi, quand cet accord existe, l'effet en est sûr, parce qu'alors, comme dit Longin, la figure est si naturelle, qu'on ne songe pas même qu'il y en a une. Prenons pour exemple cette apostrophe d'Ajax à Jupiter dont nous parlions tout à l'heure. Le mouvement est si vrai, l'idée est si grande, elle naît si nécessairement de la situation et du caractère, que c'est tout ce qu'on voit, et que personne ne s'avise d'y remarquer une figure de rhétorique que l'on appelle *apostrophe*. Mais supposons que, dans une situation tranquille, on s'adresse à Jupiter sans avoir rien à lui dire que de fort commun, alors tout le monde verra le rhéteur, et sera tenté de lui dire : A quoi bon cette apostrophe? Celle d'Ajax se cache, suivant l'expression de Longin, dans le sublime de la pensée. Sophocle peut nous en offrir une autre, qui est le sublime du sentiment. Je demande, tout intérêt de traducteur mis à part, qu'il me soit permis de la prendre dans sa tragédie de *Philoctète*. Je ne connais point d'exemple qui rende l'idée de Longin plus sensible. Il se trouve dans la scène où Philoctète, instruit enfin qu'on veut le mener au siège de Troie, conjure Pyrrhus de lui rendre ses flèches :

Rends, mon fils, rends ces traits que je t'ai confiés.
Tu ne peux les garder, c'est mon bien, c'est ma vie ;
Et ma crédulité doit-elle être punie?
Rougis d'en abuser... Au nom de tous les dieux...

Tu ne me réponds rien ! tu détournes les yeux !...
Je ne puis te fléchir !... ô rochers ! ô rivages !
Vous, mes seuls compagnons, ô vous monstres sauvages
(Car je n'ai plus que vous à qui ma voix, hélas !
Puisse adresser des cris que l'on n'écoute pas),
Témoins accoutumés de ma plainte inutile,
Voyez ce que m'a fait le fils du grand Achille.

Voilà de toutes les figures la plus hardie, l'apostrophe aux êtres qui n'entendent pas. Mais qui pensera jamais à voir une figure dans ce mouvement que la situation de Philoctète rend si naturel ? Qui ne sait que la douleur extrême se prend où elle peut ? Et puisque Pyrrhus ne l'écoute pas, à qui le malheureux s'adressera-t-il, si ce n'est aux rochers, aux rivages, aux bêtes farouches, enfin aux seuls êtres qui ont coutume d'entendre sa plainte ? Mais allez parler aux rochers quand vous n'en aurez nul besoin, et l'on dira : Voilà un écolier à qui l'on a appris que l'apostrophe était une belle figure de rhétorique. Qu'y a-t-il de plus commun dans le discours que l'interrogation ? C'est pourtant aussi une figure, lorsqu'on parle aux hommes rassemblés ; car l'interrogation en elle-même suppose le dialogue. « Mais pourquoi, dit très-finement Longin, cette
« figure est-elle très oratoire, et produit-elle souvent
« beaucoup d'effet ? C'est qu'il est naturel, lorsqu'on
« est interrogé, de se presser de répondre, et que
« l'orateur, faisant la demande et la réponse, fait
« une sorte d'illusion aux auditeurs, à qui cette ré-
« ponse qu'il a méditée paraît l'ouvrage du moment. »
En voilà assez sur les figures, dont je n'ai dû par-

ler, ainsi que Longin, que relativement à leur usage dans le style sublime. Elles peuvent être d'ailleurs la matière d'une infinité d'observations qui dans la suite, trouveront leur place. Ce qu'il dit du choix des mots, et de l'arrangement et du nombre, n'est guère, susceptible d'être analysé pour nous, si ce n'est dans le précepte général et commun aux écrivains de toutes les langues, de ne jamais blesser l'oreille, et d'éviter également les expressions recherchées et les termes bas.

Ne présentez jamais de basses circonstances,

a dit Boileau; et Longin reproche à Hésiode d'avoir dit, en parlant de la déesse des ténèbres :

Une puante humeur lui coulait des narines.

Cela fait voir qu'il y a des choses également basses dans toutes les langues, quoique l'usage apprenne qu'il y a beaucoup de mots ignobles dans un idiome, qui ne le sont pas dans un autre.

L'auteur du *Traité* reproche aussi à Platon trop de luxe dans son style, et l'affectation des ornements; il cite cet endroit où le philosophe dit, en parlant du vin : « Qu'il est bouillant et furieux, mais « qu'il entre en société avec une divinité sobre « qui le châtie, et le rend doux et bon à boire. » Appeler l'eau *une divinité sobre*, est aussi ridicule en français qu'en grec, et la critique de Longin est plausible pour tout le monde. Admirateur éclairé des grands écrivains, il ne s'aveugle point sur leurs défauts. On a vu ce qu'il pensait de *l'Odyssée*, et ce qu'il trouve de répréhensible dans Platon, dont il honore d'ailleurs et exalte le beau génie. Il est encore plus épris de Démosthène, qu'il élève au-dessus de tous les orateurs, et cependant il ne dissimule aucun de ses défauts. » Démosthène ne réussit point « dans les mouvements modérés : il a de la dureté ; « il manque de flexibilité et d'éclat ; il ne sait pas « manier la plaisanterie. Hypéride au contraire (autre « orateur grec très célèbre, contemporain et rival « de Démosthène), Hypéride a toutes les qualités « qui manquent à Démosthène ; mais il ne s'élève « jamais jusqu'au sublime. C'est pour le sublime « que Démosthène est né. La nature et l'étude lui « ont donné tout ce qui peut y conduire. Il réunit « tout ce qui fait le grand orateur, le ton de majesté, « la véhémence des mouvements, la richesse des « moyens, l'adresse, la rapidité, la force dans le « plus haut degré. »

Ailleurs, il le compare à Cicéron. « Il est grand « dans son abondance, comme Démosthène dans « sa précision. Je comparerais celui-ci à la foudre « qui écrase, à la tempête qui ravage ; l'autre à un « vaste incendie qui consume tout, et prend sans « cesse de nouvelles forces. »

Un des chapitres de Longin est employé à traiter cette question, qui a été quelquefois renouvelée depuis lui, et qui, à proprement parler, ne peut pas être une question : « si le médiocre qui n'a point « de défauts est préférable au sublime qui en a. » On peut répondre d'abord qu'il y a une sorte de contradiction dans les termes ; car c'est un défaut très réel que de n'avoir point de grandes beautés dans un sujet qui en est susceptible. Ensuite, avant d'aller plus loin, je citerai cet article de Longin comme une dernière preuve très péremptoire qu'il ne veut point parler des traits sublimes, dont l'idée ne suppose aucun défaut, mais des ouvrages dont le sujet et le ton appartiennent au genre sublime. Cela me paraît suffisamment prouvé, et je n'y reviendrai plus. Il oppose donc les ouvrages qui sont à peu près irréprochables dans leur médiocrité, à ceux qui ont des fautes et des inégalités dans leur élévation habituelle, et l'on sent qu'il ne peut pas balancer. « Il « faut bien pardonner, dit-il, à ceux qui sont « montés très haut de tomber quelquefois, et à ceux « qui ont une richesse immense d'en négliger quel- « ques parties. Celui qui ne commet point de fautes « ne sera point repris ; mais celui qui produit de « grandes beautés sera admiré. Il n'est pas éton- « nant que celui qui ne s'élève pas ne tombe jamais ; « mais nous sommes naturellement portés à admirer « ce qui est grand, et un seul des beaux endroits « de nos écrivains supérieurs suffit pour racheter « toutes leurs fautes. »

Ce peu de mots suffit aussi pour résoudre la question proposée. Mais il y a des esprits faux qui, en outrant un principe vrai, en font un principe d'erreur, et il ne manque pas de gens qui ont voulu nous faire croire qu'un seul endroit heureux pouvait excuser toutes les fautes d'un mauvais ouvrage. Il semble que Longin les ait devinés, et se soit cru obligé de leur répondre d'avance ; car il ajoute tout de suite : « Rassemblez toutes les fautes d'Homère « et de Démosthène, et vous verrez qu'elles ne font « qu'une très petite partie de leurs ouvrages. » C'est dire assez clairement qu'il n'excuse les fautes que là où les beautés prédominent ; c'est ce qu'Horace avait déjà dit, et ce qui n'a pu recevoir une interprétation si fausse, que de ceux qui avaient intérêt à la faire passer.

Un autre chapitre de Longin est consacré à développer le pouvoir de cette harmonie qui naît de l'arrangement des mots, et qui devait faire une partie si essentielle de la poésie et de l'éloquence, chez un peuple que l'habitude d'un idiome, pour ainsi dire, musical, rendait, en ce genre, si délicat et si sensible. *Le jugement de l'oreille est le plus superbe de tous*, avait déjà dit Quintilien. Mais, quoique notre langue ne soit pas composée d'éléments aussi harmonieux que celle des Grecs ni même des Latins, l'harmonie artificielle qui résulte de l'arrangement des mots n'en est pas moins sensible pour nous, et même ce qui manque à la langue ne fait que rendre ce travail plus nécessaire et en augmenter le mérite. Et qui n'a pas éprouvé qu'un son désagréable, une construction dure, peut gâter ce qu'il y a de plus beau? Notre auteur avait donc bien raison de traiter cette partie comme une des plus essentielles au sublime, et l'on sait jusqu'où les anciens poussaient à cet égard la délicatesse. « L'harmonie du discours, dit-il, ne frappe pas seu- « lement l'oreille, mais l'esprit ; elle y réveille une « foule d'idées, de sentiments, d'images, et parle de

« près à notre âme par le rapport des sons avec les
« pensées.... C'est l'assemblage et la proportion des
« membres qui font la beauté du corps : séparez-les,
« et cette beauté n'existe plus. Il en est de même
« des parties de la phrase harmonique : détruisez-
« en l'arrangement, rompez ces liens qui les unis-
« sent, et tout l'effet est détruit. » Cette comparaison est parfaitemeut juste.

Longin recommande également de ne pas trop
allonger ses phrases et de ne point trop les resserrer. Ce dernier défaut sur-tout est directement contraire au style sublime, non pas au sublime d'un mot,
mais au caractère de majesté qui convient aux grands
sujets. Homère est nombreux, périodique ; il pro-
cède volontiers par une suite de liaisons et de mouvements. Le traduire en style coupé, comme on l'a
fait de nos jours, parce que cela était plus aisé que
de faire sentir dans la version quelque chose de
l'harmonie de l'original, c'est lui ôter un de ses
principaux caractères. Cependant, ce principe sur
l'espèce d'harmonie nécessaire au style sublime,
souffre quelques exceptions ; mais il est généralement bon. Cicéron, Démosthène, Bossuet, en prouvent la vérité.

Dès le commencement de son *Traité*, Longin
parle des vices de style les plus opposés au sublime,
et, j'ai cru, dans cette analyse, devoir suivre une
marche toute contraire, parce qu'il me semble qu'en
tout genre il faut d'abord établir ce qu'on doit faire,
avant de dire ce qu'il faut éviter. Il en marque trois
principaux : l'enflure, les ornements recherchés,

qu'il appelle le style froid et puéril, et la fausse chaleur : ce sont précisément les trois vices dominants de ce siècle. Et combien d'écrivains qui ont la prétention d'être *grands*, d'être *chauds*, se trouveraient froids et petits au tribunal de Longin, c'est-à-dire à celui du bon sens, qui n'a pas changé depuis lui ! « L'enflure, dit-il, est ce qu'il y a de plus
« difficile à éviter : on y tombe sans s'en apercevoir,
« en cherchant le sublime et en voulant éviter la
« faiblesse et la sécheresse. On se fonde sur cet
« apophthegme dangereux :

Dans un noble projet on tombe noblement;

« mais on s'abuse. L'enflure n'est pas moins vicieuse
« dans le discours que dans le corps; elle a de l'ap-
« parence, mais elle est creuse en dedans ; et, comme
« on dit, il n'y a rien de si sec qu'un hydropique. »
(Cette comparaison est empruntée de Quintilien.)
« Le style froid et puéril est l'abus des figures qu'on
« apprend dans les écoles : c'est le défaut de ceux
« qui veulent toujours dire quelque chose d'extraor-
« dinaire et de brillant, qui veulent sur-tout être
« agréables, gracieux, et qui, à force de s'éloigner
« du naturel, tombent dans une ridicule affectation.
« La fausse chaleur qu'un rhéteur, nommé Théo-
« dore, appelait fort bien la fureur hors de saison,
« consiste à s'emporter hors de propos, à s'échauffer
« par projet quand il faudrait être tranquille. De
« tels écrivains ressemblent à des gens ivres ; ils
« cherchent à exprimer des passions qu'ils n'éprou-
« vent point, et il n'y a rien de plus froid, de plus

« ridicule, que d'être ému tout seul quand on
« n'émeut personne. »

Cet excellent critique finit son ouvrage par déplorer la perte de la grande éloquence, de celle qui florissait dans les beaux jours d'Athènes et de Rome. Il attribue cette perte à celle de la liberté. « Il est « impossible, dit-il, qu'un esclave soit un orateur « sublime. Nous ne sommes plus guère que de ma- « gnifiques flatteurs. » Quand nous en serons à la décadence des lettres chez les Grecs et les Romains, nous verrons que Longin avait raison, et que la même corruption des mœurs qui avait entraîné la chute de l'ancien gouvernement, devait aussi entraîner celle des beaux arts.

La Harpe, *Cours de Littérature.*

LONGUS est-il du IIe du IIIe ou du IVe siècle? C'est ce que l'on ne peut même conjecturer. Il semblerait, par la pureté de son élocution, appartenir de droit à l'époque la plus ancienne : mais les Grecs étaient de studieux imitateurs des formes du style; et dans quelques-uns des plus modernes, le bon goût et le choix de cette imitation peut tromper sur la date de leurs écrits. Ce qui ne saurait se feindre, c'est une première fleur de naturel qui appartient aux langues jeunes encore, et que l'art ne peut ni leur conserver ni leur rendre. Le peintre de *Daphnis et Chloé* est sans doute le plus élégant et le plus gracieux des sophistes; mais il est encore sophiste. On le sent, on le voit à l'élégance travaillée de ses descriptions, et quelquefois même à un certain luxe de naïveté qui n'est pas la nature. Il faut l'avouer cependant, le sujet si heureusement choisi par Longus corrige pour ainsi dire, l'artifice trop visible de son langage. Il y a dans cet amour qui ne se connaît pas lui-même, dans cette première ignorance du cœur et des sens, un charme infini dont la peinture souvent essayée plaira toujours à l'imagination. C'est le charme qui se retrouve dans *le premier Navigateur* de Gessner; dans les scènes de Shakspeare entre Ferdinand et Miranda; enfin et sur-tout dans *Paul et Virginie;* car nous ne parlons pas du conte où Marmontel a gâté la grace naïve de ce sujet par une lourde indécence et des puérilités doctorales.

Le romancier grec n'a pas évité l'écueil d'un pareil récit; les images trop libres et le hardi français d'Amyot les fait encore ressortir. On y trouve même quelques souillures de mœurs grecques, qui déparent indignement un tableau tracé quelquefois par la main de l'Albane. Cependant on ne peut nier que *Daphnis et Chloé* n'ait servi de modèle à *Paul et Virginie.* A travers les changements de costumes, de croyances et de climat, l'imitation est sensible dans le langage des deux jeunes amants; les mêmes naïvetés passionnées sortent de la bouche de Daphnis et de celle de Paul : mais la supériorité de l'auteur français, ou plutôt des sentiments qui l'ont inspiré, se montre partout, et fait de son ouvrage l'une des plus charmantes productions des temps modernes. Cette supériorité ne tient pas seulement à une diction plus simple, à un goût plus ami du naturel et du vrai; elle tient sur-tout à la pureté morale et à l'espèce de pudeur chrétienne qui règne dans *Paul et Virginie*. Le tableau de Longus n'est que voluptueux; celui de l'auteur français est chaste et passionné.

Un écrivain célèbre, dans le parallèle ingénieux qu'il établit entre les littératures ancienne et moderne, et leurs manières diverses de concevoir des sujets semblables, a choisi pour opposer aux plus heureuses scènes de *Paul et Virginie* quelques passages des idylles de Théocrite. On peut regretter qu'il n'ait pas voulu faire usage du roman de Longus. Ce choix eut mieux servi le dessein que l'auteur se proposait par ces comparaisons littéraires, et fait ressortir davantage cette idée de perfectionnement moral qu'il attribue à l'influence du christianisme, et qu'il recherche dans les monuments de la société et dans toutes les productions de la littérature et des arts chez les nations modernes. L'objet de la comparaison est frivole sans doute; mais nulle part les différences n'auraient paru plus marquées et plus à l'honneur de la civilisation nouvelle. Que renferme en effet la jolie pastorale de Longus? une peinture plus vive que touchante des premières émotions, des premiers sentiments de deux jeunes amants élevés dans la simplicité d'une vie champêtre et protégés contre eux-mêmes par la seule ignorance. Du reste, nulle idée de bonté morale ne se mêle à ce tableau, et ne vient l'épurer et l'embellir: Daphnis et Chloé sont innocents, et non pas vertueux. L'intérêt même de cette innocence ne se conserve pas long-temps; et l'épisode de la courtisane Lycénion, si choquant sous le rapport du goût, fait disparaître la moitié du charme. Un merveilleux mythologique assez ridicule vient terminer le seul incident qui sépare les jeunes amants. Enfin Daphnis et Chloé, long-temps nourris par des bergers, retrouvent leurs parents qui les avaient fait autrefois exposer; le père de Daphnis, parce qu'il avait déjà deux autres enfants; et le père de Chloé, parce qu'il avait éprouvé des revers de fortune : les deux amants sont unis et heureux.

Quelle distance de cette barbare exposition des enfants négligemment racontée comme une aventure commune, de ces premières années de l'adolescence, si librement décrites, de ces mœurs impures dans leur innocence même, de cette passion sans combat et sans sacrifice; quelle distance de tout ce matérialisme d'amour à la sublime chasteté d'âme qui règne dans *Paul et Virginie**, à cette piété filiale, à

---

* Plus d'une fois j'ai regretté que la pastorale de Longus et celle de Bernardin de Saint Pierre, ne fussent pas réunies dans le même volume. Le parallèle de *Daphnis et Chloé* et de *Paul et Virginie*, où une situation semblable a été traitée à quinze siècles de distance, présente à l'œil du philosophe le contraste le plus vif et le plus vrai des mœurs, des croyances et de l'état des sociétés à deux époques si éloignées. Avec les petits pâtres de Mitylène, je vois la naïve ignorance, les jeux folâtres, les désirs de l'instinct, les joies naturelles, et un bonheur facile, donné et reçu sans remords, comme le ruisseau de la prairie qui coule sans art et sans obstacle: chez le couple intéressant de la colonie française, j'admire la franchise, l'innocence, la tendresse, les soins délicats, le devoir, les sacrifices, la bonté aux prises avec l'opinion, la vertu baignée de larmes, et la douleur ne se reposant que dans la tombe. Ce qui est simple dans le tableau antique

cette active charité, à ces vertus religieuses groupées comme autant de compagnes inséparables autour d'une innocence qu'elles défendent et qu'elles embellissent ! combien la naïve tendresse des deux jeunes amants est rendue plus intéressante par leur bonté pour les autres ! que Virginie est touchante lorsqu'elle va demander à un maître barbare la grace de la pauvre négresse ! quelle sublimité dans cet héroïsme de la pudeur qui termine les jours de la jeune fille, plus vierge encore qu'amante ! il faut l'avouer, tous ces sentiments délicats et tendres sont prodigieusement supérieurs aux jolies descriptions du sophiste grec. C'est un nouvel ordre moral ; c'est un monde meilleur ; et je ne connais pas dans la littérature ancienne et moderne de terme de comparaison où l'avantage poétique de la civilisation chrétienne se fasse mieux sentir.

La pastorale de Longus n'en mérite pas moins des lecteurs ; c'est le seul de tous ces romans grecs où

devient pur dans le moderne ; et si le premier émeut les sens et fait rêver l'imagination, le second exalte l'âme et touche le cœur. Mais ces deux compositions, si différentes dans leur partie morale, offrent, dans leur merveilleux et dans leurs ornements, une autre opposition d'autant plus singulière, qu'elle est presque en sens inverse de la première. Longus prodiguant les détails mythologiques, et l'intervention des dieux, a semé dans son œuvre beaucoup de religion et fort peu de pudeur ; tandis que la plume si chaste de Bernardin de Saint Pierre, laissant de côté les influences supérieures, et ne s'adressant qu'aux puissances physiques de la nature, passe en revue dans un style admirable, les phénomènes de la région équatoriale. Les divinités du rhéteur grec ne sont plus que les météores de l'écrivain français. A cette transmutation du polythéisme en histoire naturelle, nous reconnaissons la victoire de l'esprit humain sur l'antiquité. Le dogme a divinisé la morale, et le télescope a dépeuplé l'Olympe.

P. E. LEMONTEY, *Étude littéraire sur Paul et Virginie.*

l'on remarque un caractère d'originalité. Le naturel est d'ailleurs une chose si admirable et si rare, que, dût-on n'en retrouver que quelques traits perdus dans mille défauts il faut en tenir un compte infini. Quelques pages de *Daphnis et Chloé* sont marquées de cette heureuse empreinte, que le style d'Amyot rend plus vive encore et plus vraie. Sa traduction est un monument de la langue française. Un savant et spirituel helléniste*, habile imitateur de notre vieux français, a completé et embelli cette traduction en y joignant la version d'un fragment qui manquait à toutes les éditions grecques de Longus et qu'il a découvert dans une bibliothèque de Florence. On peut donc lire aujourd'hui Longus, et le juger à coup sûr ; on lui rendra justice en le préférant aux pastorales italiennes, où l'on trouvera les mêmes jeux d'esprit, les mêmes affectations de langage, avec moins de passion et de vérité.

Villemain, *Essai littéraire sur les Romans grecs*.

LOPE DE VEGA, le rival et le vainqueur de Cervantes dans les combats du théâtre, naquit à Madrid en 1562; il avait, par conséquent, quinze ans de moins que Cervantes. On raconte des prodiges de son talent précoce pour la poésie. Quoique sa famille ne fût pas riche, son éducation fut soignée; mais il perdit ses parents avant d'être en âge de se rendre à l'université, et il fut redevable à la

* M. Courrier.

protection et à l'amitié de don Geronymo Manrique, inquisiteur général et évêque d'Alcala, de pouvoir faire son cours de philosophie dans l'université de cette ville. Il retourna ensuite à Madrid et devint secrétaire du duc d'Albe. Bientôt après il se maria; mais ce fut à cette époque, où son sort paraissait fixé, que commencèrent les orages de sa vie. Une querelle l'obligea de se battre; il blessa dangereusement son adversaire et prit la fuite. Pendant quelques années il fut exilé de Madrid; et lorsqu'il lui fut permis d'y revenir, la mort lui enleva son épouse. Découragé par tant de malheurs, et aussi bon patriote que bon catholique, Lope de Vega prit du service sur la flotte *invincible* que Philippe II armait alors contre l'Angleterre. Il fut profondément affligé du mauvais succès de cette expédition, quoiqu'il en fût revenu sain et sauf. La bonté de sa constitution soutint son courage. Il s'attacha de nouveau à un grand seigneur en qualité de secrétaire, se remaria, et jouit pendant quelques années de tout le bonheur d'un père de famille; mais sa seconde femme étant morte comme la première, il renonça au monde et embrassa l'état ecclésiastique. Il n'entra pourtant pas dans un monastère, mais il vécut retiré, et se livra entièrement à la poésie qu'il n'avait jamais cessé de cultiver. La multitude de ses ouvrages est effrayante, et l'on ne comprend pas qu'un homme seul, et un homme qui avait passé une partie de sa vie dans les affaires et à l'armée, ait pu, même dans un grand nombre d'années, faire autant de vers que Lope de Vega. Il s'essaya dans tous les genres, et dans tous il fut applaudi ; mais ses pièces de théâtre sur-tout, furent accueillies en Espagne avec un enthousiasme, un délire d'admiration qu'aucun poète n'avait encore excité. Il avait si bien saisi le ton fait pour plaire au public espagnol, qu'il a passé pour le créateur du genre dramatique national, quoiqu'il n'ait fait que marcher dans la route que Naharro lui avait ouverte.

La fécondité de son imagination n'était pas moins étonnante que sa grande facilité à faire des vers réguliers et quelquefois très bons, sur tous les mètres possibles, en aussi peu de temps qu'on peut en mettre à bien écrire en prose. Cervantes l'appelait, et ce n'était pas par ironie, un prodige de la nature (*monstruo de naturaleza*). Du reste il ne se laissait arrêter par aucune règle; ce n'est pas qu'il ne connût toutes celles de la poétique des anciens; mais son plaisir était de laisser couler de sa plume sans contrainte tout ce qui s'offrait à son imagination, bien sûr d'être applaudi quoiqu'il pût faire. Le peuple, disait-il, paie nos comédies, il est bien juste de le servir à son goût pour son argent; et une pièce en cinq actes, versifiée en redondilles entremêlées de tercets, de sonnets et d'octaves, riche en intrigues ou en prodiges, ou en situations, ne lui coûtait ordinairement que vingt-quatre heures de travail. C'est, grace à cette étonnante facilité, qu'il put fournir au théâtre espagnol plus de deux mille pièces, dont, à la vérité, il n'y a guère plus de trois cents qui aient été imprimées. Il n'avait pas encore eu le temps de relire la pièce qu'il venait de faire, que les directeurs de spectacles la lui avaient déjà arrachée et que d'autres se présentaient pour le supplier de leur en faire une autre; quelquefois il fut obligé d'en composer en trois ou quatre heures de temps. Les gains considérables qu'il procurait par ses pièces aux directeurs des théâtres, mettaient ceux-ci en état de lui donner à leur tour des honoraires considérables, de sorte qu'il se vit une fois possesseur de plus de cent mille ducats; mais quoiqu'il ait toujours vécu dans l'aisance, il n'amassa pas une grande fortune : sa caisse était celle de tous les pauvres de Madrid.

Si les talents de Lope de Vega lui rapportaient de l'argent, ils lui rapportaient encore plus de gloire. Aucun poète espagnol n'avait été à ce point, pendant sa vie, l'idole de sa nation. Les grands et le peuple se disputaient à qui lui rendrait le plus d'hommages. Le collège ecclésiastique de Madrid, dans lequel il s'était fait recevoir, le nomma son chef (*capellan mayor*). Le pape Urbain VIII lui envoya la croix de Malte et la patente de docteur en théologie, accompagnée d'une lettre conçue dans les termes les plus flatteurs, et du titre de Fiscal apostolique. Il ne faut pas croire cependant que Lope de Vega ne dût ces honneurs ecclésiastiques qu'à ses talents pour le théâtre; aucun poète de quelque réputation n'avait encore montré dans ses ouvrages un zèle aussi ardent pour le triomphe du pur catholicisme. Aussi l'inquisition le choisit-elle pour son *familier*, distinction rare alors, et singulièrement honorable. Le peuple lui témoignait son admiration d'une autre manière. Lorsque Lope de Vega paraissait dans la rue, il était aussitôt environné d'une foule de curieux, avides de contempler le *prodige de la nature*; les enfants couraient après lui en poussant des cris de joie, et ceux qui ne pouvaient pas courir assez vite, le regardaient de loin jusqu'à ce qu'il fût passé. Ainsi, presque déifié de son vivant, Lope de Vega atteignit sa soixante-treizième année. Il mourut en 1635, et ses funérailles furent célébrées avec une pompe royale. Son admirateur particulier, le duc de Souza, qu'il avait nommé son exécuteur testamentaire, se chargea d'ordonner cette pompe funèbre. La musique de la chapelle royale accompagna le service qu'on fit en son honneur, et trois évêques officièrent en habits pontificaux aux messes qu'on dit pour lui pendant trois jours. Le théâtre ne montra pas moins d'empressement à honorer la mémoire du *phénix de l'Espagne*; c'est le nom qu'il porte ordinairement sur le titre de ses comédies. De nos jours on a eu recours à l'arithmétique pour apprécier au juste la valeur de sa faculté versificatrice. Comme, d'après son propre témoignage, il employa journellement cinq feuilles de papier, on a supputé que toutes ces feuilles, mises ensemble depuis le temps qu'il a commencé à écrire jusqu'à sa mort, font la somme de cent trente-trois mille deux cent vingt-cinq feuilles; d'où il résulte, en calculant le nombre des vers qui peuvent entrer dans une feuille, un capital de vingt-un millions trois cent mille vers.

Toute merveilleuse qu'est cette facilité singulière de composer et de faire des vers, il serait bien plus merveilleux encore que Lope de Vega, en travaillant avec une telle vitesse, eût produit quelque chose de parfait. La nature sans doute a fait pour lui tout ce qu'elle a pu faire. Dans les compositions les plus informes, les plus incorrectes, et même les plus verbeuses de cet écrivain, on reconnaît encore un génie, une vie poétique, que l'art le plus profond ne saurait donner. Ce génie poétique est en même temps si national, si parfaitement espagnol, qu'il faut avoir été préparé par la lecture des autres poëtes espagnols, et particulièrement des plus anciens, aux ouvrages de Lope de Vega, pour être capable d'apprécier avec justice ses beautés et ses défauts, et la liaison nécessaire des unes et des autres. C'est pour cela qu'il fut dans un degré si éminent parmi ses compatriotes, le poète des grands et le poète du peuple; c'est pour cela aussi qu'il a presque toujours été dans la suite si mal, ou du moins si incomplètement jugé.

Lope de Vega était né pour la poésie dramatique. Dans tout autre genre il ne fut qu'un imitateur exact, ou, s'il fit quelque chose de neuf, ce ne fut guère que pour donner un mauvais exemple. Mais, comme poète dramatique, s'il n'a pas créé le théâtre espagnol, il en a du moins fixé la forme, et tous les poètes qui l'ont suivi dans la carrière dramatique n'ont fait que marcher sur ses traces. Il a fixé pour un siècle et demi le caractère et le ton de la plupart des différents poèmes dramatiques; de manière que pour donner une idée générale de ses ouvrages, il faut commencer par en donner une des différentes subdivisions du genre du drame qui sont adoptées en Espagne, et du caractère particulier à chacun.

Le mot *comédie* (*comedia*), dans la langue du théâtre espagnol, désigne, depuis Lope de Vega, quelque chose de très différent de ce qu'on a appelé comédie chez les Grecs et chez les Romains, et dans la plus grande partie de l'Europe moderne. C'est un nom générique sous lequel on comprend plusieurs espèces différentes de compositions dramatiques, dont quelques-unes ne sont réellement ni des tragédies ni des comédies, mais qui n'en sont pas moins toutes conçues et exécutées dans un même esprit. On ne saurait bien juger le théâtre espagnol, si on le juge d'après des principes de critique tirés de la comédie grecque; principes applicables, sous certaines restrictions, à celle de tous les peuples de l'Europe, mais qui ne le sont nullement à celle des Espagnols. Le principe de la comédie antique et de la comédie moderne proprement dite, est la satire; celui de la comédie espagnole est tout différent. Il faut chercher ce principe dans des compositions d'une tout autre nature, dans lesquelles une imagination irrégulière et hardie a fondu des faits réels avec des fictions intéressantes, sans songer à séparer les scènes gaies des scènes tristes, et le rire de la douleur. En un mot, une comédie espagnole n'est dans le fond qu'une *nouvelle dramatique;* et de même qu'il y a des nouvelles tragiques et des nouvelles plaisantes, des nouvelles historiques et des nouvelles purement d'imagination, il y a aussi dans la comédie espagnole autant de directions différentes données à l'intérêt dramatique. Dans ces comédies, comme dans les romans et les nouvelles, les princes et les potentats ne sont pas plus déplacés que les palfreniers et les petits maîtres; et si l'intrigue l'exige, rien n'empêche ces différents personnages d'y figurer tous à la fois. La satire dans ce genre de comédie n'est qu'un accessoire, un accident que le poète peut à volonté y introduire ou en exclure. La peinture des caractères ne lui est pas plus essentielle, et la bigarrure la plus étrange de scènes burlesques et touchantes, triviales et pathétiques, n'est nullement en contradiction avec l'esprit de la comédie espagnole : car pourvu qu'elle intéresse il lui importe peu de qu'elle nature est l'intérêt qu'elle excite; même lorsqu'elle touche, même lorsqu'elle déchire, son unique objet est d'amuser; seulement elle amuse d'une autre manière que la comédie qui a pour principe la satire des vices et des folies. Elle ne veut ni toucher toujours, ni faire toujours rire. Avec un autre public cette espèce de comédie aurait pu, sans perdre son caractère, devenir ce qu'elle n'est pas; mais pour le public espagnol du seizième et du dix septième siècles, elle ne devait-être que ce qu'elle est. Il avait besoin de ce mélange bizarre de plaisant et de triste, d'imposant et de ridicule, pour se préserver d'un intérêt sérieux trop prolongé, et cette alternative continuelle d'affections opposées, était, comme nous l'avons déjà dit, la première demande qu'il faisait aux auteurs dramatiques. Après cette demande, à laquelle Lope de Vega sut mieux satisfaire que personne, le public espagnol en faisait une autre; il voulait une intrigue fortement compliquée dans toutes les pièces dont le sujet était pris de la vie commune; il voulait, à la place, dans les pièces historiques, des aventures extraordinaires, et dans les comédies sacrées, des miracles. Ces comédies sacrées n'en étaient pas moins des comédies, puisqu'une légende n'est aussi qu'une espèce de nouvelle.

Il ne s'agit pas ici d'examiner si une nation qui se contente de spectacles semblables, ne se prive pas elle-même des plus beaux développements du génie dramatique; il suffit de poser en fait que la comédie espagnole doit trouver grace devant le tribunal de la saine critique, comme un genre particulier du poème dramatique, et avec toutes les modifications que ce genre lui-même a admises. C'est encore Lope de Vega qui a fixé en grande partie le goût national à l'égard de ces modifications. Depuis ce temps on distingue d'abord deux grandes classes de pièces de théâtre, les comédies spirituelles ou sacrées, et les comédies profanes ou mondaines (*comedias divinas y humanas*). On divise cette dernière classe en comédies héroïques (*comedias heroycas*), et en comédies de cape et d'épée (*comedias de capa y espada*). Les comédies héroïques dans l'origine étaient confondues avec les comédies historiques, et ce nom fut étendu par la suite à des pièces allégoriques, ou dont les sujets étaient pris de la mythologie. Les comédies de cape et d'épée ont été appelées ainsi, parce que les personnages en étaient pris dans le grand monde tel qu'il était alors, et habillés selon le costume du temps. On a fait depuis une nouvelle subdivision de cette dernière classe, qu'on appelle comédies d'aventuriers (*comedias de figuron*), parce que le principal personnage de ces pièces est un chevalier d'industrie qui se donne pour un grand seigneur, ou une belle dame de la même espèce.

Les comédies spirituelles se divisent aussi, depuis Lope de Vega, en drames tirés de la vie des saints (*vidas de santos*), et en pièces du Saint-Sacrement ou de la Fête-Dieu (*Autos Sacramentales*). Les premières ont été formées sur le modèle des vies des saints qu'on représentait autrefois dans les monastères. Quant aux comédies de la Fête-Dieu, elles paraissent n'avoir pris naissance qu'au temps de Lope de Vega; du moins, dans un de ses premiers *autos* (on sait que ce mot veut dire *acte*) une paysanne demande à son mari des explications sur l'objet de ce spectacle [*]. Enfin il faut joindre encore à ces différentes espèces de comédies, les prologues à la louange de la pièce principale (*loas*), et les intermèdes (*entremeses*) qui se jouaient dans le prologue de la grande pièce, et qui portaient aussi le nom de *saynetes*, lorsqu'ils étaient mêlés de danses et de musique.

[*] Voyez *Obras sueltas de Lope de Vega*, t. XVIII. Dans le prologue de la pièce intitulée *le nom de Jésus* (*el nombre de Jesus*), une paysanne demande à son mari ce que c'est qu'un *auto* ? il répond : *ce sont des comédies à la gloire et en l'honneur du pain que cette ville royale célèbre avec tant de dévotion*.

Les comédies historiques ou héroïques de Lope de Vega sont très-nombreuses. Les scènes tragiques qui s'y rencontrent suppléaient pour les Espagnols au défaut de tragédies véritables, et ces représentations, ainsi que les vieilles romances, servaient à ranimer sans cesse chez la nation les souvenirs de son ancienne histoire. Très'peu des pièces de Lope de Vega sont tirées des histoires étrangères; son *Grand-Duc de Moscovie* est de ce petit nombre. Il n'y a pas de différence essentielle entre toutes ces pièces. L'unité d'action n'y est qu'apparente, et quant à l'unité de lieu et de temps, Lope de Vega ne s'en est nullement mis en peine. Il n'a pas pris moins de licences dans l'exécution que dans la composition de ses pièces. Selon la disposition de l'auteur, dans le moment où il écrivait, son style est tantôt vigoureux, tantôt lâche, tantôt noble, tantôt trivial, tantôt négligé à l'excès, tantôt d'une élégance remarquable. Pour donner une idée plus exacte de ses pièces, nous ferons ici l'extrait fort abrégé de la meilleure, qui a pour titre : *la Forteresse de Toro* (*las Almenas de Toro*). Le sujet est l'assassinat du roi don Sanche, par Bellido Dolfoz, chevalier, que le roi avait offensé en lui manquant de parole. La même histoire a fourni le sujet de plusieurs vieilles romances. Comme dans ces romances, le cid Ruy Diaz joue un rôle important dans la pièce. Elle est divisée en trois actes ou journées, car Lope de Vega emploie indifféremment ces deux dénominations. Le roi, le cid et un comte Anzures, paraissent d'abord sur la scène qui représente une campagne au pied de la forte ville de Toro, dans le royaume de Léon. Le roi déclare aux deux chevaliers, que des raisons de politique ne lui permettent pas de respecter le testament de son père, et qu'il ne peut laisser ses deux sœurs, Elvire et Urra, en possession des deux villes fortes de Zancora et de Toro. Le cid représente au roi avec une généreuse liberté l'injustice de son entreprise, et s'offre pour médiateur entre Elvire et lui. Le roi et le comte Anzures s'éloignent, et le cid s'approche des murs de la forteresse. Il rencontre le chevalier Ordoñez qui s'est glissé hors de la ville dans le dessein de rendre quelque service à la princesse Elvire. Les deux chevaliers veulent d'abord se battre, mais au nom du cid, Ordoñez baisse son épée, et tous les deux s'embrassent. Le cid se montre ici dans toute la grandeur de son caractère. L'infante vient lui parler du haut des murs, et lui explique les raisons qui l'ont engagée à fermer les portes de la ville à son frère. Le roi revient et ordonne de faire l'assaut de la forteresse. La scène change: don Vela, ancien chevalier, retiré du monde, se promène devant son habitation champêtre: il se parle à lui-même en fort beaux vers, qui n'ont d'autre défaut que d'être un peu trop surchargés de poésie pour le drame. Sa fille, qui est jeune et belle, entre en chantant sur le théâtre, environnée d'une troupe de villageois. Cette scène commence l'épisode qui est mêlé à l'action principale, et dont le héros est un prince de Bourgogne, déguisé en paysan et amoureux de la fille de don Vela. La scène change encore, et l'on se retrouve au pied des murs de Toro. On a entamé des négociations de part et d'autre ; le roi lui-même a un entretien avec sa sœur. Cette conversation, passablement assaisonnée d'injures, et où l'on joue sur le mot *Toro*, qui veut dire à la fois un taureau et la ville assiégée, n'en demeure pas moins infructueuse. Le roi ordonne une seconde fois l'assaut. Ses troupes attaquent la ville: elles sont repoussées et le premier acte finit. Dans le second, l'histoire épisodique du prince déguisé se rattache un peu mieux à l'action générale. Le prince et la belle Sancha s'expriment mutuellement leur tendresse dans des sonnets. L'un de ces sonnets renferme une de ces métaphores prolongées dont Lope de Vega paraît avoir fourni le modèle à Métastase, et que celui-ci a employées dans ses ariettes d'opéra, comme la langue poétique de la passion. Don Bellido Dolfoz paraît ensuite; il promet au roi de le rendre maître de la forteresse; mais il demande pour récompense la main de la princesse Elvire. Le roi la lui promet; don Bellido s'empare en effet de la forteresse, par la plus basse perfidie: mais le roi prétend qu'il est juste de manquer de parole à un traître, et lui refuse sa sœur. Celle-ci se sauve sous un habit de paysanne; elle trouve un asyle dans la famille de don Vela; et la pièce continue à marcher de la même manière, à travers un mélange de scènes héroïques et tendres, domestiques et champêtres, jusqu'à ce qu'au dénoûment le roi soit assassiné par Bellido, non pas cependant sur le théâtre, et l'infante ramenée en triomphe dans Toro. La pièce finit par le mariage de la belle Sancha avec le prince de Bourgogne qui se fait connaître et qui est accepté pour gendre par don Vela.

Les comédies de cape et d'épée, ou comédies d'intrigue de Lope de Vega, ne sont pas, il est vrai, des comédies de caractère, mais elles présentent des peintures de mœurs faites d'après nature, quoique romanesques. Elles ont dans leur genre le même intérêt de situations que les comédies héroïques. Le style n'en est pas moins inégal; il est alternativement noble et bas, tantôt de la plus haute poésie, tantôt prosaïque jusqu'à être rampant, quoique toutes ces pièces soient entièrement écrites en vers. Les scènes se succèdent sans être amenées et sans que l'auteur ait songé à les motiver d'une manière vraisemblable. Tous ses soins ont été pour l'intrigue. Il n'y en a pas seulement une dans chaque pièce, mais il y en a plusieurs qui se croisent et s'entrelacent en divers sens, jusqu'à ce que le poète, pour finir, prenne le parti de trancher les nœuds qu'il ne peut plus dénouer. A ce dénouement, pour l'ordinaire, il ne manque pas de marier ensemble autant de couples d'amants que sa pièce peut lui en fornir. Les comédies de Lope de Vega sont semées de réflexions et de maximes de prudence; mais le poète aurait cru gêner la liberté dramatique, s'il y avait mis de la morale proprement dite. Il a voulu peindre dans les mœurs de ses compatriotes ce qu'il voyait et non pas ce qu'il approuvait, et il a laissé aux spectateurs le soin de faire eux-mêmes l'application des leçons très indirectes que ses pièces pouvaient leur offrir. Les galanteries les plus licencieuses, colorées ou non d'une certaine décence, faiblement contenues par l'honneur, jamais par des idées de devoir, font l'essence de ces comédies. Si le poète peint des passions vives, elles se précipitent vers leur but avec une véhémence vraiment espagnole; s'il les peint douces et sentimentales, elles sont inépuisables en tirades langoureuses et en jeux de mots pleins d'affectation. *L'amour excuse tout*, était alors la maxime favorite de la bonne compagnie espagnole, et les personnages de Lope de Vega, tant hommes que femmes, agissent conformément au sens de cette maxime. Les trahisons, les friponneries les plus pendables, sont à leur place dans ces comédies; les meurtres n'y sont pas rares : à la plus légère occasion, les hommes de condition y tirent l'épée, et si l'un blesse l'autre, ou même le tue, à peine en est-il parlé. Une des comédies les plus piquantes de Lope de Vega est la *Villageoise de Xétafe*[*]. L'héroïne est une paysanne qui, par les fourberies les plus adroites et les plus effrontées, parvient à faire son mari d'un grand seigneur qui est son amant. Le confessionnal dans ce temps-là devait avoir beaucoup à faire pour détruire l'ouvrage du théâtre, et combattre l'effet d'exemples semblables, quoique ces exemples ne fussent pas présentés comme des modèles. Un des plus grands charmes de ces pièces est l'extrême naturel qui y règne sans nuire jamais au coloris poétique. Les ex-

---

[*]. Petit village aux environs de Madrid.

pressions peu naturelles qu'on a reprochées à Lope de Vega ne sont pour la plupart que des négligences, des inadvertances de ce poète trop fécond. Il peint très fidellement, pour l'ordinaire, les caractères généraux, qui, à la vérité, sont presque toujours les mêmes dans toutes les comédies espagnoles. Le vieillard (*vejete*), l'amoureux (*galan*), la belle dame (*dama*), le valet et la soubrette, sont en permanence sur le théâtre et reviennent dans toutes les pièces, quoique dans d'autres situations. Mais, en récompense, ces caractères généraux sont peints avec une vérité si frappante, qu'il suffit de lire une ou deux de ces comédies pour se trouver en connaissance intime avec le monde que le poète a représenté. Dans ces pièces, comme dans le monde réel, le bouffon (*gracioso*) et le niais ne font quelquefois qu'un seul caractère. Il faut bien convenir aussi que les personnages inutiles n'y manquent pas.

Pour mieux faire connaître cette partie des ouvrages de Lope de Vega, nous donnerons une idée de *la Veuve de Valence* (*la Viuda de Valencia.*) C'est une de ses comédies où l'intrigue est le mieux suivie, et elle a le mérite rare de l'unité d'action. La scène est à Valence dans le temps du carnaval. Léonarde, jeune, belle et riche veuve, mais assez capricieuse, a formé le dessein de ne point se remarier. Elle entre sur la scène un livre à la main. Sans être ni dévote, ni bel-esprit, elle lit indifféremment et pour s'amuser, des livres profanes et des livres de dévotion, et n'honore pas d'un regard les adorateurs qui la persécutent. Elle s'entretient là-dessus de fort bon sens avec sa femme de chambre *. La maligne soubrette fait tourner la conversation de manière que la dame avec ses sages discours finit par se mettre devant un miroir qu'elle consulte très attentivement. Elle est surprise dans cette occupation par un vieil oncle, ce dont elle témoigne beaucoup de dépit. Son oncle la console en lui prouvant la grande utilité d'un miroir; mais lorsqu'il vient à lui conseiller un second mariage, elle l'interrompt pour lui faire une peinture plaisante d'un élégant de Madrid **, et des suites d'un engagement trop légèrement contracté. L'oncle la quitte, et la scène change. Trois des amants de la belle veuve se rencontrent devant sa porte; tous trois expriment, chacun dans un sonnet qui n'est qu'une longue métaphore, leurs vœux secrets et leurs espérances. Comme ils n'ont pas plus à se louer les uns que les autres des bontés de leur maîtresse, ils se font des confidences mutuelles, et chacun

---

* « Comme j'ai résolu de ne point me remarier, je lis pour mon amusement, non pour me faire docteur, ni prendre une patente de bel-esprit. Quiconque renferme ainsi dans le silence ce qu'il peut penser de bon, ne trouve point de mal dans les livres; ils ne sont pour lui qu'une agréable conversation. Un livre est un ami discret qui se tait dès qu'il fatigue, un ami prudent qui nous conseille et nous reprend en secret. »

** Voici de quelle manière elle dépeint un élégant du quinzième siècle : « Chapeau sur l'oreille, plume courte, cordon nouveau, collet rabattu, points de Venise; en dehors, tout propre et neuf, en dedans, tout sale et vieux; des bottes si justes qu'on ne peut les tirer de tout un mois; les chausses jusqu'aux pieds, la moustache jusqu'au ciel; des savonnettes parfumées; des gants à l'ambre; enfin, un grand homme pour faire un sonnet ou un billet doux, prendre de ses mains délicates les trois mille ducats de rente que sa femme lui apporte, et au bout de huit jours, chercher des beautés étrangères, etc. »

raconte une aventure burlesque qui lui est arrivée la nuit devant la maison de Léonarde. L'un d'eux croyant tuer un rival, a percé une outre pleine de vin volé. Cependant Léonarde revient de l'église en grande hâte, car elle y a vu un jeune homme pour qui elle a pris tout d'un coup la plus vive passion. Elle veut attirer ce jeune homme chez elle; mais elle a résolu de lui laisser ignorer qui elle est et dans quelle maison il se trouve. Son cocher Urbano, qui est le *gracioso* ou le bouffon de la pièce, est chargé de conduire toute cette intrigue. Il sort pour s'acquitter de sa commission, et pendant son absence les trois autres amants arrivent masqués de la même manière, sans en être convenus ensemble. Ils sont déguisés en colporteurs de livres et d'estampes. Ils s'introduisent sous ce déguisement auprès de Léonarde, et lui déclarent leur amour; mais ils sont fort mal reçus et obligés de se retirer au plus vite. Cette scène est fort gaie. Au second acte, le jeune homme que Léonarde aime et qui se nomme Camille, paraît sur la scène et délibère long-temps s'il tentera ou non l'aventure qu'on lui propose. Enfin, il s'y détermine. Urbano lui enfonce un bonnet de docteur (*capirote*) sur les yeux, et le mène ainsi, après beaucoup de détours plaisants, à l'appartement de Léonarde. Celle-ci est masquée. On sert une collation magnifique dont le jeune homme peut à peine goûter, tant il est inquiet des suites de sa démarche. Il se compare à Alexandre avalant le breuvage suspect que son médecin lui présente. Après un entretien fort tendre, on lui remet le bonnet sur les yeux et on le ramène chez lui. Il se passe plusieurs jours d'une scène à l'autre; et, pendant ces intervalles, la conduite de Léonarde n'est pas d'une décence irréprochable. Camille, qui vit avec elle d'une manière fort intime, ne peut cependant découvrir qui elle est, et ses soupçons tombent à la fin sur une vieille parente de la belle veuve. Les trois amants rebutés prennent aussi part à l'intrigue; ils deviennent jaloux du cocher Urbano. Une situation singulière succède à une autre, jusqu'à ce qu'enfin le hasard amène le dénouement de la pièce. Après que l'auteur, en passant a fait tuer d'un coup d'épée un honnête prétendant à la main de Léonarde, Camille retrouve dans l'inconnue la belle veuve qu'il connaît très bien, et consent volontiers à devenir son époux. Ainsi finit la comédie, qui est, comme on voit, plus entièrement comédie que bien d'autres.

Les comédies spirituelles de Lope de Vega peignent avec autant de fidélité la religion de son temps, que ses comédies d'intrigue peignent les mœurs du grand monde. Une piété vraie, dans le sens du catholicisme, bizarrement fondue dans les chimères les plus absurdes, et ces chimères ennoblies à leur tour par des traits hardis d'une poésie grande et forte; tout cela forme un mélange monstrueux et gigantesque, où le génie poétique a su mettre une espèce d'ensemble, et dont l'étoffe ne se trouverait aujourd'hui dans aucune imagination européenne. Cependant, Lope de Vega n'était pas bien d'accord avec lui-même sur l'esprit dans lequel il devait traiter ces drames théologiques. La dose de poésie qu'il y a mise est très inégalement partagée entre ses différentes pièces. Celles dont le sujet est pris de la vie des saints, ont beaucoup plus d'intérêt dramatique que ses comédies du Saint-Sacrement. Dans celles-ci, en revanche, il a tâché d'ennoblir la mysticité par des fictions allégoriques. Ce que ces deux espèces de comédies spirituelles ont de commun, c'est la pompe du spectacle, les machines, les décorations, la musique, enfin tout l'appareil d'un véritable opéra. De toutes les pièces de Lope de Vega, les vies des saints sont les plus irrégulières. On y voit pêle-mêle des bouffons, des saints, des personnages allégoriques, des paysans, des rois, des étudiants, l'enfant Jésus, le père éternel, le diable, et tout ce que l'imagination la plus folle peut rassembler de plus hétérogène. La musique n'y manque jamais. Dans la comédie de *Saint Nicolas de Tolentino*, saint moderne, que Lope de Vega a pris pour le héros d'une de ses comédies spirituelles, la scène s'ouvre par une conversation entre des étudiants qui étalent à l'envi leur esprit et leur érudition scholastique. Parmi ces jeunes gens se trouve le saint futur, dont la piété brille d'un grand éclat au milieu de cette société un peu profane. Le diable, qui s'est prudemment masqué, se mêle de la comédie; un squelette paraît en l'air; le ciel s'ouvre; on voit le père éternel sur son tribunal, placé entre la justice et la miséricorde qui lui font alternativement des remontrances. A cette scène en succède une autre qui nous fait connaître une intrigue d'amour entre une dame Rosalie et un monsieur Feniso. Après cela, le saint, qui est devenu chanoine, reparaît sur le théâtre et fait un sermon en redondilles; ses parents témoignent leur joie d'avoir un tel fils; c'est là le premier acte. Les premières scènes du second se passent entre des soldats; puis, le saint paraît accompagné de plusieurs religieux. Il fait une prière en forme de sonnet; frère Peregrin raconte l'histoire romanesque de sa conversion, et les interlocuteurs entrent dans des discussions théologiques d'une grande subtilité. Le spectateur apprend dans cette conversation toutes les anecdotes de la vie du saint, et celui-ci prie encore en débitant un sonnet. A ce sonnet le ciel s'ouvre; la puissance de la foi, secondée des machines du théâtre, élève le saint dans les airs, tandis que la sainte Vierge et saint Augustin descendent à sa rencontre. Au troisième acte on est à Rome; deux cardinaux montrent le saint suaire au peuple à la lueur des flambeaux. Un concert de clarinettes accompagne cette solennité pendant laquelle il se dit beaucoup de choses pieuses. Saint Nicolas reparaît; il est occupé à mettre des pièces à son froc. Il fait, pendant ce travail, des méditations dévotes, et les anges font de la musique. Cette musique attire le diable qui vient tenter le saint homme. Peu après, on voit le purgatoire et les âmes qui y brûlent. Le diable revient accompagné de lions, de serpents et d'autres bêtes féroces; mais un religieux du couvent le chasse avec un grand balai, dans une scène que l'auteur a faite burlesque à dessein (*graciosamente*). Au dénouement, on voit le saint monter au ciel, vêtu d'une robe parsemée d'étoiles. Au moment où il quitte la terre, un rocher se fend et on en voit sortir les âmes de son père et de sa mère qu'il a délivrées du purgatoire, et qui s'élèvent avec lui vers les cieux, au bruit de la musique.

Les *autos* ou comédies du Saint-Sacrement, n'ont pu attirer la foule autant que les vies des saints; elles sont d'une composition très simple, et si pleines de théologie, qu'elles ne devaient guère être intelligibles pour le peuple. Cependant les personnages allégoriques qui y jouent les principaux rôles, ne laissent pas d'avoir quelque chose d'imposant, et d'ailleurs ces pièces sont ordinairement fort courtes. Dans celle qui a pour sujet la chute de l'homme, l'homme dispute avec le diable et le péché. La terre et le temps se mêlent de la dispute; puis, on voit la justice et la miséricorde divines, assises devant une table munie de tout ce qu'il faut pour écrire, et l'homme vient plaider sa cause devant ce tribunal. Le prince du ciel, ou le Sauveur, paraît sur la scène. La réflexion, ou l'inquiétude (*el cuydado*), lui présente à genoux une lettre. L'homme est encore une fois entendu par le Sauveur qui se place derrière une grille; il reçoit sa grace; mais le diable survient, et proteste contre cet arrêt. On voit ensuite l'homme aux prises avec la folie et la vanité, Jésus-Christ avec une couronne d'épines, le ciel qui s'ouvre, et le Christ qui monte sur le trône céleste, toujours accompagné de la musique. Il y a rarement dans ces pièces des allusions directes au

Saint-Sacrement, parce que leur tendance générale y ramène sans cesse les auditeurs.

Les prologues (*loas*) et les intermèdes (*entremeses y saynetes* *) paraissent avoir eu pour but de dédommager le peuple du sérieux des *autos*, car on ne les trouve qu'au-devant de ces derniers. Les prologues ne sont pas toujours comiques, et ne sont quelquefois que des monologues; mais les intermèdes, qui pourraient tout aussi bien s'appeler prologues, puisqu'ils précédaient aussi la représentation des *autos*, sont burlesques d'un bout à l'autre, et, par conséquent, un moyen tout-à-fait du goût du peuple pour le préparer à la dévotion. Ces espèces de farces, prises entièrement dans la sphère de la vie commune, pleines, en général, de sel comique, et pour la plupart écrites en vers, plurent tellement au public espagnol, que nulle pièce de théâtre n'osa plus se montrer sans cette recommandation. Les intermèdes de Lope de Vega et de Cervantes paraissent avoir servi de modèle à tous les autres.

Tels sont les ouvrages dramatiques qui ont immortalisé Lope de Vega, et qui furent joués et lus dans toute l'Espagne, jusqu'à la fin du dix-septième siècle. Une partie de ces pièces furent imprimées chacune à part, et toutes avec le titre de *Comédie fameuse*, qui devint, par la suite, l'étiquette pour toutes les comédies imprimées. De cette manière, on recueillit les pièces les plus célèbres de Lope de Vega, les unes de son vivant, les autres après

---

* *Loa* veut dire proprement louange, et *saynete* friandise.

sa mort, et on en forma vingt-cinq volumes *, sans y comprendre ses *autos*, ses prologues et ses intermèdes, dont plusieurs sont imprimés à part. Parmi celles de ses pièces qui ont été connues plus tard que les autres, il s'en trouve quelques-unes qui portent le titre de *Tragédie* **.

Nous nous bornerons à donner une courte notice sur les autres productions de ce fécond écrivain, quoiqu'il faudrait un livre entier pour les faire connaître toutes. Lope de Vega s'essaya dans le poème épique, et lutta même contre le Tasse, mais à forces bien inégales. Sa *Jérusalem conquise* (*Jerusalen conquistada*), quoiqu'elle ait aussi vingt chants en octaves, et quelques beaux passages, ne soutient en aucune manière la comparaison avec la *Jérusalem délivrée*. Lope de Vega grossit de même la troupe nombreuse des continuateurs de l'Arioste, en publiant sa *Belle Angélique* (*la Hermosura de Angelica*), qui est aussi un poème narratif en vingt chants, plus courts, à la vérité, que ceux de la *Jérusalem conquise*. Ses autres essais épiques sont la *Couronne tragique* (*Corona tragica*), ou l'histoire de l'infortunée Marie Stuart, poème plein d'invectives contre les protestants et sur-tout contre Élisabeth; la *Circé* et la *Dragontea*. Le héros de ce dernier poème est l'amiral anglais Drake; mais il y figure comme un instrument du diable, afin que la

---

* Nicolas Antonio, dans son recueil, donne la liste de toutes les pièces de Lope de Vega, qui sont contenues dans ces vingt-cinq volumes. Cette dernière collection est rare, même en Espagne.

** Telle est la pièce intitulée : *le Châtiment sans vengeance* (*el Castigo sin venganza*), qu'on trouve dans les *Obras sueltas*, t. VIII.

justice poétique puisse s'exercer convenablement sur lui. Lope de Vega lutta encore contre Sannazar, et fit une seconde *Arcadie* dans la manière italienne; il fit aussi plusieurs églogues. Dans son *Art nouveau de faire des comédies* (*Arte nueva de hacer comedias*), il s'est moqué fort gaiement de ses détracteurs, en faisant semblant de se tourner lui-même en ridicule. Il a fourni trente-six romances anonymes au *Romancero general*. Ses poésies religieuses sont en grand nombre. Ses sonnets sont nombreux aussi, et il y en a quelques-uns d'excellents. Son *Laurier d'Apollon*, poème souvent cité, où il fait l'éloge de plusieurs poètes espagnols, est, à tout prendre, un ouvrage assez médiocre. Il a fait plusieurs épîtres. Il y a de l'originalité dans ses poésies badines, comme dans la *Guerre des Chats* (*Gatomachia*). Il y en a aussi dans le recueil de petites pièces qu'il a publiées sous le nom du licencié Tomé de Burguillos. Ses écrits en prose les plus connus sont l'*Étranger dans sa patrie* (*el Peregrino en su patria*), roman passablement long; la *Dorothée*, roman dramatique (*accion en prosa*), et un volume de nouvelles.

Bouterwek, *Histoire de la Littérature espagnole*.

LOYSON (Charles) était né en 1791, à Château-Gonthier, département de la Mayenne. Il fit ses études, avec distinction, au collège de Beaupréau. Il montrait dès-lors un goût très vif pour la poésie; Homère, Pindare, Virgile, occupaient tous ses instants. A peine eut-il achevé ses classes, qu'il entra dans la carrière de l'instruction publique; et après avoir professé avec succès les humanités et la rhétorique dans plusieurs collèges des départements, il sollicita la faveur d'être admis comme élève à l'école normale, pour y compléter ses études. Tous ses condisciples furent vivement frappés du développement rapide de son esprit, possédé du désir de l'instruction, et qui, jusqu'alors, réduit à ses seules forces, aspirait en vain à étendre le cercle de ses connaissances. Il fut bientôt nommé répétiteur de l'école, et chargé de professer les humanités au collège royal de Bourbon. La restauration arriva; Charles Loyson célébra cet évènement par une ode qui attira sur lui l'attention des littérateurs éclairés et de plusieurs de nos poètes. Il coopéra, peu de temps après, à la rédaction du *Journal des Débats*, et fournit à cette feuille des articles littéraires qui se firent remarquer parmi les excellents morceaux qu'on y lisait encore, avant que la politique et les passions eussent tout-à-fait envahi l'empire des lettres.

Vers cette époque, il entra dans l'administration, et fut attaché à la direction de la librairie en qualité de chef du secrétariat. Le 20 mars lui fit perdre cet emploi; et sa santé se trouvant dès-lors fort altérée, il se retira dans son pays natal, où il servit avec zèle la cause royale par plusieurs écrits. Au retour du Roi, il revint à Paris, et fut nommé chef de bureau au ministère de la justice. Devenu ensuite maître de conférences à l'école normale, il contribua beaucoup par ses leçons à former, à l'Université, d'excellents maîtres qui professent aujourd'hui avec honneur dans les collèges de Paris et des provinces.

Il fit paraître, le 23 septembre 1815, un écrit fort remarquable sur le démembrement de la France, dont on parlait alors comme d'un projet conçu par la politique des souverains alliés. Dans cet ouvrage, dont le cadre était neuf et ingénieux, il soutint avec beaucoup de force les droits de l'indépendance nationale.*. Le mauvais état de sa santé l'ayant forcé de nouveau de quitter Paris, et d'aller passer plusieurs mois dans sa famille, il y occupa ses loisirs à se perfectionner dans la langue anglaise, et à préparer les travaux qu'il a fait paraître depuis.

De retour à Paris, en 1817, il obtint l'*accessit* du prix de poésie à l'Académie française, dans un concours mémorable par le mérite des concurrents, et avec un discours en vers, plein de verve et de talent poétique, et qui, au jugement du public, ne parut pas avoir été placé assez haut par l'Académie. Il profita de cette occasion pour faire paraître un recueil de poésies qui eut du succès et lui mérita le plus glorieux des suffrages ; S. M. Louis XVIII, qui agréa la dédicace de l'ouvrage, ne dédaigna pas d'y faire quelques heureuses corrections**.

* *De la conquête et du démembrement d'une grande nation*, ou Lettre écrite par un grand d'Espagne à Bonaparte, au moment où celui-ci venait de faire arrêter Charles IV et Ferdinand VII dans les murs de Bayonne, où il les avait attirés sous prétexte de concilier leurs différends. 23 septembre 1815.

* *Le Bonheur de l'Étude*, discours en vers, et autres poésies, par Charles Loyson. 1817.

Presqu'en même temps, il publiait une traduction du *Tableau de la constitution d'Angleterre*, *par Georges Custance*, ouvrage utile, où l'on trouve exposé, dans une analyse rapide et complète, ce qu'il est le plus nécessaire de savoir sur les nombreuses lois qui régissent la Grande-Bretagne. Il fit précéder son ouvrage d'une excellente préface, dans laquelle il développe avec beaucoup de talent la théorie des gouvernements représentatifs, et l'histoire de leur établissement chez les nations modernes.

Ce fut encore en 1817 qu'il prit une part fort active à la rédaction d'un journal qui s'établit au mois de juillet, et parut pendant une année environ, sous le titre d'*Archives philosophiques, politiques et littéraires*. Il y inséra un grand nombre d'articles sur divers sujets, où l'on remarqua beaucoup de goût, de raison, de noblesse, et qui lui firent prendre un rang distingué parmi nos écrivains en prose.

L'année suivante, ses travaux se dirigèrent principalement vers la politique : il se mesura sans désavantage avec la plupart de nos publicistes les plus célèbres, dans le *Spectateur*, auquel il travaillait, et dans un ouvrage polémique qui obtint un brillant succès et eut trois éditions [*].

Dans l'année 1819, il continua de publier des écrits politiques, où l'on reconnut toujours la so-

---

[*] *Guerre à qui la cherche*, ou Petites lettres sur quelques-uns de nos grands écrivains, par un ami de tout le monde, ennemi de tous les partis, 1818.

lidité de son esprit*, ami du vrai, et supérieur aux considérations du moment. Cependant il ne fut point à l'abri des malignes interprétations des partis : il les avait combattus avec courage, il devait s'attendre à leurs récriminations et à leurs injustices ; on n'épargna ni son talent, ni son caractère, qui était aussi noble, ses amis le savent, que son talent était distingué. Nous pouvons dire, nous qui l'avons intimement connu, que les persécutions n'altérèrent jamais la tranquillité de son âme, et qu'il n'éprouvait pas même de ressentiment contre ceux qui se déclarèrent gratuitement ses ennemis. Il ne se permit qu'une seule réponse à des attaques si vives et si nombreuses : cruellement inculpé dans la *Minerve*, par un de nos premiers écrivains, il crut devoir au mérite de son adversaire, autant qu'à son honneur, de répondre et de s'expliquer, et il le fit par une lettre pleine de force, de dialectique, d'une véritable éloquence, et dont l'effet n'est pas encore oublié**. On se souvient sur-tout de la manière adroite dont il sut accorder l'énergie de la défense avec les égards dus au talent de celui qu'il combattait. Cet excellent écrit obtint un succès qui ne fut pas même disputé. Pour donner une juste idée du mérite de l'ouvrage, qui est peut-être le chef-d'œuvre

---

* *De la proposition de M. le marquis Barthélemy, et de la Loi des Élections ;* par Charles Loyson. 1819.

— *De la responsabilité des Ministres, et du projet de loi présenté, sur cette matière, dans la séance de la Chambre des Députés du 28 janvier 1819 ;* par Charles Loyson.

** *Lettre à M. Benjamin Constant*, l'un des rédacteurs de la Minerve ; par Charles Loyson.

du jeune auteur dans le genre polémique, il suffirait de l'éloge que son redoutable adversaire en a fait par son silence.

On a peine à se figurer comment M. Charles Loyson, avec une santé languissante, les devoirs d'une place administrative et des fonctions importantes dans l'instruction publique, a pu suffire à tant de travaux. Il ne négligeait point cependant le culte des muses, et au milieu des affaires politiques, auxquelles il prenait une part si active, il fit paraître un nouveau recueil de poésies*. Ce recueil aurait dû fixer la réputation de son auteur: il y montre un rare talent pour l'élégie et l'épître philosophique. Ce talent fut apprécié des lecteurs et méconnu des critiques de profession, qui poursuivirent dans le poète l'écrivain politique. Il n'en est pas moins vrai que ce volume est son meilleur ouvrage, et qu'il l'élève bien au-dessus de la plupart des poètes modernes qui se sont exercés dans l'épître ou l'élégie.

Cependant, l'aveugle partialité de la critique ne fut pas inutile au bon esprit du jeune écrivain ; il vit que l'arène des discussions publiques ne convenait ni à sa vertueuse franchise, ni même, peut-être, à sa position : et les dégoûts que la politique lui avait attirés, le ramenèrent peu à peu à des occupations entièrement littéraires. Il reprit alors avec un nouveau zèle sa traduction de Tibulle, son étude favorite, et dont il espérait quelque gloire. Si elle

* *Épîtres et Élégies*, par Charles Loyson.

devient jamais publique, nous osons croire que les vœux de l'auteur ne seront pas trompés.

Ce fut aussi pour rétablir, s'il était possible, le culte des lettres dans notre belle et glorieuse France, qui avait autrefois une littérature, qu'il conçut, avec quelques amis, vers le milieu de 1819, le plan d'un journal qui pût servir de refuge aux saines études littéraires, exilées de toutes nos feuilles publiques. Il fut un des premiers fondateurs du *Lycée français*; et si cet ouvrage, entrepris dans des vues pacifiques et désintéressées, a pu obtenir quelque succès auprès des amis des lettres, il le doit principalement à l'active coopération de M. Charles Loyson, qui, souvent, y inséra de beaux vers et d'excellents morceaux de critique. Plusieurs de ses dernières pièces prouvent la bonté de son cœur; il se plaisait à célébrer les succès de ses amis et de ses rivaux en poésie. Une de ses meilleures odes est celle qu'il composa sur l'attentat du 13 février, qui avait douloureusement déchiré son âme; c'est bien certainement ce que ce déplorable crime a inspiré de plus énergique aux muses françaises.

On remarquait, depuis quelque temps, dans ses ouvrages une teinte de mélancolie. Quoique sa santé parût s'affermir, il semblait préoccupé de l'idée de sa fin prochaine; déjà même il associait son nom à celui des jeunes poètes qu'une fin prématurée avait ravis aux espérances de leur talent [*].

---

[*] *Lycée Français*, t. II, p. 171 :
  Dormez sous ce paisible ombrage,

Ses pressentiments n'étaient que trop bien fondés ; une maladie inflammatoire l'a enlevé en peu de jours à ses amis, consternés d'une fin si soudaine et si cruelle (27 juin 1820).

La France doit regretter en lui un de ses meilleurs citoyens ; nul n'a plus que lui chéri son pays, et il unissait dans le même amour la monarchie et la liberté. Les lettres doivent regretter un écrivain qui aurait sans doute contribué à reculer pour nous le moment d'une honteuse décadence. Ses poésies se distinguent par un caractère de pureté et de naturel fort rare aujourd'hui ; et il cherchait à reproduire dans sa prose, cette langue du siècle de Louis XIV, presque effacée maintenant par le langage demi-barbare, insensiblement formé au milieu de nos malheureuses révolutions.

Mais qui pourrait dire ce que ses amis perdent en lui ? Sans parler des charmes de son commerce, où retrouveront-ils les lumières que leur offrait sa raison supérieure, à laquelle ils aimaient à se soumettre, et qui leur servait de guide dans les circonstances difficiles ? Ce n'était pas seulement parmi les jeunes gens de son âge qu'il comptait des amis ; il était tendrement chéri de plusieurs hommes illustres dans les lettres et dans l'État, qui ne dédaignaient pas de prendre souvent les conseils d'un jeune homme.

> O vous pour qui le jour finit dès le matin,
> Mes hôtes, mes héros, mes semblables par l'âge,
> Par les penchants, peut-être aussi par le destin :
> Dormez, dormez dans mon bocage, etc.

Il manquerait quelque chose de bien honorable à l'éloge de M. Charles Loyson, si nous ne parlions des sentiments religieux qu'il conserva toute sa vie, et qui ont consolé ses derniers moments ; il est mort en sage et en chrétien ; et après avoir arrêté sa pensée sur ses parents, ses frères, ses amis, il l'a fixée sur Dieu seul, son asyle et son espérance. Ses nombreux amis ont accompagné sa dépouille mortelle à sa dernière demeure, et M. Victor Cousin, son ancien condisciple, professeur de philosophie à la Faculté des Lettres, a prononcé alors ces paroles, souvent interrompues par ses larmes et celles de ses auditeurs :

« Ne craignez pas, Messieurs, que je vienne
« troubler votre douleur par une vaine formalité. Je
« ne veux dire qu'un dernier adieu à celui que nous
« avons tant aimé et que nous pleurerons toujours. »

« Mon cher Loyson, nos cœurs sont devant ton
« cercueil dans la disposition où toi-même aurais
« voulu qu'ils fussent. Nous y apportons une douleur
« que le temps ne pourra ni effacer ni distraire, mais
« que la raison et la foi éclairent. Oui, l'intervalle
« qui semble nous séparer n'a point de réalité pour
« ton âme et pour la nôtre. Le coup qui t'enlève
« frappe tes amis plus que toi-même. Tout ce qu'il y
« avait de meilleur en toi, tout ce que nous avons
« aimé et honoré, est et sera toujours. Les révolu-
« tions du temps et de l'espace, les troubles de la
« nature, ce phénomène d'un jour qu'on appelle la
« vie, a cessé pour toi ; mais l'immortelle existence
« t'a recueilli dans son sein : reposes-y en paix,

« pauvre jeune homme; ta journée a été dure, que
« ton sommeil soit doux !

« Il est vrai, tu n'as paru qu'un instant sur la
« terre, mais pendant cet instant si court et si bien
« rempli, tu as cru à la sainteté de l'âme, à celle
« du devoir, à tout ce qui est beau, à tout ce qui
« est bien, et tu n'as cessé de nourrir dans ton cœur
« les seules espérances qui ne trompent point. Ta vie
« a été pure, ta mort chrétienne. J'ai besoin de me
« souvenir que c'est là l'unique éloge que ta pieuse
« modestie voulut recevoir. Mon silence est la der-
« nière preuve de mon dévouement. O le meilleur
« des fils et des frères, le plus sûr des amis, noble
« esprit, âme tendre, jeune sage, combien ne faut-il
» pas que ton ombre m'impose, pour arrêter ainsi
« le cri de mon cœur et de mes plus chers senti-
« ments !

« Encore un mot, mon cher Loyson. J'ai la con-
« fiance que tu as été jusqu'à la fin fidèle à l'amitié,
« et qu'à tes derniers instants, où nos consolations
« te manquèrent, tu n'as pas cessé de croire que tu
« avais été et seras toujours présent à tous ceux qui
« te connaissaient, et particulièrement à celui au-
« quel tu aurais dû survivre, et que tu n'attendras
« pas long-temps.»

H. Patin.

MORCEAUX CHOISIS.

I. Ode sur l'attentat du 13 février 1820.

Où court ce peuple errant dans cette nuit profonde?
D'où partent ces longs cris qui pénètrent les airs?

Quel monstre tout-à-coup, nouvel effroi du monde,
      Ont vomi les enfers ?

Quel est ce meurtrier ? quelle est cette victime ?
Sur cette épouse en pleurs quel sang a rejailli ?
O France !..... ô Ravaillac ! dans l'éternel abîme
      Ton ombre a tressailli.

Ce Henri, ce héros, que l'Univers adore,
Ainsi sous ton poignard expirait autrefois !
Ta rage te survit, barbare, et sait encore
      Trouver le cœur des rois.

Il est mort en Bourbon. A son heure dernière
Il pardonnait au bras qui lui perça le sein,
Et son dernier soupir était une prière
      Pour son lâche assassin.

O crime ! ô trahison ! ô fureur déloyale !
Père, épouse, sujets, monarque infortuné !
Sacré rameau des lis, sur la tige royale
      A jamais moissonné !

Ecartez ce bandeau qui dut parer sa tête,
Il n'en portera point le fardeau précieux.
Dans les mains de Henri sa couronne était prête,
      Et l'attendait aux Cieux.

Pleure, race des rois, gémis dans ces ténèbres,
Dont la mort a couvert tes palais paternels :
Temples, prenez le deuil, sous des voiles funèbres
      Cachez-nous vos autels.

Dans le triste appareil de ses pompes publiques,
Que la patrie en pleurs, tenant le noir linceuil,
Aille au séjour sacré des royales reliques
      Déposer son cercueil.

Mais ce n'est pas sur lui que couleront nos larmes.
C'est sur nous, malheureux que le Ciel veut punir,
Livrés à la discorde, aux fureurs, aux alarmes,
    A l'obscur avenir!

O Dieu de nos aïeux! à quel ange effroyable
Ces âges criminels sont-ils abandonnés?
Jusqu'à quand tiendras-tu ton bras impitoyable
    Sur les fronts couronnés?

Comme un feu destructeur, précédé du tonnerre,
Porte au loin le ravage et vole dans les airs,
Ta fureur dévorante a parcouru la terre
    Et traversé les mers.

L'épouvante et la mort, de l'un à l'autre pôle,
Parmi les nations ont marché devant toi :
Tous les trônes du monde au son de ta parole
    Ont chancelé d'effroi.

O vengeur éternel! le crime a son salaire.
Les peuples sont punis, les rois humiliés;
Brisé sous le fléau de ta juste colère,
    Le monde est à tes piés.

Abrège, abrège enfin les jours de la vengeance,
Rends la vie et l'espoir à nos cœurs abattus,
Ramène parmi nous l'union, l'indulgence,
    La paix et les vertus!

En sage liberté change nos vains délires,
Soumets à la raison nos farouches humeurs;
Donne l'amour des lois aux maîtres des empires,
    Aux lois l'appui des mœurs.

Oui, devant ce tombeau que nos larmes arrosent
Soient nos tristes discords à jamais abjurés,

Et mortes à jamais, que nos haines reposent
  Sous ces marbres sacrés.

Mais Dieu juste avant tout, sur ma triste patrie
Si tu daignes tourner des regards paternels,
Confonds du meurtrier l'homicide furie,
  Et ses vœux criminels.

Tu sais notre incertaine et dernière espérance;
N'en éteins pas, ô Dieu! le débile flambeau.
Ressuscite ces rois morts avant leur naissance
  Qu'enferme un seul tombeau.

Dût-il à ta clémence en coûter un prodige,
Reproduis le rameau de son tronc arraché;
Qu'il sorte tout-à-coup de cette auguste tige
  Un rejeton caché!

Que la terre et le ciel nourrissent son feuillage,
Qu'il croisse chaque jour, qu'il fleurisse à nos yeux,
Et sur nos descendants verse l'antique ombrage
  Qui couvrit nos aïeux.

II. L'Office des Morts et la Visite au Cimetière du pays natal.

Où suis-je, et quels accents ont frappé mon oreille?
J'en reconnais d'abord le son mélodieux;
C'est la voix de ma sœur qui doucement m'éveille,
Et sa main caressante a passé sur mes yeux.
Après un long exil aux terres étrangères,
Dieu! qu'on dort mollement dans le lit de ses pères.
Non, jamais le sommeil me versant ses pavots;
De songes plus flatteurs ne berça mon repos,
Jamais, après la nuit, aux traits de la lumière,
Réveil plus enchanteur ne rouvrit ma paupière.
Oh ciel! je te rends grace : ici rien n'est changé

LOYSON.

Dans ce réduit modeste et simplement rangé,
Dont j'ai si chèrement conservé la mémoire !
Voilà bien ce fauteuil et cette antique armoire,
Voilà ce Dieu mourant, sur sa croix étendu,
Et ce vase d'eau sainte, à mon lit suspendu,
Et ce livre où ma mère à ma langue enfantine
Apprit à bégayer la prière divine.
Mais du temple voisin j'entends gémir la tour.
En lugubres accents quel bruit au loin résonne,
Tout le toit s'en ébranle et ma vitre en frissonne.
Pour la seconde fois, recommençant son tour,
Le soleil de novembre a ramené le jour
Où dans l'église en deuil les cloches solennelles
A la fête des morts invitent les fidèles.
Allons ; suivons la foule au portique sacré ;
Déjà l'airain plus lent traîne par intervalle
Les sons interrompus de sa voix sépulcrale :
De ses noirs ornements le pontife paré,
Dans l'enceinte à pas lents, le front baissé s'avance.
Les mystiques flambeaux brûlent près d'un cercueil,
Un nuage d'encens voile l'autel en deuil,
Le peuple est prosterné, le mystère commence.

« Pour nos frères, seigneur, implorant tes bienfaits,
« Nous t'offrons la victime à ta gloire immolée.
« Seigneur, appelle enfin leur troupe consolée
« Dans l'éternel séjour de lumière et de paix.
« Daigne entendre nos cris. Que du fond des abîmes,
« Nos accents douloureux s'élèvent jusqu'à toi.
« Hélas ! si sans pitié tu veux compter les crimes,
« Quel mortel à tes yeux paraîtra sans effroi ?
« O jour fatal ! O jour d'horreur et d'épouvante,
« Quand partout à la fois la trompette éclatante
« Dépeuplant les tombeaux, le ciel et les enfers,

« Devant ton tribunal citera l'univers !
« Quand tout-à-coup aux yeux de la mort étonnée.
« L'humanité tremblante, à son juge amenée,
« Dans le livre éternel, lisant tous ses forfaits,
« Y verra sa sentence, et les supplices prêts !
« Malheureux! que répondre en ce moment suprême;
« En voyant devant toi, pâlir les justes même.
« Où fuir, où se soustraire aux coups de ta fureur ?
« Que dis-je, Dieu clément, ton fils est mon sauveur;
« Mon sauveur est vivant, fuyez vaines alarmes,
« De la mort à jamais il a brisé les armes.
« Fidèles, montrez-vous, paraissez triomphants !
« Ouvrez-vous devant eux, célestes tabernacles,
« Le seigneur accomplit ses immortels oracles,
« Et dans son héritage introduit ses enfants. »

O prières ! ô vœux ! ô sublimes cantiques !
Combien je m'attendris en vous prêtant ma voix ;
Que mon cœur est ému, dans ces parvis antiques
Où je vous ai jadis répétés tant de fois;
Quand vous avez cessé sous la voûte sonore
Avec recueillement je vous écoute encore.

Mais l'étendard sacré s'élève dans les airs,
La croix marche, et le peuple, au bruit des saints concerts,
La suit en long cortège à l'enclos funéraire,
Où repose des morts la foule solitaire.
Ciel! à qui vais-je offrir mes lugubres tributs ?
Ah! dans ces lieux chéris combien en mon absence,
La mort a signalé sa triste diligence!
Que de sujets de pleurs, que de deuils imprévus,
Et combien de tombeaux que je n'avais point vus !
O lamentable objet de douleur éternelle,
Aimé si tendrement et si long-temps pleuré,

O mon aïeule! hélas! cet asyle sacré
Retient donc à jamais ta dépouille mortelle!
Qui pourra me conduire entre tous ces tombeaux
A la fosse ignorée où sont placés tes os?

   Viens, dirige mes pas, viens, c'est à toi, mon frère,
De me montrer le lieu d'une cendre si chère.
Moins à plaindre que moi, tes tristes yeux, du moins
De son moment suprême ont été les témoins;
Mon frère, tu la vis cette mère adorée,
Par un mal effrayant promptement dévorée;
Avec un saint courage affronter le trépas,
Et son dernier soupir s'exhala dans tes bras.
Viens donc, et sur sa tombe, unissant nos prières,
Ensemble de nos pleurs offrons lui le tribut.
Là, tu me rediras ses paroles dernières,
Ses adieux, ses avis, ses vœux pour mon salut.
Là, je croirai l'entendre aux jours de mon enfance,
Là, mon cœur attendri se croira revenu,
Quand sans art, sans apprêt, mais non sans éloquence,
Ses pieuses leçons m'enseignaient la vertu.
Pauvre et simple d'esprit, son cœur était habile,
Elle avait tout appris en lisant l'Évangile.
Salutaires leçons, préceptes maternels,
Croissez et de vos fruits couvrez ma vie entière!
A celle dont la main vous sema la première,
Mon cœur a consacré des regrets immortels!
A ma triste pensée elle est toujours présente:
Toujours je crois la voir pieuse et diligente
Près du large foyer où brille un humble feu,
De l'aube jusqu'au soir filant et priant Dieu,
Il me semble toujours, près du fauteuil antique,
Orné de père en fils d'un velours magnifique,
Sur un siège plus bas à ses côtés assis,

D'une oreille attentive écouter ses récits.
C'est du Vieux Testament quelque histoire naïve ;
C'est Esther ou Judith, Babylone ou Ninive,
Sur le bûcher fatal Isaac étendu,
Ou cette aimable Ruth, jeune et belle étrangère,
D'un époux qui n'est plus suivant partout la mère ;
C'est l'innocent Joseph par ses frères vendu,
Et le doux Benjamin, consolant son vieux père,
Benjamin ! à ce nom l'on s'arrête, et soudain
Un baiser m'avertit que je suis Benjamin.
Pourquoi vous retracer, ravissantes images,
Beaux jours sitôt passé pour ne plus revenir ?
Objet sacré, du moins, ah ! reçois mes hommages,
En attendant qu'enfin, sur ces brillants rivages,
Sur ces bords éternels d'un heureux avenir,
Un jour qui n'est pas loin puisse nous réunir.
Le temps court, l'heure avance et va sonner peut-être.
J'ai vu fuir ma santé, mes forces disparaître,
Un nuage fatal, chaque jour plus épais,
Partout autour de moi remplissant l'étendue,
S'approche, et par degrés m'enferme de plus près ;
Et ce n'est point en vain que vers moi descendue,
La nuit, à mon chevet, d'un air silencieux,
Ton ombre vient s'asseoir et me montre les cieux.

Lycée franç.

III. Traduction du psaume CXXXVI : *Super flumina Babylonis.*

Voyez l'article BIBLE, t. IV, p. 323 du *Répertoire.*

LUCAIN (MARCUS-ANNOEUS LUCANUS), était d'une ancienne maison de l'ordre des chevaliers : il naquit à Cordoue en Espagne, sous l'empereur Caligula. Il n'avait encore que huit mois lorsqu'on l'amena à Rome, où il fut élevé dans la maison de Sénèque son oncle. Ce fait suffit pour imposer silence à des critiques qui ont révoqué en doute la pureté de son langage : ils ont pris Lucain pour un Espagnol qui a fait des vers latins ; trompés par ce préjugé, ils ont cru trouver dans son style des barbarismes qui n'y sont point, et qui, supposé qu'ils y fussent, ne peuvent assurément être aperçus par aucun moderne. Il fut d'abord favori de Néron, jusqu'à ce qu'il eût la noble imprudence de disputer contre lui le prix de la poésie, et le dangereux honneur de le remporter. Le sujet qu'ils traitaient tous deux était Orphée. La hardiesse qu'eurent les juges de déclarer Lucain vainqueur, est une preuve bien forte de la liberté dont on jouissait dans les premières années de ce règne.

Tandis que Néron fit les délices des Romains, Lucain crut pouvoir lui donner des éloges; il le loue même avec trop de flatterie : et en cela seul il a imité Virgile, qui avait eu la faiblesse de donner à Auguste un encens que jamais un homme ne doit donner à un autre homme tel qu'il soit. Néron démentit bientôt les louanges outrées dont Lucain l'avait comblé : il força Sénèque à conspirer contre lui. Lucain entra dans cette fameuse conjuration, dont la découverte coûta la vie à trois cents Romains du premier rang. Étant condamné à la mort, il se fit ouvrir les veines dans un bain chaud, et mourut en récitant les vers de sa *Pharsale* qui exprimaient le genre de mort dont il expirait.

VOLTAIRE, *Essai sur la Poésie épique.*

JUGEMENTS.

I.

Lucain ne fut pas le premier qui choisit une histoire récente pour le sujet d'un poème épique; Varius, contemporain, ami, et rival de Virgile, mais dont les ouvrages ont été perdus, avait exécuté avec succès cette dangereuse entreprise. La proximité des temps, la notoriété publique de la guerre civile, le siècle éclairé, politique, et peu superstitieux où vivaient César et Lucain, la solidité de son sujet, ôtaient à son génie toute liberté d'invention fabuleuse. La grandeur véritable des héros réels qu'il fallait peindre d'après nature était une nouvelle difficulté. Les Romains, du temps de César, étaient des personnages bien autrement importants que Sarpédon, Diomède, Mézence et Turnus. La guerre de Troie était un jeu d'enfants, en comparaison des guerres civiles de Rome, où les plus grands capitaines et les plus puissants hommes qui aient jamais été se disputaient l'empire de la moitié du monde connu.

Lucain n'a osé s'écarter de l'histoire; par là il a rendu son poème sec et aride. Il a voulu suppléer au défaut d'invention par la grandeur des sentiments; mais il a caché trop souvent sa sécheresse sous de l'enflure. Ainsi il est arrivé qu'Achille et Énée, qui étaient peu importants par eux-mêmes, sont devenus grands dans Homère et dans Virgile; et que César et Pompée sont petits quelquefois dans

Lucain. Il n'y a dans son poëme aucune description brillante comme dans Homère, il n'a point connu, comme Virgile, l'art de narrer, et de ne rien dire de trop ; il n'a ni son élégance ni son harmonie : mais aussi vous trouvez dans *la Pharsale* des beautés qui ne sont ni dans *l'Iliade* ni dans *l'Énéide*; au milieu de ses déclamations ampoulées, il y a de ces pensées mâles et hardies, de ces maximes politiques dont Corneille est rempli ; quelques-uns de ses discours ont la majesté de ceux de Tite-Live, et la force de Tacite; il peint comme Salluste; en un mot il est grand partout où il ne veut point être poète : une seule ligne telle que celle-ci, en parlant de César, *Nil actum reputans, si quid superesset agendum*, vaut bien assurément une description poétique.

Virgile et Homère avaient fort bien fait d'amener les divinités sur la scène : Lucain a fait tout aussi bien de s'en passer. Jupiter, Junon, Mars, Vénus, étaient des embellissements nécessaires aux actions d'Enée et d'Agamemnon; on savait peu de chose de ces héros fabuleux : ils étaient comme ces vainqueurs des jeux olympiques que Pindare chantait, dont il n'avait presque rien à dire; il fallait qu'il se jetât sur les louanges de Castor, de Pollux, et d'Hercule. Les faibles commencements de l'empire romain avaient besoin d'être relevés par l'intervention des dieux : mais César, Pompée, Caton, Labiénus vivaient dans un autre siècle qu'Énée ; les guerres civiles de Rome étaient trop sérieuses pour ces jeux d'imagination. Quel rôle César joue rait-il dans la plaine de Pharsale, si Iris venait lui apporter une épée, ou si Vénus descendait dans un nuage d'or à son secours ?

Ceux qui prennent les commencements d'un art pour les principes de l'art même sont persuadés qu'un poème ne saurait subsister sans divinités, parce que *l'Iliade* en est pleine ; mais ces divinités sont si peu essentielles au poème, que le plus bel endroit qui soit dans Lucain, et peut-être dans aucun poète, est le discours de Caton, dans lequel ce stoïque ennemi des fables dédaigne d'aller voir le temple de Jupiter Ammon. Je me sers de la traduction de Brébeuf, malgré ses défauts :

>Laissons, laissons, dit-il, un secours si honteux
>A ces âmes qu'agite un avenir douteux.
>Pour être convaincu que la vie est à plaindre,
>Que c'est un long combat dont l'issue est à craindre,
>Qu'une mort glorieuse est préférable aux fers,
>Je ne consulte point les dieux ni les enfers.
>Alors que du néant nous passons jusqu'à l'être,
>Le ciel met dans nos cœurs tout ce qu'il faut connaître.
>Nous trouvons Dieu partout, partout il parle à nous;
>Nous savons ce qui fait ou détruit son courroux;
>Et chacun porte en soi ce conseil salutaire,
>Si le charme des sens ne le force à se taire.
>Pensez-vous qu'à ce temple un Dieu soit limité?
>Qu'il ait dans ces déserts caché la vérité?
>Faut-il d'autre séjour à ce monarque auguste,
>Que les cieux, que la terre, et que le cœur du juste?
>C'est lui qui nous soutient, c'est lui qui nous conduit;
>C'est sa main qui nous guide, et son feu qui nous luit;
>Tout ce que nous voyons est cet être suprême, etc.

C'est bien assez, Romains, de ces vives leçons
Qu'il grave dans notre âme au point que nous naissons.
Si nous n'y savons pas lire nos aventures,
Percer avant le temps dans les choses futures,
Loin d'appliquer en vain nos soins à les chercher,
Ignorons sans douleur ce qu'il veut nous cacher.

Ce n'est donc point pour n'avoir pas fait usage du ministère des dieux, mais pour avoir ignoré l'art de bien conduire les affaires des hommes, que Lucain est si inférieur à Virgile. Faut-il qu'après avoir peint César, Pompée, Caton, avec des traits si forts, il soit si faible quand il les fait agir? ce n'est presque plus qu'une gazette pleine de déclamations : il me semble que je vois un portique hardi et immense qui me conduit à des ruines*.

Ibid.

II.

Après Homère et Virgile se présente Lucain, dont le poème est remarquable par un singulier mélange des plus grandes beautés et des plus grands défauts. *La Pharsale* décèle trop peu d'invention, le

---

* *La Pharsale* offre l'idée de quelque monument d'architecture antique, qui, dans le second siècle des arts aurait été dessiné d'une manière à la fois irrégulière et grande ; où certaines parties étonneraient par leur caractère de majesté, tandis que d'autres ne présenteraient à l'œil que de la confusion et des ruines ; où les plus belles colonnes seraient couvertes de mousse, et quelquefois à demi-ensevelies dans le sable; où l'on retrouverait de distance en distance des statues de grands hommes, dont les traits auraient l'expression la plus fière, mais mutilées ou imparfaites dans leur ensemble; où tout enfin attestant l'imperfection et le génie, le spectateur, attiré tout à la fois et repoussé, éprouverait presqu'en même temps le plaisir, la douleur, l'admiration et le regret.

Ducis, *Discours de réception à l'Académie française.*

poète y suit trop strictement la marche de l'histoire, pour qu'on puisse la considérer comme une épopée régulière; cependant ce serait pousser trop loin la délicatesse en matière de critique, que de ne vouloir pas l'admettre au nombre des poèmes épiques. Les limites qui séparent ce genre de poésie des autres genres ne sont pas, comme je l'ai déjà fait remarquer, déterminées d'une manière assez précise, pour que l'on puisse avec raison refuser le titre d'épopée à un poème où sont célébrées des aventures grandes et héroïques, par la seule raison que l'auteur ne s'est pas conformé strictement aux plans adoptés par Homère et Virgile. Le sujet de *la Pharsale* a certainement assez de grandeur et de dignité; on y trouve encore l'unité épique, puisque le poète n'a célébré que le triomphe de César sur la liberté romaine. Il est vrai que, tel que nous le possédons aujourd'hui, ce poème n'est pas terminé; ou les derniers livres ont été perdus, ou l'auteur a laissé son travail imparfait.

Quoique le sujet de *la Pharsale* soit d'un genre très héroïque, je ne crois pas que Lucain ait été bien heureux dans son choix. Je trouve dans ce sujet deux défauts essentiels; d'abord, des guerres civiles, et sur-tout des guerres aussi cruelles et aussi sanglantes que celles des Romains, présentent des scènes hideuses que repousse la poésie épique, et qui d'ailleurs montrent la nature humaine sous un rapport trop odieux. Des entreprises brillantes et glorieuses offrent des sujets plus convenables à l'épopée; mais il faut l'avouer, le génie de Lucain semble se complaire dans les scènes d'horreur, il aime à s'y arrêter long-temps; ce n'était pas assez pour lui de celles que lui offrait naturellement son sujet, il interrompt le cours de sa narration pour introduire le long épisode de Marius et de Sylla, où les cruautés les plus atroces se reproduisent sous toutes les formes.

Un autre défaut du sujet de Lucain, c'est qu'il se rapprochait trop du temps où ce poète vivait; j'ai démontré, dans la dernière lecture, que cette circonstance était presque toujours défavorable à un poème épique, parce que, presque entièrement privé du secours des fictions et du merveilleux, il devenait à la fois moins riche de poésie et moins intéressant. Lucain s'est soumis à la rigueur que son sujet lui imposait à cet égard, et a montré en cela plus de jugement que s'il avait fait beaucoup d'efforts pour l'embellir, en introduisant un genre de merveilleux qui n'aurait pas manqué d'y paraître déplacé, quelque habilement traité qu'il pût être. L'on ne pouvait sensément faire intervenir les dieux et les déesses dans les différends et dans les guerres entre César et Pompée; au lieu de donner de l'importance à des faits si récents et si bien connus, les divinités de la fable n'y eussent produit qu'un effet bizarre et ridicule.

Quant aux caractères, Lucain les a tracés avec autant d'esprit que de force. Quoique Pompée soit son héros privilégié, il ne réussit pas à nous intéresser beaucoup en sa faveur; il ne lui prête aucune qualité éminente, comme la grandeur d'âme et la bravoure ; on le voit, au contraire, céder constamment à la supériorité de César. Mais le caractère auquel le poète donne une préférence marquée, c'est celui de Caton ; il s'élève au-dessus de lui-même toutes les fois qu'il le fait agir ou parler. La plupart des beaux passages, les endroits où Lucain a déployé le plus de grandeur, sont ceux où il est question de Caton. On doit sur-tout remarquer le discours que cet implacable ennemi de Pompée adresse à Labiénus, qui le pressait de consulter l'oracle de Jupiter Ammon sur l'issue de la guerre ; il renferme la morale la plus sublime que l'antiquité nous ait transmise :

>Ille deo plenus, tacitâ quem mente gerebat,
>Effudit dignas adytis e pectore voces.
>Quid quæri, Labiene, jubes ? an liber in armis
>Occubuisse velim potiùs quàm regna videre ?
>An sit vita nihil, sed longam differat ætas
>An noceat vis ulla bono ? fortunaque perdat
>Oppositâ virtute minas ? laudandaque velle
>Sit satis ? et nusquàm successu crescat honestum ?
>Scimus, et hoc nobis non altiùs inseret Ammon.
>Hæremus cuncti superis ; temploque tacente,
>Nil facimus sponte Dei. Nec vocibus ullis
>Numen eget ; dixitque semel nascentibus auctor
>Quidquid scire licet. Steriles nec legit arenas,
>Ut caneret paucis, mersitque hoc pulvere verum.
>Estne Dei sedes nisi terra, et pontus, et aer,
>Et cœlum, et virtus ? superos quid quærimus ultrà ?
>Jupiter est quodcumque vides, quodcumque moveris.
>Sortilegis egeant dubii, semperque futuris
>Casibus ancipites ; me non oracula certum,

Sed mors certa facit. Pavido fortique cadendum est :
Hoc satis est dixisse Jovem.....
(IX, 564.)

« Caton, plein de la divinité qui résidait en si-
« lence au fond de son âme, prononça ces paroles
« dignes de l'antre prophétique : Que veux-tu, La-
« biénus, que je demande? Si j'aime mieux mourir
« libre les armes à la main que de vivre sous un
« tyran; si cette vie n'est rien que le retardement
« d'une vie heureuse et durable; s'il y a quelque
« force au monde qui puisse nuire à l'homme de
« bien; si la fortune perd ses menaces quand elle
« s'attaque à la vertu; s'il suffit de vouloir ce qui
« est louable, et si le succès ajoute à ce qui est hon-
« nête. Nous savons tout cela, et Ammon lui-même
« ne le graverait pas plus profondément dans nos
« cœurs. Nous sommes tous dans la main des dieux;
« et que leur oracle se taise, ce n'est pas moins
« leur volonté que nous accomplissons. La divinité
« n'a pas besoin de parole : celui qui nous fait
« naître nous dit, quand nous naissons, tout ce que
« nous devons savoir. Il n'a point choisi des sables
« stériles pour ne s'y communiquer qu'à un petit
« nombre d'hommes; ce n'est point dans cette
« poussière qu'il a caché la vérité. La divinité a-
« t-elle d'autre demeure que la terre, l'onde, le ciel,
« et le cœur de l'homme juste? Pourquoi chercher
« si loin des dieux? Jupiter est tout ce que tu vois,
« tout ce que tu sens en toi-même. Que ceux qui
« dans un avenir douteux portent une âme irréso-
« lue aient besoin d'interroger le sort; pour moi,

« ce n'est point la certitude des oracles qui me ras-
« sure, c'est la certitude de la mort. Timide ou cou-
« rageux, il faut que l'homme meure. Voilà ce que
« Jupiter a dit, et c'est assez. » (Traduction de Marmontel.)

Dans la conduite de l'action, Lucain a trop scrupuleusement suivi l'ordre chronologique, ce qui l'a souvent contraint à interrompre le cours de sa narration, et transporter brusquement son lecteur d'un lieu dans un autre. Il se livre à de fréquentes digressions, et quitte trop souvent son sujet, tantôt pour décrire la topographie d'une contrée, tantôt pour se livrer à des recherches philosophiques sur des productions ou des effets de la nature; sur les serpents d'Afrique, par exemple, dans le neuvième livre, sur les sources du Nil, dans le dixième.

On trouve dans *la Pharsale* plusieurs descriptions pleines de feu et de poésie; cependant le principal mérite de Lucain ne consiste ni dans l'art de raconter ni dans l'art de décrire. Sa narration est souvent sèche et dure; ses descriptions, dont en général il a très mal choisi les sujets, ont trop de recherche et d'affectation; mais c'est par les pensées que ce poète est sur-tout remarquable: presque toutes sont nobles, frappantes, exprimées avec force, avec chaleur, et souvent d'une manière originale. Lucain est le poète de l'antiquité le plus philosophe et le plus pénétré de l'amour de la patrie. Neveu de Sénèque, il était lui-même stoïcien, et l'esprit de sa secte respire dans tout son poème; il faut observer aussi que ce poème est le seul de l'antiquité dont le sujet fût, pour son auteur, d'un intérêt sérieux et réel. Ce n'était point une fiction; le poète avait été témoin des maux auxquels les discordes civiles livrèrent sa patrie, il avait éprouvé les rigueurs du despotisme assis sur les ruines de la liberté romaine. En écrivant, il cédait aux inspirations ardentes d'une âme grande, fière, et profondément pénétrée de son sujet; aussi se répand-il souvent en exclamations et en apostrophes presque toujours placées à propos, et soutenues avec une énergie et une chaleur dignes des plus grands éloges.

Mais il était dans la destinée de ce poète qu'on ne pourrait jamais louer les beautés de son ouvrage sans se rappeler aussitôt les défauts qui le déparent. Comme son principal mérite est cette verve ardente et impétueuse qu'on retrouve quelquefois dans ses descriptions, et presque toujours dans l'expression de ses pensées, de même aussi son principal défaut est de manquer de modération et dans ses descriptions et dans ses pensées. Il se précipite dans les extrêmes, sans savoir jamais s'arrêter. A force de vouloir agrandir son sujet, il sort de la nature et devient boursoufflé; souvent il lui arrive d'atteindre jusqu'au sublime dans le second vers d'une description, et, tout en cherchant, dans le troisième, à s'élever encore plus haut, il tombe lourdement dans le phébus. Lucain vivait dans un siècle où les écoles des déclamateurs avaient déjà corrompu l'éloquence et le goût; il n'avait pas su se garantir de la contagion, et, chez lui, souvent le ton du rhéteur couvre le génie du poète.

Lucain toutefois avait reçu de la nature un génie vif et original. Ses sentiments ont tant d'élévation, il déploie quelquefois tant d'énergie, tant de feu, qu'il nous fait en quelque sorte perdre de vue la plupart de ses défauts. L'on pourrait citer des passages de *la Pharsale* que ne désavouerait aucun poète de l'antiquité. Il a, par exemple, dessiné de main de maître, dans le premier livre, les caractères de César et de Pompée; rien n'est plus poétique que ce beau passage dans lequel il compare Pompée à un vieux chêne ruiné par le temps :

>   Totus popularibus auris
> Impelli, plausuque sui gaudere theatri;
> Nec reparare novas vires, multùmque priori
> Credere fortunæ. Stat magni nominis umbra :
> Qualis frugifero quercus sublimis in agro,
> Exuvias veteres populi, sacrataque gestans
> Dona ducum; nec jam validis radicibus hærens,
> Pondere fixa suo est, nudosque per aera ramos
> Effundens, trunco, non frondibus, efficit umbram;
> At quamvis primo nutet casura sub Euro,
> Et circum silvæ firmo se robore tollant,
> Sola tamen colitur. Sed non in Cæsare tantum
> Nomen erat, nec fama ducis; sed nescia virtus
> Stare loco, solusque pudor non vincere bello
> Acer et indomitus *...
>
> (I, 132.)

En considérant l'exécution du poème dans son ensemble, on est obligé d'avouer que le feu poétique de l'auteur n'a pas toujours été dirigé par le

---

* Voyez ci après ce passage traduit par La Harpe.

jugement et par le goût. Son génie a de la force, mais jamais de douceur, jamais d'aménité, jamais de grace. Son style est abondant et fort, mais trop sec, et souvent obscur, parce que le poète courait trop après les expressions saillantes et originales. Comparé à Virgile, Lucain a peut-être plus de grandeur et d'élévation dans les sentiments; mais, du reste, il lui est bien inférieur, sur-tout en pureté, en élégance et en sensibilité.

Blair, *Cours de Rhétorique*.

III.

Il ne serait pas juste de confondre Lucain avec ces auteurs à peu près oubliés. Il a beaucoup de leurs défauts, mais ils n'ont aucune de ses beautés. *La Pharsale* n'est pas non plus un poème épique; c'est une histoire en vers; mais, avec un talent porté à l'élévation, l'auteur a semé son ouvrage de traits de force et de grandeur qui l'ont sauvé de l'oubli.

Dans le dernier siècle, un esprit encore plus boursoufflé que le sien l'a paraphrasé en vers français. Si la version de Brébeuf donna d'abord quelque vogue à Lucain malgré Boileau, c'est qu'alors on aimait autant les vers qu'on en est aujourd'hui rassasié, et que, le bon goût ne faisant que de naître, la déclamation espagnole était encore à la mode. Mais bientôt le progrès des lettres et l'ascendant des bons modèles firent tomber *la Pharsale aux provinces si chère*, comme a dit Despréaux; et, malgré la prédilection de Corneille et quelques vers heureux de Brébeuf, Lucain fut relégué dans la bibliothèque des gens de lettres. De nos jours, la traduction élégante et abrégée qu'en a donnée M. Marmontel l'a fait connaître un peu davantage, mais n'a pu le faire goûter, tandis que tout le monde lit le Tasse dans les versions en prose les plus médiocres. Quelle en pourrait être la raison, si ce n'est que le Tasse attache et intéresse, et que Lucain fatigue et ennuie? Dans l'original il n'est guère lu que des littérateurs, pour qui même il est très pénible à lire.

Cependant il a traité un grand sujet : de temps en temps il étincelle de beautés fortes et originales ; il s'est même élevé jusqu'au sublime. Pourquoi donc, tandis qu'on relit sans cesse Virgile, les plus laborieux latinistes ne peuvent-ils, sans beaucoup d'efforts et de fatigue, lire de suite un chant de Lucain? Quel sujet de réflexion pour les jeunes écrivains, toujours si facilement dupes de tout ce qui a un air de grandeur, et qui s'imaginent avoir tout fait avec un peu d'effervescence dans la tête et quelques morceaux brillants ! Quel exemple peut mieux leur démontrer qu'avec beaucoup d'esprit, et même de talent, on peut manquer de cet art d'écrire, qui est le fruit d'un goût naturel, perfectionné par le travail et par le temps, et qui est indispensablement nécessaire pour être lu? En effet, pourquoi Lucain l'est-il si peu, malgré le mérite qu'on lui reconnaît en quelques parties ? C'est que son imagination, qui cherche toujours le grand, se méprend souvent dans le choix, et n'a point d'ailleurs cette flexibilité qui varie les formes du style, le ton et les mouvements de la phrase, et la couleur des objets ; c'est qu'il manque de ce jugement sain qui écarte l'exagération dans les peintures, l'enflure dans les idées, la fausseté dans les rapports, le mauvais choix, la longueur et la superfluité dans les détails ; c'est que, jetant tous ses vers dans le même moule, et les faisant tous ronfler sur le même ton, il est également monotone pour l'esprit et pour l'oreille. Il en résulte que la plupart de ses beautés sont comme étouffées parmi tant de défauts, et que souvent le lecteur impatienté se refuse à la peine de les chercher et à l'ennui de les attendre.

Tâchons de rendre cette vérité sensible : voyons dans un morceau fidèlement rendu, comment Lucain décrit et raconte. On sent bien que je vais traduire en prose : je ne pourrais autrement remplir mon dessein, car il n'y a que Brébeuf qui puisse prendre sur lui de versifier tant de fatras, et même souvent de charger l'enflure et d'allonger les longueurs de Lucain ; mais on verra aisément, dans cette traduction exacte, ce qu'il faudrait retrancher ou conserver en traduisant en vers.

Je choisis le moment où César, voulant passer d'Épire en Italie sur une barque, est assailli par une tempête, et prononce ce mot fameux adressé au pilote qui tremblait : *Que crains-tu ? Tu portes César et sa fortune.* Voyons comment le poète a traité ce trait d'histoire assez frappant, et quel parti il en a tiré.

« La nuit avait suspendu les alarmes de la guerre
« et amené les instants du repos pour ces malheu-
« reux soldats, qui du moins, dans leur humble
« fortune, ont un sommeil profond. Tout le camp
« était tranquille, et la sentinelle venait d'être re-
« levée à la troisième veille. César s'avance d'un
« pas inquiet dans le vaste silence de la nuit : plein
« de ses projets téméraires, dignes à peine du der-
« nier de ses soldats, il marche sans suite : sa for-
« tune seule est avec lui. Il franchit les tentes des
« gardes endormis, et tout bas il se plaint de leur
« échapper si aisément. Il parcourt le rivage et
« trouve une barque attachée par un câble à un ro-
« cher miné par le temps. Il aperçoit la demeure
« tranquille du pilote, qui n'était pas éloignée :
« c'était une cabane formée d'un tissu de joncs et
« de roseaux, et que la barque renversée défen-
« dait du côté de la mer. César frappe à coups
« redoublés, et ébranle la cabane. Amyclas se lève
« de son lit, qui n'était qu'un amas d'herbes : Quel
« est le malheureux, dit-il, que le naufrage a jeté
« près de ma demeure ? Quel est celui que la for-
« tune oblige d'y chercher du secours ? En disant
« ces mots, il se hâte de rallumer quelques étin-
« celles de feu et se prépare à ouvrir sans rien
« craindre. Il sait que les cabanes ne sont pas la
« proie de la guerre. O précieux avantage d'une
« pauvreté paisible ! ô toit simple et champêtre !
« ô présent des dieux jusqu'ici méconnu ! Quels
« murs, quels temples n'auraient pas tremblé,
« frappés par la main de César ? La porte s'ouvre.

« Attends-toi, dit-il, à des récompenses que tu
« n'oserais espérer. Tu peux prétendre à tout si tu
« veux m'obéir et me transporter en Italie. Tu ne
« seras pas obligé de nourrir ta vieillesse du pro-
« duit de ta barque et du travail de tes mains. Ne
« te refuse pas aux dieux qui veulent te prodiguer
« les richesses. Ainsi parlait César : couvert de
« l'habit d'un soldat, il ne pouvait perdre le ton
« d'un maître. Amyclas lui répond : Beaucoup de
« raisons m'empêcheraient de me confier cette
« nuit à la mer. Le soleil en se couchant était en-
« vironné de nuages, ses rayons partagés sem-
« blaient appeler d'un côté le vent du midi, et de
« l'autre le vent du nord ; et même, au milieu de
« sa course, sa lumière était faible, et pouvait
« être regardée d'un œil fixe. La lune n'a point jeté
« une clarté brillante, son croissant n'était point
« net et serein, sa rougeur présageait un vent vio-
« lent, et, devenue pâle, elle se cachait tristement
« dans les nuages. Le gémissement des forêts, le
« bruit des flots qui battent le rivage, les dau-
« phins qui s'en approchent, ne m'annoncent rien
« d'heureux. J'ai remarqué avec inquiétude que le
« plongeon cherche le sable, que le héron n'ose
« élever dans l'air ses ailes mouillées, et que la
« corneille, se plongeant quelquefois dans l'eau,
« comme si elle se préparait à la pluie, rase les
« rivages d'un vol incertain. Mais si de grands in-
« térêts l'exigent, j'oserai me mettre en mer, j'a-
« borderai où vous me l'ordonnerez, ou bien les
« vents et les flots s'y opposeront. Il dit, et, déliant

« sa barque, il déploie la voile. A peine fut-elle
« agitée, que non-seulement les étoiles errantes
« parurent se disperser et tracer divers sillons,
« mais même que celles qui sont immobiles sem-
« blèrent s'ébranler. Une affreuse obscurité cou-
« vrait la surface des mers; on entendait bouillon-
« ner les vagues amoncelées et menaçantes, déjà
« maîtrisées par les vents, sans savoir encore
« auquel elles allaient obéir. Le pilote tremblant
« dit à César : Vous voyez ce qu'annoncent les
« menaces de la mer. Je ne sais si elle est agitée par
« le vent d'orient ou d'occident, mais ma barque
« est battue de tous les côtés, le ciel et les nuages
« semblent en proie au vent du midi : si j'en crois
« le bruit des flots, ils sont poussés par le vent
« du nord. Nous n'avons aucun espoir d'aborder
« aujourd'hui en Italie, ni même d'y être poussés
« par le naufrage. Le seul moyen de salut qui nous
« reste, c'est de renoncer à notre dessein et de
« retourner sur nos pas. Regagnons le rivage,
« de peur que bientôt il ne soit trop loin de
« nous.

« César, se croyant au-dessus de tous les périls
« comme il était au-dessus de toutes les craintes,
« répond au nautonnier : Ne crains point le cour-
« roux des flots ; abandonne ta voile au vent fu-
« rieux. Si les astres te défendent de voguer vers
« l'Italie, vogue sous mes auspices. Tu n'aurais
« aucun effroi, si tu connaissais celui que tu por-
« tes. Sache que les dieux ne m'abandonnent ja-
« mais, et que la fortune me sert mal lorsqu'elle

« ne va pas au-devant de mes vœux. Avance au
« travers des tempêtes, et ne crains rien sous ma
« sauvegarde. Cette tourmente qui menace les cieux
« et les mers ne menace point la barque où je suis :
« elle porte César, et César la garantit de tous les
« périls. La fureur des vents ne tardera pas à se
« ralentir. Ce navire rendra le calme à la mer. Ne
« te détourne point de ton chemin ; évite les côtes
« les plus prochaines, et sache que tu arriveras au
« port de Brindes lorsqu'il n'y aura plus pour nous
« d'autre espoir desalut que d'y arriver. Tu ignores
« ce qu'apprête tout ce grand bruit : si la fortune
« ébranle le ciel et les mers, c'est qu'elle cherche
« à me servir. Comme il parlait encore, un coup
« de vent vint frapper le navire, brisa les cordages
« et fit voler les voiles au-dessus du mât ébranlé.
« La barque retentit de cette violente secousse, et
« bientôt tous les orages réunis viennent fondre
« sur elle du bout de l'univers. Le vent du cou-
« chant lève le premier sa tête de l'Océan atlanti-
« que, et entasse les flots les uns sur les autres com-
« me un amas de rochers. Le froid Borée court à
« sa rencontre, et repousse la mer, qui long-temps
« suspendue, ne sait de quel côté retomber. Mais
« la fureur de l'Aquilon l'emporte : il fait tournoyer
« les flots, et les sables découverts paraissent for-
« mer des gués. Borée ne pousse point les flots
« contre les rochers ; il les brise contre ceux qu'en-
« traîne son rival, et la mer soulevée pourrait com-
« battre contre elle-même sans le secours des
« vents. Celui d'orient ne demeura pas oisif, et

« celui du midi, surchargé de nuages, ne resta pas
« dans les antres d'Éole : chacun d'eux soufflant
« avec violence du côté qu'il défendait, la mer se
« contint dans ses limites, au lieu que les tempê-
« tes mêlent le plus souvent les flots des différen-
« tes mers, tels que ceux de la mer Égée et de la
« mer de Toscane, ceux de la mer ionienne et du
« golfe adriatique. Combien de fois ce jour vit les
« montagnes couvertes de flots ! Combien de hau-
« teurs parurent s'abîmer dans la mer ! Toutes les
« eaux du monde abandonnèrent leurs rivages.
« L'Océan lui-même, si rempli de monstres, et qui
« entoure ce globe, semble se confondre dans une
« seule mer. Ainsi jadis le roi de l'Olympe se-
« conda du trident de son frère ses foudres fati-
« guées, et la terre parut réunie au partage de Nep-
« tune lorsqu'il l'inonda de ses eaux, et qu'il ne
« voulut d'autre rivage que la hauteur des cieux.
« De même en ce jour la mer se serait élevée jus-
« qu'aux astres, si Jupiter ne l'eût accablée du
« poids des nuages. Ce n'était point une nuit or-
« dinaire qui se répandit sur le monde : les ténè-
« bres livides et affreuses couvraient profondément
« les eaux et le ciel. L'air était affaissé sous les
« eaux, et les flots allaient se grossir dans les airs.
« La lueur effrayante des éclairs s'éteignait dans
« cette nuit, et ne jetait qu'un sillon obscur. La
« demeure des dieux est ébranlée, l'axe du monde
« retentit, les pôles chancèlent, et la nature crai-
« gnit le chaos. Les éléments semblent avoir rom-
« pu les liens qui les unissaient, et tout prêts à

« ramener la nuit éternelle qui confond les cieux
« et les enfers. S'il reste aux humains quelque es-
« poir de salut, c'est parce qu'ils voient que le
« monde n'est pas encore brisé par ces secousses
« terribles. Les nochers tremblants, élevés sur la
« cime des vagues regardent les abîmes de la mer
« d'aussi haut qu'on la découvre des sommets de
« Leucate; et, lorsque les flots viennent à se rou-
« vrir, à peine le mât du navire paraît-il au-des-
« sus d'eux, tantôt ses voiles touchent aux nues,
« tantôt sa quille touche à la terre; la mer est d'un
« côté abaissée jusqu'aux sables, de l'autre elle
« est amoncelée, et paraît tout entière dans les va-
« gues. La crainte confond toutes les ressources
« de l'art, et le pilote ne sait à quels flots il doit
« céder, et quels il doit repousser. L'opposition des
« vents le sauva : les vagues luttant avec une force
« égale, soutinrent le navire, et repoussé toujours
« du côté où il tombait, il est balancé sous l'ef-
« fort des vents. Le nautonnier ne craignait pas
« d'être jeté vers l'île de Sason, entourée de gués,
« ni sur les côtes de Thessalie, hérissée de ro-
« chers, ni dans le détroit redouté d'Ambracie ; il
« ne craignait que d'aller heurter les monts Cé-
« rauniens.

« César crut avoir trouvé des périls dignes de
« son destin. C'est donc, se dit-il à lui-même, un
« grand effort pour les dieux de détruire César,
« puisque, assis dans une frêle nacelle, ils m'atta-
« quent avec la mer et les tempêtes ! Si la gloire
« de ma perte est réservée à Neptune, s'il m'est

« refusé de mourir sur un champ de bataille, ô
« dieux ! je recevrai sans crainte le trépas que vous
« voudrez me donner. Quoique la Parque, en pré-
« cipitant ma dernière heure, m'enlève aux plus
« grands exploits, j'ai cependant assez vécu pour
« ma gloire. J'ai dompté les nations du nord ; j'ai
« vaincu Rome par le seul effroi de mon nom :
« Rome a vu Pompée au-dessous de moi. Ses ci-
« toyens obéissants m'ont donné les faisceaux qu'ils
« m'avaient refusés pendant que je combattais pour
« la patrie ; tous les titres de la puissance romaine
« m'ont été prodigués. Que tous les humains igno-
« rent, hors toi seule, ô Fortune, confidente de
« tous mes vœux ! que César, quoique consul et
« dictateur, meurt trop tôt, puisqu'il n'est pas en-
« core maître du monde. Je n'ai pas besoin de fu-
« nérailles. O dieux ! laissez dans les flots mon ca-
« davre défiguré. Je ne demande ni tombeau ni
« bûcher, pourvu que de tous les côtés de l'uni-
« vers on attende César en tremblant. A peine
« avait-il dit ces mots, qu'une vague énorme
« enleva la barque sans la renverser, et la porta
« sur un rivage où il n'y avait ni écueils ni ro-
« chers. Tant de grandeurs, tant de royaumes, sa
« fortune, enfin, tout lui fut rendu en touchant la
« terre. »

Il n'y a personne qui, dans un morceau de cette
étendue, ne puisse reconnaître tous les défauts du
style de Lucain ; personne qui n'ait été blessé de
tant d'hyperboles portées jusqu'à l'extravagance ; de
tant de prolixité dans les détails, poussée jusqu'au

plus intolérables excès ; de ce ridicule combat des vents personnifiés si froidement et si mal à propos ; de cette enflure gigantesque, qui est l'opposé de toute raison et de toute vérité. Quoi de plus déplacé que cette verbeuse fanfaronnade de César, substituée au mot sublime que l'histoire lui fait prononcer ?* combien le pilote doit trouver ce langage ridicule, jusqu'au moment où César se nomme ! et même, quand il s'est nommé, il ne doit pas l'y reconnaître. Celui qui dit : Je commande à la Fortune, doit passer pour fou ; mais celui qui au milieu du péril peut dire, en faisant connaître à la fois son nom et son caractère : *Que crains-tu ? Je suis César*, en impose à tout mortel qui connaît ce nom, et lui fait oublier le danger. Le goût n'est pas moins blessé de cette longue énumération de tous les présages du mauvais temps ; et sur-tout il ne faut pas détailler tant de raisons de rester au port, quand on finit par s'embarquer. Quatre mots devaient suffire, et, dans des circonstances si pressantes, l'impatience de César ne doit pas lui permettre d'en entendre davantage. Je ne dis rien de la tempête. Ébranler la terre et le ciel, soulever toutes les mers du globe, faire craindre à la nature de retomber dans le chaos, et tout cela pour décrire le péril d'une nacelle battue d'un orage dans la petite mer d'Épire, est d'abord une description absolument fausse en physique ; c'est le plus étrange abus des figures ; et, de plus c'est manquer le but principal. Cette description si longue et si ampoulée fait trop oublier César

* Blair fait la même observation dans *Sa leçon sur le sublime*. H. P.

et c'est de César sur-tout qu'il fallait nous occuper. Quand la flotte d'Énée est assaillie par la tempête, douze vers suffisent à Virgile pour faire un tableau de l'expression la plus vive et la plus frappante. Un orage, décrit avec la même vérité et la même force, eût suffi pour nous faire trembler sur le sort d'un grand homme prêt à voir un moment d'imprudence anéantir de si grandes destinées. Et combien le tableau aurait été encore plus frappant, si dans cet endroit de son poème, comme dans beaucoup d'autres, Lucain eût employé la fiction dont il a été partout trop avare! s'il nous eût représenté l'Olympe attentif et partagé, les dieux observant avec curiosité si l'âme de César éprouverait un moment de trouble et de frayeur, incertains eux-mêmes si les flots n'engloutiraient point le maître qui menaçait le monde, et si Neptune n'effacerait pas du livre des Destins le jour de Pharsale et l'esclavage de Rome!

Quoique le vice essentiel de Lucain soit ordinairement de passer la mesure en tout, il ne faut pas croire pourtant qu'il la passe toujours au même degré. Il a des morceaux où les beautés l'emportent de beaucoup sur les défauts, sur-tout dans la peinture des caractères. Tel est, par exemple, l'éloge funèbre de Pompée, prononcé par Caton; tel est le portrait de Caton lui-même, et le tableau de ses noces avec Marcie; sa marche dans les sables d'Afrique, et sa belle réponse au beau discours de Labiénus sur l'oracle de Jupiter Ammon; tels sont principalement les portraits de César et de Pompée, mis en opposition dans le premier livre, et qui sont à mon gré ce que Lucain a de mieux écrit[*]. Ce sont ces beautés d'un caractère mâle et neuf qui l'ont rendu digne des regards de la postérité, et qu'il est juste de vous faire connaître, au moins autant qu'il m'est possible, dans une imitation très libre, telle que doit être celle d'un écrivain qui n'est pas un modèle.

Pompée avec chagrin voit ses travaux passés
Par de plus grands exploits tout près d'être effacés.
Par dix ans de combats la Gaule assujettie,
Semble faire oublier le vainqueur de l'Asie;
Et des braves Gaulois le hardi conquérant
Pour la seconde place est désormais trop grand.
De leurs prétentions la guerre enfin va naître :
L'un ne veut point d'égal, et l'autre point de maître.
Le fer doit décider, et ces rivaux fameux
D'un suffrage imposant s'autorisent tous deux :
Les dieux sont pour César, mais Caton suit Pompée.
L'un contre l'autre enfin prêts à tirer l'épée,
Dans le champ des combats ils n'entraient pas égaux.
Pompée oublia trop la guerre et les travaux :
La voix de ses flatteurs endormit sa vieillesse;
De la faveur publique il savoura l'ivresse;
Et, livré tout entier aux vains amusements,
Aux jeux de son théâtre, aux applaudissements,
Il n'a plus les élans de cette ardeur guerrière,
Ce besoin d'ajouter à sa gloire première;
Et, fier de son pouvoir, sans crainte et sans soupçon,
Il vieillit en repos, à l'ombre d'un grand nom.
Tel un vieux chêne, orné de dons et de guirlandes,
Et, du peuple et des chefs étalant les offrandes,

[*] Voyez encore un beau passage de *la Pharsale* cité par Voltaire, dans son jugement sur le Tasse.   F.

Miné dans sa racine et par les ans flétri,
Tient encor par sa masse au sol qui l'a nourri.
Ses longs rameaux noircis s'étendent sans feuillage;
Mais son tronc dépouillé répand un vaste ombrage;
D'une forêt pompeuse il s'élève entouré;
Mais seul, près de sa chute, il est encor sacré.
César a plus qu'un nom, plus que sa renommée :
Il n'est point de repos pour cette âme enflammée.
Attaquer et combattre, et vaincre et se venger,
Oser tout, ne rien craindre et ne rien ménager,
Tel est César. Ardent, terrible, infatigable,
De gloire et de succès toujours insatiable,
Rien ne remplit ses vœux, ne borne son essor;
Plus il obtient des dieux, plus il demande encor.
L'obstacle et le danger plaisent à son courage,
Et c'est par des débris qu'il marque son passage.
Tel, échappé du sein d'un nuage brûlant,
S'élance avec l'éclair un foudre étincelant :
De sa clarté rapide il éblouit la vue;
Il fait des vastes cieux retentir l'étendue;
Frappe le voyageur par l'effroi renversé,
Embrase les autels du dieu qui l'a lancé,
De la destruction laisse partout la trace,
Et, rassemblant ses feux, remonte dans l'espace.

Voyons-le dans la description des prodiges qui annonçaient la guerre civile. On s'attend bien qu'un morceau de cette nature doit être beaucoup trop long chez lui; mais, resserré de moitié et réduit aux traits les plus frappants, il peut produire de l'effet :

Les dieux mêmes, les dieux, qui, pour mieux nous punir,
Souvent à nos frayeurs découvrent l'avenir,

De prodiges sans nombre avaient rempli la terre :
Le désordre du monde annonçait leur colère.
Des astres inconnus éclairèrent la nuit,
Et dans un ciel serein la foudre retentit.
Le soleil, se cachant sous des vapeurs funèbres,
Fit craindre aux nations d'éternelles ténèbres.
L'étoile aux longs cheveux, signal des grands revers,
En sillons enflammés courut au haut des airs.
Phœbé pâlit soudain, et, perdant sa lumière,
Couvrit son front d'argent de l'ombre de la terre.
Vulcain, frappant l'Etna de ses pesants marteaux,
Réveilla le Cyclope au fond de ses cachots.
L'Etna s'ouvre et mugit ; de sa cime béante
Descend à flots épais une lave brûlante.
L'Apennin rejeta, de ses sommets tremblants,
Les glaçons sur sa tête amassés par les ans ;
L'aboyante Scylla, qui hurle sous les ondes,
Roula des flots de sang dans ses grottes profondes.
La nature a changé sous le courroux des cieux,
Et la mère frémit de son fruit monstrueux.
On entendait gémir des urnes sépulcrales.
Secouant dans ses mains deux torches infernales,
Le front ceint de serpents et l'œil armé d'éclairs,
De son haleine impure empoisonnant les airs,
Courait autour des murs une affreuse Euménide :
La terre s'ébranlait sous sa course rapide.
Le Tibre sur ses bords voyait de nos héros
S'agiter à grand bruit les antiques tombeaux.
Jusque dans nos remparts des ombres s'avancèrent.
Les mânes de Sylla dans les champs s'élevèrent,
D'une voix lamentable annonçant le malheur.
Du soc de la charrue, on dit qu'un laboureur
Entr'ouvrit une tombe, et, saisi d'épouvante,

Vit Marius lever sa tête menaçante,
Et, les cheveux épars, le front cicatrisé,
S'asseoir, pâle et sanglant, sur son tombeau brisé.

Rien n'est plus connu que le mot de Quintilien, qui range Lucain parmi les orateurs plutôt que parmi les poètes : *Oratoribus magis quàm poetis annumerandus.* C'est faire l'éloge de ses discours ; et, en effet, il est supérieur dans cette partie : non qu'en faisant parler ses personnages, il soit exempt de cette déclamation qui gâte son style quand il les fait agir ; mais en général ses discours ont de la grandeur, de l'énergie et du mouvement.

On lui a reproché avec raison de manquer de sensibilité, d'avoir trop peu de ces émotions dramatiques qui nous charment dans Homère et Virgile. Il s'offrait pourtant dans son sujet des morceaux susceptibles de pathétique ; mais la roideur de son style s'y refuse le plus souvent, et, dans ce genre, il indique plus qu'il n'achève. La séparation de Pompée et de Cornélie, quand il l'envoie dans l'île de Lesbos, et les discours qui accompagnent leurs adieux, sont à peu près le seul endroit où le poète rapproche un moment l'épopée de l'intérêt de la tragédie ; encore laisse-t-il beaucoup à désirer.

Autant on lui sait gré d'avoir supérieurement colorié le portrait de César au commencement de son ouvrage, autant on est choqué de voir à quel point il défigure dans toute la suite du poème ce caractère, d'abord si bien tracé. C'est la seule exception que l'on doive faire aux éloges qu'il a généralement mérités dans cette partie ; mais ce reproche est grave, et ne peut même être excusé par la haine, d'ailleurs louable, qu'il témoigne partout contre l'oppresseur de la liberté. Je trouve tout simple qu'un républicain ne puisse pardonner à César la fondation d'un empire dont avait hérité Néron ; mais il pouvait se borner sagement à déplorer le malheureux usage des talents extraordinaires et des rares qualités que César tourna contre son pays, après s'en être servi pour le défendre et l'illustrer. Il faut être juste envers tout le monde, et considérer combien de circonstances peuvent, non pas justifier, mais du moins excuser sa conduite. Il est certain qu'il était perdu s'il eût renvoyé son armée avant de passer le Rubicon. La haine de ses ennemis servit la fortune qui le conduisait. L'aveugle partialité du sénat en faveur de Pompée, la faiblesse de Cicéron pour cette ancienne idole qu'il avait décorée, la vieille haine de l'austère Caton contre le voluptueux César, poussèrent hors de toute mesure ce premier corps de la république, dont toutes les démarches furent alors autant de fautes. Ce sénat consentait à flatter l'orgueil de Pompée, qui voulait être le premier de l'état, et condamnait en même temps la fierté de César, qui refusait d'être le second. La situation entre ces deux hommes puissants était sans doute délicate ; mais s'il y avait un parti sage, c'était, ce me semble, de tenir la balance entre eux, afin de les contenir l'un par l'autre : la faire pencher absolument d'un côté, c'était rendre la rupture inévitable, et nécessiter une guerre qui devait finir, comme Cicéron lui-même l'avoue dans ses lettres, par donner un maître à Rome. Quand on considère les motifs de la conduite des sénateurs, on n'y trouve pas plus de justice que de prudence. La préférence qu'ils donnaient à Pompée n'avait pour fondement que leur aversion patricienne pour un chef du parti du peuple; et l'animosité des anciennes querelles de Marius et de Sylla subsistait dans ce corps, qui, après de si terribles exemples, aurait dû ne chérir que la liberté, ne haïr que la tyrannie. Au contraire, ils abandonnaient à Pompée un pouvoir illégal et excessif, parce qu'il était le chef du parti des grands et prince du sénat. César, qui croyait valoir au moins Pompée, ne voulait pas souffrir qu'il y eût dans Rome un citoyen assez puissant pour opprimer Rome et César. Toutes les propositions qu'il fit étant encore à la tête de ses légions, et avant de passer le Rubicon, avaient un motif très plausible : c'était d'établir l'égalité, et de le mettre en sûreté contre ses ennemis. Je crois bien qu'il ne faisait ces propositions qu'avec la certitude d'être refusé, et qu'au fond il voulait régner. Mais ses ennemis firent tout ce qu'il fallait pour lui fournir le prétexte toujours imposant de la défense naturelle. Il offrait de poser les armes pourvu qu'on lui accordât le consulat et le triomphe. Il avait mérité tous les deux, et avait besoin de la puissance consulaire pour faire tête à ceux qui voulaient le perdre. Pompée, accoutumé depuis dix ans à régner paisiblement dans Rome, pendant que César conquérait les Gaules, ne put soutenir l'idée d'y voir rentrer César triomphant, revêtu de tout l'éclat et armé de tout le crédit que devaient lui donner dix années de victoires, ses talents et sa renommée. Le sénat, accoutumé à la domination tranquille de Pompée, qu'il regardait comme la sienne, ne vit l'approche de César qu'avec effroi. On lui refusa tout ce qu'il demandait légalement, en même temps qu'on mettait entre les mains de Pompée des commandements et des forces extraordinaires. Il semblait qu'on ne voulût tout prodiguer à l'un que pour accabler l'autre; et ce qui paraîtrait inconcevable, si l'on ne voyait de pareilles inconséquences dans l'histoire de tous les gouvernements, on poussait à bout un homme dont on croyait avoir tout à craindre, sans prendre aucune mesure pour le repousser et le combattre. César, qui se sentait en état de se faire justice, n'eut pas, il est vrai, la dangereuse magnanimité de se remettre entre les mains de ses ennemis. Il osa tout ce qu'il pouvait, et l'on sait quelle en fut la suite. Il paraît que la supériorité constante qu'il porta dans toute cette guerre jusqu'à la journée de Pharsale, fut sur-tout celle de son caractère; c'est par là qu'il l'emportait sur Pompée, encore plus peut-être que par les talents militaires; car, de ce côté, il se peut bien qu'en ne jugeant que par l'évènement, on ait trop rabaissé le vaincu devant le vainqueur. Sa fuite précipitée d'Italie en Épire montre en effet qu'il n'avait rien préparé pour soutenir la guerre en Italie; mais en la transportant en Grèce, il fit voir bientôt qu'il avait pris le seul parti convenable, et qu'il connaissait toutes ses ressources. Il s'en procura d'immenses, une puissante armée, une flotte nombreuse, des vivres en abondance, tout le pays à ses ordres; et le plan de campagne qu'il adopta en conséquence de ses avantages lui a fait honneur auprès des juges de l'art. Il sentit la supériorité que devaient avoir en plaine les vieilles bandes de César, qui, après les dix années de la guerre des Gaules, devaient nécessairement l'emporter par les manœuvres, l'expérience et la fermeté dans l'action.

Il résolut donc d'éviter les batailles, de fatiguer et d'affamer son ennemi. César ne commit qu'une faute (eh! qui n'en commet pas?): il étendit trop ses lignes à Durazzo; Pompée sut en profiter: il força ces lignes, et l'attaqua avec tant d'avantage, que la tête tourna entièrement à ces fameux vétérans de César (tant la position fait tout!), et que, pour la première fois, ils prirent la fuite avec la dernière épouvante. Tous les historiens conviennent, et César lui-même, suivant le récit d'Asinius Pollion, avoua qu'il était perdu, si Pompée avait poussé sa victoire ce jour-là, et attaqué sur-le-champ le reste de l'armée retirée dans ses retranchements. Mais l'activité et l'audace ne sont pas ordinairement les qualités d'un vieux général. Pompée ne fit pas tout ce qu'il pouvait faire; et ce qui est bien remarquable, ce fut précisément cette victoire de Durazzo qui le fit battre à Pharsale. Elle inspira une confiance follement présomptueuse à tous les chefs de l'armée et du conseil de Pompée. Ils se regardèrent dès-lors comme triomphants. Las d'une guerre qui les éloignait trop long-temps des délices de Rome, ils accusèrent le général de la prolonger pour ses propres intérêts. Il n'eut pas la force de résister à leurs reproches, et de suivre le plan qui lui avait si bien réussi; et au moment où César était très embarrassé de sa situation, il vit tout d'un coup, avec autant de surprise que de joie, Pompée quitter les hauteurs, et descendre en plaine pour livrer bataille. Ce fut là une faute capitale. Un moment de faiblesse lui fit perdre le fruit d'une très belle campagne et de quarante ans de gloire. Voilà ce que produit le défaut de caractère, et ce que César n'eût jamais fait. Dès ce moment Pompée ne fut plus lui-même; et en consentant à la bataille et en la donnant, il ne fit plus rien qui fût digne ni d'un général ni d'un grand homme. On combattait encore lorsqu'il se retira dans sa tente comme un homme qui a perdu la tête. Sa fuite fut honteuse et désespérée, comme celle d'un homme qui, toujours heureux jusque-là, ne se trouve point de force contre un premier revers. Il lui restait de grandes ressources; il n'en saisit aucune. Il pouvait se jeter sur sa flotte, qui était formidable, prolonger la guerre sur mer contre un ennemi qui avait peu de vaisseaux, et remettre en balance ce qui semblait avoir été décidé à Pharsale. Ses lieutenants firent encore la guerre long-temps après lui, tandis qu'il allait comme un avanturier se mettre à la merci d'un roi enfant, conduit par des ministres barbares. Il trouva la mort en Égypte pendant que César laissait la vie à tous ceux qui tombaient entre ses mains. On sait jusqu'où il porta sa clémence. On sait qu'à Pharsale même, au fort de l'action, il donna l'ordre de faire quartier à tout citoyen romain qui se rendrait, et de ne faire main-basse que sur les troupes étrangères. Après cela, comment n'être pas révolté lorsque Lucain se plaît à le représenter partout comme un tyran féroce et un vainqueur sanguinaire; lorsqu'il le peint se rassasiant de carnage, observant ceux des siens dont les épées sont plus ou moins teintes de sang, et ne respirant que la destruction! La poésie n'a point le droit de dénaturer ainsi un caractère connu, et de contredire des faits prouvés: c'est un mensonge, et non pas une fiction. Il n'est permis de calomnier un grand homme ni en prose ni en vers.

Encore une observation sur cette différence de caractère entre Pompée, trop long-temps accoutumé à être prévenu par la fortune, et César accoutumé à la maîtriser et à la dompter. L'un jette son manteau de pourpre pour s'enfuir du champ de bataille où l'on se bat encore pour lui; et l'autre, à la journée de Munda, voyant ses vétérans s'ébranler après six heures de combat, prend le parti de se jeter seul au milieu des ennemis, ramène ainsi ses troupes à la charge, et retrouve la victoire en exposant sa vie. On conçoit, par ce contraste, lequel de ces deux hommes devait l'emporter sur l'autre.

Il n'y a guère de sujet plus grand, plus riche, plus capable d'élever l'âme, que celui qu'avait choisi Lucain. Les personnages et les évènements imposent à l'imagination, et devaient émouvoir la sienne; mais il avait plus de hauteur dans les idées que de talent pour peindre et pour imaginer. On a demandé souvent si son sujet lui permettait la fiction. On peut répondre d'abord que Lucain lui-même n'en doutait pas, puisqu'il l'a employée une fois quoique d'ailleurs il n'ait fait que mettre l'histoire en vers. Il est vrai que les fables de *L'Odyssée* figureraient mal à côté d'un entretien de Caton et de Brutus; mais c'eût été l'ouvrage du génie et du goût de choisir le genre de merveilleux convenable au sujet. Les Dieux et les Romains ne pouvaient-ils pas agir ensemble sur une même scène, et être dignes les uns des autres? Le Destin ne pouvait-il pas être pour quelque chose dans ces grands démêlés où était intéressé le sort du monde? Enfin le fantôme de la Patrie en pleurs qui apparaît à César aux bords du Rubicon, cette belle fiction, malheureusement la seule que l'on trouve dans *la Pharsale*, prouve assez quel parti Lucain aurait pu tirer de la fable sans nuire à l'intérêt ni à la dignité de l'histoire.

Il est mort à vingt-sept ans; et cela seul demande grace pour les fautes de détail qu'une révision plus mûre pouvait effacer ou diminuer, mais ne saurait l'obtenir pour la nature du plan, dont la conception n'est pas épique, ni pour le ton général de l'ouvrage, qui annonce un défaut de goût trop marqué pour que l'on puisse croire que l'auteur eût jamais pu s'en corriger entièrement.[*]

LA HARPE, *Cours de Littérature.*

---

[*] M. Lemercier, dans son *Cours de Littérature*, t. III et IV, a analysé avec un soin particulier plusieurs des beaux morceaux de Lucain. Nous y renvoyons nos lecteurs, ainsi qu'à l'article ÉPOPÉE, par Marmontel, et au jugement de Voltaire sur Le Tasse.

LUCE DE LANCIVAL (JEAN-CHARLES-JULIEN), poète français, né en 1766 à Saint-Gobin en Picardie, fit d'excellentes études à Paris, au collège de Louis-le-Grand, et signala sa rhétorique par un poème latin, sur la mort de l'impératrice Marie-Thérèse, qui lui valut du roi de Prusse une lettre et un présent.

La paix de septembre 1783 lui inspira un autre poème latin, qui consolida sa jeune renommée, et, à peine âgé de vingt-deux ans, il obtint la chaire de rhétorique au collège de Navarre.

L'amitié de M. de Noé vint bientôt détourner Luce de Lancival d'une carrière qu'il était destiné à parcourir avec éclat, et il suivit en 1787, dans son diocèse, le vertueux évêque de Lescar, qu'il n'abandonna que lorsque des circonstances impérieuses l'y obligèrent.

La révolution ne le compta pas dans ses rangs. Il s'était voué à la retraite pour cultiver la poésie, et ne reparut qu'à la fin des troubles politiques, pour professer les belles-lettres au Prytanée (aujourd'hui collège de Louis-le-Grand).

Luce de Lancival était d'un caractère aimable et d'un esprit fertile en saillies; nous en donnerons pour exemple ce trait peu connu : lorsqu'il revint à Paris, sous le consulat, il prit un modeste logement qui ne l'empêcha pas d'être imposé au-dessus de ses moyens. Notre poète va réclamer auprès de l'autorité pour obtenir un dégrèvement d'impositions. « Monsieur, dit-il au chef de bureau, en frappant sur sa jambe de bois, j'habite ordinairement la campagne, et vous voyez qu'ici je n'ai qu'un pied à terre. »

Une affreuse maladie dont il avait déjà ressenti les atteintes depuis une vingtaine d'années, le conduisit au tombeau le 17 août 1810, au moment où les chirurgiens se disposaient à lui amputer l'autre cuisse.

Luce de Lancival a laissé un poème sur *le Globe* (1784); *Épître à Clarisse sur les dangers de la coquetterie*, suivie d'une *épître à l'ombre de Caroline*; *Folliculus*, poème en quatre chants, contre Geoffroy, qui l'avait maltraité dans le *Journal des Débats*; *Éloge de M. de Noé*, couronné par l'Académie de l'Yonne (Auxerre, 1804); *Achille à Scyros*, poème imité de Stace. (Paris, 1807) *; et plusieurs tragédies, dont la plus remarquable est celle d'*Hector*, en 5 actes, tragédie *véritablement homérique*, suivant l'expression de M. Villemain, et que Napoléon récompensa d'une pension de 6000 fr, et de la croix d'honneur.

Ses autres tragédies sont : *Mucius-Scévola*, en 3 actes (1793); *Hormisdas*, en 3 actes, non représentée, imprimée en 1814; *Archibald*, en 3 actes; *Fernandez*, en 3 actes (1797); *Périandre*, en 5 actes (1798); une tragédie en manuscrit, intitulée

---

* « L'auteur, dit Chénier dans son *Tableau de la Littérature française*, « doit beaucoup à l'*Achille* de Stace; mais il a lui-même inventé plusieurs « incidents, et de nombreux détails lui appartiennent. Le style n'est pas « exempt de recherche, le poème offre peu d'action pour six chants, peut-« être même est-il défectueux dans son ordonnance, mais on y trouve des « traits ingénieux, d'agréables descriptions, des tirades bien versifiées. »
M. Dussault a fait dans ses *Annales Littéraires*, une critique très sévère du poème de Luce de Lancival. E.

Cosroës, qui était digne de soutenir le succès d'*Hector*.

Il avait fait une excursion dans le domaine de Thalie, par sa comédie du *Lord impromptu*, en 4 actes et en vers, tirée du roman de Cazotte.

Le mariage de Napoléon lui inspira encore un discours latin. Ce fut le chant du cygne; il eut la consolation d'apprendre, la surveille de sa mort, que l'université l'avait couronné.

En sa qualité de professeur, Luce de Lancival a prononcé plusieurs discours dans des distributions de prix. Nourri de la lecture des anciens, il s'était pénétré de leur génie, et savait analyser avec un art admirable, les beautés de leurs ouvrages. Sa voix, belle et sonore, donnait un charme puissant à sa déclamation. Plus d'une fois, pendant l'été, la cour du collège de Louis-le-Grand se remplit d'auditeurs, qui, ne pouvant entrer dans sa classe, écoutaient en silence ses improvisations éloquentes.

MORCEAUX CHOISIS.

I. L'Éducation d'Achille.

Quand, du sein maternel, porté dans ce séjour
Où mes premiers regards se sont ouverts au jour,
Ce vieillard vertueux, qui m'a servi de père,
Eut daigné m'accueillir, on dit qu'un soin sévère
De ma bouche écarta ce nectar nourricier,
Doux tribut qu'une mère aime tant à payer,
Et tous ces aliments, vulgaire nourriture,
Qu'offre aux faibles humains l'indulgente nature.
Aux cris de mes besoins sans cesse renaissants,

Ni Cérès, ni Bacchus, n'apportaient leurs présents;
Mais des lions, des ours, mes lèvres dévorantes
Suçaient le sang, pressaient les chairs encor vivantes;
Et ce repas sauvage, il fallait l'acheter.
Sur les pas du Centaure il fallait affronter
D'une mer en courroux l'effrayante menace,
Le fracas d'un torrent qui, sur des monts de glace,
De rochers en rochers tombe, écume et mugit;
Rire au tigre qui gronde, au lion qui rugit;
Ou seul, d'une forêt profonde, spacieuse,
Contempler sans pâlir l'horreur silencieuse.
D'une armure bientôt mon corps soutint le poids,
Mon bras un bouclier, mon épaule un carquois;
Bientôt je marchai ceint de ma première épée,
Et je la rapportai d'un noble sang trempée.
Je bravais des saisons les outrages divers,
L'air brûlant des étés, la glace des hivers.
Sur un lit de duvet bercé par la mollesse,
Jamais un doux concert n'endormit ma paresse :
Sur la pointe d'un roc j'aimais à sommeiller,
Et le bruit des torrents ne pouvait m'éveiller.

 Ainsi coulaient pour moi les beaux jours de l'enfance;
Ainsi je préludais à mon adolescence.
J'appris alors à vaincre un coursier indompté :
Sur sa croupe rebelle avec orgueil monté,
Tantôt je devançais les cerfs, ou le Lapithe
Qui d'un pas effrayé précipitait sa fuite :
Et tantôt je suivais, d'un élan aussi prompt,
Le vol d'un trait ailé qu'avait lancé Chiron.
Souvent dans la saison au repos consacrée,
Quand du fleuve engourdi le souffle de Borée
A peine avait fixé le crystal frémissant,
Un regard de Chiron sur ce miroir glissant

M'ordonnait de courir, sans que mon pas agile
Blessât en l'effleurant son écorce fragile :
C'étaient là mes plaisirs. Dirai-je mes combats,
Mes dangers, Pélion dépeuplé par mon bras,
Et ses bois étonnés de leur vaste silence?
Je n'aurais point osé déshonorer ma lance
En frappant ou le lynx qui me voit, tremble et fuit,
Ou le cerf innocent qu'effarouche un vain bruit :
Il fallait braver l'ours à la forme effrayante,
Le sanglier armé de sa dent foudroyante,
D'un carnage récent le tigre ensanglanté.
Ce n'était rien, d'Alcide émule redouté,
Il fallait terrasser une lionne mère,
De son corps hérissé défendant son repaire,
Roulant d'un air affreux ses regards menaçants,
Épouvantant l'écho de ses rugissements.

Enfin l'âge m'ouvrit une digne carrière ;
J'appris, je dévorai la science guerrière.
Tous les secrets de Mars furent bientôt les miens :
Bientôt je maniai l'arme des Pæoniens,
Le dard que d'un bras sûr lancent les Massagètes,
Et le fer recourbé qu'ont inventé les Gètes,
Et l'arc dont le Gélon marche toujours armé.
Aux jeux sanglants du ceste enfin accoutumé,
J'aurais pu défier le Sarmate intrépide.
J'appris jusqu'à cet art vulgaire, mais perfide,
De lancer un caillou, qui, trois fois balancé,
S'échappe, siffle et vole au but qu'on a fixé.

Mais, tout récents qu'ils sont, à peine ma mémoire
Peut rappeler, vous-même à peine pourriez croire,
A quels travaux divers je me suis exercé.
Chiron parle, et soudain d'un immense fossé

Mon vaste élan franchit et joint les deux rivages.
Chiron parle, et courant sur ces rochers sauvages
Où croît la ronce, où vit le reptile odieux,
Je m'élance au sommet d'un mont voisin des cieux,
Aussi rapidement que je rase une plaine.
D'un éclat de rocher qu'il soulève avec peine
Chiron arme sa main, me défie au combat;
Il le lance : j'attends, intrépide soldat,
Et sur mon bouclier, solide, impénétrable,
Je reçois, en riant, le choc épouvantable;
J'arrête seul, à pied, quatre coursiers fougueux,
Faisant d'un vol égal rouler un char poudreux.

 Quand j'ai par ces travaux aguerri mon audace,
A des travaux plus doux ma vigueur se délasse;
D'une robuste main quelquefois vers les cieux,
Je m'amuse à lancer le disque ambitieux,
A l'aimable Hyacinthe; amusement funeste!
Mes jeux sont les combats de la lutte et du ceste.
Sur ma lyre je chante en vers mélodieux
Les exploits des héros et les bienfaits des dieux.
Chiron, qui daigne aussi cultiver ma mémoire,
Aux talents d'un soldat ne borne point ma gloire :
Il m'explique le monde, et les ressorts divers
Par qui tout est, se meut, agit dans l'univers.
Des peuples avec lui déroulant les annales,
J'y vois leurs mœurs, leurs lois, leurs discordes fatales,
Leurs succès, leurs revers et leur chute : j'apprends,
Mais pour les détester, les noms de leurs tyrans.
Sa prudence a voulu m'initier encore
Aux utiles secrets que le dieu d'Épidaure,
Pour le soulagement des malheureux humains,
A confiés, dit-on, à ses savantes mains.
Il m'apprend, et lui-même est mon premier modèle,

A consulter toujours la justice éternelle ;
A dompter mon orgueil et mon ressentiment ;
A ne trahir jamais les lois ni mon serment ;
A choisir mes amis, à leur être fidèle ;
A chérir ma patrie, à m'immoler pour elle ;
Sur-tout à révérer, par de pieux tributs,
Le ciel qui fait, soutient, couronne les vertus.

Achille à Scyros.

II. Achille au milieu des danses de Scyros.

Devant eux s'ouvre un vaste et riche appartement,
Où déjà cent beautés, en cercle rassemblées,
Des dons de la nature également comblées,
A les faire briller montrant un zèle égal,
Des jeux de Terpsichore attendaient le signal.
Il est donné : les chœurs se forment, et la danse
Exécute, en riant, les lois de la cadence :
On dessine sa taille, on arrondit ses bras ;
On traîne, on précipite, on ralentit ses pas ;
On s'évite, on se joint, en guirlande on s'enlace :
Une danse achevée, une autre la remplace :
Tous les modes divers dans la Grèce connus,
Ceux que Bacchus chérit, ceux qu'inventa Vénus,
Le pas aérien de la nymphe légère,
Le pas majestueux de l'amazone altière,
Les bonds irréguliers des prêtres de l'Ida,
Les chœurs qu'aux bords du fleuve où s'égarait Léda
Exerce, aux doux rayons d'une nuit étoilée,
La chaste nudité des vierges d'Amyclée ;
Tous ces jeux du caprice, enfants de la gaîté,
Sur vingt tableaux mouvants charment l'œil arrêté.
D'Ilion, de combats, la tête encor remplie,
Achille à la cadence avec peine se plie ;
Il avance, il recule, il s'agite au hasard,

Trouble tout, confond tout, jette ses bras sans art,
D'un pas voluptueux dédaigne la mollesse,
Déteste sa parure, et maudit sa faiblesse.
Ibid.

LUCIEN, auteur grec, était de Samosate, capitale de la Comagène, province de Syrie. Il était d'une condition fort médiocre. Son père n'ayant pas le moyen de l'entretenir, résolut de lui faire apprendre un métier; mais les commencements ne lui en ayant pas été favorables, il se jeta dans les lettres, sur un songe vrai ou supposé qui est rapporté au commencement de ses ouvrages. J'en donnerai ici l'extrait, qui pourra contribuer à faire connaître son génie et son style :

J'avais près de quinze ans, dit-il, et n'allais plus à l'école, lorsque mon père délibéra avec ses amis sur ce qu'il devait faire de moi. Plusieurs n'approuvaient pas qu'on me jetât dans les lettres, parce que, pour y réussir, il faut beaucoup de temps et de dépense; ils considéraient que je n'étais pas riche, et qu'en apprenant quelque métier, j'aurais moyen de me fournir moi-même en peu de temps de quoi vivre sans être à charge à mon père ni à ma famille. Cet avis fut suivi, et on me mit entre les mains d'un oncle qui était un excellent sculpteur. Cet art ne me déplaisait pas, parce que je m'étais amusé de bonne heure à faire de petits ouvrages de cire où je réussissais assez; d'ailleurs, la sculpture ne me paraissait pas tant un métier qu'un divertissement honnête. On me mit donc à l'ouvrage pour voir comment je m'y prendrais; mais je commençai par appuyer si lourdement le ciseau sur la pierre qu'on m'avait donnée à travailler, et qui était fort délicate, qu'elle se rompit sous mes mains. Mon oncle entra dans une telle colère, qu'il ne put s'empêcher de me frapper et de me donner plusieurs coups; ainsi mon apprentissage commença par les larmes.

Je courus au logis tout pleurant, et racontai ma triste aventure, montrant les marques des coups que j'avais reçus, ce qui affligea extrêmement ma mère. Le soir étant venu, je me couchai, et ne fis que rêver toute la nuit. J'eus pendant le sommeil un songe dont l'image me demeura vivement empreinte dans la mémoire. Je crus voir deux femmes; l'une grossière et mal peignée, qui avait les mains crasseuses, les bras retroussés, le visage tout couvert de sueur et de poussière, enfin tel qu'était mon oncle lorsqu'il travaillait de son métier. L'autre avait un air gracieux, un visage doux et riant, un habit fort propre, mais modeste. Après m'avoir bien tiraillé pour m'attirer chacune à leur parti, enfin elles remirent à mon choix la décision de leur différend, et plaidèrent leur cause successivement.

La première commença ainsi : « Mon fils, je suis la Sculpture, que tu viens d'embrasser, et qui t'est connue dès ton enfance, ton oncle s'y étant rendu très célèbre. Si tu veux me suivre, sans t'arrêter aux cajoleries de ma rivale, je te rendrai illustre, non comme elle, par des paroles, mais par des effets : car, outre que tu deviendras robuste comme moi, tu remporteras une estime qui ne sera point sujette à l'envie, ni cause un jour de ta perte, comme les charmes de celle qui te veut suborner. Du reste, que mon habit ne te fasse point de peine, c'est celui de Phidias et de Polyclète et des autres grands sculpteurs qui se sont fait adorer dans leurs ouvrages, et qu'on révère encore avec les dieux qu'ils ont faits. Considère combien, en suivant leurs traces, tu acquerras de gloire et de louanges, et de quelle joie tu combleras ton père et ta famille! » Voilà à peu près ce que me dit cette dame d'un ton rude et grossier, comme parlent les artisans, mais avec force et vivacité. Après quoi l'autre me parla ainsi :

« Je suis l'Érudition, qui préside à toutes les belles connaissances. La Sculpture t'a étalé les avantages que tu aurais avec elle ; mais, si tu l'écoutes, tu ne seras jamais qu'un misérable artisan, exposé au mépris et aux injures de tout le monde, et contraint de faire la cour aux grands pour subsister. Quand tu deviendrais des plus excellents dans ton art, on se contentera de t'admirer, sans porter d'envie à ta condition; mais si tu veux me suivre, je t'apprendrai tout ce qu'il y a de beau et de rare dans l'univers, et tout ce qu'il y a de remarquable dans toute l'antiquité. J'ornerai ton âme des vertus les plus estimables, telles que sont la modestie, la justice, la piété, la douceur, l'équité, la prudence, la patience et l'amour de tout ce qui est honnête et louable, car ce sont là les véritables ornements de l'âme. Au lieu de ce méchant habit que tu as, je t'en donnerai un majestueux comme celui que tu me vois; et de pauvre et inconnu, je te rendrai illustre et opulent, digne des plus grands emplois, et en état d'y parvenir. S'il te prend envie de voyager dans les pays étrangers, je ferai marcher ta renommée devant toi. Partout on viendra te consulter comme un oracle; tu seras adoré et respecté de tout le monde. Je te donnerai même l'immortalité tant vantée, et te ferai vivre à jamais dans la mémoire des hommes. Considère ce qu'Eschine et Démosthène, l'admiration de tous les siècles, sont devenus par mon moyen. Socrate, qui avait suivi d'abord la Sculpture ma rivale, ne m'eut pas plus tôt connue, qu'il l'abandonna pour moi. A-t-il eu sujet de s'en repentir? Quitteras-tu tant d'honneurs, de richesses et de crédit pour suivre une pauvre inconnue, qui, le marteau et le ciseau à la main, n'a que ces vils instruments à t'offrir, qui est contrainte de travailler de ses mains pour vivre, et de songer plutôt à polir un marbre, qu'à se polir soi-même. »

Elle n'eut pas plus tôt prononcé ces paroles, que, touché de ses promesses, et n'ayant pas encore oublié les coups que j'avais reçus, je courus l'embrasser, sans attendre qu'elle eût achevé son discours. L'autre, transportée de colère et de dépit, fut changée sur-le-champ en statue, comme on le dit de Niobé. Alors l'Erudition, pour me récompenser de mon choix, me fit monter avec elle sur son char, et, touchant ses chevaux ailés, me promena d'Orient en Occident, me faisant répandre partout je ne sais quoi de céleste et de divin, qui faisait regarder les hommes en haut avec étonnement, et me combler de bénédictions et de louanges. Elle me ramena ensuite dans mon pays couronné d'honneur et de gloire; et me rendant à mon père, qui m'attendait avec grande impatience : « Vois, lui dit-elle, en lui montrant l'habit dont son fils était revêtu, de quel bonheur tu l'eusses privé sans moi ! » Telle fut la fin de mon songe.

Lucien termine ce petit discours, en marquant que son dessein, dans le récit de ce songe, qui a tout l'air d'être de son invention, a été de porter la jeunesse à l'amour de la vertu, et de l'encourager par son exemple à surmonter toutes les difficultés qui se rencontrent dans cette carrière, et à ne point regarder la pauvreté comme un obstacle au vrai mérite.

L'effet de ce songe fut d'allumer en lui un vif désir de se distinguer par l'étude des belles-lettres, et il s'y livra tout entier. On peut juger du progrès qu'il y fit, par l'érudition qui paraît dans ses écrits sur toutes sortes de matières : c'est ce qui m'a donné lieu de le ranger parmi les philologues.

Il dit lui-même qu'il embrassa la profession d'avocat; mais qu'ayant en horreur les criailleries et les autres vices du barreau, il eut recours à la philosophie comme à un asyle.

Il paraît aussi par ses écrits que c'était un rhéteur qui faisait profession d'éloquence, et qui composait des déclamations et des harangues sur divers sujets, et même des plaidoyers, quoiqu'il ne nous en reste point de sa façon.

Il s'établit d'abord à Antioche, d'où il passa en Ionie et en Grèce, puis en Gaule et en Italie : mais son plus long séjour fut à Athènes. Dans son extrême vieillesse, il prit la charge de greffier du préfet d'Egypte. Je n'entre point dans le détail des particularités de sa vie, peu importantes pour mon sujet. Il vécut jusqu'au temps de l'empereur Commode, à qui il adressa, après la mort de Marc-Aurèle, l'histoire de l'imposteur Alexandre.

Il a laissé beaucoup d'écrits, et sur différentes matières. La pureté de la langue grecque, et le style net, agréable, vif et plein d'esprit, les font lire avec beaucoup de plaisir. Il a attrapé dans ses *Dialogues des Morts* cette simplicité fine, et cet enjouement naïf, qui sont si propres à ce genre d'écrire, très difficile, quoiqu'il ne le paraisse pas, parce qu'il y faut faire parler une infinité de personnages, d'âge et d'état fort différents, chacun selon son caractère particulier.

Il a cet avantage que Quintilien a remarqué dans Cicéron, qu'il peut être utile à ceux qui commencent, et qu'il n'est pas inutile aux plus avancés. Il est merveilleux pour la narration, et a une fécondité qui peut être d'un grand secours aux esprits naturellement secs et stériles.

Il traite la fable d'une manière agréable et fort propre à la faire retenir, ce qui n'est pas un petit avantage pour l'intelligence des poètes. Il fait, en mille endroits, une peinture admirable de la misère de cette vie, de la vanité des hommes, du faste des philosophes, et de l'arrogance des savants.

Il est vrai néanmoins qu'il faut du choix et du discernement dans cet auteur, qui, dans plusieurs de ses ouvrages, marque peu de respect pour la pudeur, et fait une profession ouverte d'impiété, se moquant également de la religion chrétienne dont il parle en plusieurs endroits avec un souverain mépris, et des superstitions païennes dont il fait voir le ridicule. C'est ce qui lui a fait donner le surnom de *Blasphémateur* et d'*Athée*. Aussi il suivait la philosophie d'Epicure, qui n'est guère éloignée de l'athéisme : ou plutôt il n'avait ni religion, ni dogme fixe et constant, regardant tout comme incertain et problématique, et voulant se rire de tout.

Suidas dit qu'on tenait qu'il était mort déchiré par les chiens, en punition de ce qu'il avait eu la hardiesse de se railler de Jésus-Christ. Il serait à souhaiter que ce fait fût mieux attesté.

ROLLIN, *Histoire ancienne.*

JUGEMENTS.

I.

Le moraliste satirique Lucien, quoique né à Samosate en Syrie, et du temps des Antonins, lorsque les lettres grecques et romaines étaient également déchues, n'en est pas moins regardé comme un écrivain classique pour la pureté et l'élégance de la diction. Je ne voudrais pourtant pas, comme a fait son dernier traducteur, l'appeler *le plus bel esprit de la Grèce* : c'est exagérer beaucoup le mérite de l'auteur, et même la complaisance d'un traducteur, que de donner à Lucien ce qui pourrait appartenir à Xénophon ou à Platon. Ses nombreux ouvrages prouvent de l'esprit, de la finesse et de la gaieté caustique : mais ils roulent presque tous sur un même fonds d'idées et de plaisanteries. Toujours renfermé dans un même cadre, celui du dialogue, il y reproduit toujours les mêmes objets; des dieux et des sophistes : il se moque sans cesse des uns et des autres, et ses satires contre eux ne diffèrent guère que par les titres. C'est un impitoyable censeur de toute superstition et de toute charlatanerie; mais il est inconséquent dans sa mauvaise humeur; il confond avec les plus vils sophistes ceux mêmes qu'il a loués ailleurs comme de vrais philosophes; par exemple, Socrate et Aristote. Il met dans leur bouche un langage insensé et furieux, qui n'a jamais été le leur. En un mot, si Lucien a la verve d'un satirique, il a aussi les travers d'un bouffon qui sacrifie tout à l'envie de faire rire; et s'il offre dans beaucoup de ses *Dialogues* de la raison et de la saillie, beaucoup aussi sont dépourvus de sel, et d'autres tout-à-fait insignifiants. Il avait pourtant de l'imagination, et même de celle qui invente; car, dans le genre de l'allégorie satirique, des auteurs de mérite ont profité de ses inventions. C'est d'un écrit fort ingénieux, intitulé *Histoire véritable*, que Swift a emprunté le plan de son *Gulliver*; et c'est de l'*Ane* de Lucien, autre roman non moins joli, qu'Apulée, vers le moyen âge, tira son *Ane d'or*, qui ne vaut pas l'original pour cette sorte de merveilleux plaisant, quoique bizarre, et moral dans l'intention, quoique extravagant dans les choses, dont il paraît que Lucien a eu la première idée.

La Harpe, *Cours de Littérature*.

II.

Parmi les écrivains grecs qui ont fait des éloges, on ne s'attend guère à trouver le nom de Lucien; il est beaucoup plus connu par la finesse de ses satires : c'est le Swift des Grecs. Ses parents l'avaient destiné à l'art de sculpteur, et il eut cela de commun avec Socrate; mais celui-ci travailla quelque temps, et fit même trois Graces qui furent long-temps célèbres, et parce qu'elles étaient vêtues, et parce qu'elles étaient de Socrate : au lieu que Lucien demeura peu en apprentissage. Il eut le bonheur de casser bien vite une table de marbre : cet accident, qui lui fit une querelle, le rendit tout entier à la philosophie et aux lettres; il avait ce tact du ridicule qui tient à un esprit délié et fin, et cette arme légère de la plaisanterie, qui consiste presque toujours à faire contraster les objets, ou en réveillant une grande idée à côté d'une petite chose, ou une petite idée à côté d'une grande. De ce rapprochement, ou de ce contraste, naît le ridicule que les peuples simples ignorent, que les peuples à grand caractère méprisent, mais qui est si à la mode chez toutes les nations, dans cette époque où les vices se mêlent aux agréments, et où l'esprit ayant peu de grandes choses à observer, multiplie par le loisir ses idées de détail. Lucien, avec ce talent, s'empara donc de son siècle pour en faire justice. Il composa, son esprit de celui de Socrate et d'Aristophane; et, dans des ouvrages courts et dialogués, mit tour à tour en scène les dieux, les hommes, les rhéteurs, les courtisanes et les philosophes. Il attaqua, comme La Bruyère, les vices et les ridicules de son temps; mais moins fort et moins ardent que lui, ayant plutôt cette fleur d'esprit qu'eut dans la suite Fontenelle, avec plus de hardiesse et de saillie dans le caractère, il mêla partout la philosophie à la légèreté, et la satire à la grace.

Parmi la foule de ses ouvrages, on a de lui un *éloge de Démosthène*, qui mérite d'être distingué; Lucien y est original et piquant comme partout ailleurs; il ne s'astreint pas à la forme des éloges; sa devise, comme il le dit lui-même, est de n'imiter personne. La première partie est un récit. Lucien, en se promenant, rencontre un poète qui travaillait à l'éloge d'Homère; lui, de son côté, rêvait à l'éloge de Démosthène. La conversation s'engage; en parlant chacun de celui qu'ils veulent louer, une partie de l'éloge se fait; le reste est un dialogue entre Antipater, tyran de Macédoine, et un officier qu'il avait envoyé pour s'assurer de Démosthène. L'officier lui apprend que Démosthène, pour ne pas tomber entre ses mains, s'est empoisonné dans un temple; alors Antipater, quoiqu'ennemi de ce grand homme, ne peut s'empêcher de le louer. On aime à voir le crime rendre hommage à la vertu, et l'homme libre échappé au tyran, célébré par le tyran même.

Les derniers discours de Démosthène à l'officier

qui voulait lui persuader de venir à la cour de son maître, sont de ce genre d'éloquence qui naît bien plus du caractère que de l'esprit. Ils roulent sur la liberté, sur la servitude, sur la honte de tenir la vie d'un ennemi de la patrie, sur le déshonneur qu'il causerait à Athènes, s'il renonçait à être libre pour se faire esclave dans sa vieillesse. « Lâche, dit-il, tu
« me proposes de vivre de la part de ton maître! si
« je dois vivre, si les jours de Démosthène doivent
« être conservés, que mes conservateurs soient mon
« pays, les flottes que j'ai armées à mes dépens, les
« fortifications que j'ai élevées, l'or que j'ai fourni à
« mes concitoyens, leur liberté que j'ai défendue,
« leurs lois que j'ai rétablies, le génie sacré de nos
« législateurs, les vertus de nos ancêtres, l'amour
« de mes concitoyens qui m'ont couronné plus d'une
« fois, la Grèce entière que j'ai vengée jusqu'à mon
« dernier soupir : voilà quels doivent être mes dé-
« fenseurs! Et si, dans ma vieillesse, je suis con-
« damné à traîner une vie importune aux dépens
« des autres, que ce soit aux dépens des prison-
« niers que j'ai rachetés, des pères à qui j'ai payé
« la dot de leurs filles, des citoyens indigents dont
« j'ai acquitté les dettes, ce n'est qu'à ceux-là que
« Démosthène veut devoir ; s'ils ne peuvent rien
« pour moi, je choisis la mort : cesse donc de me
« séduire, etc. » J'aime ensuite à voir la pitié de dédain avec laquelle il regarde le courtisan qui le croyait sans défense, parce qu'il n'avait autour de lui ni armes, ni soldats, ni remparts ; comme si le courage n'était pas la défense la plus sûre pour un

grand homme. Antipater écoute et admire en écoutant; il semble qu'au spectacle d'un homme libre, son âme s'élève. Il finit par dire qu'il veut renvoyer à Athènes le corps de Démosthène, et que sa tombe sera un plus grand ornement pour sa patrie, que le tombeau de ceux qui sont morts à Marathon.

Telle est à peu près l'idée et le plan de cet éloge. La première moitié a cet agrément qui caractérise presque tous les ouvrages de Lucien; la dernière est pleine de grandeur, elle est digne des plus beaux temps de la Grèce; on dirait que Lucien a pris le ton de Démosthène pour le louer.

Thomas, *Essai sur les Éloges.*

LUCILE (caius lucilius), chevalier romain, naquit à la Suessa, ville de la Campanie, la cent cinquante-huitième olympiade, l'an de Rome 605 et du monde 3856, dans le temps que Pacuvius était dans sa force. On dit qu'il porta les armes sous le second Scipion l'Africain à la guerre de Numance. Il n'avait alors que quinze ans; et c'est ce qui rend ce fait douteux.

Il eut beaucoup de part à l'amitié de ce fameux général, et à celle de Lélius. Ils l'associaient aux amusements et aux jeux innocents auxquels ils ne dédaignaient pas de se rabaisser, et où ces grands hommes, dans des moments de loisir, cherchaient à se délasser de leurs importantes et sérieuses occupations. Simplicité admirable dans des personnes de ce rang et de cette gravité !

LUCILE.

Quin, ubi se à vulgò et scene in secreta remorant
Virtus Scipiadæ, et mitis sapientia Lælî;
Nugari cum illo, et discincti ludere, donec
Decoqueretur olus, soliti.
(Hor. *Sat.* II, 1.)

Lucile passe pour l'inventeur de la satire, parce que c'est lui qui lui a donné sa dernière forme, telle qu'Horace ensuite, Perse et Juvénal l'ont traitée. Ennius néanmoins lui avait déjà donné l'exemple, comme Horace lui-même le témoigne par ces vers, où il compare Lucile avec Ennius :

Fuerit Lucilius, inquam,
Comis et urbanus; fuerit limatior idem,
Quàm rudis et græcis intacti carminis auctor.

Mais les satires d'Ennius, semblables à celles de Lucile et d'Horace pour le fond, en différaient seulement pour la forme, en ce qu'elles étaient mêlées de plusieurs sortes de vers.

C'est, comme je l'ai déjà dit, la nouvelle forme que Lucile donna à la satire, qui l'en a fait regarder par Horace et par Quintilien comme l'auteur et l'inventeur; et il avait mérité ce nom à juste titre*.

---

* Quid cùm est Lucilius ausus
Primus in hunc operis componere carmina morem.
Horat. *Sat.* II, 1.

L'ardeur de se montrer, et non pas de médire,
Arma la vérité du vers de la satire.
Lucile le premier osa la faire voir :
Aux vices des romains présenta le miroir;
Vengea l'humble vertu, de la richesse altière,
Et l'honnête homme à pied, du faquin en litière.
Boileau, *Art poétique.*

Il y avait encore une autre espèce de satire, née aussi de l'ancienne : c'est celle que l'on appelle *Varonienne*, ou la satire *Ménippée*; parce que Varron le plus savant des Romains, en fut le premier auteur, et qu'il imita dans cet ouvrage les manières de Ménippe Gadarénien, philosophe cynique. Cette satire n'était pas seulement mêlée de plusieurs sortes de vers; Varron y avait entremêlé de la prose, et avait fait un mélange de grec et de latin. L'ouvrage de Pétrone, celui de Sénèque, *sur la mort de Claudius*, et celui de Boëce, *de la consolation de la philosophie*, sont autant de satires semblables à celles de Varron. Je reviens à mon sujet.

Lucile composa trente livres de satires, où il censurait nommément et d'une manière très piquante plusieurs personnes qualifiées, comme Horace nous l'apprend, ne respectant et ne ménageant que la vertu seule et les hommes vertueux.

Primores populi arripuit, populumque tributim,
Scilicet uni æquus virtuti, atque ejus amicis.
(*Sat.* I, *lib.* 2.)

Sa plume faisait trembler les coupables, comme s'il les eût poursuivis l'épée à la main.

Ense velut stricto quoties Lucilius ardens
Infremuit, rubet auditor cui frigida mens est
Criminibus, tacitâ sudant præcordia culpâ.
(Juv. *Sat.* I.)

Lucile avait coutume de dire qu'il ne souhaitait ni des lecteurs ignorants, ni des lecteurs trop savants, en effet, ces deux sortes de lecteurs sont quelquefois également redoutables. Les uns ne voient pas assez, et les autres voient trop. Les uns ne connaissent pas ce que l'on présente de bon, on n'a aucune justice à en attendre; et on ne saurait cacher aux autres ce qu'on a d'imparfait.

Il n'y a pas d'apparence qu'il soit mort à l'âge de quarante-six ans, comme quelques-uns l'assurent. Horace l'appelle vieillard, lorsqu'il dit que Lucile confiait à ses livres, comme à de fidèles amis, tous ses secrets, et tout ce qui lui arrivait dans la vie:

Ille velut fidis arcana sodalibus olim
Credebat libris : neque, si malè gesserat usquam,
Decurrens alio, neque si benè. Quo fit ut omnis
Votivâ pateat veluti descripta tabellâ
Vita senis.
(*Sat.* II, 1.)

Pompée, du côté maternel, était petit-fils, ou plutôt petit-neveu de Lucile.

De tous ses ouvrages, il ne nous reste que quelques fragments de ses *Satires*.

Ce poète eut une grande réputation de son vivant même, et il la conserva long-temps après sa mort, jusques-là qu'il avait encore, du temps de Quintilien, des partisans si zélés, qu'ils le préféraient non-seulement à tous ceux qui avaient travaillé dans le même genre que lui, mais généralement à tous les poètes de l'antiquité.

Horace (*sat.* I, 4.) en jugeait bien autrement. Il nous le représente à la vérité comme un poète d'un goût fin et délicat pour la raillerie, *facetus, emunctæ naris*, mais dur et forcé dans sa composition, ne pouvant se donner la peine qu'il faut prendre pour écrire, c'est-à-dire pour écrire bien ; car d'écrire beaucoup c'était son grand défaut. Il était fort content de lui-même, et croyait avoir fait merveille, quand il avait dicté deux cents vers en moins de temps qu'il n'en fallait pour les jeter sur le papier. En un mot Horace le compare à un fleuve qui, parmi beaucoup de boue, roule néanmoins un sable précieux.

Le jugement qu'Horace avait porté de Lucile, excita dans Rome de grandes clameurs. Les partisans de ce dernier, outrés de voir qu'on eût osé parler de la sorte de leur héros, publièrent qu'Horace n'avait médit de Lucile que par envie, et, pour se mettre par là au-dessus de lui. Nous ne devons pas leur savoir mauvais gré de leurs plaintes, quelque injustes qu'elles fussent : car elles nous ont valu une excellente satire, dans laquelle Horace, en rendant à Lucile toute la justice qui lui est due, confirme et soutient par de solides preuves le jugement qu'il en a porté.

Je suis fâché, pour l'honneur de Quintilien, qu'un critique aussi sensé que lui, et d'un goût si exact, s'écarte ici du sentiment d'Horace. Il ne peut lui pardonner d'avoir comparé les écrits de Lucile à des eaux bourbeuses, d'où l'on peut pourtant tirer quelque chose de bon. « Je trouve, dit-il, en lui
« une érudition merveilleuse, et une très grande li-
« berté, qui rend ses ouvrages piquants et pleins de
« sel. » Horace lui accorde ces dernières qualités qui n'empêchaient pas qu'il n'y eût dans Lucile

beaucoup d'endroits vicieux, qui méritaient d'être retranchés ou réformés. Pour l'*érudition*, Quintilien heurte ici directement le sentiment de Cicéron. « Ses ouvrages, dit-il en parlant de Lucile, sont « assez légers; on y trouve beaucoup de plaisanterie, « mais peu d'érudition. » Au reste nous ne pouvons pas bien juger aujourd'hui d'un poète dont il ne nous reste presque rien.

Rollin, *Histoire ancienne.*

LUCRÈCE (TITUS LUCRETIUS CARUS). Les commentateurs n'ont jamais été d'accord sur la date précise de la naissance de Lucrèce; chacun d'eux a avancé son opinion sans fournir de preuves. D'après toutes les inductions les plus vraisemblables, Lucrèce naquit vers la fin de la 171° olympiade; il vécut donc dans les temps les plus orageux de la république, à cette époque où les Romains commençaient à acquérir des lumières et à perdre la liberté. Lucrèce fut le contemporain et l'ami des Cicéron, des Atticus, des Catulle et des Memmius, citoyens illustres par leurs talents ou par leur dévouement à la cause publique : il ne prit aucune part aux affaires du gouvernement ; poète et philosophe, ami de la modération et d'une sage indépendance, il refusa sans doute de partager les grandeurs où l'appelait l'illustration de sa naissance. Le chef reconnu de la famille de Lucrèce est ce célèbre Spurius Lucrétius Tricipitinus qui fut créé *interrex* après la funeste aventure de sa fille, la belle et malheureuse Lucrèce.

Les fastes de Rome offrent un grand nombre de sénateurs de ce nom ; cependant, selon les recherches des savants avides de détails minutieux, l'illustre famille de Lucrèce serait devenue plébéienne. Que ce fait soit plus ou moins fondé, il ne peut inspirer aucun intérêt lorsqu'il s'agit d'en faire l'application à un philosophe qui montra le mépris le plus absolu pour le préjugé de la naissance.

L'histoire ne daigne guère recueillir les faits particuliers qu'en faveur d'hommes revêtus de hautes dignités ; ainsi, l'éloignement de Lucrèce pour les affaires de l'état, nous a privés de détails sur sa vie intérieure, ses inclinations et ses qualités personnelles. Mais l'homme de génie laisse dans ses ouvrages l'empreinte de ses goûts et de son caractère ; la pureté, la noblesse des maximes répandues dans le poème de Lucrèce, lui tiennent lieu de l'apologie la plus flatteuse : observons d'ailleurs que le surnom de CARUS, que lui donnèrent ses contemporains, dépose en sa faveur aux yeux de la postérité. Ces considérations personnelles, quoique étrangères aux talents d'un écrivain, ne sont pas sans intérêt pour le public ; on admire avec d'autant plus d'enthousiasme les productions des arts, quand on a des motifs pour estimer leur auteur.

Les jeunes Romains destinés à s'instruire, voyageaient dans la Grèce : les cruels vainqueurs de cette patrie de tous les arts, allaient avidement interroger les débris dont ils l'avaient couverte, et recueillir des leçons utiles à la véritable grandeur. Lucrèce se rendit à Athènes ; le philosophe Zénon l'initia bientôt à l'art de penser et d'écrire; il le guida, sur les pas d'Épicure, vers cette vaste et haute sphère, où son génie ardent se fraya des routes inconnues. Les poètes, avant lui, avaient chanté les vices des dieux et des hommes, avaient divinisé les rêves de l'imagination; Lucrèce célébra la nature, combattit les vices par la raison, et fit aimer la vertu pour elle-même. Il se priva des ressources que les poètes trouvaient dans les prestiges de la fable; mais il peignit le plus grand des prodiges; l'harmonie de l'univers. Le premier chez les Romains, il força les muses à marier leur voix mélodieuse aux nobles accents de la morale et de la vérité; ses raisonnements les plus profonds s'embellirent de leurs charmes; il montra tous les objets matériels à travers leur prisme enchanteur; en un mot, Lucrèce rendit le domaine de la poésie immense comme la nature.

On a prétendu que son poème fut achevé dans les intervalles lucides que lui laissait une aliénation mentale; mais nulle autorité irrécusable n'appuie cette assertion, sans doute aussi hasardée que celle qui attribue cette démence à un *philtre amoureux*, donné au philosophe par une maîtresse, pour réveiller en lui une volupté dont les sources commençaient à tarir. Il est probable que sa mort prématurée et l'altération de ses forces physiques, ont fait naître cette supposition; un seul mot souvent mal interprété peut donner lieu aux inductions les plus absurdes. On sait que la force, la véhémence du génie de Lucrèce, furent traitées de fureur poétique par Stace, *et docti furor arduus Lucreti*; son expression put être prise à la lettre, et ce qui, dans le langage des muses, s'entendait de la chaleur de l'imagination, parut bientôt applicable à la fougue du délire. Peut-être cette idée fut-elle malignement accueillie, et répandue par les admirateurs du paganisme, ennemis du système d'Épicure, afin d'abaisser la gloire de son harmonieux interprète qui, dans sa noble hardiesse, préférait aux idoles d'un culte barbare, l'ordre ou l'âme universelle de la nature, et dont les principes enfin tendaient évidemment à reconnaître l'unité de Dieu. L'opinion, à-peu-près générale sur la folie de Lucrèce, ne doit pas toutefois l'emporter sur les conjectures de la vraisemblance et de la raison : il n'existe que trop d'exemples de la facilité avec laquelle l'erreur se propage; un imposteur adroit la présente sous un aspect favorable; la foule se laisse séduire; quelques esprits fermes la combattent un moment; ils se lassent et se taisent; l'entraînement devient universel, et le temps donne à l'erreur la force de la vérité.

Pourquoi supposer gratuitement une altération dans les facultés intellectuelles du plus judicieux des poètes? Quelle aurait donc été la durée de ses intervalles lucides pour lui permettre de si grands développements dans un système que la moindre expression fausse peut bouleverser? Après avoir donné un libre essor à son génie poétique, Lucrèce, de la haute sphère de l'imagination, revient, armé de la logique la plus exacte, suivre pas-à-pas une longue série de raisonnements, qui tous exigent la plus grande contention de l'intelligence humaine; jamais son jugement n'est en défaut; si tendue que soit la corde, il ne la rompt nulle part.

Ceux qui croyaient au délire du chantre de la nature, affirmaient aussi qu'il s'était donné la mort dans le désespoir que lui causa la disgrace de son ami Memmius : certes le caractère de Lucrèce, si bien peint dans son ouvrage, doit à jamais détruire leur vaine supposition; avaient-ils donc oublié qu'il ne regarde la grandeur que comme un fardeau, et que, dans le début du poème, il invite son ami à la retraite, d'une manière si pressante et si vraie :

..... Vacuas aureis mihi, Memmius, et te
Semotum a curis adhibe veram ad rationem.

Pourquoi, lorsque deux choses absurdes partent de la même source, rejeterait-on l'une pour adopter l'autre ? En admettant même que Lucrèce se soit donné la mort, comme toutes les traditions l'attestent, ne serait-on pas encore en droit de penser que ce suicide a seul autorisé les conjectures formées sur l'aliénation de son esprit ?

Selon l'opinion la plus accréditée, Lucrèce mourut âgé de quarante-quatre ans, et, par un jeu bien extraordinaire dans les évènements, sa mort arriva le jour même où Virgile prenait la robe virile : l'esprit humain est avide du merveilleux, et les ornements qu'il ajoute à la vérité lui donnent souvent l'air de la fable; on affirma que Virgile était né à l'instant où l'âme de Lucrèce remontait vers les cieux ; des enfants de Pythagore prétendirent que cette âme passa dans le corps de l'auteur des *Géorgiques*. Il est difficile de décider à qui des deux cette idée fait le plus d'honneur.

Eusèbe prétend que Lucrèce en mourant confia son poème à Cicéron, qui s'empressa d'en faire jouir les Romains : ainsi le prince des orateurs fut le premier éditeur de ce sublime ouvrage. Qui mieux que lui pouvait l'apprécier.

Lucrèce a marqué la hauteur où la poésie latine pouvait atteindre ; ses successeurs n'ont acquis leur gloire qu'en marchant sur ses traces; les poètes latins lui rendirent l'hommage le plus flatteur en s'empressant d'imiter ses nombreuses beautés; et l'apostrophe que Virgile lui adresse dans ses *Géorgiques*, devient le témoignage éternel de son admiration pour le poète philosophe:

> Felix, qui potuit rerum cognoscere causas :
> Atque metus omnes et inexorabile fatum
> Subjecit pedibus, strepitumque Acherontis avari !
> Fortunatus et ille Deos qui novit agrestes....

N'est-ce pas comme s'il avait dit de Lucrèce : il s'est immortalisé avant moi, en révélant les secrets de la nature, en foulant à ses pieds les erreurs des mortels, et en leur faisant aimer la vérité par le charme des vers ; la place qui me reste près de lui doit suffire à ma gloire.

De Poncerville.

JUGEMENTS.

I.

Le sujet qu'a traité Lucrèce est aussi austère que celui des *Métamorphoses* est agréable. On sait que le poème sur *la Nature des choses* n'est que la philosophie d'Épicure mise en vers, si l'on peut donner ce nom de philosophie aux rêveries de l'atomisme et de l'athéisme réunies ensemble. La poésie d'ailleurs ne se prête volontiers, dans aucun idiome, au langage de la physique ni aux raisonnements de la métaphysique : aussi, Lucrèce n'est-il guère poète que dans les digressions ; mais alors il l'est beaucoup. L'énergie et la chaleur caractérisent son style, mais en y joignant la dureté et l'incorrection. Il y a des gens qui, à cause de cette dureté même, lui ont trouvé plus de force qu'à Virgile, par une suite de ce préjugé ridicule, que la dureté tient à la vigueur, et que l'élégance est près de la faiblesse. Mais comme je ne connais point de vers latins plus forts que ceux de Virgile dans l'épisode de Cacus, ni de vers français plus forts que ceux du rôle de *Phèdre*, je croirai toujours que la force n'exclut ni l'élégance ni l'harmonie, et que la dureté ne suppose pas la force.

La description de la peste et celle des jouissances physiques de l'amour, sont les deux morceaux les plus remarquables du poème de Lucrèce; ainsi personne n'a mieux peint que lui ce qu'il y a dans la nature et de plus affreux et de plus doux.

Le commencement de son ouvrage a été traduit en vers, dans le siècle dernier, par le poëte Hesnault. Il y en a de bien faits; mais on sent qu'il serait impossible de faire passer l'ouvrage entier dans une traduction en vers* : on l'a tenté de nos jours, et sans succès. Le sujet s'y refuse, et c'est là le cas de traduire en prose, car la prose est le langage du raisonnement. C'est ce qu'a fait avec beaucoup de succès, feu La Grange : sa traduction de Lucrèce est la meilleure que nous ayons dans notre langue.

La Harpe, *Cours de Littérature.*

II.

Lucrèce, comme presque tous les athées fameux, naquit dans un siècle d'orages et de malheurs. Témoin des guerres civiles de Marius et de Sylla, n'osant attribuer à des dieux justes et sages les désordres de sa patrie, il voulut détrôner une providence qui semblait abandonner le monde aux passions de quelques tyrans ambitieux**. Il emprunta

---

* M. de Pongerville vient de donner un éclatant démenti à cette assertion de La Harpe, *qu'il serait impossible de faire passer l'ouvrage entier de Lucrèce dans une traduction en vers.* Il a parfaitement réussi dans cette tentative hasardeuse et prouvé par son exemple qu'il ne faut rien interdire d'avance à la hardiesse du talent. Avant le chef-d'œuvre de Delille ne proclamait-on pas comme intraduisibles *les Géorgiques* de Virgile ? H. Patin.

** « L'ouvrage de Lucrèce, dit M. Villemain, a donné naissance à un poëme célèbre, et qui n'est pas indigne de l'être, *l'Anti-Lucrèce*, agréable monument de l'art assez douteux d'écrire en latin, quand on est né dans les Gaules dix-huit siècles après Lucrèce. » Ce poëme remarquable dû au cardinal Melchior de Polignac, a pour objet de réfuter Lucrèce et de déterminer en quoi consiste le souverain bien, quelle est la nature de l'âme, ce que l'on doit penser des atômes, du mouvement et du vide : il a été traduit

sa philosophie aux écoles d'Épicure ; et, maniant un idiome rebelle, qui, né parmi les pâtres du Latium, s'était élevé peu à peu jusqu'à la dignité républicaine, il montra dans ses écrits plus de force que d'élégance, plus de grandeur que de goût. Ce n'est pas que ce dernier mérite lui soit absolument étranger ; il n'exagère jamais les sentiments ou les idées, comme Lucain ; il ne tombe point dans l'affectation, comme Ovide : ces défauts, les pires de tous, ne sont point ceux de l'époque où il écrivait ; les siens sont plus excusables. Il n'a point connu cet art qui fut celui des écrivains du siècle d'Auguste ; cet art difficile d'offrir une succession de beautés variées, de réveiller dans un seul trait un grand nombre d'impressions, et de ne les épuiser jamais en les prolongeant : il ne connut point enfin cette rapidité de style, qui abrège et développe en même temps.

Mais si nous examinons ses beautés, que de formes heureuses, d'expressions créées lui emprunta l'auteur des *Géorgiques !* Quoiqu'on retrouve dans

---

en français par Bougainville. Voltaire a cru devoir en placer l'auteur dans le *Temple du Goût*. Lucrèce rougit d'abord en voyant le cardinal son ennemi ; mais à peine l'eut-il entendu parler qu'il l'aima ; il courut à lui et lui dit :

> Aveugle que j'étais ! je crus voir la nature ;
> Je marchai dans la nuit, conduit par Épicure ;
> J'adorai comme un dieu ce mortel orgueilleux
> Qui fit la guerre au Ciel, et détrôna les dieux,
> L'âme ne me parut qu'une faible étincelle
> Que l'instant du trépas dissipe dans les airs.
> Tu m'as vaincu, je cède ; et l'âme est immortelle,
> Aussi bien que ton nom, tes écrits et tes vers.

F.

plusieurs de ses vers l'âpreté des sons étrusques, ne fait-il pas entendre souvent une harmonie digne de Virgile lui-même? Peu de poètes ont réuni à un plus haut degré ces deux forces dont se compose le génie, la méditation qui pénètre jusqu'au fond des sentiments ou des idées dont elle s'enrichit lentement, et cette inspiration qui s'éveille à la présence des grands objets.

En général, on ne connaît guère de son poème que l'invocation à Vénus, la prosopopée de la nature sur la mort, la peinture énergique de l'amour, et celle de la peste. Ces morceaux, qui sont les plus fameux, ne peuvent donner une idée de tout son talent. Qu'on lise son cinquième chant sur la formation de la société, et qu'on juge si la poésie offrit jamais un plus riche tableau!

DE FONTANES, *Disc. prélim. de la trad.*
de l'Essai sur l'homme.

III.

Lucrèce transmit dans le langage des muses le vaste système d'Épicure, le poème de *la Nature des choses* devint l'éternel monument qui préserva les productions du philosophe grec de l'outrage des siècles et des barbares. Ce poème, l'un des chefs-d'œuvre les plus intéressants de l'antiquité, n'était qu'imparfaitement connu de nos contemporains. La Harpe qui souvent juge les anciens avec une extrême légèreté, comme l'observe M. Villemain, contribua par sa décision tranchante à augmenter l'espèce d'abandon où languissait le poème de Lucrèce. Toutefois, son nom vanté pendant dix huit siècles, était toujours illustre, et, par une contradiction trop naturelle à l'esprit humain, on accordait beaucoup de gloire à l'auteur, et peu d'intérêt à l'ouvrage. A quelle époque cependant pouvait-on mieux apprécier le mérite d'un poème qui embrasse les objets les plus intéressants de la nature, et n'offre d'autres prodiges que le concours harmonieux des différentes parties de l'univers? L'esprit du siècle porté à n'admettre que le positif, veut tout analyser et obtenir un résultat; la fiction a perdu son empire, le merveilleux est usé, l'épopée étale en vain ses prestiges, les arts ne peuvent triompher qu'en s'éclairant au flambeau de la raison. Aussi le moment était-il arrivé de rendre à l'admiration publique le poète philosophe, dont le génie, supérieur à son siècle, écarte souvent les ténèbres qui l'environnent; paie, il est vrai, un tribut involontaire à des erreurs en physique, mais s'élance avec le vol de l'aigle vers les vérités morales, et retrace avec un pinceau brûlant les scènes sublimes de la nature.

Après un travail de quinze années, soutenu par l'admiration que lui inspirait la connaissance parfaite de ce grand écrivain, un heureux interprète le fait revivre dans notre langue poétique; le préjugé qui obscurcissait l'éclat de ce reste précieux de l'antiquité se dissipe tout-à-coup, et l'attention des juges de l'art se porte avidement de l'imitation au modèle. La résurrection que M. de Pongerville fait éprouver à Lucrèce, dit à ce sujet un de nos plus célèbres aristarques, a remis en circulation une multitude d'idées qui ont paru nouvelles, et l'on est étonné de tout ce qu'il y a de génie, d'observation, et de connaissances variées dans cet écrivain, si peu lu jusqu'à présent.

Le premier, chez les romains, Lucrèce maria les accords de la lyre aux mâles accents de la philosophie. La philosophie du poète est hardie ; après avoir exploré tous les ressorts de la nature, il ose l'interroger sur le moteur qui lui imprime le mouvement ; il ne veut pas que les Dieux du paganisme soient ses seuls maîtres ; et dans la régularité, la force et la grandeur de ses phénomènes, il devine, il pressent un arbitre unique, dont l'éternelle immensité cause à la fois le but de tout ce qui existe, et renouvelle sans fin l'harmonie de l'univers.

Moraliste sévère, Lucrèce fait consister le plaisir dans la modération et le bonheur dans la vertu. Rien n'est plus touchant que le tableau des charmes d'une vie obscure et vertueuse, dont ce grand poète orne le début de son second chant. La description des fêtes de Cybèle n'est pas moins remarquable par la pompe du style, la grandeur des images et les réflexions morales qui les accompagnent. L'accroissement et le dépérissement successif des êtres terminent ce chant d'une manière ingénieuse et brillante. Tout le troisième, objet de l'admiration de Voltaire, est un chef-d'œuvre de raisonnement ; la prosopopée de la nature, est empreinte d'une énergique beauté. Le quatrième chant, rempli de difficultés en tous genres, contient aussi des observations profondes sur les dangers de l'amour. Le cinquième chant, où se trouve la fameuse cosmogonie, l'origine des hommes, l'établissement des sociétés, et les progrès des arts, formerait seul un poëme intéressant dont personne n'a fourni le modèle à Lucrèce, et que personne n'a égalé depuis. L'auteur semble avoir été le témoin des prodiges qu'il retrace. Le dernier chant, consacré aux différents phénomènes de l'air et de la terre, est terminé par l'admirable description de la peste d'Athènes, que Virgile et Ovide ont imitée et n'ont pas surpassée. Telle est la rapide analyse de ce poëme immense dans lequel l'auteur a fait briller la plus admirable poésie, en détruisant les fables où la poésie même avait coutume de trouver ses plus heureux prestiges.

En rendant compte de la traduction de M. de Pongerville, M. Tissot s'exprime ainsi : « Le Poëme de
« Lucrèce, composé à une époque où la langue
« poétique des Romains n'avait pas atteint sa per-
« fection, ressemble à une belle statue, dont la tête
« et une partie du corps révèlent la pensée du génie
« et la main du grand artiste ; mais le ciseau créa-
« teur s'arrête tout à coup, et dans plusieurs parties
« de l'ouvrage on ne trouve qu'une ébauche impar-
« faite. Ainsi donc le téméraire qui veut le copier
« s'impose le devoir de nous rendre le chef-d'œu-
« vre et de l'achever. » Cette comparaison elle-même n'exprime pas encore assez vivement toutes les difficultés du travail de M. de Pongerville : il lui fallait respecter le caractère de l'original, et cepen-

dant adoucir sa rudesse; imiter ses inspirations heureuses, et lui donner des formes qui lui manquent; reproduire son énergie, et lui communiquer une élégance qu'il n'a pas, mais sans laquelle on ne pouvait l'offrir à des lecteurs français; et ici dans quel piège la nécessité de nous plaire pouvait entraîner le traducteur! Virgile lui-même, en polissant l'idiome de Lucrèce, l'a souvent énervé. Il fallait éviter les fautes du maître, et prêter à Lucrèce des ornements conformes à son génie : quel problème à résoudre! Lucrèce ressemble, sous quelques rapports, au Dante; c'est avec la force du sens, avec la grandeur de l'image, qu'il fait sortir de l'expression la plus simple des beautés d'un ordre supérieur. Il étale quelquefois la magnificence d'Homère, il a le grandiose des figures de Michel-Ange, sans ses exagérations; il ne nous force pas, comme Milton, à acheter des choses sublimes par des monstruosités; quand la philosophie l'inspire, il s'exprime en souverain de la parole; la lutte avec un tel adversaire ne peut être que terrible. L'éloquent Eschine ne donnait à ses auditeurs charmés qu'une idée imparfaite de l'éloquence de Démosthène, et M. de Pongerville, après ses plus glorieux efforts, pourrait quelquefois s'écrier aussi, « que serait-ce « si vous aviez entendu le maître lui-même? » en revanche combien Lucrèce a gagné sous la plume de son interprète! La clarté, la souplesse, le goût, la richesse, la variété, l'harmonie; M. de Pongerville nous donne Lucrèce tel qu'il aurait été sous le siècle d'Auguste, il le reproduit avec les conseils de la muse de Virgile. Sa traduction me paraît un chef-d'œuvre de difficultés vaincues, et dont l'apparition est un vrai phénomène littéraire : on peut lui appliquer ce mot du roi de Prusse, sur la traduction des *Géorgiques* par Delille, avec laquelle celle de M. de Pongerville offre tant de rapports pour le succès et le mérite : « C'est l'ouvrage le plus original que j'aie « vu depuis long-temps. »

Amar.

MORCEAUX CHOISIS *.

I. Bonheur de la vie champêtre.

Quand l'océan s'irrite agité par l'orage,
Il est doux, sans péril, d'observer du rivage
Les efforts douloureux des tremblants matelots
Luttant contre la mort sur le gouffre des flots.
Et, quoiqu'à la pitié leur destin nous invite,
On jouit en secret des malheurs qu'on évite.
Il est doux, Memmius, à l'abri des combats,
De contempler le choc de farouches soldats;
Mais viens, il est encor de plus douces images :
Viens, porte un vol hardi jusqu'au temple des sages;
Là, jetant sur le monde un regard dédaigneux
Vois ramper fièrement les mortels orgueilleux.
Ils briguent de vains droits, s'arrachent la victoire,

---

* Le poème de Lucrèce a beaucoup d'analogie avec les *Géorgiques* de Virgile soit pour la peinture des scènes de la nature ou pour les descriptions techniques. La traduction de ce poème offroit donc outre les nombreuses difficultés qui lui sont propres, les mêmes difficultés que Delille trouva dans Virgile. Ainsi l'image du bonheur de la vie champêtre et la description de l'horrible peste d'Athènes ont des rapports frappants avec deux passages des *Géorgiques;* cette raison nous engage à les citer, avec les vers qui les précèdent.

Amar.

Les titres fastueux, les palmes de la gloire;
Usurpent d'un haut rang l'infructueux honneur
Et trouvent le remords en cherchant le bonheur.

Hommes infortunés, quelle aveugle inconstance
Transforme en longs tourments votre courte existence!
Eh! quel bien conduit donc à la félicité?
L'absence de l'erreur et la douce santé.

Nos besoins sont bornés, et la terre féconde
Accorde à nos travaux les biens dont elle abonde.
D'un prestige éclatant ah! loin de s'éblouir,
N'est-il pas riche assez celui qui sait jouir!
O toi! mortel heureux dans ta noble indigence,
Si du luxe trompeur la magique élégance
N'a point pour soutenir tes superbes flambeaux,
En statue, avec art, transformé les métaux;
Si l'or, resplendissant du feu qui le colore,
Ne rend point à tes nuits la clarté de l'aurore,
De la lyre pour toi, si les sons mesurés
Ne retentissent pas sous des lambris dorés;
Dédaignant des plaisirs la frivole imposture,
Sitôt que le printemps rajeunit la nature,
Mollement étendu sur le bord des ruisseaux,
Tu reposes, couvert de riants arbrisseaux;
A tes yeux enchantés la terre est refleurie;
La vapeur du matin, les forêts, la prairie,
La voûte d'un beau ciel, le zéphir caressant,
Tout porte le bonheur dans ton cœur innocent *.

De la Nature des choses, chant II,
trad. de M. de Poncerville.

* Ce passage, où respire la plus douce sensibilité rendue avec une grace charmante, contraste admirablement avec la sombre et brûlante énergie que l'écrivain déploie pour nous émouvoir, à l'aspect de l'horrible fléau qu'il retrace avec une effrayante vérité.   Amar.

II. La Peste.

..... Du fond de l'Égypte aux murs de Pandion,
Plana le monstre affreux de la contagion;
Enfanté dans le sein de ces plaines fécondes,
Il s'élève, il franchit et les cieux et les ondes,
Sur la triste cité descend du haut des airs,
Dépeuple ses remparts, et rend ses champs déserts :
Comme un nuage obscur, sa vapeur infectée
Couvre des citoyens la foule épouvantée.
Du mal inévitable avant-coureur affreux,
Dans la tête s'embrase un foyer douloureux;
Les yeux étincelants sortent de leur orbite;
Le gosier ulcéré se dessèche et s'irrite,
De brûlantes tumeurs enflamment ses canaux,
Et d'un sang noir, fétide, ils expulsent les flots.
La langue, des pensers cet agile interprète,
Par la soif consumée, est sanglante et muette;
Elle brûle et s'attache au palais déchiré;
Auprès du cœur flétri dès qu'il a pénétré,
Le fléau destructeur l'entoure avec furie,
Et brise tout-à-coup les ressorts de la vie.
La bouche ardente exhale une immonde vapeur;
D'un cadavre exhumé telle est l'affreuse odeur.
L'âme, de tant de maux à la fois menacée,
Au devant de la mort déjà s'est élancée;
Et la nuit et le jour, les longs gémissements,
Les cris des malheureux augmentent leurs tourments;
Des membres, harassés par la fièvre accablante,
La surface au toucher n'est point encor brûlante;
Mais le corps rougissant, d'ulcères dévoré,
Dans ses flancs corrompus couve le feu sacré :
Il n'est plus qu'une horrible et vivante fournaise;

Tout redouble ses maux, tout l'irrite et lui pèse;
Les plus légers tissus sont d'énormes fardeaux,
Et le venin rongeur brûle et dissout les os.
Se traînant au milieu de la foule mourante,
L'un, aux bords des ruisseaux, vient la bouche béante;
De sueur écumant, par la douleur pressé,
L'autre se plonge nu dans le fleuve glacé;
Mais une onde abondante, une goutte insensible,
Trompent également leur soif inextinguible.
La douleur, la douleur, et jamais de repos!
La nature succombe à ces nombreux assauts;
Tous les secours sont vains... La science éperdue
N'aperçoit de leurs maux que l'horrible étendue.
Le sommeil fuit loin d'eux; épouvantés, hagards,
Brillent pendant les nuits leurs horribles regards;
Du plus hideux trépas leurs corps portent l'empreinte,
Il tressaille, il frémit de fureur et de crainte;
Le sourcil se hérisse... invincible tourment,
Dans l'oreille résonne un aigre sifflement.
L'haleine entrecoupée à la fois vive et lente,
Péniblement s'enfuit de la bouche sanglante,
Et sur le cou ruisselle une gluante humeur;
Du gosier déchiré par l'impure tumeur,
Après de longs efforts une toux convulsive
Arrache à flots jaunis une ardente salive.
La mort vient par degrés; la main s'ouvre, s'étend,
Chaque nerf irrité se glace en palpitant;
Du corps livide et froid s'endurcit l'épiderme,
Le nez penche affilé, la narine se ferme,
Le front tendu descend sur les yeux sombres, creux,
Et la bouche se fronce avec un rire affreux;
Ils expirent... Pour eux sonne l'heure dernière
Quand la neuvième aurore a versé sa lumière.

LUCRÈCE.

Quelques-uns cependant combattaient le trépas,
Mais du monstre inflexible ils ne triomphaient pas.
Des intestins, rongés par le poison rapide,
Si tout-à-coup s'échappe un immonde fluide,
Ils respirent du moins; mais un sang glutineux
S'écoule; la victime en ces flots vénéneux
De sa force épuisée abandonne le reste;
Le mal horrible alors change son cours funeste,
S'étend sur tous les nerfs; son ardente chaleur
Au siège du plaisir imprime la douleur;
Armé d'un fer cruel, pour calmer son supplice,
L'un impose à son être un honteux sacrifice;
L'autre perd la lumière; informes, mutilés,
Sur le pavé sanglant en foule amoncelés,
Ils s'efforçaient encor de ressaisir la vie!
A cet infortuné la mémoire est ravie;
Du zèle et de l'amour les soins sont superflus,
Il se cherche lui-même, et ne se connaît plus.
Les cadavres nombreux, privés de sépulture,
Du vautour affamé ne sont plus la pâture;
La mort succèderait au repas infecté.
L'hôte affreux des forêts lui-même épouvanté,
La nuit ne quitte plus son repaire sauvage.
Les chiens si caressants, dans un transport de rage,
Périssent.... et parmi les cadavres humains,
Leurs membres déchirés encombrent les chemins.
A la clarté du jour, au milieu des ténèbres,
Sans pompe incessamment roulent les chars funèbres;
L'art incertain, vaincu, tente un stérile effort,
Le remède de l'un à l'autre offre la mort.

Mais quel tourment ajoute à l'horrible souffrance!
Du cœur des malheureux s'exile l'espérance;
Comme des criminels à périr condamnés,

Ils tombent sans secours, meurent abandonnés;
Du sort anticipant la peine rigoureuse,
La crainte de la mort rend la mort plus affreuse :
Tout succombe... le monstre avide, dévorant,
Passe de corps en corps et les frappe en courant.
L'égoïste, endurci par sa lâche prudence,
En vain d'amis souffrants évite la présence,
Malheureux à son tour, il périt isolé;
Il ne consola point et n'est point consolé;
Sa dépouille languit sur la terre étendue,
Et la foule effrayée en détourne la vue.
Hélas ! l'homme sensible à la douce pitié,
Le soutien généreux de la tendre amitié,
Comme on fuit les périls, les cherche et les partage,
Des êtres qu'il chérit relève le courage,
Leur ramène l'espoir jusqu'au bord du tombeau ;
Mais déjà l'a touché l'homicide fléau...
Contraint d'abandonner ce noble ministère,
Il rentre pour mourir sous son toit solitaire.
Dans ces lieux désastreux se montre à chaque pas
Ou le regret plaintif, ou le hideux trépas.
L'hydre contagieuse envahit les campagnes;
Frappe le laboureur, le pâtre des montagnes.
Le pauvre sous le chaume éprouve sa rigueur,
Et la triste indigence ajoute à la douleur.
Au milieu d'une infecte et sanglante poussière,
Se traîne, se débat une famille entière;
Le père, sur le corps d'un fils inanimé,
Tombe... le faible enfant, de douleur consumé,
Éprouvant de la faim l'angoisse déchirante,
Ronge le sein flétri de sa mère expirante!
Des hameaux d'alentour, vers ces murs dévastés,
Les pâles villageois courent épouvantés;

Des monuments sacrés et des toits domestiques
Les victimes sans nombre inondent les portiques;
La mort les réunit pour mieux porter ses coups;
Aux fontaines les uns se traînent à genoux,
Vont aux flots jaillissants tendre une bouche avide,
Et tombent, suffoqués par une onde perfide.
Sur les chemins déserts gissent des malheureux,
Demi-nus, ou cachés sous des lambeaux poudreux;
Ils respirent encor, mais une chair livide
Des membres se détache et sanglante et fétide.
Et les os, calcinés par la brûlante humeur,
Se couvrent d'une peau dont l'infecte tumeur,
L'ulcère affreux ressemble aux immondes souillures,
Des cadavres flétris au fond des sépultures.

Les temples imposants et les pompeux autels
Regorgent, infectés de ces restes mortels;
Les corps amoncelés en remplissent l'enceinte :
Les soins religieux sont bannis par la crainte;
La nature, les lois, l'auguste piété,
Ont perdu leur touchante et noble autorité.
La douleur et l'effroi règnent dans ses murailles;
Chacun du corps des siens hâte les funérailles;
Le désespoir, le trouble et la sombre fureur
Des maux contagieux ont augmenté l'horreur.
Sur les bûchers dressés par des mains étrangères,
On dépose à grands cris les restes de ses frères;
Tout se heurte, se livre à de sanglants combats,
Et le meurtre a souillé les pompes du trépas *.

Ibid. chant VI, traduction du même.

---

* Cette description terrible n'a besoin d'aucun éloge, mais nous ne pouvons nous empêcher de remarquer que nul obstacle n'arrête M. de Pongerville; il triomphe avec aisance des objets les plus rebelles, le dégoût que

III.

O destinée affreuse ! arraché pour jamais
A ma famille en pleurs, à tout ce que j'aimais,
Je ne reverrai plus cette épouse si chère,
Ces enfants qui volaient dans les bras de leur père,
Et qui, de mes baisers disputant la faveur,
Versaient un plaisir pur jusqu'au fond de mon cœur.
Adieu, projets chéris, amitié consolante;
Adieu, premiers succès de ma gloire naissante;
Loin de moi, sans retour, fuyez, objets si doux.
O songes du bonheur, évanouissez-vous !...

Mécontent du destin, lorsque l'homme murmure,
Si tout à coup tonnait la voix de la Nature :
« Enfant que j'ai chéri, pourquoi crains-tu la mort ?
« Heureux navigateur, tu vas rentrer au port.
« Si, par les voluptés accompagnés sans cesse,
« Tes jours délicieux coulent dans la mollesse;
« Tel qu'un vase sans fond, si ton fragile cœur
« Ne reçut pas en vain les flots purs du bonheur;
« Rassasié de tout, sans regret, sans envie,
« Va, sors donc satisfait du festin de la vie.
« Mais si, de mes trésors indigne possesseur,
« Tu n'as point des plaisirs savouré la douceur;
« Si, dévoré d'ennuis, nul espoir ne te reste;
« Si la vie à tes yeux n'est qu'un exil funeste,
« Prêt à le terminer pourquoi verser des pleurs ?
« Voudrais-tu prolonger le chemin des douleurs ?

pourraient inspirer les détails techniques et l'horreur des tableaux de la souffrance, se perdent dans le tissu d'un style harmonieux et poétique.

Pour juger la variété et la souplesse du talent de ce traducteur poète, nous citerons les fragments du troisième chant où se trouvent la fameuse prosopopée de la nature, et l'allégorie des supplices infernaux.

« Ne résiste donc pas à la mort qui t'appelle ;
« Je ne saurais t'offrir nulle faveur nouvelle.
« Quel que soit mon pouvoir, mes travaux sont constants.
« Ton corps n'est pas flétri par l'outrage des ans :
« Mais pour toi s'offrirait l'invariable scène
« De joie et de tourment, de repos et de peine,
« Quand de tes jours nombreux le cours illimité
« S'étendrait, s'étendrait avec l'éternité. »

Qui de nous désormais, séduit par l'imposture,
Oserait d'injustice accuser la nature !
Et lorsqu'un malheureux, de chagrins dévoré,
En fuyant le trépas qui l'en eût délivré,
Semble du tombeau seul redouter les approches ;
La Nature en courroux l'accable de reproches :
« Esclave révolté, ne m'importune plus ;
« Ne joins pas à tes maux des regrets superflus ;
« Si tu crains la douleur, la tombe est un asyle. »
Mais aux cris insensés de ce vieillard débile :
« Riche de tous les biens, pauvre par les désirs,
« Tu parcourus sans fruit la route des plaisirs.
« Quoi ! tu ne possédas qu'une vie imparfaite,
« Et tu veux au trépas disputer sa conquête !
« C'en est fait, tu fléchis sous le fardeau des ans,
« Il ne t'appartient plus de goûter mes présents ;
« D'autres vont s'emparer du plaisir qui te laisse :
« Mais sous les coups du sort tombe au moins sans faiblesse.»

Mortel, contre ses lois vainement révolté,
Cède avec l'univers à la nécessité.
Rien ne rentre au néant ; mais la triste vieillesse
Au spectacle du monde appelle la jeunesse :
Les êtres, à leur but forcés de parvenir,
Sont la semence enfin des êtres à venir.

Chaque race à son tour par l'autre poursuivie
Lui transmet en courant le flambeau de la vie.
Tels que leurs précurseurs, tous ces hôtes divers
Disparaîtront bientôt du mobile univers.
La Nature, à ses dons imprimant l'inconstance,
Comme un faible usufruit nous prêta l'existence.

Dans les fastes nombreux des siècles entassés
Nos destins passagers nous semblent retracés ;
C'est un mouvant miroir, où notre œil envisage
Du paisible avenir la prophétique image :
Pour nous bientôt commence un repos sans réveil,
Un calme encor plus doux que le plus doux sommeil.

L'enfer n'est qu'un vain nom : mais sa longue souffrance
L'homme l'a rassemblée en sa courte existence.
Sous son fatal rocher ce Tantale enchaîné,
Aux superstitions c'est l'homme abandonné,
Qui dans les maux cruels dont le destin l'accable
Croit ressentir des dieux la vengeance implacable.

De vautours renaissants ce Titye entouré
Aux gouffres infernaux n'est donc pas dévoré.
Peut-il être, malgré son immense stature,
De leur voracité l'éternelle pâture ?
Les assouvirait-il, quand ce colosse altier
De la terre sous lui couvrirait l'orbe entier ?
A des maux infinis quel être peut suffire ?
Titye est ce mortel que le crime déchire,
Qui, par des goûts honteux sans cesse captivé,
Couve d'affreux remords dans son cœur dépravé.

Ce Sisyphe orgueilleux, qu'un fol espoir anime,
De ce mont escarpé veut atteindre la cime ;
Vers elle il pousse, élève un énorme rocher ;
Le fardeau monte, monte ; et, prêt à la toucher,

LYRIQUE.

Retombe, et, sous sa masse entraînant la victime,
La replonge à grand bruit dans l'infernal abîme.
De l'orgueil téméraire emblême ingénieux,
Sisyphe est cet avide et sombre ambitieux
Qui mendie en rampant la faveur populaire,
Brigue de vains faisceaux, ou l'honneur consulaire ;
Et, toujours repoussé, la honte sur le front,
Va dans un antre obscur dévorer son affront.

Insensible au retour de la saison féconde,
Dévorer sans jouir les biens dont elle abonde,
Vainement irriter la soif de ses désirs,
Épuiser chaque jour la coupe des plaisirs ;
En s'abreuvant enfin des plus pures délices,
Dans un cœur fatigué les changer en supplices ;
N'est-ce pas le tourment de ces jeunes beautés
Qui, toujours poursuivant l'ombre des voluptés,
Dans un vase sans fond vont d'une main craintive
Verser incessamment une onde fugitive ?

Ce Tartare grondant, ces gouffres ténébreux,
L'hydre, les fouets vengeurs, les torrents sulfureux,
Sont les fruits mensongers d'une absurde ignorance.
Mais le crime jamais n'échappe à la vengeance ;
Le crime à chaque pas est suivi par l'effroi,
Il sent peser sur lui le glaive de la loi.
Dût-il tromper les yeux du juge redoutable,
Les tourments des enfers sont dans un cœur coupable.
En vain il se confie au secret protecteur ;
Le mal conduit au mal et punit son auteur.

Ibid. chant III, *traduction du même.*

LYRIQUE. Le poème lyrique, chez les Grecs, était non seulement chanté, mais composé aux accords de la lyre : c'est là d'abord ce qui le distingue de tout ce qu'on appelle poésie lyrique chez les Latins et parmi nous. Le poète était musicien ; il préludait, il s'animait au son de ce prélude ; il se donnait à lui-même la mesure, le mouvement, la période musicale : les vers naissaient avec le chant ; et de là l'unité de rhythme, de caractère et d'expression entre la musique et les vers : ce fut ainsi qu'une poésie chantée fut naturellement soumise au nombre et à la cadence ; ce fut ainsi que chaque poète lyrique inventa non seulement le vers qui lui convint, mais aussi la strophe analogue au chant qu'il s'était fait lui-même, et sur lequel il composait.

A cet égard, le poème lyrique, ou l'ode, chez les Latins et chez les nations modernes, n'a été qu'une frivole imitation du poème lyrique des Grecs : on a dit : *Je chante*, et on n'a point chanté ; on a parlé des accords de la lyre, et on n'avait point de lyre. Aucun poète, depuis Horace inclusivement, ne paraît avoir modelé ses odes sur un chant. Horace, en prenant tour à tour les diverses formules des poètes grecs, semble avoir si fort oublié qu'une ode dût être chantée, qu'il lui arrive souvent de laisser le sens suspendu à la fin de la strophe, où le chant doit se reposer*, comme on le voit dans cet exemple, si sublime d'ailleurs par les pensées et et par les images :

  Districtus ensis cui super impiâ
  Cervice pendet, non siculæ dapes

---

* La même chose se rencontre fréquemment chez les lyriques grecs. H.P.

Dulcem elaborabunt saporem;
Non avium citharæque cantus

Somnum reducent. Somnus agrestium
Lenis virorum non humiles domos
Fastidit, umbrosamve ripam,
Non zephyris agitata Tempe*.
(*Od.* III, 1.)

Nos odes modernes ne sont pas plus lyriques, et à l'exception de quelques chansons bachiques ou galantes, qui se rapprochent de l'ode ancienne, parce qu'elles ont été faites réellement dans le délire de l'amour ou de la joie, et chantées par le poète, aucune de nos odes n'est susceptible de chant. On a essayé de mettre en musique l'ode de Rousseau à la Fortune : c'était un mauvais choix; mais que l'on prenne, entre les odes du même poète, ou de Malherbe, ou de tel autre, celle qui a le plus de mouvement et d'images, on ne réussira guère mieux.

La seule forme qui convienne au chant, parmi nos poésies lyriques, est celle de nos cantates; mais Rousseau, qui en a fait de si belles, n'avait ni le sentiment ni l'idée de la poésie mélique ou chan-

---

* Pour qui voit sur sa tête une arme vengeresse,
  De la table des rois brille en vain l'appareil :
  Le doux chant des oiseaux, la lyre enchanteresse,
  A ses trop longues nuits rendront-ils le sommeil ?

Sommeil! du laboureur voluptueux partage,
Tu ne dédaignes point le toit de l'indigent;
Tu chéris l'ombre fraîche, un paisible rivage,
Les vallons où voltige un zéphyr caressant.

Trad. de Léon Halévy.

tante, et sa cantate de Circé, qui passe pour être la plus susceptible de l'expression musicale, sera l'écueil des compositeurs. Métastase lui seul, dans ses *oratorio*, a excellé dans ce genre et en a donné des modèles parfaits.

Mais le grand avantage des poètes lyriques de la Grèce fut l'importance de leur emploi et la vérité de leur enthousiasme.

Le rôle d'un poète lyrique, dans l'ancienne Rome et dans toute l'Europe moderne, n'a jamais été que celui d'un comédien; chez les Grecs, au contraire, c'était une espèce de ministère public, religieux, politique ou moral.

Ce fut d'abord à la religion que la lyre fut consacrée, et les vers qu'elle accompagnait furent le langage des dieux; mais elle obtint plus de faveur encore en s'abaissant à louer les hommes.

La Grèce était plus idolâtre de ses héros que de ses dieux, et le poète qui les chantait le mieux était sûr de charmer, d'enivrer tout un peuple. Les vivants furent jaloux des morts; l'encens qu'ils leur voyaient offrir ne s'exhalait point en fumée; les vers chantés à leur louange passaient de bouche en bouche et se gravaient dans tous les esprits. On vit donc les rois de la Grèce se disputer la faveur des poètes et s'attacher à eux pour sauver leur nom de l'oubli.

Et quelle émulation ne devaient pas inspirer des honneurs qui allaient jusqu'au culte ! Si l'on en croit Homère, le plus fidèle peintre des mœurs, la lyre, dans la cour des rois, faisait les délices des festins;

le chantre y était révéré comme l'ami des muses et le favori d'Apollon : ainsi l'enthousiasme des peuples et des rois allumait celui des poètes, et tout ce qu'il y avait de génie dans la Grèce se dévouait à cet art divin. Mais ce qui acheva de le rendre imposant et grave, ce fut l'usage qu'en fit la politique, en l'associant avec les lois, pour aider à former les mœurs.

Ce n'était pas seulement à louer l'adresse d'un homme obscur, la vitesse de ses chevaux, ou sa vigueur au combat de la lutte, mais à élever l'âme des peuples, que l'ode olympique était destinée; et dans l'éloge du vainqueur étaient rappelés tous les titres de gloire du pays qui l'avait vu naître : puissant moyen pour exciter l'émulation des vertus ! Ainsi, née au sein de la joie, élevée, ennoblie par la religion, accueillie et honorée par l'orgueil des rois et par la vanité des peuples, employée à former les mœurs, en rappelant de grands exemples, en donnant de grandes leçons, la poésie lyrique avait un caractère aussi sérieux que l'éloquence même. Il n'est donc pas étonnant qu'un poète, honoré à la cour des rois, dans les temples des dieux, dans les solennités de la Grèce assemblée, fût écouté dans les conseils et à la tête des armées, lorsque animé lui-même par les sons de sa lyre il faisait passer dans les âmes, aux noms de liberté, de gloire et de patrie, les sentiments dont il était rempli.

On ne veut pas ajouter foi au pouvoir de cette éloquence, secondée de l'harmonie, et aux transports qu'elle excitait en remuant l'âme des peuples par les ressorts les plus puissants; on ne veut pas y croire, tandis qu'en Italie on voit encore la musique, par la voix d'un homme affaibli, et dans la fiction la plus vaine, enivrer tout un peuple froidement assemblé.

Supposez, au milieu de Rome, Pergolèse, la lyre à la main, avec la voix de Timothée et l'éloquence de Démosthène, rappelant aux Romains leur ancienne splendeur et les vertus de leurs ancêtres, vous aurez l'idée d'un poète lyrique et des grands effets de son art.

En voyant en chaire le missionnaire Bridaine, les yeux enflammés ou remplis de larmes, le front ruisselant de sueur, faisant retentir les voûtes d'un temple des sons de sa voix déchirante, et unissant, à la chaleur du sentiment le plus exalté, la véhémence de l'action la plus éloquente et la plus vraie; je l'ai supposé quelquefois transformé en poète, et fortifiant, par les accents d'une harmonie pathétique, les sentiments ou les images dont il frappait l'âme des peuples; et j'ai dit : Tel devait être Épiménide au milieu d'Athènes, Therpandre ou Tyrtée au milieu de Lacédémone, Alcée au milieu de Lesbos.

Le poète lyrique n'avait pas toujours ce caractère sérieux; mais il avait toujours un caractère vrai : Anacréon chantait le vin et les plaisirs, parce qu'il était buveur et voluptueux; Sapho chantait l'amour, parce qu'elle brûlait d'amour.

Ces deux sortes d'ivresse ont pu, dans tous les temps et dans tous les pays, inspirer les poètes; mais dans quel autre pays que la Grèce la poésie lyrique a-t-elle eu son caractère sérieux et sublime, si ce n'est chez les Hébreux, et peut-être aussi dans nos climats du Nord, du temps des druides et des bardes ?

Chez les Romains Horace, et parmi nous, Malherbe et Rousseau feignaient de chanter sur la lyre : mais Orphée, Amphion ne feignaient rien lorsqu'ils apprivoisaient les peuples, les rassemblaient, les engageaient à se bâtir des murs, à vivre sous des lois ; mais Therpandre, pour adoucir les mœurs des Lacédémoniens, Tyrtée, pour les ranimer et les renvoyer aux combats, Epiménide, pour appaiser le trouble des esprits et la voix des remords, quand les Athéniens se croyaient menacés, poursuivis par les Euménides, Alcée enfin, pour déclarer la guerre à la tyrannie, et rallumer dans l'âme des Lesbiens l'amour de la liberté, chantaient réellement aux accords de la lyre, peut-être même au son des instruments analogues au caractère et à l'intention de leur chant. Les Grecs disaient que la déesse Harmonie était fille de Mars et de Vénus, pour dire qu'elle était douée d'une force et d'une grace irrésistibles.

Dans l'ancienne Rome, une poésie éloquente eût souvent pu se signaler. Mais un peuple long-temps inculte, uniquement guerrier, peu curieux de vers et de musique, peu sensible aux arts d'agrément, et trop austère dans ses mœurs pour songer à mêler ses plaisirs avec ses affaires, aurait trouvé ridicule une lyre dans la main de Brutus ou des Gracques, ou dans celle de Marius : une éloquence mâle pour plaider sa cause, une épée pour la défendre, voilà tout ce qu'il demandait; et un tribun comme Tyrtée, ou un consul comme Épiménide, venant soulever en chantant, ou calmer le peuple romain, aurait été mal accueilli. (*Voyez* poésie.)

Dans ce même article poésie, j'ai appliqué à l'Italie moderne ce que je viens de dire de l'Italie ancienne; et je n'ai pas dissimulé ma surprise de voir que l'Église ait négligé celui de tous les arts qui pouvait le plus dignement embellir ses solennités (*Voyez* hymne). Qant à l'ode profane, elle n'y a jamais fait qu'un rôle fictif, sans objet et sans ministère : aussi les hommes de génie que l'Italie a pu produire dans ce genre sublime, comme Chiabrera et Crudeli, n'ayant à s'exercer que sur des sujets vagues, n'ont-ils été, comme Horace, que de faibles imitateurs de ces hommes passionnés qui, dans la Grèce, ajoutaient aux mouvements de la plus sublime éloquence le charme de la poésie et la magie des accords.

En Espagne nul encouragement, et aussi nul succès pour le lyrique sérieux et sublime, quoique la langue y fût disposée. On ne laisse pourtant pas de trouver dans les poètes espagnols quelques odes d'un ton élevé : celle de Louis de Léon, sur l'invasion des Maures, est remarquable, en ce que la fiction en est la même que l'allégorie du Camoëns pour le cap de Bonne-Espérance. Dans le poète espagnol, plus ancien que le portugais, c'est le génie d'un fleuve qui prédit la descente des Maures et la désolation de l'Espagne; dans le portugais, c'est le génie protecteur du promontoire des tempêtes et gardien de la mer des Indes, qui s'élève pour en défendre le passage aux Européens : l'image est agrandie; mais l'idée est la même et la première gloire en est à l'inventeur.

L'ode, en Angleterre, a eu plus d'émulation et plus de succès : mais ce n'est encore là qu'un enthousiasme factice. Si on y veut trouver l'ode antique, il faut la chercher dans les poésie des anciens bardes ; c'est Ossian qu'il faut entendre, gémissant sur le tombeau de son père et se rappelant ses exploits :

« A côté d'un rocher élevé sur la montagne et sous un chêne antique, le vieux Ossian, le dernier de la race de Fingal, était assis sur la mousse : sa barbe, agitée par le vent, se repliait en ondes; triste et pensif, privé de la vue, il entendait la voix du Nord, le chagrin se ranima dans son cœur; il commença ainsi à se plaindre et à pleurer sur les morts.

« Te voilà tombé comme un grand chêne, avec toutes tes branches autour de toi. Où es-tu, ô roi Fingal, ô mon père ? et toi, mon fils Oscar, où es-tu ? où est toute ma race ? Hélas ! ils reposent sous la terre : j'étends les bras, et de mes mains glacées je tâte leur tombeau ; j'entends le torrent qui gronde en roulant entre les pierres qui les couvrent. O torrent! que viens-tu me dire? tu m'apportes le souvenir du passé. Les enfants de Fingal étaient sur ton rivage comme une forêt dans un terrain fertile. Ils étaient perçants, les fers de leurs lances ! Celui-là était audacieux qui se présentait à leur colère. Fillan le grand était ici ; tu étais ici, Oscar, ô mon fils ! Fingal lui-même était ici, puissant et fort, avec les cheveux blancs de la viellesse : il s'affermissait sur ses reins nerveux, et il étalait ses larges épaules : malheur à celui qui rencontrait son bras dans la bataille ! Le fils de Morny arriva, Gaul, le plus robuste des hommes : il s'arrêta sur la montagne, semblable à un chêne ; sa voix était comme le son des torrents ; il cria : « Pourquoi le fils du puissant « Corval veut-il régner seul? Fingal n'est pas assez fort « pour défendre son peuple, pour en être le soutien ; « je suis fort comme la tempête sur l'Océan, comme « l'ouragan sur les montagnes : cède fils de Corval, « et fléchis devant moi. » Il descendit de la montagne comme un rocher ; il retentissait dans ses armes.

« Oscar s'avança, et s'arrêta pour l'attendre : Oscar, mon fils, voulait rencontrer l'ennemi ; mais Fingal vint dans sa force, et sourit aux menaces insultantes de Gaul. Ils s'élancèrent l'un contre l'autre, se pressèrent dans leurs bras nerveux, et luttèrent dans la plaine. La terre était sillonnée par leurs talons ; le bruit de leurs os était semblable à celui d'un vaisseau ballotté par les vagues dans la tempête. Leur combat fut long ; ils tombèrent avec la nuit sur la plaine retentissante, comme deux chênes tombent en entrelaçant leurs branches et en ébranlant la montagne : le robuste fils de Morny est terrassé, le vieillard est vainqueur.

« Belle, avec ses tresses d'or, son cou poli, et son sein de neige, belle comme les esprits des montagnes, quand ils effleurent dans leur course la surface d'une bruyère paisible pendant le silence de la nuit; belle comme l'arc des cieux, la jeune Minvane arrive : Fingal, dit-elle avec douceur, rends-moi mon frère; rends-moi l'espérance de ma race, la terreur de tous, excepté de Fingal. Puis-je refuser, dit le roi, ce que demande l'aimable fille des montagnes? Emporte ton frère, ô Minvane! plus belle que la neige du Nord. Telles furent tes paroles, ô Fingal! Hélas! je n'entends plus les paroles de mon père : privé de la vue, je suis appuyé sur son tombeau : j'entends le sifflement des vents dans la forêt, et je n'entends plus la voix de mes amis : le cri du chasseur a cessé, et la voix de la guerre ne retentit plus autour de moi. »

Voilà l'ode héroïque de ces peuples sauvages, et voici leur ode amoureuse : c'est une fille qui attend son amant.

« Il est nuit, et je suis seule, abandonnée sur la colline des orages. Le vent souffle sur la montagne; le torrent gémit au bas de ce rocher; aucune cabane ne m'offre un asyle contre la pluie; je suis abandonnée sur la colline des orages.

« Lève-toi, ô lune; sors du sein de tes nuages! Étoiles de la nuit, paraissez! Quelque lumière ne me guidera-t-elle pas vers le lieu où repose mon amant, fatigué des travaux de la chasse, son arc détendu à ses côtés et ses chiens haletants autour de lui?.....

« Je suis obligée de m'arrêter ici, seule, sur le rocher couvert de mousse qui borde ce ruisseau. J'entends le murmures des vents et des flots ; mais je n'entends point la voix de mon amant!

« Pourquoi ne viens-tu point, ô mon Shalgar ! pourquoi le fils de la colline tarde-t-il à remplir sa promesse? Voici l'arbre, le rocher, le ruisseau murmurant. Tu m'avais promis d'être ici avant la nuit...... Ah! où est allé mon Shalgar? pour toi j'ai quitté la maison de mon père; je voulais fuir avec toi. Nos familles ont été long-temps ennemies ; mais Shalgar et moi nous ne sommes point ennemis.

« O vent, cesse un moment! ruisseau, suspends un instant ton murmure! Que ma voix se fasse entendre sur la bruyère; qu'elle frappe les oreilles du chasseur que j'attends. Shalgar! c'est moi qui t'appelle; voici l'arbre et le rocher. Shalgar! ô mon amant! me voici : pourquoi tardes-tu à paraître ? Hélas! rien ne me répond!

« Enfin la lune paraît, les eaux brillent dans la vallée; les rochers sont grisâtres sur la surface de la colline; mais je ne le vois point sur le sommet ; ses chiens, en le devançant, ne m'annoncent point sa présence : resterai-je donc ici solitaire et abandonnée ?

« Mais quels objets aperçois-je couchés devant moi sur la bruyère?... Seraient-ce mon amant et mon frère?.... Parlez-moi, mes amis..... Hélas! ils ne me répondent point! la crainte glace mon cœur..... Ah! ils sont morts! leurs épées sont teintes de sang. O mon frère! mon frère! pourquoi as-tu tué mon Shalgar? pourquoi, ô Shalgar! as-tu tué mon frère? Vous m'étiez si chers l'un et l'autre! Que dirai-je pour célébrer votre mémoire? Tu étais beau sur la colline, dans la foule de tes compagnons; il était terrible dans le combat... Parlez-moi, écoutez ma voix, enfants de ma tendresse... Mais hélas! ils se taisent pour toujours; le froid habite dans leur sein.

« O vous, ombres des morts! faites-vous entendre du haut de ce rocher, du sommet de la montagne des vents; parlez, et je ne serai point effrayée... Où êtes-vous allées vous reposer? dans quelle caverne de la colline vous trouverai-je? Mais le vent ne m'apporte point de réponse; je ne distingue point, dans les orages de la colline, les sons faibles de la voix des morts.

« Je vais m'asseoir ici dans ma douleur; j'attendrai le matin dans les larmes. Élevez un tombeau, ô vous, amis des morts! mais ne le fermez pas avant que j'arrive. Je sens ma vie s'échapper de moi comme un songe. Pourquoi resterais-je après mes amis? il vaut mieux que je repose avec eux sur le bord de ce ruisseau. Quand la nuit descendra sur la colline, quand le vent soufflera sur la bruyère, mon ombre s'assiéra sur les nuages et déplorera la mort de mes amis. Le chasseur écoutera du fond de sa cabane; il craindra ma voix, mais il l'aimera, parce que ma voix sera douce pour mes amis; car ils étaient chers à mon cœur. »

Si telle était l'éloquence des bardes, il ne faut pas s'étonner qu'un tyran les ait fait détruire : le courage et l'élévation d'âme que ces poètes inspiraient aux peuples s'accordaient mal avec le projet qu'il avait de les asservir. Ce trait de prudence et d'atrocité d'Édouard Ier fait le sujet d'une ode de Gray, la plus belle peut-être dont l'Angleterre se glorifie, et dans laquelle, faisant parler un barde échappé au glaive, le poète semble inspiré par le génie d'Ossian.

J'ai dit que l'on trouvait le grand caractère de l'ode antique dans les poésies des hébreux, parce que l'enthousiasme en est sincère et que l'objet en est sérieux et sublime : ce n'est point un jeu de l'imagination que les cantiques de Moïse et de David ; ils chantaient l'un et l'autre avec une verve que l'on appellerait *génie*, si ce n'était par l'inspiration même de l'esprit divin. C'est cette inspiration et les élans rapides qu'elle donnait à leur âme, que les poètes allemands ont imités de nos jours. Ils se sont efforcés de ployer leur langue aux formules des vers latins, et de la cadencer sur les mêmes nombres : leur oreille en est satisfaite, et c'est un plaisir qu'aucune nation n'a droit de leur disputer. Mais le vague de leurs peintures, l'allégorie continuelle de leur style, les détails recherchés de leurs descriptions, font trop voir que leur enthousiasme est simulé.

Le seul de ces poètes qui ait donné à l'ode le caractère antique, c'est le célèbre M. Gleim, dans ses chants de guerre prussiens. On l'a appelé, avec raison, le *Tyrtée* de son pays ; on l'a comparé aux bardes des Germains et aux scaldes des anciens Danois.

Gleim est prussien ; il parle en homme persuadé

de la justice des armes de son roi ; et le rôle qu'il a pris est celui d'un grenadier plein de génie et de courage.

« Le mérite de ces chants de guerre, disent les auteurs du *Journal étranger*, consiste dans une extrême simplicité unie à beaucoup de verve, d'harmonie et de force. » Les traits suivants, quoique affaiblis par la traduction, en peuvent donner une idée.

Ils sont pris du chant de victoire, après la bataille de Lowositz.

« Le héros, assis sur un tambour, méditait sa bataille, ayant le firmament pour tente et la nuit autour de lui. En méditant, il dit : Ils sont en grand nombre ; mais fussent-ils encore plus nombreux, je les battrai..

« Il vit l'aurore, et il vit nos visages enflammés de désirs : ah ! combien le bonjour qu'il nous donna était ravissant !

« Libre, comme un Dieu, de crainte et de terreur, plein de sensibilité, il est là et distribue les rôles de la grande tragédie.

« Cependant le soleil se montra tout à coup sur la carrière du firmament, et tout à coup nous pûmes voir devant nous.

« Et nous vîmes une armée innombrable qui couvrait les montagnes et les vallées, et (ce qui est bien permis à des héros) nous fûmes étonnés pendant un clin-d'œil et nous reculâmes la tête de l'épaisseur d'un cheveu ; mais pas un seul pied ne recula.

« Car aussitôt nous pensâmes à Dieu et à la patrie : soudain, soldats et officiers furent remplis du courage des lions.

« Et nous nous approchâmes de l'ennemi à grands pas égaux. *Halte!* cria Frédéric, *halte!* et ce ne fut qu'un même pas.

« Il s'arrête, il considère l'ennemi et ordonne ce qu'il faut faire. Aussitôt, comme le tonnerre du Très-Haut, on vit la cavalerie s'élancer, etc. »

L'ode française a de la pompe, du coloris, de l'harmonie; mais elle est peu rapide, et encore moins passionnée : c'est que jamais nos poètes lyriques n'ont été animés d'un véritable enthousiasme. Quel moment que la mort de Henri IV, si Malherbe avait eu l'âme de Sully, et si, frappé, comme il devait l'être, de ce monstrueux parricide, il avait fait éclater sa douleur, ou plutôt celle de la patrie, qui voyait massacrer son père dans ses bras! Malherbe, Racan, Rousseau lui-même ont voulu être élégants, nombreux, fleuris; ils n'ont presque jamais parlé à l'âme. Leurs odes sont froidement belles; et on les lit comme ils les ont faites, c'est-à-dire sans être ému. (*Voyez* ODE).

Les modernes ont une autre espèce de poème lyrique que les anciens n'avaient pas, et qui mérite mieux ce nom, parce qu'il est réellement chanté : c'est le drame appelé *opéra*. (*Voyez* OPÉRA).

MARMONTEL, *Éléments de Littérature.*

LYSIAS.

LYSIAS était originaire de Syracuse*, mais né à Athènes. A l'âge de quinze ans il passa à Thurium en Italie, avec deux de ses frères, dans la nouvelle colonie qui allait s'y établir. Il y demeura jusqu'à la déroute des Athéniens devant Syracuse; et il retourna alors à Athènes, âgé de quarante-huit ans.

Il s'y distingua par un mérite particulier, et il a toujours été regardé comme un des plus excellents orateurs grecs; mais dans le genre d'éloquence simple et tranquille. La clarté, la pureté, la douceur et la délicatesse du style faisaient son caractère propre. C'était, dit Cicéron, un écrivain d'une précision, d'une élégance extrême; et déjà Athènes pouvait presque se vanter d'avoir un orateur parfait**. Quintilien en donne la même idée. Lysias, dit-il, a le style élégant et léger. S'il suffit à l'orateur d'instruire, il n'en est pas qu'on puisse mettre au-dessus de lui. On ne voit rien d'inutile, rien d'affecté dans son discours. Son style est néanmoins plus semblable à un ruisseau clair et pur qu'à un grand fleuve ***.

Si Lysias se renferma pour l'ordinaire dans cette simplicité, et comme Cicéron l'appelle, cette maigreur de style, ce n'est pas qu'il fût incapable de force et de grandeur; car, selon le même Cicéron****,

---

* Dionys. Halicarn. in *Lys.*

** Fuit Lysias... egregiè subtilis atque elegans, quem jam propè audeas oratorem perfectum dicere. Cic. in *Brut.*, n. 35.

*** Lysias subtilis atque elegans, et quo nihil, si oratori satis sit docere, quæras perfectius. Nihil enim est inane, nihil accersitum : puro tamen fonti, quàm magno flumini, propior. Quintil. X, 1.

**** In Lysia sunt sæpè etiam lacerti, sic ut nihil fieri possit valentius : verùm est certè genere toto strigosior, *Brut.* n. 64.

on trouve dans ses harangues des endroits très forts et très nerveux. Il en usait ainsi par choix et par jugement. Il ne plaidait point lui-même de cause dans le barreau, mais il composait des plaidoyers pour les autres; et pour entrer dans leur caractère, il était souvent obligé d'employer un style simple et peu relevé, sans quoi il eût perdu cette grâce de la naïveté qui est admirable en lui, et il eût trahi lui-même son secret. Il fallait donc que ses discours, qu'il ne prononçait pas lui-même, eussent un air négligé, ce qui est un grand art, et un des grands secrets de la composition*. On éludait ainsi la loi qui ordonnait aux accusés de plaider eux-mêmes leur cause, sans employer le ministère des avocats.

Quand Socrate fut appelé devant les juges pour rendre compte de ses sentiments sur la religion, Lysias lui apporta un plaidoyer qu'il avait composé avec beaucoup de soin, et où sans doute il avait fait entrer tout ce qui était capable de toucher les juges. Socrate, après l'avoir lu, dit qu'il le trouvait fort beau**, fort oratoire, mais peu convenable au caractère de force et de courage qu'un philosophe devait montrer.

Denys d'Halicarnasse peint fort au long et avec

* Illud in Lysia dicendi textum tenue atque rarum lætioribus numeris corrumpendum non erat. Perdidisset enim gratiam, quæ in eo maxima est, simplicis atque ineffectati coloris : perdidisset fidem quoque. Nam scribebat aliis, non ipse dicebat, ut opportuerit esse illa rudibus et incompositis similia, quod ipsum compositio est. Quintil. IX, 4

** Illam orationem disertam sibi et oratoriam videri, fortem et virilem non videri.

beaucoup de goût et de jugement, le caractère du style de Lysias, et en marque en détail tous les traits, mais toujours dans le genre d'éloquence simple et naturelle dont j'ai parlé. Il rapporte même quelques morceaux d'une de ses harangues, pour mieux faire connaître son style. (*Voyez* l'article DÉMOSTHÈNE.)

ROLLIN, *Histoire ancienne*

MABLY (GABRIEL-BONNOT de) naquit à Grenoble le 14 mars 1709, d'une famille de robe. Il était frère de l'abbé de Condillac et de M. de Mably, grand prévôt de Lyon, dont les fils eurent quelque temps J.-J. Rousseau pour instituteur.

Après avoir fait ses études au collège des jésuites à Lyon, le jeune Mably vint à Paris où son alliance avec la famille de Tencin lui procura la protection du cardinal de ce nom. Il entra au séminaire de Saint-Sulpice, mais peu fait pour s'assujettir aux devoirs de la vie ecclésiastique, le jeune néophite ne voulut pas avancer dans les ordres plus loin que le sous-diaconat. L'histoire ancienne lui paraissait une étude plus conforme à son goût que les discussions théologiques, et Plutarque, Thucydide, Tite-Live, prirent rang dans son esprit avant les Basile et les Ambroise.

On disait du bien de son premier ouvrage, intitulé *Parallèle des Romains et des Français*. La réputation qu'il avait acquise à son auteur lui valut de la part de la célèbre madame de Tencin l'honneur d'être admis à son dîner politique, dont Montesquieu était l'hôte le plus remarquable. Le cardinal de Tencin voyait alors son influence s'accroître et avait besoin d'un homme qui le guidât dans une carrière où ses pas étaient mal assurés. Sa sœur jugea l'abbé de Mably capable de remplir cette tâche, et le plaça auprès du cardinal. Ce fut pour l'instruction particulière du ministre que le jeune abbé fit l'abrégé des *Traités depuis la paix de Westphalie*. Ce travail initia l'auteur dans la politique des gouvernements Européens, et produisit plus tard le *Droit public de l'Europe*.

Le cardinal de Tencin, convaincu de sa faiblesse dans le conseil, ne pouvait prendre la parole sur les objets importants et les discuter d'une manière convenable. L'abbé de Mably lui persuada de demander au roi la permission de donner son avis par écrit ; il l'obtint, et ce fut Mably qui prépara ses rapports et ses mémoires. En 1743, il fut chargé de négocier secrètement avec le ministre du roi de Prusse un traité contre l'Autriche. Le traité, porté par Voltaire au roi de Prusse, mérita à son auteur l'estime de ce prince.

Le conseil de Louis XV voulait que le roi établît ses armées sur le Rhin. Mably soutint qu'il fallait faire la campagne dans les Pays-Bas, et eut l'honneur de se trouver du même avis que le roi de Prusse. Ce fut encore lui qui dressa les mémoires qui devaient servir de base aux négociations du congrès de Breda, en 1746.

La vocation politique de Mably semblait décidée ;

mais une querelle qu'il eut avec le cardinal, à l'occasion d'un mariage protestant que celui-ci voulait casser, et dans lequel Mably voulait que le cardinal se conduisît en homme d'État, tandis que l'homme d'État voulait se conduire en cardinal, changea la situation de l'abbé diplomate, et lui fit prendre le parti de la retraite où il se voua tout entier à l'étude.

La vie de l'abbé de Mably se trouve désormais concentrée dans le cercle de ses productions littéraires; mais le changement de ses doctrines nous engage à retourner un moment sur nos pas, pour examiner les causes de la direction nouvelle qu'avaient reçues ses idées. Un homme qui fut toujours d'un caractère aussi entier, qui affecta tant d'indépendance, offrait alors un spectacle assez rare pour qu'il soit permis d'examiner si ce fut à la seule noblesse de son caractère, ou à l'aigreur de ses ressentiments, qu'il faut attribuer la conduite dont il ne se départit jamais; si les principes qu'il professa étaient véritablement les siens, que l'illusion de la faveur et de la jeunesse avaient pu lui faire oublier pour un temps, ou si sa raison, plus mûre, lui fit voir, après sa retraite, les défauts de son ouvrage et la vérité sous un autre jour qu'à l'époque de sa faveur.

Entre le *Parallèle des Romains et des Français*, publié en 1740, et le *Droit public de l'Europe*, publié en 1748, se place le temps de la prospérité de l'auteur.

Dans le premier de ces deux ouvrages, l'abbé de

Mably réclame pour le souverain une autorité indépendante des lois; dans le second et dans ceux qui le suivirent, l'auteur semble avoir en vue cette maxime, que les rois sont faits pour les peuples et non les peuples pour les rois. Les biographes prétendent que le mécontentement produisit cette opinion libérale. L'abbé Brizard soutient avec Mably lui-même, que ce fut par suite d'un juste retour sur lui-même. « Mably, dit l'abbé Brizard, était tellement honteux du succès de son livre, que le trouvant un jour chez le comte d'Egmont, il s'en saisit et le mit en pièces. » Les autres assurent que, fâché de l'opposition qu'on ne manquerait pas de trouver entre ses opinions, honteux d'avoir exercé ce qu'il voulait combattre, il prit le livre dans une telle aversion, qu'il le traita comme nous venons de le rapporter. Si nous insistons sur ces remarques, c'est qu'elles sont le point essentiel de la vie de Mably, la pierre de touche de son caractère. Mably, comme auteur, Brizard, comme panégyriste, avaient leurs raisons pour interpréter favorablement; un peu de malignité, qu'on croirait inhérente à l'espèce humaine, a pu conduire les autres: le procès est encore pendant. Quoi qu'il en soit, Mably n'a plus varié depuis. Le *Droit public de l'Europe* fut, comme nous l'avons dit, le second ouvrage de Mably. Il parut la même année que l'*Esprit des Lois*, et plaça l'auteur au rang des publicistes les plus distingués de l'époque. Les nouvelles vues qu'il avait adoptées et qu'il développa dans cet écrit, lui en firent refuser l'impression. Cette défense n'empêcha pas le livre de paraître, seulement ce fut au profit des libraires étrangers; c'était à peu près tout le résultat de ces mesures prohibitives qui n'arrêtaient rien. On voulut saisir les exemplaires introduits en France; mais M. d'Argenson s'y opposa, et l'ouvrage se répandit.

Les *Observations sur les Grecs* parurent en 1749 et furent étendues depuis sous le titre d'*Observations sur l'histoire de la Grèce*. Montesquieu passa auprès de bien des gens, pour avoir donné l'idée première de cet ouvrage par la publication *de la Grandeur et de la Décadence des Romains*. Cette opinion qui serait plus probable, si on l'appliquait seulement à l'ouvrage qui va suivre, ne me paraît pas assez fondée. Mably ne voyait que les anciens, ils étaient pour lui l'objet d'une espèce de passion, est-il si étonnant qu'il ait voulu faire pour les Grecs ce que Montesquieu fit pour les Romains? D'ailleurs la république de Rome et celles de la Grèce présentent des différences si capitales, que le mérite tout entier appartiendrait encore à Mably, quand il aurait été poussé par le désir d'imiter Montesquieu, qu'il a réfuté sur quelques points, tout en lui rendant justice. L'ouvrage qui sent plus l'imitation que le précédent, est celui qui porte pour titre: *Observations sur les Romains*. Ce fut une des deux productions qui durent leur origine au *Parallèle des Romains et des Français*.

«Quand je revins à lire mon ouvrage, (le *Parallèle*)
« de sang froid, dit Mably, je trouvai qu'un plan
« qui m'avait paru très judicieux, n'était en aucune

« façon raisonnable, au lieu de corriger mon *Pa-*
« *rallèle* incorrigible, j'en fis deux ouvrages séparés
« et absolument nouveaux : » Ce sont les *Observations sur les Romains*, et les *Observations sur l'Histoire de France.*

En 1757 parurent les *Principes des Négociations.*
Cet ouvrage est proprement une introduction au
Droit public de l'Europe. L'auteur y présente comme
le premier principe de diplomatie, la bonne foi, la
justice, et offre le cardinal d'Ossat comme le modèle des ambassadeurs. Cet écrit n'est pas celui de
tous, dont on a le plus profité.

Les *Entretiens de Phocion*, qui n'étaient pas destinés à un concours académique, furent considérés
par la société de Berne, comme le livre le plus utile
à l'humanité qui eût paru dans l'année, et obtinrent le prix que la république avait fondé dans ce
but. Ils parurent en 1763 comme une traduction
du Grec, de Nicoclès, un des disciples de Phocion.
Ce livre est considéré comme celui où l'auteur a mis
le plus de pureté dans sa diction, et un certain
vernis d'antiquité qui donne du charme à sa lecture.

Les mêmes difficultés qui devaient arrêter la publication du *Droit public* se renouvelèrent pour les
Observations sur l'Histoire de France. En 1765, le
duc de Choiseul, qui protégea l'ouvrage, prévint
les obstacles qu'on voulait opposer à l'auteur. C'est
de tout ce que nous possédons de Mably, l'ouvrage
le plus intéressant pour nous ; il discute les points
obscurs de notre histoire, et ils sont nombreux ;
c'est là qu'on doit voir le premier pas fait vers la

régénération de notre école historique, et la raison, l'esprit de discussion succédant enfin à la sèche et inutile nomenclature des faits quand ils sont isolés de leurs causes et de leurs conséquences.

C'était le temps des économistes. Il ne faut pas confondre leurs principes avec ceux que l'économie politique a si sagement définis de nos jours. Au milieu d'une assez grande quantité d'idées fausses, quelques-unes saines, mais trop peu étendues, ne suffisaient pas pour consolider un système, et l'abbé de Mably attaqua le leur dans son ouvrage publié en 1768, sous le titre de *Doutes proposés aux Économistes, sur l'ordre naturel et essentiel des Sociétés*. Les idées qu'il avait émises dans cet ouvrage et dans les précédents, engagèrent les Polonais à s'adresser à lui et à J.-J. Rousseau, pour avoir une constitution nouvelle. En 1770, l'abbé de Mably se rendit en Pologne, où il examina, avec le comte Wielhorski, la nation sur laquelle il avait à travailler. Il y resta un an, et rédigea en 1770 et 1771 ses projets d'amélioration qu'il adressa au comte Wielhorski.

Le livre de Mably, qui dut sa naissance à cette demande des Polonais, ne parut qu'en 1781, sous le titre : *Du Gouvernement et des Lois de la Pologne*. L'abbé Brizard semble regarder le traité *de la Législation ou Principe des Lois* (1776), comme le chef-d'œuvre de l'auteur ; cependant les prophéties politiques qu'on y trouve ne se sont pas vérifiées ; si Mably a prouvé ailleurs qu'il était bon politique, il a prouvé aussi dans cet ouvrage qu'il était mauvais prophète.

Le traité de L'*Étude de l'Histoire*, qui parut en 1778, est un des bons ouvrages de l'auteur. Il avait été composé pour l'instruction du duc de Parme, et faisait partie du *Cours d'études* de l'abbé de Condillac. On n'accueillit pas avec autant de faveur la *Manière d'écrire l'Histoire*, 1782. Dans cet ouvrage l'abbé de Mably n'épargne aucun des historiens célèbres, dont la réputation est le mieux établie. Voltaire et Robertson sont principalement en butte à ses attaques; Hume et Gibbon, qu'en dépit de tout nous nous obstinons à considérer comme des hommes de mérite, n'y sont pas jugés avec plus de réserve. On conçoit effectivement qu'un homme, qui, toute sa vie, s'occupa de l'histoire, et l'envisagea d'une manière féconde et nouvelle alors, se soit cru le droit de régenter les autres; c'est un tort sans doute, mais si l'on en fait abstraction, l'ouvrage se recommandera par des idées saines et un mérite réel.

En 1784 parurent les *Principes de Morale*. La Sorbonne y vit des principes fort dangereux, et pour prévenir le mal et sauver la morale publique, censura l'écrit. L'abbé de Mably ne se défendit point, mais ses amis embrassèrent sa défense. Il est inutile de revenir sur ces misérables querelles dont l'oubli a fait justice.

Le dernier ouvrage de Mably, qui ait paru de son vivant, fut publié sous le titre d'*Observations sur les États-Unis d'Amérique*, 1784. M. John Adams avait désiré les remarques de Mably sur les constitutions de l'Amérique. Quoique dans une lettre insérée dans le *Journal encyclopédique* de mai 1787, M. Adams se défende d'avoir fait cette invitation à Mably, l'abbé Brizard affirme qu'elle fut faite, et invoque le témoignage des abbés Chalut et Arnoux. Telle fut l'origine de cet écrit, qui fut mal reçu aux États-Unis. Quelques journaux prétendirent dans le temps que le livre fut traîné dans la boue ou brûlé; cette anecdocte a été démentie, et ne paraît pas effectivement fort probable. Les livres de haute politique ne sont guère qu'entre les mains d'hommes auxquels de tels emportements ne sont pas familiers. Les manuscrits trouvés après la mort de l'abbé de Mably, sont: *Des Droits et des Devoirs du citoyen*, et *la Suite des Observations sur l'Histoire de France*. Dans le premier, l'auteur suppose des entretiens avec Milord Stanhope, et ne se borne pas à consacrer les droits et les devoirs de l'homme. On a justement critiqué les opinions qu'il émet sur Montesquieu. Dans la *Suite des Observations*, Mably attaque tous les ordres, toutes les conditions, et appelle un nouvel état de choses. C'était à sa mort un véritable ouvrage de circonstance, aussi fut-il présenté à l'assemblée constituante par ses exécuteurs testamentaires. On cite encore quelques opuscules posthumes, qui n'ont pas ajouté à la réputation de leur auteur, quoiqu'on rencontre de bonnes choses dans quelques-uns, particulièrement dans le *Traité du Beau*, et dans le *Traité des Talents*.

Nous n'avons pas interrompu la suite des ouvrages de Mably, en y mêlant les documents peu nombreux qui existent sur sa vie, renfermée tout entière dans le cercle de ses occupations littéraires. Si l'on trouve à blâmer dans sa vie comme dans ses écrits, on doit convenir que dans l'une comme dans les autres, les erreurs sont rachetées par de bonnes idées et de bonnes actions. Ses vues politiques étaient restreintes, et les opinions qu'il manifesta souvent contre le commerce et les arts, ont été combattues, quoiqu'elles méritassent à peine de l'être, car les faits sont encore mieux démentis que les paroles. Il y a mieux, c'est que combattre le commerce et les arts, était marcher contre son but, qui était la liberté des peuples; et en effet le commerce et l'industrie sont aujourd'hui les fondements les plus fermes de la liberté. Mably faisait profession d'un désintéressement rare et d'une indépendance de caractère qui l'empêcha de faire partie d'aucun corps littéraire. Le maréchal de Richelieu pressait l'abbé de Mably de se mettre sur les rangs pour l'Académie française, celui-ci refusa. Cependant le maréchal le pressa avec tant d'instances et de grace, que l'abbé de Mably fut comme forcé de se soumettre. Mais à peine eut-il perdu de vue le maréchal, qu'il courut chez Condillac et le conjura de le dégager : « Mais pourquoi cette résistance, lui dit son frère? Si j'acceptais, lui dit Mably, je serais obligé de louer le cardinal de Richelieu, ce qui est contre mes principes... » Les choses en restèrent là. Il refusa également d'élever l'héritier d'un empire pour n'être pas contraint de déroger à ses principes.

Dur et emporté dans la conversation, ses réparties ne sont remarquables que par une brusquerie offensante; mais son cœur était bon et il le prouva par la conduite qu'il tint à l'égard du seul domestique qui le servait. Son modique revenu ne lui permettait pas de faire de grandes économies. Sur la fin de ses jours il se priva de ces commodités que son âge et ses infirmités lui rendaient plus nécessaires, pour accroître la petite fortune qu'il devait laisser à ce serviteur fidèle. Un pareil trait vaut mieux que tous les éloges.

Dans l'*Éloge de Mably*, l'abbé Brizard semble présenter son héros comme un grand homme. Ayons assez bonne opinion de l'humanité pour ne pas mettre au-dessus d'elle quiconque se distingue par ses talents. Le titre de grand homme doit être la récompense du génie, et au-dessous de quelques êtres privilégiés qui l'ont mérité, il existe encore une assez belle place pour ceux qui, pareils à l'abbé de Mably, ont uni des vertus à de véritables talents.

Je ne parle point d'un mauvais ouvrage intitulé *le Destin de la France*, publié en 1792 et attribué à Mably. Ses amis ont vengé sa mémoire en repoussant cette imputation calomnieuse.

Mably mourut le 23 avril 1785. Ses *Œuvres* ont été recueillies en 15 vol. in-8°, 1794—95. Le *Parallèle des Romains et des Français* n'y est point inséré non plus que dans l'édition de 1790. 20 vol. in-12, qui est d'ailleurs incomplète. Toutes les deux sont précédées de l'*Éloge de Mably*, par l'abbé Brizard.

DE BROTONNE.

MORCEAU CHOISI.

Les Grecs et les Romains.

Quoi qu'en dise un des plus judicieux écrivains de l'antiquité qui cherche à diminuer la gloire des Grecs, leur histoire ne tire point son principal lustre du génie et de l'art des grands hommes qui l'ont écrite[*]. Peut-on jeter les yeux sur tout le corps de la nation Grecque, et ne pas avouer qu'elle s'élève souvent au-dessus des forces de l'humanité? On voit quelquefois tout un peuple être magnanime comme Thémistocle, et juste comme Aristide. Salluste nierait-il que Marathon, les Thermopyles, Salamine, Platée, Mycale, la retraite des Dix-Mille, et tant d'autres exploits exécutés dans le sein même de la Grèce pendant le cours de ses guerres domestiques, ne soient au-dessus des louanges que leur ont données les historiens? Les Romains n'ont vaincu les Grecs que par les Grecs mêmes. Mais quelle aurait été la fortune de ces conquérants, si, au lieu de porter la guerre dans la Grèce corrompue par mille vices, et affaiblie par ses haines et ses divisions intestines, ils y avaient trouvé ces capitaines, ces soldats, ces magistrats, ces citoyens qui avaient triomphé des armes de Xercès? Le courage aurait été alors opposé au courage, la discipline à la discipline, la tempérance

---

[*] Atheniensium res gestæ, sicuti ego æstumo, satis amplæ magnificæ que fuere; verùm aliquanto minores quàm famâ feruntur. Sed quia provenere ibi scriptorum magna ingenia, per terrarum orbem Atheniensium facta pro maximis celebrantur. Ita eorum qui ea fecere virtus tanta habetur, quantùm verbis eam potuere extollere præclara ingenia. At populo romano nunquam ea copia fuit. Sallust. *Catil.* VIII.

à la tempérance, les lumières aux lumières, l'amour de la liberté, de la patrie et de la gloire à l'amour de la liberté, de la patrie et de la gloire.

Un éloge particulier que mérite la Grèce, c'est d'avoir produit les plus grands hommes dont l'histoire doive conserver le souvenir. Je n'en excepte pas la république Romaine, dont le gouvernement était toutefois si propre à échauffer les esprits, à exciter les talents, et à les produire dans tout leur jour. Qu'opposera-t-elle à un Lycurgue, à un Thémistocle, à un Cimon, à un Epaminondas, etc., etc. ? On peut dire que la grandeur des Romains est l'ouvrage de toute la république. Aucun citoyen de Rome ne s'élève au-dessus de son siècle et de la sagesse de l'Etat, pour prendre un nouvel essor et lui donner une face nouvelle. Chaque Romain n'est sage, n'est grand, que par la sagesse et le courage du gouvernement; il suit la route tracée, et le plus grand homme ne fait qu'y avancer de quelques pas plus que les autres. Dans la Grèce, au contraire, je vois souvent de ces génies vastes, puissants et créateurs, qui résistent au torrent de l'habitude, qui se prêtent à tous les besoins différents de l'état, qui s'ouvrent un chemin nouveau, et qui, en se portant dans l'avenir, se rendent les maîtres des évènements. La Grèce n'a éprouvé aucun malheur qui n'ait été prévu long-temps d'avance par quelqu'un de ses magistrats; et plusieurs citoyens ont retiré leur patrie du mépris où elle était tombée, et l'ont fait paraître avec le plus grand éclat. Quel est, au contraire, le Romain qui ait dit à sa république que ses conquêtes devaient la mener à sa ruine? Quand le gouvernement se déformait, quand on abandonnait aux proconsuls une autorité qui devait les affranchir du joug des lois, quel Romain a prédit que la république serait vaincue par ses propres armées? Quand Rome chancelait dans sa décadence, quel citoyen est venu à son secours, et a opposé sa sagesse à la fatalité qui semblait l'entraîner?

Dès que les Romains cessèrent d'être libres, ils devinrent les plus lâches des esclaves. Les Grecs, asservis par Philippe et Alexandre, ne désespérèrent pas de recouvrer leur liberté: ils surent en effet se rendre indépendants sous les successeurs de ces princes. S'il s'éleva mille tyrans dans la Grèce, il s'y éleva aussi mille Thrasybule.

Ecrasée enfin sous le poids de ses propres divisions et de la puissance romaine, la Grèce conserva une sorte d'empire, mais bien honorable, sur ses vainqueurs. Ses lumières et son goût pour les lettres, la philosophie et les arts, la vengèrent, pour ainsi dire, de sa défaite, et soumirent à leur tour l'orgueil des Romains. Les vainqueurs devinrent les disciples des vaincus, et apprirent une langue que les Homère, les Pindare, les Thucydide, les Xénophon, les Démosthène, les Platon, les Euripide, etc., avaient embellie de toutes les graces de leur esprit. Des orateurs qui charmaient déjà Rome allèrent puiser chez les Grecs ce goût fin et délicat, peut-être le plus rare des talents, et ces secrets de l'art qui donnent au génie une nouvelle force; ils allèrent, en un mot, se former au talent enchanteur de tout embellir. Dans les écoles de philosophie, où les Romains les plus distingués se dépouillaient de leurs préjugés, ils apprenaient à respecter les Grecs; ils rapportaient dans leur patrie leur reconnaissance et leur admiration, et Rome rendait son joug plus léger; elle craignait d'abuser des droits de la victoire, et par ses bienfaits distinguait la Grèce des autres provinces qu'elle avait soumises. Quelle gloire pour les lettres d'avoir épargné au pays qui les a cultivées, des maux dont ses législateurs, ses magistrats et ses capitaines n'avaient pu le garantir! Elles sont vengées du mépris que leur témoigne l'ignorance, et sûres d'être respectées, quand il se trouvera d'aussi justes appréciateurs du mérite que les Romains.

Observations sur l'Histoire de France.

MACHIAVEL (NICOLAS), fameux publiciste, naquit à Florence le 3 mai 1469, d'une famille noble et patricienne. On n'a aucune connaissance des premières années de sa jeunesse; on sait seulement qu'il perdit son père à l'âge de seize ans, et qu'il acheva ses études sous la tutelle de sa mère, qui aimait la poésie, et composait des vers avec facilité. Il fut placé, dit-on, en 1494 auprès du savant Marcel Virgile, qu'on suppose avoir été son maître, et qui occupait un des premiers emplois de la chancellerie du gouvernement; il s'y instruisit aux affaires, et obtint, quatre ans après, la préférence sur quatre concurrents pour la place de chancelier de la seconde chancellerie.

Ses talents et sa capacité l'ayant fait nommer un mois après secrétaire du gouvernement de la république, Machiavel fut chargé de missions extérieures, de légations nombreuses et importantes et remplit diverses fonctions jusqu'à la révolution qui renversa le gouvernement qui l'employait.

Destitué de son emploi de secrétaire, il fut soupçonné ensuite d'avoir conspiré contre le nouveau gouvernement, et fut appliqué à la torture; mais soit qu'il eût la force de vaincre la douleur, et de garder son secret, soit qu'il fût réellement innocent du crime dont on l'accusait, il n'avoua rien, et fut ensuite compris dans l'amnistie générale prononcée par Léon X.

Redevenu libre, Machiavel n'en fut pas beaucoup plus heureux. En vain il essaya de gagner la faveur de ses nouveaux maîtres; n'ayant pu y parvenir, il mourut dans l'indigence en 1527, d'un remède pris à contre-temps.

On a de lui plusieurs ouvrages en vers et en prose. Ceux du premier genre sont l'*Ane d'or*, à l'imitation de Lucien et d'Apulée; *Belphégor*, imité par La Fontaine et quelques petits poëmes. Ses productions en prose sont : des *Discours* sur la première décade de Tite-Live, où il développe la politique du gouvernement populaire, et où il se montre zélé partisan de ce qu'il appelle la liberté; son *Traité du Prince*, qu'il composa pour servir de suite à l'ouvrage précédent, est un des écrits les plus pernicieux qui se soient répandus dans le monde.

« C'est le bréviaire des ambitieux, des fourbes et

« des scélérats, dit un critique. » En vain Amelot de la Houssaye, traducteur de ce livre, a voulu le justifier, il n'a persuadé personne. Frédéric II, roi de Prusse, a donné un *Anti-Machiavel* où il réfute victorieusement les odieuses maximes de l'auteur italien. Machiavel a encore donné l'*Histoire de Florence*, depuis 1205 jusqu'en 1494, dont le commencement est un tableau très bien peint de l'origine des différentes souverainetés qui s'étaient élevées autrefois en Italie; la *Vie de Castrucio Castracani*; un *Traité de l'Art militaire*; un *Traité des Émigrations des peuples septentrionaux*; et deux comédies, dont l'une, intitulée *la Mandragore*, a été traduite par J. B. Rousseau. « En mettant à part la licence « des mœurs, dit Ginguené, cette pièce a placé « Machiavel parmi les meilleurs auteurs comiques « de son temps. » Le même critique range aussi Machiavel parmi les prosateurs du premier ordre : « Nous rendrons à son génie, ajoute-t-il, l'hommage « qui lui est dû, nous l'honorerons comme un des « plus grands hommes de son siècle; mais nous n'en « aurons pas moins d'horreur pour d'exécrables « maximes qu'il n'a que trop propagées et accré- « ditées; nous le plaindrons d'avoir lui-même im- « primé sur sa gloire cette tache ineffaçable; mal- « heureux en effet et vraiment à plaindre, quelque « admiration qu'on ait pour lui, d'avoir été généra- « lement et justement regardé comme le conseiller « du crime, d'avoir donné son nom à cette poli- « tique fausse et coupable qui déshonore quiconque « la pratique ou la professe. »

Les différents ouvrages de Machiavel sont en italien. Ils ont été recueillis en deux volumes in-4°, en 1550, sans nom de ville. On en a fait diverses éditions. Ils ont été traduits en français par Tillard, calviniste réfugié, 1723, en 6 vol. in-12. On en a donné une autre édition augmentée de l'*Anti-Machiavel* du roi de Prusse, à la Haye, 1743, 6 vol. in-12. Mais l'édition la plus estimée de ses *OEuvres*, est celle de 1813, Italia (Florence, Piatti), 8 vol. in-8°. On a publié à Paris, en 1816, *Machiavel commenté par Bonaparte*, in-8°, attribué à M. A. Guillon. Il a paru plus récemment une *Traduction des OEuvres complètes de Machiavel*, par M. Peries, et de ses *OEuvres choisies*, par M. Léon Halevy [*].

MACROBE. On donne à cet auteur, à la tête de ses ouvrages, les noms d'Aurelius, Theodosius, Ambrosius Macrobius : on y ajoute le titre d'illustre, propre à ceux qui étaient élevés aux premières dignités de l'empire. Il était d'un pays où la langue latine n'était pas d'un usage commun, c'est-à-dire de la Grèce ou de l'Orient. Il a vécu sous Théodose et sous ses enfants.

Quoiqu'on n'ait pas de certitude que cet auteur soit le Macrobe qu'on trouve dans les lois d'Honoré et de Théodose, on ne peut guère néanmoins douter qu'il n'ait vécu vers ce temps-là, puisque toutes les personnes qu'il fait parler dans ses *Saturnales*, en sont à-peu-près.

[*] Voyez le jugement de La Harpe sur Machiavel, art. LETTRES, t. XVII, p. 452.

Il feint cet entretien pour ramasser tout ce qu'il savait d'antiquités, afin que ce recueil pût servir à l'instruction de son fils Eustathe, à qui il l'adresse. Et comme il y fait rassembler tous les plus grands et les plus habiles de Rome durant les vacations des saturnales, on a donné le nom de *Saturnales* à son ouvrage. Il y fait profession de rapporter ordinairement les choses dans les propres termes des auteurs dont il les tirait, parce qu'il ne cherchait pas à faire paraître de l'éloquence, mais à instruire son fils : outre qu'étant Grec, il n'avait pas une entière facilité à s'exprimer en latin. On prétend en effet que son élocution n'est ni pure, ni belle; et que dans les endroits où il parle de lui-même, on voit un Grec qui bégaie en latin. Pour les choses, on trouve de l'agrément et de l'érudition.

Outre les *Saturnales*, on a encore deux livres de Macrobe sur le songe que Cicéron attribue à Scipion, faits aussi pour son fils Eustathe, à qui il les adresse.

Rollin, *Histoire ancienne.*

MAFFEI (François - Scipion marquis de), le *Varron et le Sophocle Véronais*, ainsi que l'appelle Voltaire, naquit à Vérone le 1er juin 1675, et fit ses études à Parme au collège des nobles. Il n'avait encore que 24 ans, lorsque, pendant un voyage qu'il fit à Rome, un poème où il célébrait la naissance du prince de Piémont le fit recevoir à l'Académie des Arcades. La gloire militaire eut aussi des charmes pour le jeune Maffei. Le marquis Alexandre, son frère, était lieutenant-général, au service du duc de Bavière, Scipion fit sous lui la campagne de 1704 et se distingua sur-tout à la bataille de Donawert. Pour avoir suivi un moment la carrière des armes, Maffei n'avait pas renoncé à celle des lettres, et il consacra à l'étude le reste de sa vie.

Nous ne devons point omettre une circonstance à la fois honorable et pour son courage et pour son talent. Son frère s'était engagé dans une querelle, et l'affaire était poussée si loin, que la mort de l'un des deux ennemis semblait nécessaire pour la terminer. Maffei, dont on ne pouvait soupçonner la valeur après une glorieuse campagne, publia un ouvrage, où il démontre que le duel est contraire aux intérêts de la société; ainsi il sauva son frère et eut l'honneur de diminuer en Italie la fureur des combats singuliers. L'ouvrage dont il est ici question: *La scienza cavalleresca libri tre*, fut publié à Rome en 1710, in-4°.

Mérope et une comédie intitulée, *le Ceremonie*, annonçaient à l'Italie un poète dramatique capable de réformer le théâtre, et d'en chasser les bouffons par des pièces d'un goût meilleur et d'un genre plus relevé. Maffei qui, peu de temps auparavant, avait, de concert avec Apostolo Zeno, entrepris un journal destiné à relever un peu l'éclat de la littérature italienne, était digne de tenter cette réforme dans l'art dramatique; ses succès antérieurs, les services qu'il avait déjà rendus aux lettres, aux arts et à l'instruction publique, lui donnaient tout le crédit qu'exigeait une pareille entreprise. Mais il découvrit vers ce temps les manuscrits de la cathédrale de Vérone; et cette circonstance le fit s'appliquer à l'étude des antiquités et de la diplomatie. Ces travaux nous ont valu une excellente *Histoire de Vérone*.

Dans les voyages qu'il commença en 1732 par la France, Maffei trouva partout des preuves que sa réputation l'avait précédé; l'Académie des inscriptions lui décerna le titre d'associé surnuméraire; en Angleterre, en Hollande, et dans les différents états de l'Allemagne qu'il parcourut, il fut pareillement comblé d'honneurs, et recherché de tous les savants et hommes de lettres. Vérone se montra fière et digne de lui avoir donné le jour par la réception qu'elle lui avait préparée. Lorsqu'il se rendit à l'académie, le modeste Maffei, trouva dans l'une des salles, son buste avec cette inscription: AU MARQUIS SCIPION MAFFEI VIVANT, et il eut bien de la peine à la faire ôter.

Maffei travailla à mériter de plus en plus les honneurs qu'il avait obtenus de tous côtés; il publia en 1749 le *Muséum Veronense*, ouvrage qui contient des copies exactes d'un grand nombre d'inscriptions antiques qu'il avait recueillies. Il s'appliquait en même temps à la physique et à l'examen de diverses questions. Des travaux de ce genre l'occupèrent tout le reste de sa vie, qu'après une heureuse vieillesse, il termina le 11 février 1755, à l'âge de quatre-vingts ans. Ses obsèques furent faites aux frais des magistrats de Vérone, et cette ville fit frapper une médaille et élever une statue en son honneur.

Outre les ouvrages historiques que nous avons déjà cités, Maffei composa plusieurs recueils d'antiquités, imprimés séparement à Vérone, et que l'on trouve dans l'édition complète de ses *OEuvres*, publiée en 1790, à Venise, 28 vol. in-8°. Il entre davantage dans notre plan de citer ses ouvrages littéraires. Les plus estimés sont : *Rime e prose, parte raccolte da varj libri, e parte non più stampate ; aggiunto anche un saggio di Poesia latina*, Venise, 1719, in-4°; *La Merope*, tragédie, dont il y a plusieurs éditions; celle de Vérone, 1730, in-4°, contient *le Ceremonie*, comédie, et *la Fida Nimpha*, opéra. Cette tragédie a été traduite en français par Freret, et en anglais par Ayre. C'est sur-tout par ce dernier ouvrage que Maffei est connu parmi nous. La Harpe, dans l'analyse qu'il a donnée de la *Mérope* française, a indiqué les défauts et fait ressortir quelques-unes des beautés que l'on trouve dans la pièce italienne. « C'est, dit Mme de Staël, un des ouvrages « faits pour donner l'idée de ce que pourrait être « l'art dramatique en Italie, » elle y remarque une grande simplicité d'action, mais une poésie brillante et revêtue des images les plus heureuses. On peut ajouter, qu'en surpassant son modèle, Voltaire ne l'a point fait oublier.

Voyez le jugement de La Harpe sur la *Merope* de Maffei, à l'article VOLTAIRE de notre *Répertoire*, tome XXIX, pages 400 et suiv.

MAIRET (jean), né à Besançon, le 4 janvier 1604, d'une famille noble et originaire de Westphalie, fut orphelin de bonne heure, et vint achever ses études à Paris, au collège des Grassins. Sorti des écoles, il travailla pour le théâtre, et ses pièces, inconnues aujourd'hui, eurent dans la nouveauté un brillant succès. Gentilhomme du duc de Montmorenci, qui lui faisait une pension de 1500 livres, Mairet jouit aussi de la faveur du cardinal de Richelieu, qui ne désapprouva pas son attachement fidèle à la mémoire de son premier bienfaiteur. Exilé à Besançon, en 1653, pour avoir fait l'éloge du roi d'Espagne, et rappelé après le traité des Pyrénées, il reçut mille louis d'or de la reine-mère, pour un sonnet sur la paix qu'il lui présenta. Cependant sa gloire étant éclipsée par celle du grand Corneille, ses pièces abandonnées, il repartit volontairement pour Besançon, où il mourut, le 31 janvier 1686, âgé de 82 ans. « Il a, dit Palissot, précédé Rotrou,
« Scudery, Corneille et Du Ryer. Sa *Silvie* fut une
« des premières pièces qui donna de la réputation
« à notre théâtre; sa tragédie de *Sophonisbe* eut
« un brillant succès, et elle le méritait pour le
« temps; mais il devint jaloux de Corneille dès que
« ce grand homme eut fait *le Cid*. » Les pièces de Mairet sont au nombre de douze; sept tragi-comédies, quatre tragédies et une comédie. Quelques-uns de ses sujets ont été remis au théâtre; et dans son *Roland furieux* on trouve quelques situations de l'opéra de Quinault. Parmi des *OEuvres poétiques*, imprimées à la suite de la *Silvie* et de la *Silvanire*

(1621 et 1625), on remarque une *Ode* sur la prise de l'île de Ré, et des *Stances* intitulées : *le Courtisan solitaire*. Voyez le jugement de La Harpe sur Mairet, à l'article CORNEILLE de notre *Répertoire*, t. IX, p. 48-57.

MALEBRANCHE (NICOLAS), l'un des plus célèbres métaphysiciens du XVIIe siècle, naquit à Paris, le 6 août 1638; son père, secrétaire et trésorier aux fermes du roi, allarmé de l'extrême délicatesse de sa santé, le fit élever dans sa maison; il fit néanmoins sa philosophie au collège de la Marche, et suivit en Sorbonne les cours de théologie. Son goût pour la retraite et pour l'étude le détermina, dès l'âge de 22 ans, à entrer dans la congrégation de l'Oratoire. L'histoire de l'Eglise, la langue hébraïque et la critique sacrée l'occupèrent d'abord sans plaisir comme sans succès, parce que les sciences de pure érudition ne convenaient pas à la trempe de son esprit. Le *Traité de l'Homme*, par Descartes, qui lui tomba par hasard entre les mains, lui fit mieux connaître la nature de son talent, et dès-lors il tourna toutes ses pensées vers les hautes régions de la métaphysique, impatient de dissiper les nuages que le génie de Descartes n'avait pas suffisamment éclaircis. La *Recherche de la Vérité*, publiée en 1673, fut le premier fruit de ses méditations. Jamais les idées les plus abstraites n'avaient été présentées avec une méthode aussi lumineuse, ni sous les formes d'un style plus insinuant, ce qui formait un contraste singulier avec la rudesse de langage alors consacrée dans la philosophie. L'ouvrage eut un succès prodigieux, et fut traduit en latin, en anglais et même en grec moderne; les éditions se succédèrent rapidement, et toujours avec des augmentations considérables, soit pour éclaircir les principes de l'auteur, soit pour répondre aux critiques des anti-cartésiens qui dominaient dans les écoles. On admira la sagacité avec laquelle Malebranche avait observé les causes de nos erreurs en remontant à la source de tous les préjugés, en démontrant que les hommes sont fréquemment trompés par le témoignage des sens, ou éblouis par les clartés infidèles de l'imagination; et l'on peut dire que, en tout ce qui tient à l'observation, la *Recherche de la Vérité* sera toujours un livre précieux pour les hommes qui aiment à s'étudier eux-mêmes. Mais le système de l'auteur sur l'origine des idées, sur l'union de l'âme et du corps, sur les relations qui existent entre l'âme et les objets extérieurs, éprouva des contradictions qui étaient soutenues, sinon par l'évidence (son flambeau ne luira peut-être jamais dans ces questions ténébreuses) du moins par les probabilités égales du système contraire qui a fini par prévaloir dans la doctrine de Locke, modifiée par Condillac. Malebranche *voyait tout en Dieu*. Cette proposition, que les bornes d'une notice ne permettent pas d'expliquer, n'était pas aussi nouvelle dans le fond qu'elle paraissait étrange par son énoncé : elle était une conséquence assez bien déduite de l'ancien platonicisme, perpétué par l'école d'Alexandrie et par les premiers Pères de l'église; renouvelé par Descartes, Leibnitz et les écrivains de Port-Royal. De ce principe l'auteur était conduit à une assertion non moins extraordinaire, *que la raison seule ne démontre pas l'existence des corps*, et il prouvait cela par des raisonnements assez spécieux qu'on lit encore avec plaisir, comme on recherche par curiosité les objections prétendues insolubles de Zénon contre l'existence du mouvement. Pour mettre à la portée de tout le monde un système qui heurtait de front tant d'idées reçues, il composa, en 1677, les *Conversations chrétiennes*, où la métaphysique se trouve liée plus étroitement aux doctrines religieuses; il préparait presque en même temps un petit écrit sur la *Grace*, la grande question de cette époque; mais le docteur Arnauld s'en procura une copie avant la publication de l'ouvrage. Mécontent de la doctrine de Malebranche, il se crut déjà attaqué sur son terrain. Une guerre de plume était imminente entre l'Oratoire et Port-Royal. Le père Quesnel, pour retarder au moins les hostilités, engagea les deux rivaux à s'expliquer dans une conférence. C'était le temps de la *Chevalerie scolastique*. Après des disputes infructueuses, Malebranche consentit à faire de son système une nouvelle rédaction, pour la soumettre à l'approbation d'Arnauld, qui devait y ajouter des remarques; mais ce dernier ayant ensuite exprimé, en termes peu obligeants, l'opinion qu'il avait de cet ouvrage, l'auteur se crut permis de passer outre à la publication de son livre. Le *Traité de la Nature et de la Grace* fut imprimé en Hollande, en 1684. Bossuet trouvant le nouveau système contraire aux sentiments de St. Thomas, écrivit sur l'exemplaire que l'auteur lui avait envoyé : *Pulchra, nova, falsa*; il invita Malebranche à une conférence tête à tête, où, en présence de témoins, et sur son refus, il fit presser Arnauld de le combattre sans ménagement. La guerre fut vive, d'abord sur les idées, ensuite sur la grace. Aux attaques virulentes de son adversaire, Malebranche répondit par de nouveaux traités qui établissaient plus solidement son opinion, et qui font encore honneur à son talent; telles sont les *Méditations chrétiennes et métaphysiques*, dialogue entre le Verbe et l'auteur, où, suivant Fontenelle, l'écrivain a su répandre « un sombre auguste et mystérieux qui retient les sens et « l'imagination dans le silence. » A cet ouvrage succédèrent les *Entretiens sur la Métaphysique*, que d'Aguesseau regardait comme un chef-d'œuvre, soit pour le style, soit pour l'arrangement des idées. La philosophie de Malebranche eut une vogue qui s'étendit jusque dans la Chine, où les Jésuites missionnaires voulurent avoir de ses ouvrages. Il composa à ce sujet ses *Entretiens d'un philosophe chrétien et d'un philosophe chinois sur l'existence de Dieu*. Attaqué par les journalistes de Trevoux, sur ce qu'il avait accusé les Chinois d'athéisme, il répondit par un livre intitulé : *Réflexions sur la prémotion physique*. Ses connaissances en physique et en géométrie le firent admettre à l'Académie des Sciences, comme membre honoraire, en 1699; il justifia ce choix par un traité sur la *Communication du mouvement*, auquel il joignit un morceau de physique sur le système de l'univers. On a encore de Malebranche un *Traité sur l'Amour de Dieu*, un *Traité sur l'Ame*, un *Traité sur la Prévention*, en réponse à une critique posthume d'Arnauld: il voulut aussi repousser les imputations d'hérésie dont l'avait chargé sérieusement le père Valois, en publiant sa *Défense de la Recherche de la vérité*. Cet illustre oratorien fut consolé dans ses traverses polémiques par les plus honorables suffrages; il reçut une visite de Jacques II, roi d'Angleterre; des princes allemands vinrent à Paris pour le voir; Bossuet, oubliant d'anciens démêlés, se rangea parmi ses admirateurs; le grand Condé voulut s'entretenir avec lui; la cour de Rome approuva hautement son livre de *l'Amour de Dieu*. Dans ce même temps, le père Tournemine l'accusait de favoriser le spinosisme, et Hardouin le mettait au rang des athées, tandis que des juges plus frivoles ne prononçaient jamais son nom sans l'accompagner de cette facétie :

Lui qui voit tout en Dieu, n'y voit pas qu'il est fou.

Malgré sa faible complexion, ce laborieux philosophe poussa sa carrière jusqu'à l'âge de soixante-dix-sept ans, réparant ses incommodités passagères par un régime très simple, et buvant, encore par système, une grande quantité d'eau. Frappé, en 1715, d'une défaillance universelle, accompagnée de douleurs très vives, il s'éteignit, le 13 octobre, dans les sentiments de cette philosophie vraiment chrétienne qui respire dans tous ses écrits.

Malebranche avait des goûts simples et modestes. Dans ses loisirs, il se délassait de préférence avec des enfants, dont les jeux l'amusaient sans le distraire; il aimait à méditer à la campagne, et les volets fermés; sa conversation, douce et communicative, s'animait jusqu'à l'impatience lorsqu'il s'apercevait qu'on ne le comprenait pas, ce qui devait lui arriver assez souvent. Il y a aujourd'hui moins de Malebranchistes qu'autrefois, cependant ses systèmes sont encore goûtés comme des illusions sublimes que le charme du style doit sauver de l'oubli. Quoiqu'on trouve dans ses ouvrages une sorte d'imagination poétique, il condamnait l'imagination, qu'il appelait la *Folle du logis*, et se moquait de la poésie, en récitant souvent les deux vers uniques qu'il était parvenu à composer dans sa vie, et que nous sommes obligés de rapporter pour ne pas le céder en exactitude aux biographes, nos devanciers:

Il fait en ce beau jour le plus beau temps du monde
Pour aller à cheval sur la terre et sur l'onde.

Ce distique est un petit poème *descriptif* qui passera sans contradiction à la postérité. Combien de longs poèmes du même genre n'auront pas le même honneur!

Favier.

JUGEMENTS.

I.

On peut dire de Malebranche (en le comparant à Descartes) :

Proximus huic, longo sed proximus intervallo.

Mais comme il a su joindre l'imagination au raisonnement, ou si l'on veut, le raisonnement à l'imagination qui dominait chez lui, la lecture de ses ouvrages peut être avantageuse à ceux qui se destinent à un genre d'éloquence où l'on a souvent besoin de parler à l'imagination, pour faire mieux entendre la raison.

Ce n'est donc pas ce qui est du ressort de la pure métaphysique que l'on doit chercher dans le Père Malebranche ; c'est ce qui a plus de rapport à la morale, comme plusieurs chapitres du livre de la *Recherche de la Vérité*, où il traite de l'imagination, le livre des *Inclinations* et celui des *Passions*, ou, si l'on veut quelque chose qui soit encore plus travaillé, ses *Entretiens métaphysiques*, qu'on peut regarder comme son chef-d'œuvre, soit pour l'arrangement des idées, soit pour le style et la manière d'écrire.

D'AGUESSEAU, *IVe Instruction*.

II.

Malebranche s'avança sur les traces de Descartes dans les régions de la métaphysique ; il y démêla très bien la cause des illusions que nous font sans cesse nos sens et notre imagination, mais il ne se défia pas assez de la sienne; et quand il voulut savoir, ce qu'on ne saura jamais; comment nous pensons; quand il voulut comprendre dans l'homme cette incompréhensible union de la matière et de la pensée, et comment deux substances d'une nature si opposée peuvent concourir à une même action, alors il fit le roman de l'âme, comme Descartes avait fait celui de l'univers. Il prétendit, comme l'on sait, que l'homme *voyait tout en Dieu*; sur quoi l'on fit ce vers fort plaisant:

Lui qui voit tout en Dieu, n'y voit pas qu'il est fou.

C'était au moins un fou qui avait bien de l'esprit. On ne peut pas employer plus d'art à donner de la vraisemblance à un système qui ne peut pas soutenir l'examen. Malebranche se distingue, d'ailleurs, par un mérite particulier; son style est le meilleur modèle de celui qui convient aux recherches métaphysiques. Il est de la clarté la plus lumineuse; il est facile, agréable, coulant; il n'est orné que de son élégance, et cette élégance ne va jamais jusqu'à la parure, encore moins jusqu'à la recherche. Aussi le lit-on toujours avec plaisir, parce que, s'il se fait illusion à lui-même, il ne veut jamais en faire au lecteur.

LA HARPE, *Cours de Littérature.*

MALFILATRE (JACQUES-CHARLES-LOUIS DE CLIN-CHAMP DE), poète français, naquit à Caen le 8 octobre 1733.

MALFILÂTRE.

Après avoir fait de bonnes études chez les jésuites, Malfilâtre concourut pour les prix de poésie des Académies de Caen et de Rouen. Les sujets proposés étaient habituellement en l'honneur de l'immaculée conception de la Vierge Marie. On les appelait *Palinods*, et ces Académies en avaient même pris le nom. Le *Palinod* de Rouen lui décerna quatre fois la couronne pour les pièces suivantes : *le Soleil fixe au milieu des Planètes* ; *le Prophète Élie enlevé aux cieux* ; *la Prise du Fort Saint-Philippe* ; *Louis-le-bien aimé, sauvé de la mort*, à l'occasion de la tentative d'assassinat faite par Damiens.

Le libraire Lacombe engagea Malfilâtre à venir à Paris, et lui donna des sommes considérables pour sa *Traduction de Virgile*, partie en prose, partie en vers. Ces sommes ne tardèrent pas à être dévorées par des parents avides, qui abusèrent de l'imprévoyance et de la générosité du jeune poète.

Malgré les bienfaits du duc de Lauraguais, Malfilâtre mourut dans la misère, le 6 mars 1767. Pour se soustraire aux poursuites de ses créanciers, il avait été obligé de changer de nom, et de se réfugier chez une tapissière. Cette brave femme lui prodigua ses soins, et l'empêcha de terminer sa vie à l'hôpital, comme l'infortuné Gilbert, qui avait dit de notre poète :

La faim mit au tombeau Malfilâtre ignoré.

Son joli poème en quatre chants : *Narcisse dans l'île de Vénus*, imprimé à Paris un an après sa mort, offre des beautés du premier ordre. C'est tour à tour le brillant Ovide, l'harmonieux Virgile, et même le naïf La Fontaine. La nouvelle édition de 1805, (in-12), comprend les quatre *Odes* couronnées à l'Académie de Rouen, une imitation du psaume *Super flumina Babylonis*, et quelques fragments de sa traduction des *Églogues* et des *Géorgiques* de Virgile.

Malfilâtre méditait un poème épique sur *la Découverte de l'Amérique*. Il avait entrepris une tragédie d'*Hercule au Mont OEta*, et versifié les deux premiers livres du *Télémaque*. N'était-il pas téméraire ou au moins bien inutile de traduire en vers français la prose poétique de Fénelon? A peine pardonne-t-on au P. Viel de l'avoir traduite en vers latins. Il ne reste rien de ces divers ouvrages que le début du *Télémaque*, imprimé dans le *Journal Français* de 1777, n° 17.

On a publié en 1810 (4 vol. in-8°), sous le titre de *Génie de Virgile*, les fragments traduits par Malfilâtre. La traduction en prose des *Métamorphoses* d'Ovide, publiée en l'an VII (1799) sous son nom n'est pas de lui.

Le libraire Ladvocat a donné dernièrement une nouvelle édition des *OEuvres de Malfilâtre*.

JUGEMENT.

Le jeune et infortuné Malfilâtre, dont tous les amateurs de la poésie ont déploré la perte prématurée et conservé la mémoire, s'était essayé une fois dans le genre de l'ode, et en avait envoyé une à l'Académie de Rouen, qui la couronna : elle est du petit nombre des bonnes pièces couronnées et des bonnes odes de notre langue. Le sujet avait de la grandeur et de la difficulté : c'est le système de de Copernic, *le Soleil fixe au milieu des planètes.* La pièce de Malfilâtre, versifiée avec cette noblesse et cette élégance et ce nombre qui le caractérisent partout, peut être mise à peu près au niveau des premières après celles de Rousseau. Son début a la pompe et l'élévation qui annoncent l'inspiration lyrique.

L'homme a dit : les cieux m'environnent,
Les cieux ne roulent que pour moi ;
De ces astres qui me couronnent
La nature me fit le roi.
Pour moi seul le soleil se lève ;
Pour moi seul le soleil achève
Son cercle éclatant dans les airs ;
Et je vois, souverain tranquille,
Sur son poids la terre immobile
Au centre de cet univers.

Malheureusement (et c'est le seul reproche à faire à cette pièce) si cette poésie est belle, cette philosophie n'est pas bonne ; car que ce soit la terre ou le soleil qui soit au centre de notre système planétaire (et la dernière opinion est démontrée) il n'en demeure pas moins certain que la terre et le soleil ont été également créés pour l'homme : cela est démontré en métaphysique, tout au moins autant que la rotation de la terre l'est en physique. Sans doute l'homme a tort s'il fait un sujet d'orgueil de ce qui n'en doit être qu'un de reconnaissance ; mais les choses restent ce qu'elles sont, et le poète a tort aussi de ne repousser l'ancienne erreur que par mépris pour l'homme, qu'il représente dans la strophe suivante, la seule faible de la pièce (et c'est une raison pour ne pas la citer), comme *tristement confondu dans l'océan des êtres;* c'est tout le contraire de la vérité, et un outrage à la nature humaine, que ne lui fit point autrefois la cosmogonie païenne, témoin ces beaux vers d'Ovide, si connus et tant cités :

> Os homini sublime dedit, cœlum que tueri
> Jussit, et erectos ad sidera tollere vultus.

Passons sur cette erreur, qui était sûrement sans mauvaise intention, et ne considérons que le poète; nous en serons partout satisfaits :

> Mais quelles routes immortelles
> Uranie entr'ouvre à mes yeux !
> Déesse est-ce toi qui m'appelles
> Aux voûtes brillantes des cieux ?
> Je te suis ; mon âme agrandie,
> S'élançant d'une aile hardie,
> De la terre a quitté les bords.
> De ton flambeau la clarté pure
> Me guide au temple où la nature
> Cache ses augustes trésors.

C'est là que le poète devait en venir tout de suite, en attestant seulement les découvertes tardives de la science dans des objets qui d'ailleurs n'intéressent en rien la destinée du genre humain. Il expose ces découvertes très poétiquement ; et, pour n'être pas trop long, je ne cite que ce qui prédomine en beauté, sans prétendre déprécier le reste.

> Au milieu d'un vaste fluide
> Que la main du dieu créateur
> Versa dans l'abîme du vide,
> Cet astre unique est leur moteur.
> Sur lui-même agité sans cesse,
> Il emporte, il balance, il presse
> L'Éther et les orbes errants;
> Sans cesse une force contraire
> De cette ondoyante matière
> Vers lui repousse les torrents.
>
> Ainsi se forment les orbites
> Que tracent ces globes connus;
> Ainsi dans des bornes prescrites
> Volent et Mercure et Vénus;
> La terre suit : Mars plus rapide,
> D'un air sombre s'avance et guide
> Les pas tardifs de Jupiter;
> Et son père, le vieux Saturne,
> Roule à peine son char nocturne
> Sur les bords glacés de l'éther.
>
> Oui, notre sphère, épaisse masse,
> Demande au soleil ses présents;
> A travers sa dure surface
> Il darde ses feux bienfaisants.
> Le Jour voit les Heures légères
> Présenter les deux hémisphères
> Tour à tour à ses doux rayons :
> Et sous les signes inclinée,
> La Terre, promenant l'année,
> Produit des fleurs et des moissons.

MALFILATRE.

C'est ce qu'on peut appeler une explication de la sphère en beaux vers, et cette espèce de leçon n'est pas commune.

Narcisse dans l'île de Vénus est un ouvrage posthume, dont le sujet est tiré des *Métamorphoses* d'Ovide. Comme cette fable est très connue, ainsi que l'ouvrage latin, où tout le monde peut la lire, il est inutile de la rapporter, et je me bornerai à observer que ce qui peut figurer très bien dans les *Métamorphoses*, n'est pas toujours suffisant pour fournir un poème; et la fable de Narcisse est dans ce cas. Rien n'est moins intéressant qu'un homme amoureux de lui-même, et nous ne considérons ici que le talent d'écrire, assez marqué dans cet essai pour avoir rendu chère aux amateurs la mémoire de Malfilâtre, qu'une mort prématurée enleva à leurs espérances, après une vie agitée et douloureuse. Eux seuls à peu près se souviennent de son poème, parce qu'ils aiment les vers; car, d'ailleurs, il est peu lu; ce qui arrive toujours quand un ouvrage pèche par le sujet. Mais puisqu'il ne s'agit que de vers, voyez comme il peint la jeune Écho, amoureuse de Narcisse, écoutant Tirésias qui raconte à Vénus des aventures où le sort de Narcisse est annoncé:

> Elle était fille ; elle était amoureuse.
> Elle tremblait pour l'objet de ses soins.
> C'était assez pour être curieuse ;
> C'était assez : filles le sont pour moins.
> Mais je ne veux fronder ce sexe aimable ;
> Et pour Écho sa faute est excusable.

> Si cette nymphe est coupable en ceci,
> Je lui pardonne; Amour la fit coupable :
> Puisse le sort lui pardonner aussi !
> Discrètement et d'une main habile,
> En écartant le feuillage mobile,
> L'œil et l'oreille avidement ouverts,
> Elle regarde, elle écoute au travers ;
> Ne peut qu'à peine en ce petit asyle
> Trouver sa place, et craint de se montrer ;
> Ne se meut pas, et n'ose respirer,
> Sait ramasser son corps souple et docile,
> Se promettant durant cet entretien,
> D'épier tout, un mot, un geste, un rien :
> Un mot, un geste, un rien, tout est utile.

C'est le ton de La Fontaine pour la naïveté; et la peinture de la nymphe qui s'arrange pour écouter est égale à celle de l'amant de la *Fiammetta* (Flammette) de l'Arioste, quoique dans une situation différente. Il est glorieux de savoir, avant trente ans, prendre ainsi la manière des maîtres. Nous l'avons vu dans des tableaux agréables; nous l'allons voir imiter le Laocoon de Virgile, et passer, des couleurs douces et riantes, aux touches fortes et rembrunies :

> A cet autel de gazons et de fleurs
> Déjà la main des sacrificateurs
> A présenté la génisse sacrée,
> Jeune, au front large, à la corne dorée;
> Le bras fatal, sur la tête étendu,
> Prêt à frapper, tient le fer suspendu...
> Un bruit s'entend... l'air siffle... l'autel tremble...
> Du fond des bois, du pied des arbrisseaux,

MALFILATRE.

Deux fiers serpents soudain sortent ensemble,
Rampent de front, vont à replis égaux;
L'un près de l'autre ils glissent, et sur l'herbe
Laissent loin d'eux de tortueux sillons;
Les yeux en feu, lèvent d'un air superbe
Leur col mouvant, gonflé de noirs poisons,
Et vers le ciel deux menaçantes crêtes,
Rouges de sang, se dressent sur leurs têtes.
Sans s'arrêter, sans jeter un regard
Sur mille enfants fuyant de toute part,
Le couple affreux, d'une ardeur *unanime*,
Suit son objet, va droit à la victime*,
L'atteint, recule, et de terre élancé,
Forme cent nœuds autour d'elle enlacé,
La tient, la serre; avec fureur s'obstine
A l'enchaîner, malgré ses vains efforts,
Dans les liens de deux flexibles corps;
Perce des traits d'une langue assassine
Son col nerveux, les veines de son flanc;
Poursuit, s'attache à sa forte poitrine,
Mord et déchire, et s'enivre de sang.
Mais l'animal que leur souffle empoisonne,
Pour s'arracher à ce double ennemi
Qui, constamment sur son corps affermi,
Comme un réseau l'enferme et l'emprisonne,
Combat, s'épuise en mouvements divers,
S'arme contre eux de sa dent menaçante,
Perce les vents d'une corne impuissante,
Bat de sa queue et ses flancs et les airs.
Il court, bondit, se roule, se relève,
Le feu jaillit de ses larges naseaux:
A sa douleur, à ses horribles maux,

---

* Un taureau qu'on allait immoler.

Les deux dragons ne laissent point de trève.
Sa voix perdue en longs mugissements
Des vastes mers fait retentir les ondes,
Les antres creux et les forêts profondes.
Il tombe enfin, il meurt dans les tourments.
Il meurt : alors les énormes reptiles
Tranquillement rentrent dans leurs asyles.

Il n'est pas d'usage de se servir du mot *unanime*, si ce n'est par rapport à ce qui est en nombre; mais c'est peut-être la seule imperfection de ce grand morceau, qui est dans la manière antique. C'etait celle de cet infortuné jeune homme, qui était né poète; et c'est sur la manière qu'il faut juger les poètes et les peintres, et non pas seulement sur un sujet. L'envie se hâte trop souvent de condamner un auteur quand ce choix n'a pas été heureux; mais le talent sait bientôt leur répondre dès qu'il a mieux choisi, et c'est ce qu'aurait fait Malfilâtre, s'il eût vécu. La matière, le plan, la disposition des parties, c'est ce qu'on appelle l'art, et il s'acquiert : Campistron même l'avait connu; mais le don d'écrire en vers émane immédiatement de la nature; il se perfectionne, et ne s'acquiert pas.

La Harpe, *Cours de Littérature*.

MORCEAUX CHOISIS.

I. Épisode sur la mort de César.

Qui pourra d'imposture accuser le soleil?
Souvent même il prédit le secret appareil
Des troubles, des combats, des crimes près d'éclore,
Et qu'une épaisse nuit à nos yeux couvre encore.

Quand César expira, le soleil dans son cours
N'éclaira qu'à regret le dernier de ses jours;
Le soleil vit nos pleurs, le soleil plaignit Rome
Des malheurs qu'entraînait la mort de ce grand homme.
Il partagea son deuil; cet astre étincelant,
D'un voile ensanglanté couvrit son front brillant;
Et des hommes pervers la race criminelle
Craignit, à cet aspect, une nuit éternelle.
Hélas! tout, dans ces temps, annonçait nos revers,
Tout nous épouvantait, et la terre et les mers,
Et des chiens menaçants les clameurs importunes,
Et l'oiseau précurseur des grandes infortunes.
Combien de fois, ô dieux! dans ces jours de terreur,
Vîmes-nous de l'Etna les volcans en fureur
S'échapper à travers ses fournaises brisées!
Des foudres souterrains, des roches embrasées,
Des torrents de fumée, obscurcissant le jour,
Rouler en tourbillons dans les champs d'alentour.
Un bruit de chars, un choc d'invisibles armées,
Fit trembler du Germain les villes alarmées.
L'Apennin tressaillit; et sur leurs fondements
Les Alpes à grand bruit s'agitèrent long-temps.
Des spectres infernaux, dans l'horreur des nuits sombres,
Se traînaient. Au milieu du silence et des ombres
On entendait au loin retentir une voix
Lamentable, et des cris sortir du fond des bois.
Des fleuves étonnés les ondes reculèrent;
La terre s'entr'ouvrit, les animaux parlèrent;
Et dans nos temples saints, séjour des immortels,
On vit les dieux d'airain pleurer sur leurs autels.
Le roi des fleuves même, affreux dans ses ravages,
Le superbe Éridan, franchissant ses rivages,
De son onde écumante, épandue à grands flots,

Entraînait les pasteurs, leurs toits et leurs troupeaux.
Dans le flanc des taureaux, les ministres célestes
Ne voyaient chaque jour que des signes funestes.
De longs ruisseaux de sang épouvantaient nos yeux ;
Et des loups affamés les troupeaux furieux,
Quand la nuit couvrait l'air de ses voiles paisibles,
Effrayaient les cités de hurlements horribles.
Jamais en un ciel pur, et dans des jours sereins,
La foudre plus souvent n'étonna les humains ;
Et jamais plus souvent les comètes cruelles
Ne lancèrent sur nous leurs tristes étincelles*.

---

* Nous allons offrir au lecteur, comme objet de comparaison, le même épisode traduit par Lemierre et par Delille, en le faisant précéder du texte de Virgile.

...... Solem quis dicere falsum
Audeat? Ille etiam cæcos instare tumultus
Sæpè monet, fraudemque et operta tumescere bella.
Ille etiam extincto miseratus Cæsare Romam,
Cùm caput obscurâ nitidum ferrugine texit,
Impiaque æternam timuerunt sæcula noctem :
Tempore quanquàm illo tellus quoque et æquora ponti,
Obscœnique canes, importunæque volucres,
Signa dabant. Quoties Cyclopum effervere in agros
Vidimus undantem, ruptis fornacibus, Ætnam,
Flammarumque globos, liquefactaque volvere saxa!
Armorum sonitum toto Germania cœlo
Audiit; insolitis tremuerunt motibus Alpes;
Vox quoque per lucos vulgò exaudita silentes
Ingens, et simulacra modis pallentia miris
Visa sub obscurum noctis ; pecudesque locutæ,
Infandum! Sistunt amnes, terræque dehiscunt :
Et mæstum illacrymat templis ebur, æraque sudant :
Proluit insano contorquens vortice sylvas
Fluviorum rex Eridanus, camposque per omnes
Cum stabulis armenta tulit : nec tempore eodem
Tristibus aut extis fibræ apparere minaces,
Aut puteis manare cruor cessavit, et altè

II. Traduction du psaume *Super flumina Babylonis.*

Voyez l'article BIBLE du *Répertoire*, t. IV, p. 322. Voyez aussi les morceaux cités dans le jugement de La Harpe sur Malfilâtre.

> Per noctem resonare lupis ululantibus urbes.
> Non aliàs œlo ceciderunt plura sereno
> Fulgura, nec diri toties arsere cometæ.
> *Georg.* I.

Soleil, non, ce n'est point par des présages vains
Qu'on t'a vu de leurs maux avertir les humains;
Ton front souvent annonce et les perfides trames,
Et les divisions qui couvent dans les âmes.
Dans ce jour de désastre où César est tombé,
Ton orbe sans lumière, immobile et plombé,
Imitant par son deuil notre douleur mortelle,
Fit craindre à l'homme impie une nuit éternelle :
Tout nous servit d'augure, et la terre et les eaux,
Les chiens hurlant dans l'ombre, et le cri des corbeaux.
Combien de fois d'Etna les fournaises brisées
Vomirent par torrents les cendres embrasées,
Et lançant les rochers de ses gouffres ardents,
D'une lave brûlante inondèrent nos champs !
Des bruits d'armes dans l'air vers le Rhin s'entendirent,
D'inconnus tremblements les Alpes tressaillirent;
En échos prolongés de lamentables voix
Vinrent souvent troubler le silence des bois;
Dans les ombres du soir des fantômes errèrent,
Prodige encor plus grand, les animaux parlèrent.
L'airain, le marbre pleure aux autels de nos dieux;
La terre ouvre ses flancs, les fleuves à nos yeux
S'arrêtent; l'Éridan, leur monarque superbe,
De ses flots orageux entraîne comme l'herbe
Les pins déracinés, l'étable et les troupeaux.
Les viscères flétris dans le flanc des taureaux
Frappent l'œil étonné du prêtre qui chancelle;
Une source de sang au fond des puits ruisselle;

MALHERBE (FRANÇOIS DE), créateur de la poésie française, naquit à Caen en 1555, d'une famille

> Les loups, de nos remparts, poussent des hurlements
> Vers un ciel enflammé qui s'ouvre à tous moments ;
> L'éclair presse l'éclair, et la comète ardente
> Traîne au loin dans les airs sa queue étincelante.
> LEMIERRE.

> Qui pourrait, ô soleil, t'accuser d'imposture ?
> Tes immenses regards embrassent la nature :
> C'est toi qui nous prédis ces tragiques fureurs
> Qui couvent sourdement dans l'abyme des cœurs.
> Quand César expira, plaignant notre misère,
> D'un nuage sanglant tu voilas ta lumière ;
> Tu refusas le jour à ce siècle pervers ;
> Une éternelle nuit menaça l'univers.
> Que dis-je ? Tout sentait notre douleur profonde,
> Tout annonçait nos maux, le ciel, la terre, et l'onde,
> Les hurlements des chiens, et le cri des oiseaux.
> Combien de fois l'Etna, brisant ses arsenaux,
> Parmi des rocs ardents, des flammes ondoyantes,
> Vomit en bouillonnant ses entrailles brûlantes !
> Des bataillons armés dans les airs se heurtaient ;
> Sous leurs glaçons tremblants les Alpes s'agitaient ;
> On vit errer la nuit des spectres lamentables ;
> Des bois muets sortaient des voix épouvantables ;
> L'airain même parut sensible à nos malheurs ;
> Sur le marbre amolli l'on vit couler des pleurs :
> La terre s'entr'ouvrit, les fleuves reculèrent ;
> Et, pour comble d'effroi... les animaux parlèrent.
> Le superbe Éridan, le souverain des eaux,
> Traîne et roule à grand bruit forêts, bergers, troupeaux ;
> Le prêtre, environné de victimes mourantes,
> Observe avec horreur leurs fibres menaçantes ;
> L'onde changée en sang roule des flots impurs ;
> Des loups hurlant dans l'ombre épouvantent nos murs ;
> Même en un jour serein l'éclair luit, le ciel gronde,
> Et la comète en feu vient effrayer le monde.
> DELILLE.

noble, plus illustre en Angleterre qu'en France. Son père, issu des Malherbe de St.-Aignan, et peu favorisé de la fortune, remplissait les modestes fonctions d'assesseur au bailliage de Caen.

Après avoir fait ses études dans l'université de cette ville, où professait Jean Roussel, savant rhéteur, Malherbe, pour les perfectionner, voyagea en Allemagne et en Suisse. A dix-sept ans, ayant perdu son père, il passa en Provence, s'attacha au grand-prieur de France, Henri d'Angoulême, et le servit jusqu'à sa mort. On sait qu'il fut tué à Aix en 1586 par Altoviti. Privé de son protecteur, Malherbe porta quelque temps les armes et dirigea même plusieurs expéditions.

En 1587, il dédia à Henri III son premier essai poétique, *les Larmes de St.-Pierre*, imitation du poète italien le Tansillo. Pour peindre la pénitence de l'apôtre, il s'exprime ainsi:

C'est alors que ses cris en tonnerres éclatent;
Ses soupirs se font vents qui les chênes combattent;
Et ses pleurs, qui tantôt descendaient mollement,
Ressemblent un torrent qui, des hautes montagnes,
Ravageant et noyant les voisines campagnes,
Veut que tout l'univers ne soit qu'un élément.

Rollin a cité ces vers dans le second volume de son *Traité des Études*, comme un exemple d'enflure et de mauvais goût. « Cette pièce, ajoute-t-il, était sans doute un ouvrage de la jeunesse de Malherbe, que ses autres compositions semblent désavouer. » Rollin oublie que dans sa vieillesse, Malherbe a couservé ce style hyperbolique; dans son *Ode sur la Mort de Henri IV*, il fait, en parlant de la reine, cette singulière comparaison :

> L'image de ses pleurs dont la source féconde
> Jamais depuis sa mort ses vaisseaux n'a taris,
> C'est la Seine en fureur qui déborde son onde
>   Sur les quais de Paris.

La réputation de Malherbe ne commença qu'en 1600, par son *Ode sur l'arrivée de Marie de Médicis en France*. Le cardinal du Perron parla de notre poète à Henri IV, avec tant d'éloges, que ce monarque résolut de lui accorder ses bonnes graces. Mais, peu ambitieux, Malherbe ne se souciait pas de quitter sa résidence d'Aix pour venir à la cour. Cependant ses affaires particulières l'ayant amené à Paris en 1605, le roi, prévenu de son arrivée, lui commanda des vers sur son voyage en Limousin. Malherbe composa alors les stances :

> O Dieu, dont la bonté de nos larmes touchée, etc.

Le roi en fut si content qu'il ordonna au duc de Bellegarde de lui prêter sa maison, en attendant qu'il l'eût fait mettre sur l'état de ses pensionnaires. Ce duc donna à Malherbe sa table, un domestique, un cheval et 1,000 livres d'appointements.

Racan, qui était alors page de la chambre, apprit de Malherbe l'art des vers, et une étroite amitié s'établit entre le maître et l'élève.

A la mort de Henri IV, la reine, Marie de Médicis, gratifia Malherbe d'un pension de 500 écus.

Pendant son service auprès du Grand-Prieur, Malherbe avait épousé Madeleine de Coriolis, fille d'un président et veuve d'un conseiller au parlement d'Aix. Il lui fit cette épitaphe en *Concetti :*

>Belle âme, qui fus mon flambeau,
>Reçois l'honneur qu'en ce tombeau
>Le devoir m'oblige à te rendre!
>Ce que je fais te sert de peu ;
>Mais au moins tu vois en ta cendre,
>Que j'en aime encore le feu.

Tous ses enfants moururent avant lui. Il eut la douleur de voir expirer dans ses bras une de ses filles, atteinte de la peste. Un de ses fils, qui annonçait du talent pour la poésie, fut tué en duel par de Piles*, gentilhomme provençal, en 1627. Malherbe alla exprès au siège de la Rochelle pour en demander justice à Louis XIII. Ne l'ayant pas obtenue à son gré, il voulut se battre avec le meurtrier. «La partie, lui dit-on, n'est pas égale entre un jeune homme de 25 ans et un vieillard de 73.» «C'est pour cela que je veux me battre, répondit le malheureux père; je ne hasarde qu'un denier contre une pistole.» A la suite de cette affaire, 10,000 écus d'accommodement lui furent proposés. Il déclara que s'il prenait cet argent, ce serait pour élever un mausolée à son fils. Balzac disait : «Malherbe a fait le poète jusque dans l'excès de l'affliction. C'est

* Ce de Piles était de la famille Fortia, c'est par inadvertance qu'on l'a dit fils de Clermont de Piles, tué à la Saint-Barthélemy cinquante-cinq ans auparavant.

assez d'un tombeau pour son fils ; on doit laisser les mausolées aux princes. »

Malherbe n'eut pas le temps d'exécuter ce projet funéraire. Le chagrin avait ulcéré son cœur ; il termina bientôt sa carrière, en octobre 1628, ayant vécu sous six rois, Henri II, François II, Charles IX, Henri III, Henri IV et Louis XIII. Il fut inhumé dans l'église de St.-Germain-l'Auxerrois.

Voici son épitaphe par le poète Gombaud :

L'Apollon de nos jours, Malherbe ici repose ;
Il a vécu long-temps sans beaucoup de support.
— En quel siècle ? — Passant je n'en dis autre chose.
Il est mort pauvre... et moi je vis comme il est mort.

Les poésies de Malherbe, consistant en *Paraphrases de psaumes*, *Odes*, *Stances*, *Sonnets*, *Épigrammes*, etc., le mettent bien au-dessus de ses prédécesseurs et de ses contemporains. Boileau, dans son *Art poétique*, livre premier, lui paye un juste tribut d'éloges :

Enfin Malherbe vint, et, le premier en France,
Fit sentir dans les vers une juste cadence,
D'un mot mis à sa place enseigna le pouvoir,
Et réduisit la muse aux règles du devoir.
Par ce sage écrivain la langue réparée
N'offrit plus rien de rude à l'oreille épurée.
Les stances avec grace apprirent à tomber,
Et le vers sur le vers n'osa plus enjamber.
Tout reconnut ses lois ; et ce guide fidèle
Aux auteurs de ce temps sert encore de modèle.
Marchez-donc sur ses pas, aimez sa pureté,
Et de son tour heureux imitez la clarté.

MALHERBE.

On prétend que plein du souvenir de ce grand poète, Boileau, à ses derniers instants, répétait son beau vers :

Je suis vaincu du temps, je cède à ses outrages.

Parmi les nombreuses éditions de ses poésies, on remarque celles qu'ont données Lefèvre de St.-Marc, Paris, Barbou, 1757, in-8°, avec un beau portrait de l'auteur; Meusnier de Querlon, Paris, Barbou, 1764, in-12, réimprimée en 1776, in-8°; et celle de 1797, Paris, Didot aîné, 1 vol. grand in-4°, tirée à 250 exemplaires. Mais la plus belle de toutes les éditions de Malherbe, est, sans contredit, celle que M. L. Parelle vient de publier dans la collection des *Classiques français* de M. Lefèvre. Elle contient les *Mémoires de Racan sur la vie de Malherbe*; les *Poésies de Malherbe*, avec les notes de tous les commentateurs; un choix de ses *Lettres diverses*; un extrait de sa *Correspondance avec Peiresc*, et quelques lettres inédites dont les manuscrits sont à la bibliothèque du roi; les *Observations critiques sur le texte du XXXIIIe livre de Tite-Live*; un *Commentaire* (inédit) *sur Bertaud*, enfin un *Recueil de pensées* que Malherbe a traduites ou imitées de Sénèque. Paris, 1825; 2 vol. in-8°, vélin, ornés du portrait de l'auteur.

JUGEMENT.

Malherbe fut vraiment un homme supérieur : c'est son nom qui marque la seconde époque de notre langue. Marot n'avait réussi que dans la poésie galante et légère; Malherbe fut le premier modèle du style noble et le créateur de la poésie lyrique. Il en a l'enthousiasme les mouvements et les tournures. Né avec de l'oreille et du goût, il connut les effets du rhythme, et créa une foule de constructions poétiques adaptées au génie de notre langue. Il nous enseigna l'espèce d'harmonie imitative qui lui convient, et comment on se sert de l'inversion avec art et avec réserve. Ses ouvrages pourtant ne sont pas encore d'une pureté comparable aux écrivains des beaux jours de Louis XIV; il ne serait pas juste de l'exiger. Mais tout ce qu'il nous apprit, il ne le dut qu'à lui-même, et au bout de deux cents ans, on cite encore nombre de morceaux de lui qui sont d'une beauté à peu près irréprochable. Voyez cette belle paraphrase du psaume CXIV sur la grandeur périssable des rois:

N'espérons plus, mon âme, aux promesses du monde;
Sa lumière est un verre, et sa faveur une onde
Que toujours quelque vent empêche de calmer.
Quittons ces vanités, lassons-nous de les suivre;
   C'est Dieu qui nous fait vivre,
   C'est Dieu qu'il faut aimer.

En vain pour satisfaire à nos lâches envies,
Nous passons près des rois tout le temps de nos vies
A souffrir des mépris, et ployer les genoux;
Ce qu'ils peuvent n'est rien, ils sont ce que nous sommes,
   Véritablement hommes,
   Et meurent comme nous.

Ont-ils rendu l'esprit? ce n'est plus que poussière
Que cette majesté si pompeuse et si fière,
Dont l'éclat orgueilleux étonnait l'univers;

Et dans ces grands tombeaux où leurs âmes hautaines
>Font encore les vaines,
>Ils sont rongés des vers.

Là, se perdent ces noms de maîtres de la terre,
D'arbitres de la paix, de foudre de la guerre ;
Comme ils n'ont plus de sceptres, ils n'ont plus de flatteurs ;
Et tombent avec eux d'une chute commune,
>Tous ceux que la fortune
>Faisait leurs serviteurs.

Voilà enfin des vers français, et l'on n'avait rien vu jusque-là qui pût même en approcher.

Veut-on un exemple de ce beau feu qui doit animer l'ode ? voyez celle qu'il adresse à Louis XIII partant pour l'expédition de la Rochelle. Il faut excuser quelques défauts de diction, quelques prosaïsmes : la limite entre le langage de la poésie et celui de la prose n'était pas encore bien fixée : on ne peut pas tant faire à la fois. Voyons seulement si les mouvements et les idées sont d'un poète :

Certes, ou je me trompe, ou déjà la Victoire
Qui son * plus grand honneur de tes palmes attend,
Est aux bords de Charente, en son habit de gloire,
>Pour te rendre content.

Je la vois qui t'appelle et qui semble te dire :
Roi, le plus grand des rois, et qui m'es le plus cher,
Si tu veux que je t'aide à sauver ton empire,
>Il est temps de marcher.

Que sa *façon* est brave et sa *mine* assurée !
Qu'elle a fait richement son armure *étoffer* !

* Inversion vicieuse.

Et que l'on connaît bien, à la voir si parée,
    Que tu vas triompher!

Telle, en ce grand assaut où des fils de la Terre
La rage ambitieuse à leur honte parut :
Elle sauva le ciel, et lança le tonnerre
    Dont Briare *mourut*.

La strophe suivante est remarquable par l'harmonie imitative.

Déjà de toutes parts s'avançaient les approches.
Ici courait Mimas, là Typhon se battait,
Et là suait Eurythe à détacher les roches
    Qu'Encelade jetait.

Dans le premier de ces deux derniers vers on sent le travail du géant qui détache la roche; dans le dernier, on la voit partir.

Veut-on de l'intérêt et de la noblesse? écoutons encore la fin de cette même ode, où l'auteur a pris tous les tons de la lyre : c'était pourtant la dernière fois qu'il la maniait, c'est la dernière ode qu'il ait faite:

Je suis *vaincu du Temps**, je cède à ses outrages.
Mon esprit seulement, exempt de sa rigueur,
A de quoi témoigner, dans ses derniers ouvrages,
    Sa première vigueur.

On a vu s'il dit vrai, et si l'on peut lui pardonner cette sorte de jactance permise aux poètes quand on peut les supposer inspirés, un peu ridicule quand

---

* Faute de français. On est *vaincu par*, et non pas *vaincu de*; mais en poésie cette licence, bien placée, peut s'excuser.

on sent qu'ils ne le sont pas, et qui, dans tous les cas, est sans conséquence.

Les puissantes faveurs dont Apollon m'honore.
Non loin de mon berceau commencèrent leur cours.
Je les possédai jeune, et les possède encore
  A la fin de mes jours.

Ce que j'en ai reçu, je veux *te le* produire,
Tu verras *mon adresse*, et ton front cette fois
Sera ceint de rayons qu'on ne vit jamais luire
  Sur la tête des rois.

Quel nombre ! quelle cadence ! quelle beauté d'expressions ! Voyons-le dans des sujets moins grands, et qui demandent de la douceur et de la sensibilité : par exemple, dans les stances qu'il adresse à son ami Du Perrier, qui avait perdu sa fille à peine au sortir de l'enfance :

Ta douleur, Du Perrier, sera donc éternelle ;
  Et les tristes discours
Que te met en l'esprit l'amitié paternelle,
  L'augmenteront toujours.

Observons d'abord le choix du rhythme : ce petit vers, qui tombe régulièrement après le premier, peint si bien l'abattement de la douleur ? C'est là le vrai secret de l'harmonie dont on parle tant aujourd'hui : il ne s'agit pas de la travailler avec effort ; il faut la choisir avec goût.

Le malheur de ta fille au tombeau descendue
  Par un commun trépas,
Est-ce quelque dédale où ta raison perdue
  Ne se retrouve pas ?

MALLEVILLE.

> Elle était de ce monde, où les plus belles choses
> Ont le pire destin,
> Et, rose, elle a vécu ce que vivent les roses,
> L'espace d'un matin.

Le charme de ces vers est inexprimable. C'est dans cette même pièce que se trouvent les vers sur la mort, trop fameux pour n'en pas parler, trop connus pour les répéter*. Les quatre premiers sont faibles; mais les quatre derniers sont d'une beauté parfaite.

La Harpe, *Cours de Littérature.*

MALLEVILLE (Claude de), l'un des premiers membres de l'Académie française, était fils d'un officier de la maison de Retz, et naquit à Paris en 1597. Il entra de bonne heure en qualité de secrétaire au service du maréchal de Bassompierre, auquel il fut toujours très attaché, et à qui peut-être il ne fut pas inutile pour la rédaction de ses *Mémoi-*

---

* Voici ces vers avec ceux d'Horace dont ils sont une belle paraphrase :

> La Mort a des rigueurs à nulle autre pareilles;
> On a beau la prier,
> La cruelle qu'elle est se bouche les oreilles,
> Et nous laisse crier.
>
> Le pauvre en sa cabane, où le chaume le couvre,
> Est sujet à ses lois;
> Et la garde qui veille aux barrières du Louvre
> N'en défend point nos rois.

Pallida Mors æquo pulsat pede pauperum tabernas
Regumque turres.

Horat., *Od.* I, 4.

F.

res; mais il n'en peut être l'éditeur, puisqu'ils n'ont été publiés qu'en 1663, et que Malleville mourut en 1647. Ses *poésies*, qui consistent en pièces fugitives telles que sonnets, rondeaux, épigrammes, élégies, etc., furent publiées à Paris, 1649, in-4°; et réimprimées dix ans après. Malleville travailla en outre à *la Guirlande de Julie*, et traduisit de l'italien, *Stratonice* et *Almerinde* de Luc *Anerino*.

JUGEMENT.

Malleville fut renommé sur-tout pour le sonnet et le rondeau; mais il s'est mieux soutenu dans ce dernier genre que dans l'autre. Son fameux sonnet de *la belle matineuse*, tant vanté lors du règne des sonnets, est fort au-dessous de sa renommée. Il y a trop de mots et trop peu de pensées : celle qui le termine tient de cette galanterie des poètes italiens, dont la France reçut les sonnets vers le XVIe siècle, et qui comparent toujours leurs belles au soleil. La comparaison est brillante; mais elle a été usée de bonne heure: et, long-temps avant Molière, les valets de comédie s'en servaient. A cela près, le sonnet de Malleville n'est pas trop mal tourné; et de son temps il a pu faire illusion.

Le silence régnait sur la terre et sur l'onde;
L'air devenait serein et l'Olympe vermeil;
Et l'amoureux zéphyr, *affranchi du sommeil*,
Ressuscitait les fleurs * *d'une haleine féconde.*

L'Aurore déployait l'or de sa tresse blonde,
Et semait de rubis le chemin du Soleil;

---

* Fin de vers traînante: l'inversion était ici de nécessité.

Enfin ce dieu venait *au* * plus grand appareil
Qu'il soit jamais venu pour éclairer le monde.

Quand la jeune Philis, au visage riant,
Sortant de son palais *plus clair que l'orient*,
Fit voir une lumière et plus vive et plus belle.

Sacrés flambeaux du jour n'en soyez pas jaloux ;
Vous parûtes alors aussi peu devant elle
Que les feux de la nuit avaient fait devant vous.

J'aime mieux, je l'avoue, son petit rondeau contre l'abbé de Bois-Robert, dont Richelieu avait fait un riche bénéficier, et non pas un bon ecclésiastique :

    Coîffé d'un froc bien raffiné,
     Et revêtu d'un doyenné
    Qui lui rapporte de quoi frire,
    Frère Réné devient messire,
    Et vit comme un déterminé.
    Un prélat riche et fortuné
    Sous un bonnet enluminé,
    En est, s'il le faut ainsi dire,
       Coiffé.
    Ce n'est pas que frère Réné
    D'aucun mérite soit orné,
    Qu'il soit docte, qu'il sache écrire,
    Ni qu'il dise le mot pour rire ;
    Mais seulement c'est qu'il est né
       Coiffé.

Bois-Robert est peint assez fidèlement dans ce joli rondeau ; hors un seul trait : il est très sûr qu'il n'était ni savant ni bon écrivain ; mais il n'est pas

---

* Il faut *dans le plus grand. Au* ne peut remplacer *dans le* que lorsqu'il est question d'un lieu.

vrai qu'il fût sans gaieté. Un homme qui faisait rire le cardinal de Richelieu devait avoir *le mot pour rire*.

La Harpe, *Cours de Littérature*.

MARCHANGY (Louis-Antoine-François de) est né à Saint-Saulge, département de la Nièvre, le 28 août 1782, d'une famille ancienne dans la robe. L'une de ses grandes tantes (Scholastique Marchangy) dont la vie a été imprimée en 1775 à Nevers, eut l'honneur de concourir avec saint Vincent de Paule à la fondation des sœurs de la Charité, et fut l'une des premières supérieures de ces pieux établissements.

M. de Marchangy fit ses études au collège de Louis-le-Grand (alors le Prytanée français). On a presque toujours vu les hommes doués d'une imagination vive et ardente, payer dans leur jeunesse un tribut à la poésie; M. de Marchangy, à l'âge de quinze ans composa le poème du *Bonheur*. Si l'on veut considérer son extrême jeunesse, on se rendra facilement compte des critiques qu'à essuyées son ouvrage; mais on n'en sera que plus disposé à applaudir aux sentiments élevés, aux pensées nobles dont l'auteur n'a pas perdu le secret dans ses autres écrits, et qu'il a su revêtir d'un style mûri par l'expérience.

Au sortir du collège, M. de Marchangy suivit la carrière de la jurisprudence. Il fut l'un des fondateurs de ces écoles oratoires où les licenciés simulent les combats judiciaires, et s'exercent à l'art de la parole et de la discussion. Ses succès en ont prouvé l'utilité : c'est un éloge que ses antagonistes mêmes ne lui ont jamais refusé.

En 1808 nommé juge suppléant au tribunal de première instance, il eut l'occasion de remplacer souvent le ministère public. La première affaire où il porta la parole est celle des héritiers Machet de Velye contre Vigier, pour la propriété des bains sur la Seine. Le plaidoyer qu'il prononça commença sa réputation : l'impression de ce discours la confirma. Trois ans après (le 6 janvier 1811) il fut appelé en qualité de substitut près le même tribunal. Il se distingua d'abord dans deux procès en contrefaçon : le plus remarquable est celui du libraire Dentu, contre M. Malte-Brun, à l'occasion de la *Géographie* de Pinkerton.

Il serait trop long de parler de toutes les causes brillantes où M. de Marchangy donna des conclusions. Il nous suffira de citer celles des héritiers du duc de Montebello; du testament du prince d'Henin; du sieur Revel contre sa femme; de la marquise de Montalembert contre S. A. R. Monsieur (aujourd'hui Charles X); la demande en interdiction du sieur Selves, de processive mémoire, etc.

L'agitation politique et la liberté de la presse dont on avait été si long-temps privé, amenèrent des abus que le gouvernement avait intérêt à réprimer. Dans cette tâche difficile, M. de Marchangy montra durant les années 1817 et 1818 un talent remarquable. Chaque jour en butte à des attaques personnelles dans les brochures et les feuilles périodiques, il sut se renfermer dans l'impartialité de ses honorables fonctions. Il lança plus de cinquante réquisitoires imprimés dans les journaux du temps. Les amis de la monarchie y trouvèrent une défense éloquente de leurs doctrines.

Après cette lutte opiniâtre M. de Marchangy fut appelé à la Cour royale de Paris en qualité d'avocat général, grade qu'il avait gagné, comme le premier sur le *champ de bataille*.

M. de Marchangy se reposa quelque temps de ses travaux politiques dans une chambre civile et revint à ces questions judiciaires qui l'avaient fait connaître si avantageusement. Il se fit remarquer principalement dans les audiences solennelles de la Cour où pour l'ordinaire se plaidaient des questions d'état et de grands intérêts privés.

A cette époque il fut nommé conseiller au Conseil de S. A. R. Monsieur (aujourd'hui Charles X.)

M. de Marchangy s'occupa de plusieurs procès particuliers, mais l'attention publique était tournée vers les procès politiques; elle s'attacha à l'affaire de M. Bérenger et à celle de M. Bergasse; le réquisitoire prononcé dans la cause de ce dernier fut tellement sans défense que M. Bergasse déchira son plaidoyer.

Nous arrivons au réquisitoire le plus célèbre de M. de Marchangy, qu'il prononça dans l'affaire des *carbonari*. On l'a surnommé le réquisitoire européen. Il fut traduit dans toutes les langues et tiré à plus de trois cent mille exemplaires. Tous les souverains écrivirent des lettres de félicitations à l'auteur. Ce fut alors que le ministère français l'enleva au théâtre de ses succès pour le confiner dans le poste honorable, mais peu évident, d'avocat général à la Cour de cassation. Le barreau regretta que ce magistrat perdît ainsi l'occasion d'exercer l'art des improvisations où il déployait tant de talent.

Nous avons suivi jusqu'à présent M. de Marchangy dans la carrière de la magistrature; comme littérateur et historien, il a des droits à notre attention. Dès 1813, il avait publié la première édition de *la Gaule poétique*, où l'histoire de France, considérée dans ses rapports avec la poésie et les beaux-arts, était vengée des préjugés qui l'éloignaient des muses. Cet ouvrage opéra une révolution dans les idées nationales, et depuis sa publication on puisa plus fréquemment aux sources abondantes que venait de lui ouvrir un magistrat dont les loisirs étaient utiles à son pays.

La Gaule poétique fut traduite en plusieurs langues et eut quatre éditions : la dernière, en 6 vol. in-8°, imprimée chez Tastu en 1825, est remarquable par l'exécution typographique et le portrait de l'auteur gravé en taille douce.

M. de Marchangy vient de publier sur nos antiquités nationales un nouvel ouvrage intitulé *Tristan le voyageur* ou la France au XIVe siècle, en 6 vol., avec un glossaire et des annotations. L'auteur dans sa *Gaule poétique* a prouvé que notre histoire pouvait inspirer les beaux-arts ; il consacre cette nouvelle œuvre à montrer non plus les richesses littéraires de cette histoire, mais les trésors de ses anciennes coutumes. Il fond dans une action intéressante, les pratiques, les usages, les traditions, les fables, la vie privée et les institutions du moyen âge. Ses recherches annoncent un grand travail, et cependant cet ouvrage a pour les lecteurs tout l'attrait d'un roman.

Ad. Laugier.

MARIVAUX (Pierre CARLET DE) naquit à Paris en 1688. Son père avait été directeur de la monnaie à Riom, et c'est pour cela que quelques biographes ont fait honneur de sa naissance à la province d'Auvergne. Sa famille était originaire de Normandie, et avait occupé les hautes places de la magistrature dans le parlement de Rouen. On a écrit qu'il n'avait pas fait d'études; mais cette assertion, peu vraisemblable, est démentie par d'Alembert, qui avait connu Marivaux, et par un de ses historiens qui dit, tout au contraire : « Le père de Marivaux « ne négligea rien pour faire donner à son fils une « belle éducation. » Un autre assure également que Marivaux annonça de bonne heure, par des progrès rapides dans ses premières études, cette finesse d'esprit que l'on retrouve dans ses ouvrages les moins estimés.

On convient généralement qu'il ne savait pas le grec, et ce qui achève la persuasion à cet égard, c'est la licence qu'il se donna de travestir *l'Iliade* en douze chants, et en vers burlesques. Le genre n'est pas bon; mais si Marivaux ne connaissait Homère que par la traduction de son ami La Motte, le sacrilège disparaît. Il aura pu se croire autorisé par un premier exemple ; et comme le poème d'Homère, quoique abrégé de plus de moitié par La Motte, paraît encore d'une longueur assommante, Marivaux se sera persuadé qu'il faisait une chose louable de l'abréger encore d'un tiers, en réduisant à la mesure de quatre pieds les alexandrins de son ami. Du moins dans le travestissement de Marivaux on voit jaillir de temps à autre quelques étincelles de la gaieté et de l'esprit que le genre comporte ; dans la traduction sérieuse de La Motte, Homère paraît dépouillé de tous les attributs de son sublime génie. Un travestissement, donné pour tel, semblera toujours préférable à une triste et ennuyeuse parodie, présentée courageusement comme une imitation fidèle.

S'il est possible de trouver une explication et une excuse au travestissement de *l'Iliade*, il est impossible de justifier Marivaux d'avoir essayé de travestir *Télémaque*. Je suis loin cependant de partager l'indignation de d'Alembert contre une plaisanterie sans conséquence, qu'on aurait facilement pardonnée si elle avait été amusante. Le secrétaire perpétuel aurait fait bon marché de la mascarade que l'on avait forcé un grand poète de subir ; mais il le regarde comme un crime irrémissible d'avoir travesti l'ouvrage où respire la morale la plus pure, l'amour de l'auteur pour ses semblables, et où sont tracées les leçons les plus sages et les plus douces qu'on puisse donner aux maîtres du monde. Ces sentiments sont fort beaux, mais ne sont-ils pas un peu affectés? Sous le rapport de la morale et des leçons instructives données aux peuples et aux rois, l'auteur de *Télémaque* l'emporte-t-il de beaucoup sur Homère, sur cet homme étonnant, aussi grand philosophe que poète admirable, et qui, si l'on en croit Horace, aussi bon connaisseur que d'Alembert en philosophie, enseigne mieux que Crantor et que Chrysippe à distinguer la vertu du vice, et les choses avantageuses des choses nuisibles? Disons la vérité: le sujet, souvent gracieux, mais habituellement didactique et sévère du *Télémaque*, prêtait moins aux formes grotesques du travestissement que les combats des dieux et les merveilles mythologiques de l'épopée homérique. Marivaux sentit qu'il avait choisi un mauvais terrain; il s'arrêta, et le goût n'a point à lui reprocher son repos. Les trois premiers livres seulement du *Télémaque travesti* ont été publiés.

Deux ouvrages burlesques, fruits de la première jeunesse de Marivaux, semblaient indiquer que son esprit prenait sa direction vers le genre de cette gaieté outrée, qu'il est impossible de soutenir longtemps, quand elle n'est pas naturelle, et qui, comme celle de Scarron, devient une faveur déplorable et funeste, quand elle est réellement un don de la nature. Marivaux se trompa d'abord sur sa vocation, et, comme pour se dissimuler à lui-même son erreur, à la manière de tous les novices trop fervents, il voulut s'affermir dans sa fausse route en s'efforçant d'y multiplier ses exercices. Ce fut donc l'essai d'une dernière victoire sur lui-même qu'il tenta en publiant une imitation de *Don Quichotte*, fondée sur le même travers d'esprit, semée d'aventures aussi folles, mais beaucoup moins vives, moins piquantes, moins naturelles sur-tout que celles de son inimitable original. Cette copie ne manque pourtant ni d'esprit ni de gaieté, et sans la comparaison involontaire qu'elle rappelle à toutes les pages, elle aurait peut-être réussi; mais ce succès, s'il eût été possible, ne pouvait s'obtenir qu'auprès des lecteurs qui n'auraient pas connu le chef-d'œuvre de Cervantes; et qui n'a pas lu *Don Quichotte?*

D'un excès se rejeter dans un autre excès, c'est un malheur assez commun à la jeunesse, et ce malheur arriva à notre auteur. Mécontent de ses débuts dans la bouffonnerie et dans la farce, Marivaux se mit en tête de faire une tragédie; l'expérience lui prouva qu'il n'était pas encore rentré dans le bon chemin. Ce fut définitivement sa dernière faute; depuis *le Don Quichotte moderne* et *la Mort d'Annibal*, la conversion de Marivaux fut complète; car on ne peut pas regarder comme des farces les pièces qu'il donna à la comédie italienne. Ce fut lui qui, le premier, à ces canevas informes, chargés de gravelures indécentes et de grossières équivoques, substitua des comédies régulières où la finesse des sentiments est unie à la justesse du coup d'œil, et à la délicatesse de l'expression. Secondé, inspiré peut-être par les conseils et par le talent d'une actrice admirable, mademoiselle Silvia, ce fut pour elle principalement qu'il composa ses principales pièces italiennes, que le talent d'une autre Silvia soutient et embellit de nos jours sur la scène française.

Il paraît que la famille de Marivaux lui avait laissé plus d'illustration domestique que de fortune. Il perdit sa femme au bout de deux ans de mariage, et la fille unique qu'il en avait eue ne put pas même recevoir de son père la dotation qui lui était nécessaire pour entrer dans un couvent. Il avait probablement cette pensée présente à l'esprit, lorsqu'il peignit dans *Marianne* la difficulté qu'éprouve cette jeune personne à se faire admettre novice dans une maison religieuse; et M. le duc d'Orléans, dit *de Sainte-Geneviève*, lui fournit les nobles traits dont il embellit la bienfaisance de madame de Miran et de madame Dorsin. Ce prince religieux et savant ajouta à la dotation de mademoiselle de Marivaux une pension de 4,000 francs pour son père; elle lui fut continuée par M. le duc d'Orléans, fils du précédent, et aïeul de M. le duc d'Orléans actuel.

Il recevait aussi un traitement annuel sur la cassette du roi; madame de Tencin et Helvétius pourvurent quelquefois à des besoins que sa bienfaisance et sa générosité envers des personnes plus pauvres que lui, ne pouvaient manquer de multiplier. « On l'a vu, dit un de ses biographes, sacrifier « jusqu'à son nécessaire pour rendre la liberté et « même la vie à des particuliers qu'il connaissait à « peine, mais qui étaient ou réduits au désespoir, « ou poursuivis par des créanciers impitoyables. Il « recommandait le secret à ceux qu'il se trouvait heu-

« reux d'obliger, et il cachait à ses plus intimes amis
« ses chagrins domestiques et ses propres besoins. »

Une anecdote assez peu connue mérite de trouver ici sa place ; c'est à la fois un trait de caractère et un trait de générosité.

Marivaux partait un jour pour la campagne avec une dame qui lui avait donné une place dans sa voiture. Pendant que la dame, qui n'était pas encore montée, était occupée à donner quelques ordres, un jeune homme de dix-huit à vingt ans, gras, potelé, du teint le plus frais et le plus vermeil, vint à la portière demander l'aumône. Marivaux, frappé du contraste entre la démarche humiliante et l'air de santé du mendiant : « N'as-tu pas
« honte, misérable, lui dit-il, jeune comme tu es,
« et te portant le mieux du monde, de demander
« un pain que tu pourrais gagner par un honnête
« travail ? » Ce jeune homme, consterné de ce propos, lui répondit en sanglotant : « Ah ! monsieur ; si
« vous saviez, je suis si paresseux ! » Marivaux le regarde en souriant, tire un écu de sa poche et le lui donne. « Vous êtes bien magnifique dans vos au-
« mônes, » dit à notre auteur la dame au carosse qui survint en cette instant, et qui connaissait parfaitement la position financière de Marivaux. « Je
« n'ai pu me refuser à récompenser un trait de sin-
« cérité échappé à ce pauvre garçon ; » et il raconte le fait. La dame et sa sœur, qui l'accompagnait, se piquèrent d'honneur ; et le mendiant valide reconnut avec plaisir que la franchise ne gâtait rien, pas même un vilain métier.

MARIVAUX.

Marivaux mourut à Paris, le 11 février 1763, à l'âge de soixante-quinze ans. La religion adoucit les angoisses de ses derniers moments; il ne lui avait jamais manqué de fidélité; il la retrouva fidèle à son lit de mort, et il expira plein d'espérances, ne laissant après lui d'autres héritiers que des écrits qui lui ont jusqu'ici survécu, et à la plupart desquels on peut, sans se laisser aller à l'enthousiasme ordinaire des éditeurs, promettre l'immortalité.

Il avait succédé en 1743 au fauteuil de l'abbé Houteville, auteur de l'excellent livre de *la Religion prouvée par les faits*. Il fut lui-même remplacé à l'Académie par l'abbé de Radonvilliers, que Louis XV, dont il possédait toute la confiance, avait chargé de l'éducation de ses trois petits-fils. D'Alembert a fait son éloge [*].

Duviquet.

JUGEMENTS.

I.

Marivaux se fit un style si particulier, qu'il a eu l'honneur de lui donner son nom; on l'appela *marivaudage*. C'est le mélange le plus bizarre de méta-

---

[*] Il n'existe qu'une seule édition des *Œuvres complètes de Marivaux*, publiée en 1781, 12 vol. in-8°. L'auteur de cette notice s'occupe en ce moment d'en publier une *Nouvelle édition*, avec une *notice historique sur la vie et le caractère du talent de Marivaux*, des *jugements littéraires sur chacun de ses ouvrages*, et des *notes sur un grand nombre de passages*, 12 vol. in-8°, accompagnés du portrait de Marivaux et d'un *fac-simile* de son écriture. Les premiers volumes qui ont paru ne laissent rien à désirer sous le rapport du travail de l'éditeur, non plus que sous celui de l'exécution typographique.

F.

physique subtile et de locutions triviales, de sentiments alambiqués et de dictons populaires : jamais on n'a mis autant d'apprêt à vouloir paraître simple; jamais on n'a retourné des pensées communes de tant de manières plus affectées les unes que les autres; et, ce qu'il y a de pis, ce langage hétéroclite est celui de tous les personnages sans exception. Maîtres, valets, gens de cour, paysans, amants, maîtresses, vieillards, jeunes gens, tous ont l'esprit de Marivaux : certes, ce n'est pas celui du théâtre. Cet écrivain a sans doute de la finesse; mais elle est si fatigante! il a une si malheureuse facilité à noyer dans un long verbiage ce qu'on pourrait dire en deux lignes! Et, ce qui paraîtrait incompréhensible, si l'on ne savait jusqu'où peuvent aller les illusions de l'amour-propre, il semble persuadé que lui seul a trouvé le vrai dialogue de la comédie. Il dit dans une de ses préfaces : « On n'écrit presque jamais « comme on parle; la composition donne un autre « tour à l'esprit; c'est partout *un goût d'idées pen-* « *sées et réfléchies*, dont on ne sent point *l'unifor-* « *mité*, parce qu'on l'a reçu et qu'on s'y est fait.... « *J'ai tâché de saisir le langage des conversations et* « *la tournure des idées familières.* »

Voulez-vous savoir comment il s'y est pris? lisez, ci-après, la première scène de la pièce, entre une suivante et sa maîtresse, qui lui dit qu'elle ne veut point se marier.

LISETTE.

Vous! avec ces yeux-là, je vous en défie, Madame.

LUCILE.

Quel raisonnement! Est-ce que les yeux décident de quelque chose?

LISETTE.

Sans difficulté : les vôtres *vous condamnent* à *vivre en compagnie. Par exemple*, examinez-vous, vous ne savez pas les difficultés de l'état austère que vous embrassez : il faut avoir *le cœur bien frugal* pour le soutenir.....

LUCILE.

Toute jeune et tout *aimable* que je suis, je n'en aurais pas pour six mois avec un mari, et mon visage serait *mis au rebut;* de dix-huit ans qu'il a, *il sauterait* tout d'un coup à cinquante. — Non pas, s'il vous plaît; il ne vieillira qu'avec le temps et n'enlaidira *qu'à force de durer.* — *Je veux qu'il n'appartienne qu'à moi, que personne n'ait à voir ce que j'en ferai, qu'il ne relève que de moi seule. Si j'étais mariée, ce ne serait plus mon visage; il serait a mon mari qui le laisserait là, à qui il ne plairait pas, et qui lui défendrait de plaire à d'autres : j'aimerais autant n'en point avoir.*

En voilà-t-il assez sur son visage? C'est pourtant cet étrange babil que Marivaux appelle *le langage des conversations et la tournure des idées familières.* S'il y a des gens qui conversent de ce ton, il ne faut les mettre sur le théâtre que pour en faire sentir le ridicule, comme a fait Molière de celui des *Précieuses;* mais faire parler ainsi tous les personnages d'une comédie, c'est mettre gratuitement sur la scène l'ennui de quelques sociétés de caillettes et d'originaux, et n'est-ce pas nous rendre un beau service?

On joue quelques pièces de Marivaux, *la Surprise de l'Amour, le Legs, l'Épreuve, le Préjugé vaincu* : celles-là, comme toutes les autres, sont remarquables par l'uniformité de moyens, de ton et d'effet. Il semble que l'auteur n'ait vu dans les femmes autre chose que la coquetterie, et qu'il n'ait remarqué dans l'amour que ce qu'il y entre d'amour-propre. Il y en a beaucoup sans doute; mais il n'est ni juste, ni adroit, ni heureux de n'y apercevoir rien de plus : c'est avoir la vue très bornée; et si Marivaux voyait finement, il ne voyait pas loin. Toutes ces nuances légères peuvent passer dans un roman; mais au théâtre il faut des couleurs plus fortes et des traits plus prononcés. On peut perdre du temps dans un roman, et faire valoir les petites choses; mais au théâtre on a trop peu de temps, et il faut savoir mieux l'employer. Ce n'est pas dans une vaste perspective qu'il faut exposer des miniatures qui ne sont bonnes à voir qu'avec une loupe. Ce grand espace est fait pour de grands tableaux; les caricatures même faites à la brosse y valent mieux que de petites découpures enluminées : les premières ne sont pas de bon goût, mais elles peuvent du moins amuser; les secondes peuvent n'être pas sans art, mais elles ennuient, et c'est une triste dépense d'art et d'esprit que celle qui n'aboutit qu'à ennuyer.

C'est ce que j'ai observé souvent aux pièces de Marivaux : on sourit, mais on bâille. Le nœud de ces pièces n'est autre chose qu'un mot qu'on s'obstine à ne dire qu'à la fin, et que tout le monde sait dès le commencement. Les obstacles ne naissent jamais que de son dialogue, et, au lieu de nouer une intrigue, il file à l'infini une déclaration ou un aveu. Des ressorts de cette espèce sont trop déliés pour être attachants; et, pour comble de malheur, ce fil imperceptible lui échappe souvent des mains: on le voit sans cesse occupé à le rattacher maladroitement quand il est rompu. Dans *la Surprise de l'Amour*, dans *le Legs* (pour ne citer que ces deux-là), vous remarquerez deux ou trois endroits où, quelque effort que fassent les personnages pour ne pas s'expliquer ou ne pas s'entendre, la pièce est évidemment finie, et vous vous impatientez contre l'auteur, qui veut parler à toute force quand au fond il n'y a plus rien à dire.

Marivaux a su tirer parti, dans son *Arlequin poli par l'amour*, de ce personnage idéal qui jusque-là n'avait su que faire rire, et que, pour la première fois, il rendit intéressant en le rendant amoureux. La pièce, il est vrai, manque d'intrigue et se dénoue fort mal, comme toutes celles du même auteur, qui n'a jamais su faire une bonne fable que dans son roman de *Marianne;* mais il y a ici une autre espèce d'invention heureuse et juste, et il faut savoir gré à Marivaux d'avoir compris le premier que rien n'empêchait que la simplicité d'Arlequin s'accordât fort bien avec le vrai sentiment de l'amour; qu'il en pouvait même résulter un agrément nouveau, celui de voir que l'amour, dès qu'il est bien senti, peut avoir son charme jusque dans le langage et dans les manières d'un Arlequin. C'est le mérite de cette pièce, dont le fond est, d'ailleurs, très commun : c'est une fée qui aime Arlequin, qu'elle appelle *un beau brunet;* elle l'aime d'autant plus qu'il lui paraît plus simple et plus ignorant, et qu'elle serait plus flattée d'inspirer et d'apprendre l'amour à un jeune homme qui ne le connaît pas encore. On voit que l'idée n'est rien moins que neuve : elle a été depuis mise en œuvre sur tous les théâtres, et c'est même originairement celle du rôle de Phèdre avec Hippolyte, sauf la disproportion des genres. Il arrive, comme de coutume, que c'est une autre femme qui, sans y penser, enseigne au jeune Arlequin ce que la fée ne peut lui faire entendre : c'est une bergère qui est rivale de cette fée, déjà engagée avec l'enchanteur Merlin, qu'elle trahit pour *le beau brunet;* et si ce Merlin eût joué un rôle dans la pièce, si la rivalité avait produit un autre dénouement que de faire escamoter par Arlequin la baguette de féerie, qui passe avec toute sa puissance dans les mains de la bergère, et finit la pièce par des lazzis, il y avait de quoi faire un très joli ouvrage. Tel qu'il est, je l'aimerais peut-être mieux que les autres productions dramatiques de l'auteur, où, malgré tout l'esprit qu'il y prodigue, j'ai toujours peine à supporter son babil métaphysique. Ici du moins tout est naturel, et le naturel a de la grace. Les scènes d'Arlequin avec la fée et la bergère sont charmantes et originales. C'est le même rôle qui fait valoir *le*

Prince travesti, où Marivaux, après avoir fait Arlequin amant, fait Arlequin honnête homme, en contraste avec toute la malice et toutes les séductions d'un intrigant de cour, qui échouent contre la grossière probité d'un valet balourd. C'est encore là une bonne conception; mais aussi c'est toujours le même défaut dans l'intrigue, quoique celle-ci se passe entre des princes et des princesses, et que Marivaux se soit élevé cette fois au ton du genre noble. Ce sont des situations sans effet et sans résultat, uniquement par la stérilité de l'auteur, et le dénouement sur-tout est aussi plat et aussi brusque que celui de la plus mauvaise comédie.

Marianne est un des meilleurs romans français, et l'un de ceux dont les étrangers font le plus de cas. Il attache également par l'intérêt des situations et par celui des caractères. Celui de madame de Miran a tout le charme de la bonté naturelle; celui de madame Dorsin, le mérite des lumières unies à la vertu; celui de M. Climal est un portrait fidèle et fait avec art, de la fausse dévotion et de l'hypocrisie, quoique Marivaux eût tort de le croire fort supérieur au *Tartufe* dont il n'approche pas *. Ma-

* Le repentir sincère et la mort chrétienne de M. de Climal réfutent victorieusement le reproche fait par La Harpe à Marivaux, d'avoir jugé son personnage fort supérieur au *Tartufe* de Molière. Il n'en approche pas, ajoute le sévère Aristarque. Non, sans doute, il n'en approche pas; car il n'a rien de commun avec lui. Tartufe est un scélérat qui ne croit point à la vertu dont il a toujours le mot à la bouche, et qui insulte le ciel, au nom de qui il cherche à spolier et à déshonorer une honnête famille. M. de Climal est un homme faible, dont les mœurs privées sont en opposition avec les maximes de la vertu qu'il respecte au fond de son cœur, lors même qu'il les dément par sa conduite. Il attache un grand prix à la considération; il veut

rianne et Valville ont toutes les qualités d'un âge aimable avec ses défauts ; il n'y a pas jusqu'à madame Dutour, la grosse marchande, qui ne soit très bien peinte. Les tracasseries du couvent, l'esprit de communauté, l'audience d'un ministre, le ton du monde, tout est tracé avec une vérité d'expression qui voudrait ressembler à la naïveté, et qui laisse voir la finesse. Il est vrai qu'on a reproché à Marivaux, avec trop de justice, une affectation de style qui se fait remarquer jusque dans sa négligence ; un artifice qui consiste à revêtir d'expressions populaires des idées subtiles et alambiquées ; une abondance vicieuse qui le porte à retourner une seule pensée sous toutes les formes possibles, et qui ne lui permet guère de la quitter qu'il ne l'ait gâtée ; enfin un néologisme précieux et recherché, qui choque la langue et le goût. Tous ces défauts se retrouvent dans son *Paysan parvenu*, et se font même sentir dans le dialogue de ses comédies ; mais ils ne sont nulle part rachetés par autant de mérite que dans sa *Marianne*. C'était d'ailleurs un cadre également favorable à son talent et à ses défauts. Ses observations se portaient sur les détours secrets de la vanité, les ruses de l'amour-propre, les sophismes des passions : on pouvait l'appeler *le métaphysicien du cœur*. Souvent il perd trop de

---

donc que ses vices soient ignorés, et il laisse à ses remords le soin de punir les atteintes qu'il porte à la morale et à la religion. Au lit de mort, M. de Climal avoue noblement et répare ses fautes. Tartufe, au fond de sa prison, a dû mourir dans le désespoir. Marivaux avait trop d'esprit pour croire surpasser Molière, lors même qu'il n'avait pas songé à l'imiter. Duviquet.

temps et de soin à en fouiller les plus petits replis. Mais pouvait-il être plus à son aise qu'en prêtant cette espèce de babil moral à une femme qui raconte les aventures de sa jeunesse dans un temps où elle n'y met plus d'autre intérêt que celui de converser avec elle-même, et de se rendre un compte fidèle de tout ce qu'elle a éprouvé et senti? Aussi Marivaux fait-il présent de tout son esprit à son héroïne, et ne lui fait-il grace de rien : on dirait qu'il lui dicte l'histoire de la coquetterie et la confession de toutes les femmes.

Ce genre d'esprit a plus d'inconvénient au théâtre, qui demande une marche plus rapide et des effets plus ressentis. Les pièces de Marivaux ont eu presque toutes du succès dans la nouveauté; mais d'un théâtre de cinq volumes il n'est resté que trois petites comédies, *la Surprise de l'amour*, *l'Épreuve* et *le Legs**. Elles sont ingénieuses, mais froides. C'est un effort d'esprit continuel, et jamais le nœud de la pièce n'est autre chose qu'un mot qu'on s'obstine à ne dire qu'à la fin, et qui est prévu dès le commencement. Ses obstacles ne naissent jamais que de son dialogue, et au lieu de nouer une intrigue, il file une déclaration ou un aveu. Ses ressorts, trop déliés, sont peu attachants, et j'ai observé que ses pièces, qui font souvent rire, font aussi souvent bâiller.

---

* Il faut ajouter à cette liste *les Fausses confidences* et *les Jeux de l'amour et du hasard*, qui sont restées au répertoire du Théâtre-Français, et que l'on représente souvent. Voyez plus loin l'observation de M. Duviquet sur cette inexactitude de La Harpe.   H. P.

Marivaux avait une haute idée de lui ; ce qui est d'autant plus concevable, qu'il en avait une très médiocre de Molière. Il faisait peu de cas du *Tartufe*. Quelqu'un qui lui aurait dit que, comme auteur comique, il était au-dessous de Dancourt, l'aurait bien étonné, et pourtant lui aurait dit vrai. Marivaux avait peu de talent pour le théâtre, mais il avait beaucoup d'esprit. Sa *Marianne* et les premières parties de son *Paysan*, qu'il n'a pas achevé, seront en tout temps une lecture agréable. Celle de son *Spectateur* ne donne d'autre envie que d'en tirer deux ou trois chapitres pour ne relire jamais le reste*. Mais, je le répète, *Marianne* seule lui assure une des premières places parmi les romanciers français.

La Harpe, *Cours de Littérature*.

II.

Marivaux a fait des comédies qui sont restées et et qui resteront au théâtre ; il a composé des romans qui obtinrent à leur première apparition des succès que le temps a confirmés ; *Marianne* et *les Fausses Confidences*, *le Paysan parvenu* et *le Jeu de l'Amour et du Hasard* ont échappé à l'oubli où sont tombés des milliers de comédies et de romans dont les titres même sont aujourd'hui aussi incon-

---

* On prétend que les étrangers préfèrent *le Spectateur* de Marivaux à celui d'Addison et aux *Caractères* de La Bruyère. Si cela est vrai, leur admiration est certainement portée beaucoup trop loin. On peut, dit M. Duviquet, louer plus équitablement *le Spectateur* de Marivaux en assurant qu'il n'a été surpassé par aucun des ouvrages d'observations et de morale qui sont venus après lui.   F.

nus que le nom de leurs auteurs. Il y a donc dans ces productions le genre de mérite qui seul fait vivre les ouvrages. Marivaux ne s'est point borné à effleurer des surfaces, à saisir des ridicules fugitifs, à s'escrimer contre de petits travers de circonstance; il est descendu plus avant. « Dans la « comédie, » dit un critique célèbre et peu suspect, puisque dans sa jeunesse il s'était permis des épigrammes contre notre auteur, « dans la comédie, Ma- « rivaux seul a eu le secret de ces gradations de « sentiment, de ces scènes heureusement filées qui « lui tenaient lieu d'incidents pour soutenir son « action..... C'était un genre personnel à l'auteur, « un genre qui a su plaire, et qui d'ailleurs ne sera « pas contagieux, parce que Marivaux avait un « tour d'esprit original qui ne sera peut-être donné « à personne.

« C'est à la finesse extrême de ses observations, « à la profonde connaissance qu'il avait du cœur « des femmes, à l'analyse exacte qu'il avait su faire « de leurs mouvements les plus cachés, qu'il a été « redevable de ses succès. En un mot la vérité, qui « ne ment jamais, fera vivre, malgré tous leurs dé- « fauts, la plupart de ses romans et de ses comédies. « Marivaux sera toujours cité parmi les peintres de « la nature; mais il ne faut pas même songer à imi- « ter sa manière. »

Palissot, comme on voit, ne dissimule point les défauts de Marivaux; mais il est juste, et il distribue avec impartialité la louange et le blâme. La Harpe, qui ne mesure pas toujours ses coups, a trouvé plus expéditif de tout blâmer dans le théâtre de cet auteur, et l'on peut, sur une seule de ses assertions, apprécier l'extrême légèreté de ses jugements : « D'un théâtre de cinq volumes, dit-il, « il n'est resté que trois petites comédies, *la Sur-« prise de l'Amour*, *l'Épreuve*, et *le Legs.* » Il y a évidemment négligence et confusion en tout ceci. Puisque La Harpe cite les cinq volumes du théâtre, il ne pouvait pas ignorer que ces cinq volumes se composent des pièces du Théâtre-Français, et de celles qui avaient été composées pour le Théâtre Italien. Dans cette dernière classe sont rangés, *les Fausses Confidences*, *le Jeu de l'Amour et du Hasard*, ouvrages qu'avec un très léger changement on a depuis transportés au Théâtre-Français, où on les revoit souvent et avec plus de plaisir que les pièces qui y étaient originairement destinées. Il est vrai que depuis la mort de Carlin, on ne les jouait plus aux *Italiens*, et lorsque La Harpe écrivait, on ne les jouait pas encore aux *Français*. Mais cette circonstance n'importe en rien à leur mérite réel ; et l'oubli de La Harpe est d'autant plus impardonnable, que, dans un autre endroit de son cours, il parle avec éloge des deux farces *italiennes* de Marivaux (*Arlequin poli par l'Amour* et *le Prince travesti*), très inférieures l'une et l'autre aux *Fausses Confidences* et au *Jeu de l'Amour et du Hasard*. On est tenté de croire que La Harpe ne citait que les ouvrages qu'il avait vu représenter, et que s'il a omis de rappeler même les titres des deux meilleures productions comiques de Marivaux, c'est que, depuis la mort de la fameuse Silvia, rayées forcément du répertoire de la Comédie-Italienne, La Harpe avait cru devoir les rayer de ses lectures. Mais est-ce là un procès régulièrement instruit?

L'extrême rigueur avec laquelle La Harpe a jugé le théâtre de Marivaux, donne un grand poids à son opinion sur les principaux romans du même auteur. « *Marianne*, dit-il, est un des meilleurs ro-
« mans français et l'un de ceux dont les étrangers
« font le plus de cas. Il attache également par l'in-
« térêt des situations et par celui des caractères. Sa
« *Marianne*, ajoute-t-il quelques lignes plus bas,
« et les premières parties de son *Paysan parvenu*,
« qu'il n'a pas achevé, seront en tous temps une
« lecture agréable; mais je le répète, *Marianne* seule
« lui assure une des premières places parmi les
« romanciers français. »

Dans son *Cours de Littérature dramatique*, Schlegel a renchéri encore sur la Harpe, et il traite le théâtre de Marivaux presque aussi sévèrement que celui de Molière. Marivaux n'a donc pas à se plaindre, et je me garderai bien d'appeler en son nom des arrêts d'un critique qui met *l'École des Femmes* au-dessus du *Misanthrope* et de *Tartufe*; qui avance sérieusement que c'est dans le comique burlesque que Molière a le mieux réussi, que son talent, de même que son inclination, était pour la farce, et qu'enfin ses pièces ont sensiblement vieilli pour le ton et pour la peinture des mœurs. Rien de tout cela ne paraît étonnant à M. Schlegel; c'est un danger qui, suivant lui, menace nécessairement l'auteur comique dont les ouvrages ne reposent pas de quelque manière sur une base poétique, mais sont uniquement fondés sur cette froide imitation de la vie réelle qui ne peut jamais satisfaire les besoins de l'imagination. D'après une sentence aussi lumineuse, aussi sagement motivée, exprimée en termes aussi clairs et aussi positifs contre le premier de tous les poètes comiques, Marivaux n'aurait eu à se plaindre de M. Schlegel, que dans le cas où il n'aurait pas partagé le sort de son maître. Mais il n'a point ce reproche à lui faire : il est condamné comme Molière à boire la ciguë germanique ; seulement M. Schlegel a bien voulu lui ménager la dose ; c'est une faveur dont la mémoire de Marivaux ne sera pas très reconnaissante envers lui.

Voltaire estimait le caractère et le talent de Marivaux ; cependant celui-ci crut se reconnaître à un trait de satire que ce poète s'était permis de lancer contre les *comédies métaphysiques*. Marivaux se regarda comme offensé, et ne crut pas devoir demander pardon à Voltaire de l'injure qu'il s'imaginait en avoir reçue. Dans la vivacité de son ressentiment, il fut injuste : il ne craignait pas de caractériser habituellement son ennemi, ou celui qu'il regardait comme tel, par le titre de *bel esprit fieffé* ; tout son génie, disait-il, n'est que *la perfection des idées communes*. Dans cette position relative des deux écrivains, on n'a pas de peine à expliquer le silence que Voltaire a toujours gardé publiquement sur les écrits de Marivaux ; mais, dans une lettre confidentielle, il lui rendait une justice qui, pour

avoir été tenue secrète, n'en est peut-être que plus
authentique et plus sincère : « Je serais fâché de
« compter parmi mes ennemis un homme du carac-
« tère de Marivaux, et dont j'estime l'esprit et la
« probité; il a surtout dans ses ouvrages un carac-
« tère de philosophie, d'humanité et d'indépen-
« dance dans lequel j'ai retrouvé avec plaisir mes
« propres sentiments. Il est vrai que je lui souhaite
« quelquefois un style moins recherché et des su-
« jets plus nobles. » (Il est probable que Voltaire
fait ici allusion aux arlequinades de la Comédie-
Italienne). « Mais, ajoute-t-il, je suis bien loin de
« l'avoir voulu désigner en parlant des *comédies*
« *métaphysiques*; je n'entends par ce terme que ces
« comédies où l'on introduit des personnages qui ne
« sont point dans la nature, des personnages allégo-
« riques propres tout au plus pour le poème épique,
« mais très déplacés sur la scène, où tout doit être
« peint d'après nature. Ce n'est pas, ce me semble,
« le défaut de Marivaux. J'aime d'autant plus son es-
« prit, que je le prierais de ne le point prodiguer. »

Voilà un jugement consciencieux, et d'une autorité un peu plus imposante que celle de M. Schlegel;
la critique y exerce ses droits avec une modération
bienveillante, et c'est au fond le même sentiment
que celui de Palissot. J'ose ajouter que ce sera celui
de tous les hommes qui, joignant à un goût éclairé
une opinion impartiale, arriveront à la lecture de
Marivaux, quittes de ces préventions faciles que
trois ou quatre citations choisies dans douze volumes leur auront préalablement inspirées.

Il y aurait de la mauvaise foi à ne pas convenir qu'il règne dans plusieurs passages de Marivaux une affectation trop marquée à chercher des effets ; qu'il réunit quelquefois des qualifications abstraites à des objets matériels, ce qui est contraire aux principes de la clarté et de l'élégance du style ; qu'il subtilise sa pensée au point qu'à force d'être raffinée, elle échappe à l'intelligence, et semble réclamer ou une expression plus lucide, ou quelquefois même un commentaire. Ces défauts n'ont point été dissimulés dans la nouvelle édition de ses *OEuvres*, et chaque fois qu'ils se sont présentés aux yeux de l'éditeur, la phrase vicieuse a été signalée, et on a indiqué la correction ou l'interprétation qui a paru nécessaire. Mais ce que je puis assurer, et ce que la seule inspection du livre aura bientôt démontré, c'est que ces fautes sont extrêmement rares, et que, dans les comédies sur-tout, elles sont presque toujours mises à dessein, et avec une intention évidente de parodie, dans la bouche de personnages ridicules et grotesques. Quand Silvia, Araminte ou Dorante raisonnent ou déraisonnent sur l'amour, leur langage est clair ; c'est celui de la passion la plus brûlante et la plus vraie. MM. Remi et Dubois n'ont pas recours au jargon métaphysique, l'un pour exprimer les brusqueries de sa cupidité, l'autre pour rendre toutes les finesses de son ingénieux stratagème ; mais Lisette, mais Pasquin qui était dans l'origine un Arlequin, suppléent par l'affectation du bel esprit, par un néologisme prétentieux, à l'expression d'un sentiment qu'ils jouent et qu'ils n'éprouvent pas. Encore une fois, je suis loin d'approuver, même dans des valets, l'emploi d'un langage entortillé et fatigant; mais il ne faut pas généraliser un tort qui est une exception, et condamner comme une habitude ce qui n'est qu'un accident dans quelques personnages subalternes.

Une accusation se répète presque toujours, parce qu'elle est une accusation, et que d'ailleurs, une fois reçue, elle dispense d'un examen qui demanderait un peu d'attention et de travail. Voici, à ce que je crois, ce qui l'a rendue plus spécieuse sans la rendre plus solide : un mot a été créé qui semble mettre hors de doute la justice de l'imputation faite au style de Marivaux. Ce mot est le *marivaudage*, par lequel on a prétendu qualifier tout style qui, s'écartant de la nature, se rapprochait de celui de l'auteur qui, le premier, disait-on, l'avait introduit sur le théâtre et dans les romans. S'il était permis de caractériser le talent d'un écrivain par les taches qui le déparent, la définition du *marivaudage* serait juste, et Marivaux, qu'il est difficile de justifier entièrement sur ce point, mériterait l'espèce de flétrissure attachée au terme que l'on a fait dériver de son nom. Mais ce n'est pas ainsi que l'équité prononce; elle sépare les fautes peu nombreuses des qualités soutenues qui les rachètent au centuple, et c'est par la partie dominante qu'elle se décide. C'est d'après ce principe de discernement que les fréquentes incorrections de Corneille, les inégalités de Molière, les moments de sommeil de Racine, les rimes faibles et les expressions prosaïques échappées à Voltaire, n'enlèvent qu'une bien faible part à l'admiration que nous avons vouée aux écrits de ces grands hommes. On les apprécie par ce qu'ils ont de bien ; le mal est traité par le calcul des infiniment petits ; on le néglige. Toute comparaison à part (et l'on sait bien qu'elle serait impossible), il faut pourtant en agir de même avec un homme d'un aussi rare talent et d'un esprit aussi distingué que Marivaux. Il a payé le tribut à la faiblesse humaine; mais il a des beautés du premier ordre : nul ne le surpasse, nous l'avons déjà vu, dans l'art de conduire le développement d'une passion, de remplacer la faiblesse d'une intrigue par la vivacité du dialogue, de tirer d'un évènement imprévu des résultats féconds et riches d'intérêt, de saisir des traits de mœurs, de dessiner, de varier, de faire contraster des caractères. Voyez, dans *Marianne*, le portrait de la principale héroïne et cet héroïsme de l'amour porté jusqu'à son abnégation absolue; celui de madame de Miran, si cruellement partagée entre la tendresse maternelle et son affection pour l'innocence, pour la vertu courageuse; de madame Dorsin, femme noble et désintéressée, sachant suffire aux exigences les plus contradictoires de l'amitié; voyez celui de cette supérieure de couvent, si prévenante d'abord pour la jeunesse et la beauté, quand elle les croit accompagnées de l'opulence; si indifférente et si glaciale quand la franchise de Marianne vient lui révéler son erreur; celui de ce bon religieux, si incapable de soupçonner le crime, qu'il s'indigne contre la victime qui vient lui demander ses conseils et son appui contre les séductions du criminel ; voyez sur-tout le portrait de ce M. de Climal, qui n'est point un tartufe ni même un faux dévot, quoi qu'en ait dit La Harpe, mais bien un homme faible, dont la conduite, par une disparate trop commune, est en opposition avec des croyances qu'il respecte et qu'il adopte, avec des principes qu'il porte gravés dans le cœur, par lesquels il se sent justement condamné ; ce M. de Climal qui, au lit de la mort, répare, par un aveu public de ses fautes et par des bienfaits expiatoires, les torts qu'il n'a jamais cessé de se reprocher. Qu'on se rappelle Valville, la lingère madame Dutour, et qu'on se garde bien d'oublier le cocher de fiacre ; quel feu ! quel vérité ! quel coloris dans cette galerie de tant de personnages différents d'âge, de sexe, de profession, de position sociale ! C'est là, comme disait Fontenelle, *du bon Marivaux*, et il n'y a point dans tout cela l'ombre du *marivaudage*. Renvoyons aux Barthe et aux Dorat, à ces singes maladroits de Marivaux, une qualification qu'ils méritent, puisqu'ils n'ont imité que les défauts de leur modèle.

Duviquet, *Notice sur Marivaux.*

MARMONTEL (Jean-François) naquit le 11 juillet 1723, à Bort, petite ville du Limousin, de parents peu favorisés de la fortune et d'une condition obscure. Après avoir appris à lire dans un couvent de religieuses, amies de sa mère, il passa à l'école d'un prêtre de la ville, qui, gratuitement et par goût, s'était voué à l'instruction des enfants. La nature avait refusé au jeune Marmontel une heureuse mémoire ; il s'efforça de suppléer à la faiblesse de cette faculté par une extrême application. Mais il excéda ses forces et devint somnambule : la nuit, tout endormi, sur son séant, les yeux entr'ouverts, il récitait les leçons qu'il avait apprises le jour. Son père conçut de vives inquiétudes ; et, déjà peu partisan des lumières, il saisit cette occasion favorable de suspendre le cours des études de son fils qui, au bout de dix mois, après le rétablissement de sa santé, obtint, grace aux sollicitations de sa mère, l'insigne faveur d'entrer en quatrième au collège de Mauriac, le plus voisin de Bort. Il y resta jusqu'en rhétorique ; il fallut alors se décider à embrasser une carrière. Son père voulait le placer chez un marchand de Clermont. Mais son esprit, son amour excessif pour les belles-lettres étaient incompatibles avec les fonctions du comptoir. La philosophie l'emporta sur le commerce. Notre jeune philosophe pourvut à sa subsistance en donnant des répétitions que lui payaient d'autres élèves. Depuis plus d'un an il étudiait en philosophie, lorsqu'il apprit la mort de son père ; il montra dans cette circonstance une force d'âme peu commune à son âge. Sa famille était au désespoir : il se rendit à Bort pour prodiguer aux siens des consolations : la première entrevue fut des plus touchantes : « Ma mère, mes frères, « mes sœurs, dit-il à ces infortunés, nous éprou- « vons la plus grande des afflictions, ne nous « laissons pas abattre, vous perdez un père ; vous

« en retrouverez un, je vous en servirai, je le suis,
« je veux l'être, j'en embrasse tous les devoirs et
« vous n'êtes plus orphelins. » Il tint parole; ils retrouvèrent en lui un véritable père : jamais il ne les laissa manquer de rien, tant qu'il lui fut possible. S'arrachant enfin au théâtre de ses douleurs, Marmontel partit pour Toulouse où il reçut la tonsure. Il conçut ensuite le dessein d'entrer dans la société des jésuites où ses anciens régents cherchaient à l'attirer; mais sa mère le fit renoncer à ce projet. Son sort était déjà bien changé; âgé d'environ quinze ans, il suppléait le professeur de philosophie dans un séminaire que les bernardins avaient dans cette ville, obtenait dans cette chaire un succès prodigieux et avait autant d'élèves qu'il en désirait, ce qui le mettait à même de faire des économies dont il donnait le fruit à ses parents. A cette jouissance d'un cœur pur et honnête, il voulut joindre l'éclat de la gloire littéraire. Un jour il feuilletait le recueil des pièces couronnées à l'Académie des Jeux Floraux, quand, frappé de la richesse des prix, il songea au plaisir que sa mère ressentirait en recevant un bouquet d'or ou d'argent; l'amour filial le crée poète. Il achète un exemplaire des odes de Rousseau, s'initie aux règles de la versification, médite ses lectures et choisit pour sujet l'*Invention de la poudre à canon*. Sa pièce, dont les premiers vers étaient ceux-ci :

> Toi qu'une infernale Euménide
> Pétrit de ses sanglantes mains, etc.

ne fut pas couronnée, comme il en avait conçu

l'espoir : il n'eut pas même le consolant honneur de l'accessit : « Je fus outré, dit-il dans ses *Mé-* « *moires*, et, dans mon indignation, j'écrivis à Vol- « taire et lui criai vengeance en lui envoyant mon « ouvrage. On sait avec quelle bonté, Voltaire ac- « cueillait les jeunes gens qui annonçaient quelque « talent pour la poésie. Le parnasse français était « comme un empire dont il n'aurait pas voulu céder « le sceptre, mais dont il se plaisait à voir les sujets « se multiplier. Il me fit une de ces réponses qu'il « tournait avec tant de grace et dont il était si libé- « ral.... Ce qui me flatta beaucoup plus encore que « sa lettre, ce fut l'envoi d'un exemplaire de ses « *OEuvres*, corrigé de sa main, dont il me fit présent. » Ainsi commença, en 1743, sa correspondance avec cet homme célèbre, et cette liaison d'amitié qui dura trente-cinq ans, sans aucune altération.

Marmontel continua à travailler pour l'Académie des Jeux Floraux; il y obtint toutes sortes de succès: dans la dernière année de son séjour à Toulouse (en 1745) il remporta même les trois prix. Ses victoires littéraires lui méritèrent le surnom de *Pindare des Jeux Floraux*; c'est ainsi qu'on doit se venger d'un premier revers.

Désirant recevoir les ordres de la main de l'archevêque de La Roche-Aymon, Marmontel alla le prier de vouloir bien demander ce qu'on appelle un démissoire. La réception un peu dure qu'il essuya de ce prélat, le refroidit pour l'état ecclésiastique, et ses relations avec Voltaire contribuèrent encore à diminuer sa primitive ardeur. Son protecteur lui faisait d'ailleurs espérer des triomphes dans la carrière poétique, et le pressait d'aller à Paris, seule école du goût où pût se former le talent. Il était indispensable de se résoudre à un parti : la littérature à Paris, le barreau à Toulouse, ou le séminaire à Limoges, voilà ce qui s'offrait à lui. Mais ne voyant dans tout cela que lenteur et incertitude : il appela les conseils de sa mère, se décida à achever le cours de ses études et prit ses premières inscriptions à l'école du Droit-Canon : Marmontel suivait le barreau, quand un mot de Voltaire changea sa détermination. « Venez à Paris, lui écrivait celui-ci, et venez « sans inquiétude, M. Orry (contrôleur général) à « qui j'ai parlé de vous, se charge de votre sort. » Il part : ses amis l'accompagnent jusqu'à Montauban, où ils deviennent spectateurs de ses succès : il avait gagné le prix que l'Académie décernait et qui consistait dans une lyre d'argent, de la valeur de cent écus. Le voyageur la vendit pour subvenir aux frais de route ; et eut le temps pendant ce long trajet de traduire en vers le poème de la *Boucle de cheveux enlevée* ; cet amusement lui fut d'une grande utilité. Arrivé à Paris (1745), il fondait sur la protection de M. Orry, bien des châteaux en Espagne ; se réjouissait de pouvoir attirer sa mère près de lui, et de faire goûter à sa famille les douceurs de la fortune : ses illusions furent bientôt dissipées. Lorsqu'il se présenta chez Voltaire, celui-ci l'accueillit par ces paroles, « Mon ami, je suis bien aise de « vous voir, j'ai cependant une mauvaise nouvelle à « vous apprendre, M. Orry, s'était chargé de votre

« fortune ; M. Orry est disgracié. Si dans ce moment
« même il vous faut de l'argent, dites-le moi ; je ne
« veux pas que vous ayez un autre créancier que
« Voltaire. » Il l'engagea à travailler pour le théâtre,
à composer une bonne comédie. « Hélas ! monsieur,
« lui dit le provincial, comment ferais-je des por-
« traits, je ne connais pas les visages. » Cette entrevue se borna à des offres de services : Marmontel, loin de se laisser abattre par l'adversité,
supporta avec courage les privations les plus pénibles et la misère la plus grande. Il essaya de rédi-
ger un journal de littérature, l'*Observateur Littéraire*, mais, forcé d'y renoncer, il travailla assi-
duement pour l'Académie française et remporta le
prix de poésie en 1746. Le sujet était : *la Gloire
de Louis XIV perpétuée dans le Roi son successeur :*
Voltaire vendit ce poème au profit de l'auteur et le
tira ainsi de son épouvantable position. Mme Ha-
renc lui confia l'éducation de son petit-fils et concourut ainsi à cette bonne œuvre. Marmontel s'en
rendait digne par son travail. Il obtint de nouveau,
en 1747, un prix de poésie dont le sujet était analogue au précédent : *La Clémence de Louis XIV est
une des vertus de son auguste successeur :* ces succès
l'enhardirent. Il était content de sa situation,
quand la mort le priva de sa meilleure amie, de
son conseiller, de sa mère. Cette perte lui causa
beaucoup de chagrin, et l'empêcha pour le moment
de faire représenter sa tragédie de *Denys le tyran*,
qui fut jouée le 5 février 1748, et eut un succès
extraordinaire ; l'auteur fut demandé et parut sur le

théâtre. Il dédia cette tragédie à son appui, à son maître, Voltaire; et, dans la préface, exhala ses regrets sur la mort de M. Vauvenargues, l'homme du monde qui avait pour lui *le plus d'attrait.*

Ses liaisons avec mademoiselle Navarre, maîtresse du maréchal de Saxe, le détournèrent de l'étude et du théâtre : les charmes de mademoiselle Clairon l'y ramenèrent. Sa tragédie d'*Aristomène*, fut représentée le 30 avril 1749, et, grace à cette actrice, eut un succès non moins prodigieux que celle de *Denys*. L'auteur fut encore obligé de se montrer sur le théâtre; « mais aux représentations suivantes, ses « amis lui donnèrent, dit-il, le courage de se dérober aux acclamations du public. » Pour la seconde fois il vint disputer au maréchal de Saxe une de ses maîtresses, mademoiselle Verrière. Marmontel donnait à cette jeune personne des leçons de déclamation, et le *Zaïre, vous pleurez*, avait été l'écueil de sa sagesse. La prudence exigea une rupture entre le maître et l'élève.

A cette époque M. de la Poplinière offrit à Marmontel un asyle chez lui. Au milieu des plaisirs, des spectacles, des enchantements de toute espèce, il acheva sa tragédie de *Cléopâtre*, jouée le 20 mai 1750. Malheureusement plus d'un spectateur fut de l'avis de l'aspic automate, sorti des mains de Vaucanson, qui sifflait en piquant l'héroïne. Il chercha un sujet plus pathétique et crut le trouver dans la fable des *Héraclides*, sujet traité par Euripide. Elle fut représentée le 24 mai 1752. L'ivresse de mademoiselle Duménil, chargée du rôle de Déjanire, fit tomber la pièce ; le pathétique devenu risible excita l'hilarité. Le parterre parodiste, voulut s'égayer et prit le sérieux en raillerie. Malgré cette chute, il fut reçu chez madame de Pompadour, qui le dissuada de son intention de solliciter une place dans les bureaux et l'engagea à de nouveaux essais. Il y consentit pour lui plaire, et choisit un sujet ou trop simple ou au-dessus de ses forces. Les *Funérailles de Sésostris*, jouées en 1753, sous le titre d'*Egyptus*, tombèrent à plat. Pour le consoler madame de Pompadour lui proposa une place de secrétaire des bâtiments, sous M. de Marigny son frère : il accepta et quitta le fastueux la Poplinière.

Durant cinq années, Marmontel n'eut guère à donner que deux jours de la semaine au léger travail de sa place: libre de toute inquiétude, « je m'étais fait une « occupation, dit-il, aussi douce qu'intéressante: c'était « un cours d'études, où, méthodiquement et la plume « à la main, je parcourais les principales branches « de la littérature ancienne et moderne, les compa- « rant l'une avec l'autre, sans partialité, sans égard, « en homme indépendant et qui n'aurait été d'aucun « pays ni d'aucun siècle. Ce fut dans cet esprit que « recueillant de mes lectures, les traits qui me frap- « paient et les réflexions que me suggéraient les « exemples, je formai cet amas de matériaux que « j'employai d'abord dans mon travail pour l'*Encyclopédie*, dont je tirai ensuite ma *Poétique française*, et que j'ai depuis rassemblés dans mes *Éléments de Littérature*. »

Madame de Pompadour le consulta sur la distribution des pensions accordées sur le *Mercure* : et fit ainsi donner le privilège à Boissy, homme de beaucoup d'esprit, mais sans fortune et surtout sans cabale; qui, l'hiver précédent, avait été heureusement surpris au moment où il voulait se suicider. Il fallait à Boissy des collaborateurs qui pussent jeter de l'éclat sur son entreprise, Marmontel ne laissa pas son noble procédé imparfait; il envoya dès le lendemain son premier chapitre des contes moraux, intitulé *Alcibiade*, qui eut un succès inespéré. On en fit honneur, dit-on, à Voltaire et à Montesquieu. Quel que soit le mérite de cette composition, l'action vaut mieux encore que le conte. Boissy ne jouit pas long-temps de sa fortune, et à la nomination de son successeur, le roi trouva juste de confier le *Mercure* à qui l'avait soutenu. Marmontel quitta alors Versailles, renonça au secrétariat et revint à Paris, où madame Geoffrin lui offrit un logement qu'il accepta avec reconnaissance, en la priant de lui permettre d'en payer le loyer tant qu'il le pourrait.

Dans ses mains exercées, le *Mercure* prit de l'accroissement; la décence des critiques, la variété des matières, lui donnèrent plus de vogue que jamais ; lorsqu'un évènement qui fait honneur au courage et à la générosité du rédacteur vint renverser sa fortune et lui ravir le fruit de ses veilles. Un nommé Cury, surintendant des menus plaisirs, attribuant la perte de sa place au duc d'Aumont, fit une satire contre son prétendu oppresseur en parodiant la fameuse scène d'Auguste avec Cinna et Maxime. Marmontel qui la tenait de l'auteur, en récita une cinquantaine de vers chez madame Geoffrin, dans un cercle d'amis. Le fait fut dénoncé au duc qui s'en plaignit au roi. L'imprudent paya cher sa légèreté, et fut emprisonné onze jours à la Bastille : de plus il perdit le brevet auquel était attaché un revenu de quinze à dix-huit mille francs. Ce revers ne l'empêcha pas de continuer à ses tantes et à ses sœurs les pensions qu'il leur faisait.

Au sortir de prison, il entreprit un voyage dans le midi, parcourut Toulouse, Beziers, Montpellier, et vint séjourner quelques temps à Ferney, où Voltaire lui lut *Tancrède*, qu'il venait d'achever.

Tandis que sa philosophie épicurienne s'égayait en province, la haine de ses ennemis ne s'endormait pas à Paris. M. Dargental et sa femme publiaient qu'il était perdu dans l'esprit du roi et que l'Académie aurait beau s'en mêler, sa majesté refuserait son agrément à son élection. Il revint dans la capitale en dépit de ces bruits, s'appliqua à finir sa traduction de la *Pharsale* et sa *Poétique française*, et fit imprimer son *Épître aux poètes* : qui fut couronnée en 1760. Sa *Pharsale* parut peu de temps après. Marmontel aimait à faire succéder aux travaux les plaisirs et les distractions; étant à la campagne, il trouva dans l'aventure de deux jeunes paysans de Bezons, le sujet d'*Annette et Lubin* ; comme il le rapporte dans ses *Mémoires*.

A la mort de Marivaux en 1763, il fit les visites d'usage pour être admis à l'Académie, mais il se retira dès qu'il apprit que l'abbé Radonvilliers était son concurrent. Il dédia alors sa *Poétique* au roi, et la mort de M. Bougainville, ayant laissé une place vacante, il fut nommé.

Le nouvel académicien publia *Bélisaire :* cette conception froide, eut un succès d'enthousiasme à cette époque d'effervescence où une ligue nouvelle, animée à la destruction des institutions anciennes, ne cherchait que des points de ralliement pour marcher au but qu'elle s'était proposé. Le XVe chapitre avait pour objet la tolérance des cultes, doctrine généralement accueillie en Europe, et qui n'avait besoin pour s'y affermir que d'un auxiliaire indispensable à toutes doctrines, celui du temps. La censure théologique, excitée par ce chapitre de *Bélisaire*, donna tant d'éclat à l'ouvrage, que 20,000 exemplaires s'en répandirent dans l'Europe. L'espèce d'interdiction jetée sur ce livre donna occasion à des réponses spirituelles de Turgot et de Voltaire. Catherine II traduisit elle-même en langue russe ce fameux XVe chapitre.

Sur la sollicitation de M. le duc d'Aiguillon, Marmontel obtint à la mort de Duclos, en 1771, la place d'historiographe de France. La vogue dont jouit *Bélisaire* lui avait donné la mesure des succès de son temps. Il sentit que l'on se serait peu occupé de l'ouvrage si le XVe chapitre n'avait été censuré, il voulut établir sur la pensée fondamentale de ce chapitre de nouvelles chances de fortune et de gloire, et fit le roman des *Incas* fort supérieur à *Bélisaire* par l'intérêt de la composition et le mouvement du style, sans être exempt d'afféterie.

En 1783, Marmontel succéda dans la place de se

crétaire perpétuel de l'Académie française à d'Alembert. Après la mort de Thomas, M. d'Angiviller lui fit accorder celle d'historiographe des bâtiments (1785); la chaire d'histoire lui fut confiée au lycée qui prit naissance en 1786. Marié, depuis l'an 1777, avec une jeune nièce de l'abbé Morellet, Marmontel vivait dans les douceurs de l'hymen et de l'amitié, lorsque son âme fut brisée à la vue des maux de sa patrie; il ne put supporter qu'on abusât du nom de la liberté, pour couvrir la France de prisons, d'échafauds et de cadavres. Il se retira d'abord dans un village aux environs d'Evreux, puis auprès de Gaillon, dans le hameau d'Abloville où il fit l'acquisition d'une chaumière. Heureux de dérober sa tête à la hache révolutionnaire, il consacra ses jours à l'instruction de ses enfants. Le vœu de son département l'ayant appelé au conseil des anciens en 1797 au mois d'avril, il y siégea jusqu'au 18 fructidor, époque à laquelle il fut proscrit : son âge lui épargna l'honneur de la déportation. De retour dans sa retraite champêtre, il reprit ses habitudes, se consola de ses peines par les charmes de l'étude, jusqu'au moment où la mort le frappa le 31 décembre 1799. L'abbé Morellet, son ami, prononça son *Éloge* à l'Institut le 31 juillet 1805. Aux plus heureux dons de l'esprit, Marmontel joignait quelques avantages extérieurs, une physionomie noble, une expression spirituelle; sa conversation, dit-on, ne se ressentait pas de l'agrément de ses écrits: c'est un trait de ressemblance avec J.-J. Rousseau et bien d'autres grands écrivains. On a joué en 1802 *Marmontel*, vaudeville, par MM. Armand Gouffé, Tournay et Vieillard; et, en 1813, *Marmontel et Thomas, ou la parodie de Cinna*, vaudeville de M. Dumolard.

L'édition la plus complète et la plus belle des *OEuvres de Marmontel* est celle que le libraire Verdière a publiée de 1818-1819. 19 vol. in-8° avec figures. Cette édition contient dans l'ordre suivant, l'*Éloge de Marmontel*, par l'abbé Morellet; les *Mémoires d'un père, pour servir à l'instruction de ses enfants*, 1 vol.; les *Contes moraux*, 4 vol.; *Bélisaire*, 1 vol.; *les Incas*, 1 vol.; le *Théâtre*, 2 vol.; la traduction en prose de *la Pharsale*, 1 vol.; un volume de *Mélanges*; les *Éléments de Littérature*, 4 vol.; les *Leçons d'un père à ses enfants sur la grammaire française et sur la logique ou l'art de raisonner*, 1 vol.; les *Leçons d'un père à ses enfants sur la Métaphysique et sur la Morale*, 1 vol.; et la *Régence du duc d'Orléans*, 1 vol. Le même libraire publie en ce moment les *OEuvres choisies de Marmontel*, en 10 vol. in-8°.

Ad. Laugier.

JUGEMENTS.

I.

Les premiers essais de Marmontel ont été des tragédies; il en fit jouer cinq en peu d'années, *Denys le tyran*, *Aristomène*, *Cléopâtre*, *les Héraclides*, *Égyptus*. Les deux premières, accueillies dans leur nouveauté, ne purent pas aller au delà. Les deux suivantes eurent très peu de succès; la dernière tomba entièrement, et l'auteur parut renoncer depuis ce temps à la scène tragique, où il ne reparut que plus de trente ans après, avec sa *Cléopâtre* refaite, qui n'eut que trois représentations. Il vivait encore quand j'ai traité de la tragédie dans ce *Cours*, et ne pouvait par conséquent y avoir place, quand même il aurait conservé des titres au Théâtre-Français, puisque je ne parlais que des auteurs morts. Ses opéra, excepté *Didon* et *Pénélope*, ont tous été condamnés par lui-même, puisqu'il n'en a fait entrer aucun dans la collection de ses *OEuvres*, qu'il publia en 1787; et cet exemple d'une modeste sévérité sur soi-même, qui, pour le dire en passant, devrait être plus commun, lui fait d'autant plus d'honneur, que ces opéra *, quoiqu'en effet ils ne soient pas bons, n'avaient pas laissé d'avoir, comme presque tous les drames chantés au même théâtre, le moment d'existence que la magie des représentations assure d'ordinaire à ce qu'on joue de plus mauvais. C'est une preuve qu'au moins en ce genre l'auteur avait su se juger, peut-être aussi parce qu'il y attachait moins d'importance; car s'il eût été capable d'un effort qui demandait, je l'avoue, une plus grande force de jugement et un plus grand sacrifice d'amour-propre, il n'eût guère été plus indulgent pour ses tragédies, une seule exceptée, *les Héraclides*. Les deux premières, *Denys le tyran* et *Aristomène*, sont mauvaises de tout point. *Cléopâtre*, qu'il a le plus retravaillée, a des beautés de

---

* Ils sont en assez grand nombre, *Acante et Céphise*, *la Guirlande*, *les Sybarites*, *Hercule mourant*, *Céphale et Procris*, *Démophon*, *Antigone*.

détail, avec un plan aussi vicieux que le sujet était ingrat. *Numitor*, que dans son recueil il mit à la place d'*Égyptus*, qui n'a jamais été imprimé, est un roman fort compliqué, mais qui peut-être au théâtre pourrait attacher assez la curiosité pour balancer les fautes contre la vraisemblance, contre la vérité historique et la dignité de la scène. *Les Héraclides*, tels qu'ils sont d'après les dernières corrections qu'il y fit, seraient, si je ne me trompe, susceptibles de succès, et peuvent passer pour une bonne tragédie parmi celles du second ordre.

Ses opéra comiques ont réussi pour la plupart ; et *Lucile*, *Silvain*, *l'Ami de la maison*, *Zémire et Azor*, sont au nombre des pièces qu'on joue le plus souvent, et qu'on voit avec le plus de plaisir ; et c'est pour cela que Marmontel se trouve ici placé comme poète dramatique. Mais je ne puis me dispenser, suivant ma méthode, de jeter d'abord un coup d'œil sur ses autres productions théâtrales, où il n'a pas eu le même succès ni le même mérite. Le meilleur de ses grands opéra, *Didon*, était trop faiblement écrit pour être compté parmi les poèmes qu'on peut lire, et dès-lors n'est plus un titre qu'au théâtre, et n'en est pas un ici. *Pénélope* est plus soignée : il y a même une scène, entre Ulysse et son épouse, qui est sans contredit ce que l'auteur a fait de mieux dans la tragédie lyrique ; cette scène est d'un bout à l'autre bien conçue, bien dialoguée, bien versifiée. Mais aussi c'est le seul morceau où l'auteur ait eu cette force, et la pièce d'ailleurs manque d'intrigue et de caractères ; celui de Télémaque est nul et devait être plus en action, comme fils de Pénélope et comme fils d'un héros ; il devait, comme dans Homère, paraître au milieu des poursuivants, leur faire respecter sa mère et leur faire craindre son père : Ulysse aussi devait avoir avec eux, comme dans Homère, une scène de déguisement. Il n'y a ici de dramatique que le troisième acte, et ce n'est pas assez. C'est la langueur des deux premiers qui fut cause que cet opéra n'eut pas, à beaucoup près, le même succès que celui de *Didon*, si heureusement tracé pour la scène.

Quant à ses ouvrages tragiques, c'est une chose très digne de remarque, que cet écrivain, qui avait beaucoup d'esprit et de connaissances, ait eu si long-temps sur la tragédie des idées d'autant plus fausses, qu'elles lui paraissaient plus ingénieuses, et qu'il ait visiblement erré par principes : non que je prétende qu'une mauvaise théorie ait été chez lui la seule cause de sa longue impuissance à produire du bon ; car dans le plus mauvais plan possible on peut encore montrer le talent du poète, et Corneille, Racine, Voltaire, l'ont prouvé. Marmontel avait fort peu de talent naturel pour la poésie, sur-tout pour la grande poésie : il n'a point eu le sentiment ni l'habitude des tournures du grand vers français. Il y eut toujours quelque chose de dur dans ses organes, et de faux dans son goût ; il lui a fallu trente ans d'un commerce assidu avec les gens de lettres de l'Académie pour rectifier par degrés ses méprises, raisonnées et obstinées, et pour apprendre à réconcilier son oreille avec l'harmonie, et ses idées avec la vérité. Ses *Éléments de littérature* le ramèneront sous nos yeux quand nous en serons à la critique, et c'est là que nous pourrons suivre le chemin qu'il a été obligé de faire pour redresser son jugement, de manière à ne pas laisser au moins d'hérésies capitales dans un ouvrage élémentaire où il y a encore bien des erreurs. Ce que j'en dis ici n'est pas à son désavantage, autant qu'on pourrait le croire d'abord; car il faut un grand fonds d'esprit (et il l'avait) pour arracher à l'amour-propre le désaveu d'une mauvaise doctrine, surtout quand elle n'est pas d'emprunt, mais de propriété, et les paradoxes de Marmontel étaient bien à lui. Il est avéré que dans ses premières années, qui furent celles de ses tentatives au Théâtre-Français, il s'était fait une poétique toute particulière, qu'assurément il n'avait pas apprise entre Voltaire et Vauvenargues, ses deux premiers patrons, mais qu'il consulta fort peu, du moment où, pour son malheur, *Denys le tyran* eut été applaudi au théâtre, et même ensuite *Aristomène*, bien plus mauvais que *Denys*. C'est à la suite d'*Aristomène*, qui à l'impression ne trouva plus que des censeurs, qu'il publia ses *Réflexions sur la tragédie*, qui ne sont qu'un assemblage des idées les plus chimériques, rédigées en méthode avec toute la confiance et toute la présomption si ordinaires aux jeunes écrivains, qui n'ont rien de plus pressé que de se faire législateurs, afin de se donner pour modèles. Cet écrit aujourd'hui peu connu, et dont il s'est bien gardé de reporter rien dans ses *Éléments*, ne laisse aucun doute sur ce que j'ai dit de cette étrange théorie qu'il s'était faite du théâtre. Il ne la développa qu'à l'appui de son *Aristomène*, et il est vrai qu'il s'y est fidèlement conformé; mais il n'est pas moins vrai qu'en partant de ces principes-là, les divers talents de Corneille, de Racine et de Voltaire, réunis dans un seul homme, ne produiraient rien qui ne fût tout ensemble monstrueux et froid, et c'est précisément ce qu'est *Aristomène*. Un autre caractère de réprobation, qui se fait apercevoir dans son petit traité, et plus encore dans ses anciennes préfaces, c'est le mépris malheureusement trop réel qu'il eut long-temps pour Racine. Je sais qu'il s'en est guéri avec le temps, comme de celui qu'il avait pour Boileau, quoique jamais la guérison n'ait été au point de bien sentir ni l'un ni l'autre de ces deux grands maîtres; mais je sais aussi que ce mépris était beaucoup plus grand qu'il n'osait le montrer dans ses écrits*, et que ce n'est qu'à force d'être repoussé et

---

* Il passe pour certain qu'il arracha un jour les *OEuvres de Racine* des mains de madame Denis, en lui disant : « Quoi! vous lisez ce polisson-là! » Je puis au moins attester qu'elle-même racontait le simple fait. Cette anecdote doit être précieuse pour M. Mercier, qui peut faire aussi son profit de deux autres non moins certaines. Chabanon estimait fort peu Racine, Despréaux, La Fontaine, encore moins Homère. Un jour il venait de parler un peu légèrement des deux premiers; il remarqua que Voltaire ne lui répondait que par sa grimace d'humeur et de mépris, qui était assez volontiers sa réponse quand il n'était pas content : Chabanon voulut revenir sur ses pas. « Ne croyez point, dit-il, que je veuille battre mes pères nourriciers. Oui; dit Voltaire entre ses dents, et se tournant d'un autre côté, ils ont fait de toi une belle nourriture; » et Chabanon l'entendit. Une autre fois on venait de lire des vers de Marmontel, où Boileau était fort malheurté par l'opinion générale et par celle des gens de lettres dont il estimait les lumières, qu'enfin ses propres réflexions le conduisirent à résipicence ; et s'il ne parvint pas à écrire en bon poète, il apprit du moins à discuter et à raisonner en bon critique*. Un examen de ses tragédies peut sans inconvénient, ce me semble, faire une diversion aux objets de ce chapitre, assez frivoles en eux-mêmes, quoique j'aie tâché ici, comme partout, de faire en sorte que ce qui n'est en soi qu'agréable ne fût pas entièrement inutile.

La fable de *Denys* n'est pas tout-à-fait aussi bizarre que celle des autres pièces de l'auteur ; elle n'est que commune et mal tissue : une rivalité du père et du fils, moyen usé, et qui ne produit rien ici, le jeune Denys n'étant dans toute la pièce qu'un fils respectueux, zélé défenseur de la vie et de la gloire de son père ; une conspiration dont il est impossible de comprendre les ressorts et les moyens. Dion, quoique ami de Denys, qui veut même épouser sa fille, est le chef de cette conspiration ; et pour ôter la vie au tyran et mettre son fils sur le trône, il compte uniquement sur le *peuple*, et se propose de se mettre à la tête des Syracusains pour attaquer à force ouverte le palais, qui est une cita-

---

traité. « Voilà, me dit Voltaire, un bien mauvais tic qu'a notre ami Marmontel. Mon enfant, rien ne porte malheur comme de dire du mal de Boileau. Voyez le beau coton qu'a jeté Marmontel en poésie ! »

* Ses *Éléments de Littérature* offrent souvent la preuve du peu d'estime qu'il faisait de Boileau. Voyez dans notre *Répertoire* t. I, p. 395; IX, 421; XII, 382, 384, 403; XIII, 145; XV, 161, etc.   H. P.

delle défendue par des troupes nombreuses et aguerries, et, qui plus est, par le jeune Denys lui-même, guerrier déjà connu par des victoires, et très déterminé à mourir, s'il le faut, pour la défense de son père. Cette entreprise de Dion n'a rien d'assez vraisemblable, et il s'y prend autrement dans l'histoire quand il délivre Syracuse. Mais ce défaut dans le plan est un des moindres pour la multitude, qui suppose volontiers que ceux qui conspirent ont toutes les ressources dont ils se flattent, et ne leur en demande pas un compte fort sévère. Il y a bien d'autres fautes et de bien plus graves dans la conduite et les caractères, et l'on voit déjà dans ce coup d'essai tout ce qu'il y avait de faux dans les aperçus de l'auteur. Son Arétie, la fille de Dion, étale partout cet héroïsme mal entendu qui peut fort bien se trouver dans les têtes humaines, mais qui n'est pas dans l'esprit du théâtre, où il ne peut jamais avoir un effet soutenu; et c'est même par cette seule raison que j'en parle ici. Arétie aime le jeune Denys, que l'on représente dans la pièce comme aussi vertueux que son père était méchant, quoique dans l'histoire il en ait tous les vices sans en avoir les talents. Cet amour d'Arétie ne l'empêche pas de consentir sur-le-champ, et sans la moindre résistance, à la proposition que son père ne lui fait que pour l'éprouver, d'épouser le père, qu'elle *abhorre*, au lieu du fils, qu'elle *aime*. Voici le dialogue :

Ma fille, il est trop vrai, de mon bonheur jaloux,
Le tyran vous sépare, il devient votre époux.

ARÉTIE.

Il devient mon époux! lui! quelle loi barbare!
Moi, me donner à lui!... Mais, seigneur, *je m'égare*;
C'est à moi d'obéir, à vous de commander.

Voilà certainement une fille bien obéissante; mais voilà bien aussi l'amante la plus froide qu'on puisse montrer sur la scène; et ne craignez pas que ce soit en elle, comme on le voit ailleurs, une formule de respect et de résignation pour avoir plus de droit de faire entendre ensuite des réclamations qui sont ici très légitimes. Quand il en serait ainsi, le dialogue serait encore très répréhensible, puisqu'un renoncement si prompt et si absolu n'est point dans la nature, et qu'on peut obéir à son père sans paraître si détachée de son amant. Mais Arétie a réellement pris son parti tout de suite, même quand son père lui laisse toute liberté de se décider.

DION.

Non, ma fille, à vous seule il doit vous demander;
Disposez de vous-même, et parlez.

Il ne fallait donc pas débuter si brusquement par ces mots, qui sont un ordre: *Il devient votre époux*. Cette contradiction n'est qu'une faute de plus; mais écoutons Arétie:

Daignez croire
Que mon amour pour vous, mon pays et ma gloire,
Sont les seuls intérêts que je consulterai.
Denys est à mes yeux un mortel abhorré.
Son fils a des vertus: vous savez que je l'aime.
Mais malgré cette horreur et cet amour *extrême*...

extrême est souvent une cheville : ici c'est ce qu'on appelle une manière de parler.

> Si je puis, sur le trône assise auprès de lui,
> Servir à l'innocence et d'asyle et d'appui,
> Du tyran par mes pleurs appaiser la furie;
> Enfin si mon malheur *importe* à ma patrie,
> Je n'écoute plus rien : qu'on me mène aux autels.

Ces sentiments sont fort beaux, et les jeunes poëtes ne sont que trop portés à ces sortes d'exagérations de ce que Diderot, dans sa *Poétique*, appelle *l'honnête** : c'est dommage qu'ici *l'honnête* n'ait pas le sens commun; et la fille du sage Dion doit en savoir assez pour ne pas se mettre dans la tête qu'un vieux tyran tel que Denys, qui même ne l'épouse pas par amour, mais par politique, et parce que son père est aimé des Syracusains, va tout-à-coup devenir un honnête homme en devenant son mari. Cette illusion est trop grossière, et la conversion du père est trop peu probable pour excuser un si entier abandon du fils. Mais Arétie est faite pour les illusions de toute espèce, et ne doute jamais des prodiges qu'elle peut opérer. C'est même cette extrême crédulité, qu'on pourrait bien prendre pour un extrême amour-propre, qui la fait donner un moment après dans le piège le plus visible qu'il soit possible d'imaginer et qui est pourtant le principal ressort de toute l'intrigue. Dion, qui ne voulait que la mettre à l'épreuve, et savoir de quoi elle est capable, lui déclare bientôt la vérité, et lui apprend que dans cette

---

* « *L'honnête*, mon ami, *l'honnête*. »

même journée il est sûr de se défaire du tyran, et de donner au jeune Denys le trône et Arétie. En conséquence, elle traite d'abord le tyran avec horreur et mépris, et pourtant finit par lui parler comme à Dion :

Vous m'aimez, dites-vous.
DENYS.

En doutez-vous, madame?

ARÉTIE.
Osez me le prouver, et je suis votre femme.
DENYS.
Qu'exigez-vous de moi?
ARÉTIE.

D'être enfin vertueux,
D'écouter vos remords, ces organes des dieux;
De savoir préférer la gloire au diadème,
Le repos au danger, et le peuple à vous-même;
D'expier vos fureurs, de les désavouer,
Et de forcer enfin la terre à vous louer.

C'est parler en héroïne de La Calprenède : que dirait-elle si Denys lui demandait à quel temps elle borne le noviciat qu'elle lui impose pour s'assurer qu'il *est enfin vertueux?* Car enfin tout ce qu'elle demande ne se fait pas ou ne se prouve pas en un jour, et à l'âge de Denys on n'a pas trop le loisir d'attendre. Voyez comme tout ce qui est loin de la raison est près du ridicule; c'est qu'en effet on peut bien en pareil cas exiger un sacrifice actuel et déterminé, comme on le voit souvent dans nos tragédies; mais ce n'est tout au plus que dans un roman qu'une Clarisse peut dire à un Lovelace : Je vous épouserai quand vous serez amendé; et encore Clarisse ne parlerait pas ainsi à Lovelace, s'il n'était pas jeune et aimable. La jeunesse peut se corriger, et la durée d'un roman peut donner le temps de l'épreuve : dans un drame, une pareille proposition, faite de bonne foi comme ici, n'est qu'une pompeuse puérilité. Cependant le parterre, quoique aussi bon dans ce temps-là qu'il pouvait l'être, fut dupe de ce contre-sens, parce que le public assemblé se laisse aisément prendre à ce qui a un grand air de moralité. Mais sa méprise n'est jamais longue, et dès lors porte son excuse en elle-même, puisqu'elle n'est qu'un premier mouvement sans réflexion, et dont l'erreur tient à l'amour du beau moral, qui le trompe avant qu'il ait eu le temps d'examiner; excuse que n'ont point ceux qui se sont faits dans leur cabinet les législateurs du théâtre, et qui, loin de se rendre à l'expérience, qui les condamne, se sont obstinés dans leurs aveugles théories.

La réponse de Denys, assurément très imprévue, commença le succès de la pièce en excitant à la fois la surprise et la curiosité, deux choses qui toutes seules ne mènent jamais loin, mais qui ont presque toujours l'effet du moment :

Je vous entends, il faut déposer la couronne.
Ce n'est donc qu'à ce prix que votre main se donne ?
Avouez-le, Madame, un si hardi détour
Est un refus adroit inspiré par l'amour;
Et vous n'espériez pas de pouvoir me résoudre
A quitter ce haut rang où j'ai bravé la foudre.
Eh bien ! connaissez-mieux tous vos droits sur mon cœur.

Épris de vos vertus plus que de ma grandeur,
J'y renonce ; et ce rang, qui faisait mon supplice,
Est pour moi, je l'avoue, un faible sacrifice.
Un fantôme imposant m'a long-temps ébloui ;
A la voix de l'amour il s'est évanoui.
Mais mon fils voudra-t-il ceindre le diadême ?
Il va venir, Madame : offrez-le-lui vous-même.
    (*A part.*)
S'il l'accepte, il est mort.

Quoiqu'ici le masque de l'hypocrisie soit transparent, je ne blâmerai pas l'auteur de l'avoir donné à Denys, qui, dans toute la pièce, se pique de cette dissimulation si naturelle aux tyrans, qu'ils l'affectent même plus qu'ils ne la possèdent. Denys ne cherche d'ailleurs qu'un prétexte quelconque pour faire périr son fils, qui est à la fois l'objet de ses défiances et de sa jalousie. Mais qu'Arétie, éclairée par l'amour et par le danger de ce qu'elle aime, se laisse abuser si facilement, et n'ait même pas un instant de doute sur une résolution si extraordinaire et si invraisemblable, c'est là ce qui ne saurait s'excuser, et ce qui prouve ce que j'ai avancé, que l'auteur a toujours vu la nature dans un faux jour.

ARÉTIE.
        Il veut quitter ce rang
Par le crime *élevé*[*], *cimenté* par le sang !
A la voix des remords il a paru sensible !
L'amour a-t-il dompté cet orgueil inflexible ?
Pour l'âme des tyrans l'amour a-t-il des traits ?

---

[*] On dit bien un rang élevé ; on ne dit point qu'il est *élevé par le crime* ni *cimenté par le sang*, comme on le dirait du *pouvoir*, du *trône*, de tout ce qui présente l'idée figurée d'un édifice.

Vous que je méprisais, *périssables* attraits,
Auriez-vous de ce tigre adouci la furie?
Pourriez-vous me servir à sauver ma patrie?
Ainsi donc la beauté, ce *funeste* ornement,
Écueil de nos vertus en devient l'instrument!

Voilà bien une composition de jeune homme : on ne s'attendrait pas que toutes ces questions, qui devaient aboutir à la négative, ou tout au moins à une extrême défiance, se terminassent par une affirmation si décidée. C'est être un peu trop tôt sûr du pouvoir de la beauté, qui de plus n'est point un *ornement funeste*, quoiqu'il soit dangereux, ce qui est très différent; comme, dans les convenances du style, il y a aussi de la différence entre des attraits *fragiles* et des attraits *périssables* : celui-ci est proprement du style chrétien, tel que celui de Pauline : l'autre peut se mettre partout, et convenait ici. Tout cela est aussi mal conçu que mal exprimé, et tout le reste du monologue est dans le même esprit.

Eh! qu'importe après tout à qui je sois unie,
Si j'étouffe en ses bras l'affreuse tyrannie,
Si je suis la rançon de mes concitoyens...

Quand cela serait, il faudrait encore que cette *rançon* lui coutât un peu plus : il ne faudrait pas dire *qu'importe?* car si cela *t'importe* si peu, cela *m'importe* encore moins à moi spectateur, et tant pis pour la pièce. Je n'ai pas même la ressource d'admirer un moment (ce qui pourtant ne suffirait pas); car la méprise est évidente et le dévouement illusoire. Je ne vois donc qu'une petite philosophe qui déraisonne, quand je devrais voir une amante qui du moins ne se sacrifie qu'en se déchirant le cœur.

J'insiste sur ces vérités, non pas à cause d'une pièce oubliée et condamnée, mais pour avertir les jeunes poëtes de ne jamais prendre pour la nature des vertus exaltées et factices qui la contredisent, qui ne sont ni des devoirs de morale ni des sentiments du cœur, puisque la morale même n'exige point que l'on triomphe sans combattre, et qu'au contraire la violence du combat fait le mérite de la victoire. Elle ne demande pas non plus que le cœur soit sans passions, mais qu'il s'accoutume à leur résister : *responsare cupidinibus*. (Hor.) Cette fausse grandeur est originairement le mensonge de l'orgueil dans le stoïcisme, et la jeunesse est très susceptible d'en être éblouie ; elle croit avoir trouvé dans le cœur humain, où elle n'a jamais regardé, tout ce qui n'est que dans l'imagination dont les fantômes l'environnent. C'est encore bien pis quand elle prend toutes ces illusions pour de la philosophie, et croit ainsi l'amener sur la scène. Ce n'est pas celle-là que Voltaire y a mise ; et quand la sienne est mauvaise au théâtre, ce qui est assez rare, ce n'est guère contre les sentiments et les caractères qu'elle pèche, c'est dans quelques détails où il y a disconvenance, et dans des allusions mensongères. Mais Marmontel a tracé tous ses plans, hors un seul, sur cette fausse philosophie; et un autre écrivain qui n'avait pas moins d'esprit, quoiqu'il eût beaucoup moins de talent, Chamfort a échoué au même écueil. C'est ce qui a glacé tout le plan de son *Mustapha*, sujet tragique en lui-même, comme il l'a paru entre les mains de deux auteurs qui avaient moins d'esprit que lui, moins de pureté dans la diction, mais qui, cherchant moins la philosophie, ont été plus près de la nature.

Observez aussi la marche des maîtres, et combien elle diffère de celle des écoliers. Voyez si dans *Cinna*, dont le plan, il est vrai, est défectueux par d'autres endroits, Émilie s'avise de dire : *Eh qu'importe?* quand il s'agit d'exposer ou de perdre Cinna ; combien son âme est partagée entre son républicanisme et son amour, entre sa haine pour Auguste et sa passion pour Cinna :

> Qu'il dégage sa foi,
> Et qu'il choisisse après, de la mort ou de moi.

Cette fin d'acte vaut une scène entière. Voyez si le vieil Horace, tout Romain qu'il est, n'a pas des larmes dans ses yeux paternels :

> Moi-même en ce moment j'ai les larmes aux yeux :
> Faites votre devoir, et laissez faire aux dieux.

Quant aux vraisemblances, combien la dissimulation de Mithridate est différente de celle de Denys dans une situation presque la même ! L'une est si artificieusement ménagée et soutenue, qu'il est presque impossible que Monime ne finisse par y céder ; et pourtant quelle longue défense ne fait-elle pas ! Elle ne se rend qu'à l'horreur d'être unie à Pharnace. L'autre est si maladroitement hypocrite, qu'il faut presque avoir perdu le sens pour ne pas l'apercevoir; et Arétie, qui n'est rien moins qu'une enfant, n'a pas même de soupçons, et croit tout de suite ce qu'il y a de moins croyable. Concluez qu'il faut un grand sens pour que tous les ressorts d'une machine dramatique soient justes, et croyez qu'il n'y a guère que ceux qui ont construit de ces machines-là qui en connaissent la difficulté : les autres peuvent à peine s'en douter : on le voit bien quand ils en parlent.

Arétie communique sur-le-champ au jeune prince les résolutions du tyran; et son amant, sans être plus défiant qu'elle, refuse absolument de prendre la place de son père. Alors elle lui révèle toute la conspiration de Dion, et lui dit que, s'il refuse de régner, son père va périr. On voit trop qu'il a fallu de part et d'autre un excès de crédulité également improbable pour amener une de ces situations pénibles où la vertu est obligée de choisir entre des devoirs différents et périlleux; mais ces situations n'ont bientôt plus d'effet dès qu'on a reconnu que les motifs en sont forcés. La confidence d'Arétie est inexcusable : peut-elle croire qu'un fils vertueux abandonnera son père au glaive des assassins? Elle ne fait donc que mettre aux mains son père et son amant, et découvre à celui-ci le secret qu'il importait le plus de lui cacher. Et pourquoi? pour le forcer à accepter le trône. Mais quand il y consentirait, Dion a-t-il dit à sa fille que les conjurés, qui sont tous les conseillers intimes du vieux Denys, et par conséquent le connaissent bien, perdront l'occasion qu'ils croient sûre de se défaire d'un tyran si redoutable, et aimeront mieux s'exposer à ses ressentiments en se fiant à ses prétendus remords ? Cela est absurde, et dans la pièce même on ne dit rien qui autorise une confiance si folle : la conduite d'Arétie est donc contraire à toute raison. Cependant le jeune Denys, sans même s'assurer si Dion et les conjurés épargneront le père à condition que son fils règnera, accepte, sur la parole d'Arétie, le trône que son père vient de lui offrir, et aussitôt il est arrêté. Dans l'acte suivant, il demande à parler à Denys, et lui révèle la conspiration, mais sans en nommer les auteurs. Le tyran n'a pas de peine à les deviner, ne fût-ce qu'au seul intérêt assez pressant pour déterminer le prince à un silence obstiné sur un fait de cette importance : ce ne peut être que la crainte de trahir Dion, son ami, et Arétie sa maîtresse. Le tyran est bien résolu à les perdre tous ; mais il veut profiter de leurs frayeurs réciproques pour forcer Arétie à se donner à lui : il met à ce prix la vie du jeune prince et de Dion. L'on sait combien de fois ces ressorts ont été employés ; et pourtant, comme les effets peuvent en être variés par le talent, on passerait sur ce que ces ressorts ont de trop commun, si le jeu en était heureux et nouveau ; mais le dénouement qu'ils amènent n'est guère moins usé, et a de plus le grand défaut de faire périr l'innocence. Arétie consent à suivre Denys à l'autel, et empoisonne la coupe nuptiale, où elle boit la première. Le tyran, qui se sent atteint du même poison, la voit expirer ; mais, résistant plus long-temps à l'effet du breuvage mortel, il arrive mourant sur la scène, et, respirant la vengeance, il ordonne à un de ses gardes de tuer son fils qu'il a fait amener devant lui. Il faut supposer qu'un tyran qui est à l'agonie n'est pas très promptement obéi ; car Dion arrête le coup, et demande la mort pour lui-même, en avouant que sa fille a tout fait.

     S'il est vrai, c'est pour lui,

(dit le tyran en montrant le jeune prince);

 Que la mort aux enfers les unisse aujourd'hui
  (*Au garde.*)
Frappe.

En disant ces mots il chancelle, et tombe dans les bras de ses gardes. Dion s'écrie de nouveau :

    Arrête!... il expire.

Le prince se jette aux genoux de Denys.

     Ah ! mon père !

Denys lève le poignard sur lui.

       Ah perfide
Je meurs.

et bien à temps, comme on voit. On avait reproché à Corneille et avec trop de sévérité, selon moi, d'avoir prévenu un mot décisif par l'effet du poison : *c'est...* et ce n'était que dans un récit où il est juste de permettre tout ce qui est possible. Mais en action ce qui n'est que possible à toute force, ne suffit pas pour la ressemblance ni pour l'effet. Sans doute il se peut absolument qu'un tyran furieux qui se meurt du poison, et qui *lève le poignard* sur un homme à ses pieds, soit assez subitement saisi par le froid de la mort pour ne pas pouvoir frapper; mais cela est par soi-même très difficile dans un moment où la rage seule peut bien donner la force d'une minute; et ce qui est plus important, cela est d'une précision commandée, qui montre beaucoup trop le besoin qu'en a l'auteur, et c'est ce que l'art défend de montrer dans un moment si capital. Il est trop clair qu'il ne faut qu'une minute de plus pour que le jeune Denys soit poignardé par son père; ce qui ferait tomber la pièce. Ainsi, entre la chûte et le succès, il n'y a de différence qu'une minute à la disposition de l'auteur. L'art réprouve avec raison de pareils moyens, dont on est tenté de rire par réflexion après la première surprise. Voltaire a couvert jusqu'à un certain point une faute toute semblable dans le cinquième acte de *Mahomet*; diverses circonstances de la scène ont pallié cette faute sur le théâtre, sans que la critique ait jamais pu faire grace à ce dénouement vicieux de plus d'une manière, et qui est la partie faible de ce bel ouvrage. C'est tout le contraire de *Rodogune*, où la beauté du cinquième acte a racheté toutes les inconséquences des actes précédents, et ne nous lassons pas de répéter que la beauté de cette catastrophe est parfaite, et que l'effet n'en est si grand que parce que toutes les circonstances en sont aussi bien ménagées pour la vraisemblances que satisfaisantes pour le spectateur; c'est vraiment un modèle de l'art, et l'une des plus admirables conceptions du grand Corneille.

Il y a dans cette première tragédie de Marmontel

bien d'autres défauts de toute espèce, qu'il serait superflu de détailler : le plus grand de tous, c'est l'absence du bon. Le style qu'il retoucha beaucoup pour la dernière édition, n'est pas généralement incorrect, mais nulle part au-dessus du médiocre, et quelquefois au-dessous. La versification est pénible et froide *, et le dialogue est chargé de lieux communs. La mauvaise philosophie, qui commençait à être de mode, et qui séduisit d'abord Marmontel, comme tant d'autres qui n'en sont pas revenus comme lui, le portait à donner à la vertu le langage qui lui est le plus opposé, celui de l'orgueil. Il fait dire à Dion, quand il est satisfait du dévouement de sa fille.

Je *révère* mon sang dans une âme si belle,
Et, plein d'un doux transport, *je me contemple* en elle.

* Dans la nouveauté de ses pièces, ses vers, qui prêtaient aisément à la critique, alimentèrent les feuilles de Fréron, qui commençaient à paraître. Mais comme la passion est toujours aveugle, même quand elle a de quoi se satisfaire, Fréron, ennemi furieux de Marmontel, mêla le faux et le vrai dans ses censures. Je n'en citerai qu'un exemple, qui m'est présent parce que je le retrouve dans un autre critique non moins acharné contre l'auteur. M. Palissot, dans sa *Dunciade*, s'efforce de ridiculiser un vers de *Denys :*

Sa main désespérée
M'a fait boire la mort dans la coupe sacrée.

Ce vers est peut-être le meilleur de la pièce, car il est à la fois poétique et naturel : poétique par la figure, qui alors était hardie, et qui a été répétée depuis ; naturel par la situation, qui semble fournir elle-même l'expression à celui qui sent dans ses veines *la mort* qu'en effet il vient de *boire :* c'est la chose même, et c'est ainsi que les figures sont bonnes. Je ne sais à quoi pensait M. Palissot ; mais j'oserais assurer que pas un homme de goût ne blâmera ce vers, et que pas un de nos poètes (il nous en reste trois ou quatre) ne sera de son avis.

Je me borne à cette citation, parce qu'elle est caractéristique et instructive. Il n'y a pas d'homme de sens qui ne détournât les yeux avec mépris de cette admiration si froidement extatique d'un père qui *révère son sang*, et qui *se contemple* dans sa fille au milieu d'une situation si douloureuse, quand il ne s'agit de rien moins que de donner sa fille à un vieux monstre. Toutes les sortes de contre-sens sont dans ces deux vers; et pour employer la méthode des contraires, toujours si efficace dans la critique, entendez don Diègue avec Rodrigue :

Digne ressentiment à ma douleur bien doux !
Je reconnais mon sang à ce noble courroux.
Ma jeunesse revit dans cette ardeur si prompte.
Viens, mon fils, viens, mon sang, etc.

Voilà comme on parle quand on est père, et comme on fait des vers quand on est poète. Mais si don Diègue *révérait et se contemplait*, il n'y aurait pas assez de sifflets pour lui.

Aristomène est une pièce toute d'invention, mais de l'invention la plus bizarre qui puisse entrer dans une jeune tête. Aristomène est le général des Messéniens, un héros qui depuis long-temps défend sa patrie, et l'a délivrée du joug de Lacédémone. Il a des ennemis dans le sénat, où sa gloire et son pouvoir lui ont fait des jaloux; et deux des plus perfides et des plus envenimés sont Théonis et Dracon, qui cherchent à le rendre suspect au peuple et au sénat. On ne voit nullement, il est vrai, par quels moyens ils pourraient perdre un homme tel qu'Aristomène, également cher au peuple et à l'armée, et qui dans le sénat même a des amis ardents jusqu'à l'enthousiasme. C'est cependant la seule crainte des complots qu'on peut tramer contre lui, c'est cette seule et unique pensée du péril purement possible, mais qui n'est ni instant ni même déterminé; c'est là ce qui inspire à son épouse Léonide le dessein assurément le plus extraordinaire, ou plutôt le plus extravagant qui soit jamais tombé dans l'esprit d'une femme attachée à son mari. Au moment même où il rentre en vainqueur dans Messène elle se sauve à Sparte avec son fils Leuxis, âgé de douze ans. Il faut l'entendre elle-même parlant au roi de Sparte, selon le rapport qu'on en a fait au sénat de Messène :

« Vous voyez devant vous le fils d'Aristomène ;
« Vous voyez son épouse; et pour le désarmer,
« Voici (dit-elle enfin) comme on peut l'alarmer.
« De Messène en ses mains la défense est remise :
« Menacez-nous; qu'il tremble, et Messène est soumise. »

Voilà sans doute la plus odieuse et la plus lâche de toutes les trahisons, suivant toutes les idées humaines ; Point du tout : c'est dans la pièce un prodige de tendresse conjugale. Léonide n'a rien fait que pour sauver Aristomène des complots de ses ennemis, en le forçant à faire la paix plutôt que de laisser périr sa femme et son fils. On est effrayé de l'amas d'absurdités qui se présentent ici, sur-tout quand on songe que ce n'est pas une méprise passagère, mais qu'une folie si complète est restée quarante ans dans la tête d'un homme à qui d'ailleurs on ne peut refuser beaucoup d'esprit et de connaissances. C'est au bout de quarante ans qu'il a revu cette pièce avec toute l'attention dont il était capable, et qu'il l'a léguée à la postérité parmi les œuvres choisies qu'il a crues dignes de ses regards. En vérité, cet aveuglement confond. Quoi ! un homme de ce mérite a pu déraisonner à ce point ! Quoi ! il n'a pas au moins trouvé un ami capable de lui dire la vérité, puisqu'il ne l'était pas de la voir par lui-même ! Cet ouvrage est un véritable délire de scène en scène. Comment Léonide a-t-elle pu imaginer qu'elle engagerait un homme tel qu'Aristomène, qu'elle doit connaître mieux que personne, à renoncer à toute sa gloire, à détruire son propre ouvrage en remettant sous le joug de Sparte une patrie qu'il a su en affranchir ? Comment sur-tout a-t-elle pu se flatter que, pour l'amener à une démarche si opposée à son caractère et à ses intérêts, le meilleur moyen était de commencer par perdre tous ses droits sur lui en commettant une action infâme, en lui enlevant son fils, en le remettant lui et sa mère entre les mains des tyrans oppresseurs de Messène, par une perfidie dont la honte rejaillit sur son père ? Elle craint la haine et l'envie ; mais personne ne les sert mieux qu'elle-même. Quelles armes plus redoutables pourrait-on leur fournir ? quel plus beau champ aux accusations ? N'est-il pas très permis de présumer que, sans l'aveu d'Aristomène lui-même, elle n'aurait pas osé se porter à un coup si hardi, qu'il est d'intelligence avec elle et avec Sparte, et que, pour livrer Messène à ses tyrans par une paix honteuse, il n'a voulu qu'avoir l'air d'y être forcé? Eh bien! ses détracteurs que l'on nous peint si artificieux, ne s'avisent pas même d'une imputation si vraisemblable pour le noircir dans l'esprit du peuple et des soldats. Sa fidélité n'est pas soupçonnée un moment dans tout le cours de la pièce, et n'est jamais attaquée dans ce sénat qu'on nous représente si animé contre lui; et c'est encore là un nouveau texte de contradictions inexplicables. Si quelque chose pouvait excuser la conduite de Léonide, inexcusable dans tous les cas, ce serait du moins un danger évident, inévitable par tout autre voie; et dans tout le cours de la pièce, non-seulement Aristomène n'est jamais en danger, mais rien n'indique même qu'il ait pu jamais y être. L'armée lui est absolument dévouée, et toute la contexture du drame prouve qu'il dispose à son gré de toutes les forces de l'état. Elle n'est pas d'ailleurs mieux conçue que le sujet, et il est assez naturel que rien de sensé ne puisse sortir d'une fable si monstrueuse. Sparte renvoie au sénat de Messène la mère et le fils, comme on pouvait s'y attendre de la part d'un peuple trop fier pour se servir d'armes aussi méprisables que celles de la trahison d'une femme insensée. En vain Léonide, à qui la calomnie apparemment ne coûte pas plus que la perfidie, se hâte-t-elle d'écrire à son mari :

« Si vous ne vous rendez, à nos jours on attente. »

On savait trop que Sparte n'achetait pas la paix

avec le sang d'une femme et d'un enfant; et au moment où Aristomène reçoit cette lettre, Léonide et son fils sont aux portes de Messène, reconduits par Eurybate, envoyé de Lacédémone. Mais c'est ici que commence à se montrer cette grandeur si fausse et si froide, qui est l'héroïsme de toute la pièce, que l'auteur a pris partout pour celui de la tragédie. On croit d'abord dans Messène que Léonide et son fils ont été enlevés par un parti ennemi losqu'ils allaient au-devant d'Aristomène; et lui-même est dans cette persuasion, ainsi que le sénat, lorsqu'on lui rend la lettre de Léonide, lettre qui est tombée, on ne dit pas comment, dans les mains de Théonis, chef du sénat, et le plus mortel ennemi d'Aristomène. Quoi qu'il en soit, il lit, et voici ses premiers mots :

Rendons graces aux dieux, qui n'accablent que moi.
Messène, tout mon sang doit donc couler pour toi!
Qu'il coule, et de nos maux que la source tarisse.
J'aurais été jaloux d'un si beau sacrifice.

Si du moins c'était un Spartiate qui parlât ainsi, cela serait fort républicain, et nullement tragique; car assurément les vertus de Sparte n'ont jamais été théâtrales, parce qu'elles n'étaient pas naturelles. Mais c'est un Messénien qui tient ce langage; et dans toute la pièce on reproche à Sparte *ses mœurs féroces*; Aristomène et son jeune ami Arcire n'en parlent qu'avec horreur, et même avec mépris. Aristomène dit à Eurybate :

Seigneur, vous le voyez, mes amis sont des hommes.

De vos grandes vertus *éloignés que nous sommes* *,
L'amitié, la nature, ont encor sur nos cœurs
Des droits que l'une et l'autre ont perdus dans vos mœurs.

Ces deux derniers vers prouvent que, dans celui qui les précède, *vos grandes vertus* est nécessairement ironique, sans quoi la phrase serait inconséquente, et il serait impossible d'accorder la fin avec le commencement, à moins d'en inférer qu'avec *les grandes vertus, la nature et l'amitié n'ont plus de droits*; ce qui est très faux en soi-même, et ce qu'Aristomène ne peut ni ne doit dire ou penser. Il est donc certain qu'il n'a pas ici contre *la nature*, qu'il blesse si étrangement, l'excuse des mœurs publiques, non plus que celle du caractère personnel. Cette excuse même, comme je l'ai dit, n'ôterait que le défaut de convenance, et non pas le défaut d'intérêt. Mais Aristomène ne l'a pas, cette excuse; et dès-lors qui peut supporter qu'à la première idée qui s'offre à lui, de sa femme livrée au glaive avec son fils, son premier mouvement ne soit ni d'horreur ni même de surprise, et soit un transport de joie soutenu et développé? C'est un contre-sens qui révolte. *Qu'il coule!* le sang de sa femme et de son fils, d'une femme qu'il adore, et d'un fils son espérance! C'est là le premier mot d'un époux, d'un père! Si la vraie tragédie était ce qu'en font les têtes exaltées, ce serait un spectacle à fuir. Heureusement la froideur est ici le préservatif

---

* Cette construction est inusitée avec le participe: elle n'est reçue qu'avec l'adjectif: *Malheureux que je suis, aveugle que j'étais*. Mais on ne dit pas *étonné que je suis, éloigné que je suis*; il faut dire *étonné comme je le suis*, etc.

contre le mauvais exemple ; et jamais le faux dans les choses, qui séduit un moment la foule par le faste des paroles, ne peut prendre racine au théâtre :

J'aurais été jaloux d'un si beau sacrifice !

Ah ! si tu en es *jaloux*, comment veux-tu que je **m'en afflige** pour toi ? Puisque tu es si content, moi je suis tout consolé. Peut-être l'auteur a-t-il cru imiter le Brutus de Voltaire :

Rome est libre... il suffit... rendons graces aux dieux.

Mais quelle différence ! un acte entier nous a montré Brutus dans les combats les plus douloureux, et nous avons souffert avec lui ; nous admettons avec lui la seule consolation qui lui reste, quelque pénible quelle soit. Mais, quand Aristomène *rend graces aux dieux* de prime-abord, de ce qu'on va égorger sa femme et son fils, en vérité il n'y a pas de quoi ; et quand il dit que *les dieux n'accablent que lui*, il ne sait encore ce qu'il dit, car apparemment sa femme et son fils sont quelque chose. On ne saurait trop battre en ruine ce détestable système d'exagération dramatique, sur-tout depuis que le faux en tout a été mis en système ; et puisque Marmontel a été dupe, combien d'autres peuvent l'être !

Léonide est tout aussi outrée dans son amour conjugal qu'Aristomène dans son patriotisme ; c'est partout le même excès. Elle paraît devant son mari, très convaincue qu'elle a fait la plus belle action du monde, et prête encore, comme elle s'en vante, à recommencer. Ses motifs, les voici :

Oui, tels sont les complots qu'on trame autour de toi :
Les bruits en ont enfin pénétré jusqu'à moi.
« On l'attend, m'a-t-on dit, et sa perte est certaine.
« Coupable aux yeux de Sparte et suspect à Messène ;
« L'une va le livrer comme un ambitieux,
« L'autre va le punir comme un séditieux. »
. . . .
L'armée est ton ouvrage, et *tu disposes d'elle* ;
Quelques amis encore embrassent ta querelle,
Mais inutile appui contre un assassinat, etc.

Les extrêmes se touchent : tout à l'heure Aristomène étalait une grandeur hors de mesure : actuellement il va tomber dans une imbécillité sans exemple. Assurément tout ce qu'il peut faire de plus pour sa femme, c'est de la regarder en pitié comme une folle, et de lui pardonner à ce seul titre. Il ne peut pas, à moins d'être fou lui-même, ne pas sentir tout l'absurde des discours de Léonide, égal à celui de sa conduite. C'est sur des *bruits* qu'elle s'est résolue à faire ce qui dans tous les cas était ce qu'il y avait de pis à faire. Elle n'est pas rassurée sur le sort de son mari qui *dispose de l'armée*, parce que l'armée est un *inutile appui contre l'assassinat*. Eh mais ! toutes les armées du monde ne sauraient garantir d'un pareil accident ; qui en doute ? Il n'y a point de roi ni de chef qui ne puisse s'appliquer ce vers connu :

Qui méprise sa vie, est maître de la tienne.

Mais c'est précisément parce qu'un danger purement éventuel est par lui-même incalculable qu'il ne doit jamais entrer dans les déterminations de la raison humaine, à moins que par des circonstances particulières il ne devienne un fait positif, ou du moins vraisemblable; et ce qui met ici le comble à la surprise, c'est que dans toute la pièce on ne voit pas la moindre apparence d'un projet d'*assassinat*, qu'il n'entre pas même dans la pensée des deux ennemis d'Aristomène, qui nous la révèlent tout entière, et ne songent uniquement qu'à mettre le héros dans des positions critiques qui puissent compromettre son honneur et le perdre dans l'opinion de ses concitoyens. En un mot c'est une jalousie de pouvoir qui fait de ces deux hommes de vils intrigants, et nullement des assassins. Tout cela n'empêche pas qu'Aristomène, qui se souciait si peu de la vie de sa femme, ne trouve ses excuses assez plausibles : à peine lui adresse-t-il quelques mots de reproche : c'est elle qui parle presque toujours toute seule, et qui a tous les honneurs de la scène; et il finit par lui dire :

Cruelle, tu veux donc que je sois ton complice ?
Je le suis, puisque enfin *je me laisse calmer.*

Cela ne doit pas lui coûter beaucoup, car il n'a pas eu un moment de colère.

LÉONIDE.

Tu m'aimes donc toujours ?

ARISTOMÈNE.

Comment ne pas t'aimer ?

Mais le sénat ?

LÉONIDE.

Mon cœur le brave et le déteste.
Mon époux est pour moi ! que m'importe le reste ?

ARISTOMÈNE.

. . . . Il peut tout : *ne va pas l'indigner.*

LÉONIDE.

Je le méprise trop pour vouloir l'épargner.

Ne va pas l'indigner est une étrange phrase, et la diction est ici comme tout le reste. Cet homme, qui était auparavant le plus exagéré des républicains, est à présent le plus sot des maris. Je le répète, pour ce qui concerne les objets de goût et d'imagination, et la théorie des arts, il y a toujours eu quelque chose de travers dans la tête de Marmontel, et quelque chose d'obtus dans ses organes. Les Grecs auraient dit : *Il y a là du béotien ;* et pourtant il y a de l'attique dans ses contes. On aperçoit dans l'esprit de l'homme autant de mélange que dans son cœur.

L'extravagance va croissant jusqu'à la fin. Le sénat condamne à mort Léonide et Leuxis : Léonide, soit; mais un enfant de douze ans ! un enfant qui a suivi et a dû suivre sa mère ! Je n'en connais guère d'exemple que dans les persécutions païennes contre le christianisme des premiers siècles, et dans les persécutions *philosophiques* contre le christianisme du nôtre; et ce rapport unique est dans l'ordre, autant que l'incontestable avantage des dernières persécutions sur les anciennes, en atrocité et en démence.

Le sénat se ravise un moment après; et, sur la proposition de Théonis, il ne veut donner aux lois qu'une victime, et en laisse le choix au seul Aristomène, situation que l'auteur a crue fort théâtrale.

et qui le serait en effet, s'il y avait lieu à choisir comme dans *Héraclius*, dans *Iphigénie en Tauride*, *etc*. Mais comme ici Aristomène ne peut choisir entre deux crimes qu'il déteste et doit détester également, il n'y a point de suspension réelle dans l'âme du spectateur; et ce ressort postiche ne produit que de longues et inutiles déclamations de Léonide, et de très oiseuses plaintes de son époux. L'armée se révolte en sa faveur, et veut sauver les deux condamnés : elle s'approche des murs de Messène; mais Aristomène, toujours héros comme on ne l'est pas, mène avec lui son fils sur les remparts, lève le fer sur lui à la vue de l'armée, et déclare qu'il va l'immoler, si elle ne se retire pas. Elle se retire en effet; mais le sénat, qui s'est vu au moment d'être exterminé, et qui l'était infailliblement, si Aristomène ne fût venu à son secours; ce sénat, qui apparemment est tombé en délire, et a juré de se faire massacrer par les soldats, députe son président vers le général, d'abord pour lui faire des compliments de sa vertu, ensuite pour lui en offrir la récompense, en lui proposant de faire supplicier les chefs de la révolte, ou de voir encore une fois sa femme et son fils à l'échafaud. On lui demande ce qu'il veut *qu'on réponde au sénat; rien*, dit-il; et c'est ce qu'il dit de plus raisonnable dans tout son rôle, car assurément il n'y a pas d'autre réponse à une pareille proposition, si ce n'est celle dont se charge tout de suite le jeune ami d'Aristomène, Arcire, qui, pendant que le héros se lamente encore avec sa Léonide, ne perd pas son temps au sénat, où il commence par poignarder Théonis et Dracon, et propose d'en faire autant à quiconque voudra les défendre. Personne n'en a la moindre envie; et moyennant deux coups de poignard, *tout rentre dans l'ordre accoutumé*, et Aristomène, qui triomphe avec sa femme et son fils, leur dit fort à propos :

.....Vous voyez le prix de la vertu;

quoiqu'à dire vrai, si ce jeune Arcire n'eût pas été si expéditif, et le sénat si disposé à le laisser faire, on ne sache trop ce que serait devenue *la vertu*.

Ce chef-d'œuvre de folie n'était pourtant pas d'un fou, et le parterre qui l'applaudit n'était pas composé de sots. Qu'en faut-il conclure ? Que rien n'est plus facile ni plus commun que d'aveugler et d'exalter un moment une multitude quelconque par le prestige d'une fausse grandeur. C'est le piège où tombent le plus aisément les hommes rassemblés, et la raison s'en trouve dans le moral de l'homme. L'orgueil est chez lui le sentiment qui prédomine d'abord et qui parle le premier, et l'orgueil est un très mauvais juge de la grandeur : c'est la raison éclairée et tranquille qui en est le vrai juge, et c'est elle qui aurait sifflé l'ouvrage, s'il avait reparu, parce qu'alors elle était avertie par la lecture. La pièce est depuis ce temps dans le plus profond oubli, et n'en est pas sortie en se retrouvant dans les œuvres de l'auteur. Le dialogue et le style ne valent guère mieux que la fable; le faux est à tout moment dans les idées comme dans les expressions. Dracon dit, en parlant d'Aristomène :

Combien *tant de grandeur* m'importune et me blesse !

Et Théonis :

Et je le punirais d'arracher *mon respect*.

Faux des deux côtés. Les paroles de l'envie sont bien souvent des aveux ; mais non pas des aveux exprès : ce qu'elle dit signifie ce qu'elle ne dit pas, et c'est ainsi qu'elle s'accuse, et pas autrement. L'envie ne reconnaît point de *grandeur* : si elle l'avouait, elle ne serait plus l'envie ; elle ne serait tout au plus que la haine : celle-ci se découvre souvent, et l'envie se cache toujours : l'une est violente, et l'autre est lâche. La haine se justifie volontiers à ses propres yeux ; elle s'égare et s'emporte de bonne foi et tout haut, comme toutes les passions énergiques : l'envie ment toujours, et ment à elle-même comme aux autres : c'est le caractère des passions basses et réfléchies. L'envie n'a point de *respect* pour la vertu : cela est impossible : ce *respect* est un sentiment honnête, et l'envie n'en a aucun de cette sorte. Le vice* peut quelquefois, et même assez volontiers, *respecter* la vertu, pourvu qu'on le dispense de l'imiter : le vice est faiblesse : l'envie, qui n'est que l'orgueil blessé, est le mal même en principe, en essence et en force. Il contient tous les crimes en germe ; et c'est pour cela que la *philosophie* de ce siècle, qui n'est rien, absolument rien qu'orgueil et envie, a été, quand elle a régné, le fléau, sans nulle comparaison, le plus

---

* Le mot *vice* se prend ordinairement pour les passions sensuelles, dans le langage ordinaire.

horrible qui ait jamais frappé l'espèce humaine. Toutes ces vérités s'enchaînent dans la vraie philosophie, celle qui a fait l'incomparable grandeur du dernier siècle. On sait aujourd'hui que l'incomparable abjection du nôtre est l'ouvrage, le digne ouvrage des hypocrites, ennemis de cette véritable philosophie, qui ont osé prendre son nom depuis cinquante ans, comme des brigands s'introduisent sous la livrée d'une grande maison pour la piller et en égorger les maîtres. Ces vérités sont bonnes à rappeler partout, précisément parce qu'on s'efforce encore de les étouffer partout.

Dans la scène où Léonide comparaît devant le sénat, elle accuse formellement Théonis, Dracon, Lysippe, Hercide, d'avoir formé le dessein de livrer Aristomène à l'ennemi, elle leur impute *ce complot parricide*, en s'adressant à eux directement et les défiant de répondre ; et ils ne répondent pas un mot, ni en sa présence, ni après sa sortie. Ce silence est contraire à toute raison : comment des hommes qui certainement n'ont point formé *ce complot*, puisqu'ils n'en ont pas même parlé dans leurs confidences réciproques, peuvent-ils ne pas repousser une accusation si grave, intentée publiquement par l'épouse d'un homme tel qu'Aristomène ? Comment les amis de ceux-ci, nommément interpellés par Léonide, ne forcent-ils pas les accusés à se justifier ? Quelle plus belle occasion de servir le général et de confondre ses envieux ? Je me borne à cette seule observation sur le fond du dialogue ; elle suffit pour tenir lieu de toutes celles que je pourrais faire. Il serait trop aisé de faire un drame, s'il était permis de faire taire ou parler les personnages uniquement selon qu'il convient à l'auteur ; et c'est ainsi pourtant que sont composés presque tous les drames qu'on nous donne depuis longtemps.

La pièce d'ailleurs fourmille de mauvais vers, de vers insensés, de vers pris partout, et pris tout entiers. L'auteur avait encore beaucoup de peine à rendre sa pensée en vers, comme dans ceux ci.

Enfin, pour ne laisser nulle trace après soi,
L'ombre seule du crime a besoin de la loi.

Il veut dire que pour être pleinement lavé même de l'apparence du crime, il faut être légalement absous; ce qui était très aisé à dire en vers, mais ce que ne dit sûrement pas *l'ombre seule du crime* qui *a besoin de la loi*. Le mot propre lui échappe sans cesse, même quand il est tout près de lui :

Dans l'âme des héros, *quelle fatalité*
Mêle à tant de grandeur *tant de simplicité ?*

Ou *simplicité* veut dire ici bêtise, ou les deux vers n'ont point de sens, car jamais il n'y a eu de *fatalité* à mêler à *la grandeur la simplicité* qui lui est si naturelle. D'un autre côté, le mot de *simplicité*, dans l'acception vulgaire d'ignorance et de niaiserie, n'est nullement du style tragique; et pourtant l'auteur veut dire en effet qu'Aristomène, qui vient de débiter beaucoup de fadeurs morales en faveur des méchants qui veulent le perdre, est tout au moins fort crédule : que de fautes il évitait, s'il eût mis le mot de *crédulité* au lieu de celui de *simplicité!* *Crédulité* rendait sa pensée sans être une injure ni une platitude, ni une contradiction, toutefois en disant *dans l'âme d'un héros*, et non pas *des héros*, car les héros ne sont pas plus crédules que d'autres. Mais Marmontel était encore si neuf en poésie! Il y a un progrès dans les pièces suivantes, où du moins il exprime habituellement sa pensée, et quelquefois bien, mais sur-tout quand il n'y a que de la pensée : s'il faut du sentiment, c'est autre chose : il n'y est guère parvenu que dans *les Héraclides*, par lesquels je finirai. Ici je ne trouve que trois vers où les idées aient cette expression qui en fait des sentiments, qualité si précieuse et si rare, qui n'appartient qu'au grand talent, quand elle est habituelle, et qu'on pourrait appeler l'onction du style :

Pour l'innocence même il faut demander grace.
Sa défense a besoin d'une touchante voix,
Et ses pleurs bien souvent sont plus forts que ses droits.

Voilà ce que j'appelle écrire : non-seulement cela est bien pensé, mais cela est bien senti, parce que la pensée et l'expression sont sorties du cœur. Si un jeune auteur remarquait dans une pièce trois vers faits dans ce goût, j'en aurais bonne opinion. Mais d'après ce que j'ai vu, la presque totalité de la jeunesse qui écrit et qui juge se récrierait sur des vers d'un tout autre goût, et tels qu'on en trouve beaucoup dans *Aristomène* : par exemple sur celui-ci :

Viens, cher époux, mon cœur est ton premier autel.

Il fut pourtant censuré, et très justement, dans la nouveauté; et Marmontel s'est obstiné fort mal à propos à le conserver: *le béotien* était encore là; il ne s'est pas aperçu combien *l'autel* ici contredit *le cœur*. Le voilà encore qu'il dit tout le contraire de ce qu'il veut dire dans ces deux vers:

>Citoyens, eh! quel sang est d'un assez grand prix
>Pour acheter l'honneur de sauver son pays?

Si cela signifie quelque chose, c'est qu'il n'y a point de sang assez noble, assez précieux pour mériter l'honneur d'être sacrifié à la patrie; et cela est absurde, car cet honneur appartient à quiconque a le courage d'y prétendre. Il voulait dire: « Quel sang est assez précieux pour valoir l'honneur de sauver son pays? » et cela est très différent.

Il réussit mieux dans quelques détails de mœurs ou quelques morceaux sentencieux, comme dans ces deux-ci, l'un sur le gouvernement de Sparte, l'autre sur l'envie:

>Et connais-tu, dis-moi, de plus cruels tyrans
>Que des républicains devenus conquérants?
>Est-il dans l'univers de plus rudes entraves
>Que les chaînes dont Sparte a chargé ses esclaves?
>Si leur nombre s'accroît en dépit du malheur,
>S'ils combattent pour elle avec quelque valeur,
>Bientôt de leurs tyrans *la prudence* ombrageuse
>En détruit à plaisir la race courageuse;
>Plaisir digne d'un peuple au carnage élevé,
>Qu'on voulut aguerrir, et qu'on a dépravé;
>Chez qui tout s'endurcit jusqu'au cœur d'une mère;
>Qui pour être soldat n'est plus époux ni père;

Et n'ayant pour vertu que sa férocité,
Semble avoir fait divorce avec l'humanité.

Tout ce morceau est bien conçu et bien écrit, hors le mot de *prudence*, qui ne se prend en mauvaise part qu'avec une épithète beaucoup plus caractéristique que celle d'*ombrageuse*. Une *prudence*, qui égorge un peuple, est tout au plus une politique cruelle et sanguinaire, et c'est ce qu'il fallait dire ici. D'ailleurs, ce tableau de l'esprit de Lacédémone est tracé avec énergie et précision, et des vers tels que ceux-ci :

Qu'on voulut aguerrir et qu'on a dépravé;
Chez qui tout s'endurcit, jusqu'au cœur d'une mère;
Qui pour être soldat n'est plus époux ni père, etc.

sont dans la bonne manière de Corneille. Ils prouvaient dans un jeune auteur un esprit capable de penser, et un poète qui pouvait apprendre à écrire mieux qu'il ne faisait alors. L'autre morceau n'est pas du même mérite; ce n'est qu'un lieu commun sur l'envie, et même un peu allongé : mais il y a de la tournure dans quelques vers :

Ceux mêmes dont le zèle affecte, en le flattant,
D'exalter le plus haut un mérite éclatant,
Sentent à l'admirer un poids qui les fatigue;
Ils regrettent l'encens que leur main lui prodigue;
Et d'un si grand éclat leurs regards affligés,
Lorsqu'il est obscurci, sont toujours soulagés.
Découvrir ce secret qu'on se cache à soi-même,
En saisir l'avantage, est ici l'art suprême,
Et jusqu'aux plus ardents à servir la vertu,
Se détachent bientôt du mérite abattu.

L'amitié se rebute, et le malheur la glace :
La haine est implacable, et jamais ne se lasse.

C'est parler long-temps en maximes, et finir faiblement : et pourtant ces vers sont ici du très petit nombre de ceux qu'on peut citer.

Il y en a beaucoup davantage dans *Cléopâtre*, et l'on n'en sera pas surpris, si l'on songe que Marmontel *l'a refaite d'un bout à l'autre* dans un âge où il avait plus de maturité et d'expérience. Il s'en faut pourtant de beaucoup que ce soit une pièce bien écrite ; mais dans l'inégalité continuelle de son style, ici l'auteur a moins de fautes et plus de beautés. Quant au fond de la pièce, tous les efforts d'un talent très supérieur au sien n'auraient pu en faire un bon ouvrage : le sujet s'y refuse absolument; et l'obstination de Marmontel, non-seulement à *refaire* la pièce, mais à la faire rejouer, est une nouvelle preuve de ce que j'ai dit du vice essentiel de son esprit, qui n'a jamais eu le vrai sentiment de l'art. Il en emploie un tout contraire à se faire illusion dans sa préface sur la *nature du sujet*, et se borne à dire que « au peu d'empressement du pu-
« blic à venir s'occuper des malheurs où l'amour
« d'Antoine pour Cléopâtre l'avait précipité, il a senti
« qu'un sujet de cette nature, disposé sur un plan
« de la plus grande simplicité, n'était pas de saison. »
Mais *la plus grande simplicité*, quand l'action est intéressante et tragique, a toujours *été de saison* ; beaucoup d'exemples ont prouvé que c'était même le plus grand mérite. Ce qui *n'est de saison* en aucun temps, c'est de nous offrir sur la scène, pour objet d'inté-

rêt, ce qui est nécessairement méprisable, un vieux guerrier, un vieux Romain, un vieux triumvir épris d'un amour imbécille pour une vieille coquette, diffamée par tous les historiens depuis dix-huit siècles; c'est de nous le montrer sacrifiant tous les intérêts les plus chers et tous les devoirs les plus sacrés à cette passion folle et puérile dont Rome s'indigne, et dont se moque le dernier de ses soldats. S'imaginer qu'un pareil sujet puisse être élevé à la dignité tragique, est d'un auteur qui a perdu le sens comme le héros qu'il a choisi. Que deux jeunes gens fussent les victimes d'une passion semblable à celle d'Antoine pour Cléopâtre, mais sans qu'on pût leur rien reprocher que les malheurs qu'elle cause, et qu'ils s'y attachassent tous deux jusqu'à la mort; cela pourrait être fort tragique, parce que la passion qui a une excuse valable n'inspire point de mépris, et cette excuse est dans un âge qui est celui de cette passion. Mais Antoine, un général de cinquante-six ans, un soldat vieilli dans le sang et la débauche, se répandre en beaux sentiments pour Cléopâtre, comme Titus pour Bérénice! Cet excès de ridicule est insupportable; et rien au monde n'est moins fait pour la tragédie que ce qui est si petit et si vil. Sans doute on les plaint tous les deux dans l'histoire, lorsqu'elle trace leur fin, qui, hors le courage de mourir, si facile et si commun, surtout quand il n'y a pas autre chose à faire, fut d'ailleurs pitoyable dans tous les sens. Mais cette pitié, celle qu'on a pour un insensé tel qu'Antoine, malheureux par sa faute et par sa folie, n'est nullement celle qui est l'objet de la tragédie ; elle en est l'opposé : et Marmontel a pu s'y méprendre pendant quarante ans, et après tant de leçons et de modèles ! C'est donc un terrible piège que l'amour de ses propres ouvrages ! Ce n'est pas la peine de vieillir pour s'attacher aux erreurs de sa jeunesse, au lieu d'apprendre à les juger : et quelle erreur plus facile à reconnaître et à confesser que celle d'un sujet mal choisi ? Heureusement il en a reconnu d'une tout autre conséquence, et qu'il est bien autrement difficile et rare d'avouer ; et je ne relève ici celles de goût et de jugement que pour ceux qui peuvent en profiter.

Il a écarté, il est vrai, un grand fils de Cléopâtre, le jeune Césarion, qui faisait une étrange figure entre Cléopâtre et Antoine, et semblait n'être là que pour mieux rappeler que la reine d'Égypte avait eu de bonne heure du penchant pour les héros romains. Il n'y manquait que Cnéius Pompée, qui ne l'avait pas trouvée plus cruelle, et pour qui peut-être, s'il eût vécu, Antoine aurait fait aussi tout ce qu'il fit pour Césarion, comme par respect pour la mémoire de César. Je ne blâme pas la déférence d'Antoine pour son général et son ami ; mais cela ne rend pas plus tragique son amour pour Cléopâtre, non plus que son admiration pour *les vertus* de cette femme, qui avait commencé par faire périr son frère par le poison, et sa sœur par le glaive : ce furent les essais de sa jeunesse, comme les proscriptions furent les exploits de la maturité d'Antoine. Il faut avouer que l'amour, et l'amour passionné, est singulièrement placé là, du moins pour le théâtre; car il n'est que trop dans la nature de l'homme ce mélange des voluptés et des massacres, de force pour le crime et de faiblesse pour le vice. Cela est fâcheux pour ceux qui ont dit si bonnement que *l'homme était si bon;* mais il est heureux pour l'art dramatique que cette nature-là ait toujours été proscrite au théâtre, l'époque de notre révolution toujours exceptée, comme de raison.

En supprimant son Césarion, l'auteur lui a substitué un nouveau personnage, qui n'est pas mieux placé, dans la pièce, celui d'Octavie, épouse d'Antoine. Comment n'a-t-il pas vu qu'en amenant cette respectable infortunée entre Cléopâtre et Antoine, les deux auteurs de tous ses maux, l'intérêt que ses vertus inspirent achevait de détruire jusqu'à l'espèce de compassion qu'on pouvait accorder aux malheurs d'Antoine et de sa maîtresse? Rien ne nuisit davantage à l'effet de la pièce : on eût dit que l'auteur avait pris plaisir à rendre plus odieux ce qu'il voulait rendre plus intéressant. Quel rôle joue cet Antoine devant une épouse jeune et belle, belle au point que Cléopâtre elle-même admire et redoute *sa beauté!*

> Plaignez un insensé, plaignez un misérable
> Qui porte dans son sein une plaie incurable;
> Que l'amour a perdu, que l'amour fait périr,
> Et qui meurt sans pouvoir ni vouloir en guérir.

Si cette pièce eût été faite du temps de Boileau, comme il en aurait tiré parti dans son excellent dialogue critique des *Héros de roman!* Comme il l'aurait envoyé aux *petites-maisons de l'enfer* avec *tous les doucereux* de Scudery! Encore du moins ceux-ci, quoique *héros*, étaient de jeunes gens; mais que n'eût-il pas dit d'un vieux tyran tout couvert de sang, et qui, devant sa femme, et une femme telle qu'Octavie, *ne peut ni ne veut guérir de sa plaie incurable?* Pluton a bien raison de ne voir que de pauvres fous dans le *Cyrus* et la *Clélie*; mais il n'eût vu dans Antoine qu'un très vilain fou, et aurait chargé les Furies de sa *guérison*.

Tous les genres de fautes se trouvent d'ailleurs dans cette pièce, dont le plan est conçu de manière que tout y doit être forcé et hors de vraisemblance. Octavie est généreuse envers Cléopâtre, au point que sa générosité passe toute mesure et toute bienséance; et c'est une des choses qui occasionèrent le plus de murmures dans les derniers actes. Octave, dans un long monologue, fait un pompeux éloge d'Antoine, tel qu'aurait pu le faire un historien qui n'eût voulu être que panégyriste. Antoine, vaincu sans ressource, et enfermé dans Alexandrie, propose tout uniment à Octave, vainqueur et tout-puissant, d'abdiquer en commun la puissance suprême, de renvoyer leurs légions, et de *paraître dans Rome en simples citoyens;* et Octave, qui pourrait répondre par un éclat de rire, a la bonté de lui faire observer que dans ce cas le sénat commencerait par les envoyer tous deux au supplice; ce qui est d'une grande probabilité, comme la proposition d'Antoine est d'une grande extravagance.

Ventidius, qui a passé au service d'Octave, en parle avec le plus grand mépris devant son ancien général qu'il a trahi, et ce mépris est aussi injuste que ce langage est déplacé dans sa bouche. Cléopâtre prédit qu'Octave *fera bénir son règne;* et l'auteur a oublié que personne alors ne pouvait deviner Auguste dans Octave, et que, quand on fait des prophéties d'après l'histoire, il ne faut pas commencer par la démentir en confondant les époques, et que, de plus, il ne faut pas faire parler Cléopâtre, qui déteste Octave, comme pourrait à toute force parler Agrippa, qui l'aime et le connaît. Cette tragédie étant d'ailleurs suffisamment appréciée d'après ce que j'ai dit du sujet et du plan, je ne m'arrête qu'un moment sur ces énormes disconvenances, vraiment étonnantes dans un écrivain aussi instruit que Marmontel; et quelques détails cités suffiront pour confirmer ces observations, qui ne sont pas sans quelque utilité générale.

> César par ses amis est mort assassiné :
> Antoine par les siens périt abandonné.
> Quel siècle! quel empire! il est digne d'Octave.

C'est Antoine qui parle ainsi : que ce fût un Brutus, un Cassius, un Caton, ce langage serait très bien placé, mais le triumvir Antoine s'écrier de ce ton; *quel siècle!* cela est à faire rire. On croit entendre nos journalistes du directoire, invoquant aujourd'hui les *idées libérales.* L'auteur n'est guère plus raisonnable quand il met dans la bouche d'Octavie ces vers-ci :

> ..... Qu'Antoine, ou se rende à mes larmes,

> Ou de nouveau se livre au pouvoir de vos charmes,
> *C'est un soin trop indigne et de vous et de moi.*

Passons sur le manque de bienséance qu'il peut y avoir à ce qu'Octavie se mette sur la même ligne avec Cléopâtre : ce rapprochement peut avoir une excuse dans le dessein qu'elle a de déterminer Cléopâtre à se séparer d'Antoine : ce dessein pourtant, quoique dénué de vraisemblance, pouvait être rempli avec plus de mesure, si l'auteur avait mieux connu les nuances nécessaires dans le dialogue tragique. Mais dans aucun cas Octavie ne doit dire que *c'est un soin trop indigne d'elle* de regagner le cœur de son époux. Il est clair que l'auteur n'a pas même dit ce qu'il voulait dire, et ce n'est pas, à beaucoup près, la seule fois :

> Mon amour me perdit, et dans tout l'univers
> Cet amour n'a trouvé qu'un juge inexorable.
> C'est que dans l'univers rien n'y fut comparable.

Comparable en folie et en abjection, oui. C'est à une Ariane qu'il sied bien de dire :

> Et personne jamais n'a tant aimé que moi.

Tous les cœurs qui *ont aimé* entendent le sien, mais qu'Antoine répète ce vers d'un opéra :

> Rien n'est comparable à ma flamme.

on ne peut que lever les épaules et s'en aller.

Antoine va jusqu'à reprocher à Octavie les démarches et les sacrifices qu'elle fait pour le sauver ; il se plaint qu'*on l'a fait servir elle-même à le rendre odieux*. Oui, c'est la faute de l'auteur, mais non pas celle d'Octavie, qui ne fait que le devoir d'une femme vertueuse et tendre. Ce reproche est inexcusable dans la bouche d'Antoine; aussi sa femme ne trouve-t-elle rien à répondre que ces mots : *Malheureuse Octavie!* et le spectateur dit : Oh! oui, bien *malheureuse*, d'avoir un Antoine pour époux. Mais combien Marmontel était loin de toute idée des convenances de caractère et de situation dans la tragédie! C'est encore à Octavie, à la sœur du triumvir, qu'il prête ces deux vers :

Cléopâtre à nos vœux cesse de s'opposer.
Elle a daigné me voir sans dépit et sans haine.

Elle a daigné me voir! où sommes-nous! Corneille, que Marmontel aimait de préférence à tout (ce qui n'est pas un tort), aurait dû lui apprendre comment parlaient les Romains. C'est de la veuve de Pompée vaincu que César dit :

Et qu'on l'honore ici, mais en dame romaine,
C'est-à-dire un peu plus qu'on n'honore la reine...

et quoique César soit amoureux de cette même reine, il ne dit rien de trop : l'histoire en fait foi.

L'ignorance ou l'oubli de l'histoire romaine, même dans les faits, doit surprendre aussi de la part d'un homme de lettres aussi distingué que Marmontel, et je ne conçois pas comment Octave peut dire d'Antoine :

...... Son vainqueur se souvient aujourd'hui
Qu'il apprit à combattre en triomphant *sous lui*.

Jamais Octave n'avait servi *sous* Antoine. Il commença par le combattre, et combattit ensuite avec lui contre les meurtriers de César dans une parfaite égalité de rang, et chacun d'eux ayant son armée à lui : tous deux étaient triumvirs. Il n'est pas permis d'altérer si gratuitement des faits si connus.

Quoique le langage de Cléopâtre doive être conforme à son caractère et à sa conduite, je ne crois pas pourtant qu'à propos de César, qui mêlait les plaisirs de l'amour aux travaux de la guerre, elle doive débiter une maxime ici fort mal appliquée :

> C'est ce mélange heureux de force *et de bonté*
> Qui rapproche un mortel de la divinité.

Il n'y a point de *bonté* à aimer une maîtresse, ou bien cette *bonté* est celle dont les méchants même sont très capables, et non pas celle qui *rapproche l'homme de la Divinité*. Combien d'hommes, à ce compte, seraient tout près des dieux ! Ici la philosophie de l'auteur ne vaut pas mieux que sa poésie. On ne peut non plus concevoir l'ignorance de Cléopâtre, qui était et devait être aussi bien informée que personne des évènements de son temps, et qui dit à Octave lui-même, en parlant d'Antoine :

> Il ne fallut, dit-on, *qu'une attaque rapide*
> Pour entraîner vers lui tout le camp de Lépide.

Octave lui aurait répondu : « Madame, il est étonnant que vous soyez si peu au fait de l'histoire « d'Antoine et de la mienne. C'est moi-même, s'il « vous plaît, qui, près de Messine, *entraînai vers moi* « *tout le camp de Lépide*, qui avait vingt-deux lé-

« gions ; c'est moi qui n'eus besoin pour cela que
« de paraître à leur vue à la tête des miennes. On
« mit bas les armes devant moi ; Lépide ne me de-
« manda que la vie, et je la lui laissai. A l'égard de
« sa première jonction avec Antoine, lorsque celui-
« ci fuyait à travers les Alpes après la défaite de
« Modène, que je ne voulus pas achever, personne
« n'ignore que cette jonction était préparée et com-
« binée de loin, qu'il n'y eut aucune espèce d'*atta-*
« *que,* pas même *rapide,* et que ce Lépide, qui avait
« déjà très volontairement fait ouvrir les passages
« des montagnes au général fugitif, réunit très vo-
« lontairement une puissante armée à la faible armée
« d'Antoine, et prit seulement la précaution d'ar-
« ranger les choses de manière à paraître forcé par
« ses soldats à une réunion qui entrait dans sa po-
« litique, et qui lui réussit alors. Le sénat n'en fut
« pas la dupe, et déclara également Lépide et An-
« toine ennemis de la patrie, et vous savez com-
« ment notre triumvirat mit ordre à tout [*]. » Marmontel fut sans doute étrangement trompé par sa
mémoire quand il confondit tous ces faits, sans
nul avantage pour la pièce, et cela nous apprend
que toutes les fois qu'on veut se servir de l'histoire,

---

[*] Les lettres de Cicéron, de Décimus, de Plancus, que nous avons encore (liv. X et XI des *Lettres familières*), sont des autorités originales, qui confirment le témoignage de tous les historiens sur cet évènement, dont le triumvirat fut la suite. Tous conviennent que ce fut de la part de Lépide, alors puissant en forces, *non pas faiblesse, mais trahison*, et les faits mêmes le prouvent, puisqu'en effet, si Antoine eût triomphé par sa propre force, il n'eût pas manqué de dépouiller Lépide, comme fit depuis Octave. Au contraire, Octave et Antoine l'associèrent au triumvirat, parce qu'ils avaient besoin de lui.

il faut l'avoir sous les yeux. Une précaution de plus, ne fût-elle pas nécessaire, produit une erreur de moins.

La diction, quoique plus soignée qu'auparavant dans cette dernière édition, pèche encore bien souvent contre l'harmonie, la propriété des termes, l'élégance et la clarté.

César dompta le monde, et Brutus l'a vengé.
Si Brutus l'eût soumis, César l'eût *dégagé*.

Dégagé est ici un terme impropre dès qu'il est sans régime. On ne peut dire *dégager le monde* pour le délivrer, l'affranchir, etc.

Et d'une main légère enchaînant l'univers...

C'est d'Octave triumvir qu'il s'agit ici : quand ce serait d'Auguste, l'expression serait encore mauvaise, et trop au-dessous de l'objet. Mais à propos d'Octave, qui certes n'avait pas alors *la main légère*, cette phrase est parfaitement ridicule.

C'est moi qui pour Octave en fuyant l'ai vaincu,

dit Cléopâtre; et ce vers est si contourné, qu'il en devient obscur. L'idée était belle, si elle eût été claire, si Cléopâtre eût dit, par exemple,

Il a fui pour me suivre, et ce guerrier si brave,
C'est moi qui l'ai vaincu, moi seule, et pour Octave !

Quand une pensée exige deux vers pour être complète, et qu'elle en vaut la peine, c'est une mauvaise économie que d'en faire un mauvais au lieu de deux bons.

Antoine dit :

On verra si l'amour a *brisé* mon courage.

Le malheur peut *briser* le courage : l'amour, la volupté, l'amollissent, l'énervent, le dégradent, etc.

..... Qu'aujourd'hui la paix donne au monde un spectacle
Digne de vous, Octave, et fait pour annoncer
Le règne *intéressant* que je vois commencer.

Cette épithète triviale, et insignifiante en cette occasion, devient presque risible quand on songe au personnage qui parle. Il est tout au moins singulier que Cléopâtre, même en voulant flatter Octave, lui annonce *un règne intéresssant.*

L'auteur oublie à tout moment les convenances personnelles pour y substituer, et même avec exagération, les idées générales qui sont les jugements de la postérité. On voit qu'il écrit dans son cabinet, avec l'esprit des historiens, des philosophes, ou le sien propre, sans songer au théâtre, où les personnages doivent être eux-mêmes. J'insiste sur cette méprise, pardonnable tout au plus à une jeune tête, mais depuis long-temps presque universelle, et qui fait de tant de prétendues tragédies des déclamations d'écolier. On ne saurait jamais trop particulariser le langage de la scène. Si c'est l'auteur qui parle d'après ce qu'il a lu, ce n'est plus le personnage qui parle comme il sent : cette faute est une des plus intolérables à la raison. A peine pardonnerait-on à un jeune rhétoricien sortant du collège un monologue de cinquante vers où Octave ne fait autre chose qu'exalter hyperboliquement le mérite d'Antoine, et ravaler le sien propre avec le dernier mépris. Je le répète : cela est insensé, puéril, et cela est pourtant d'un écrivain très mûr et qui n'était point sans mérite.

> J'ai vu tous ses amis, ou vaincus, ou gagnés,
> Embrasser mon parti, de sa fuite indignés.
> Mais tous ces vieux guerriers *se connaissent en hommes*,
> Et mieux que nous souvent *ils savent qui nous sommes*.

Peut-on dire plus clairement qu'on est méprisé de sa propre armée ? Cela est faux de toutes les manières. Jamais un grand personnage (et assurément Octave en était un dès cette époque) n'a parlé ni pu parler ainsi de lui-même, et jamais dans la tragédie il ne doit s'avilir à ses propres yeux, s'il ne veut tout perdre aux nôtres. Je dis plus : jamais Octave n'a pu penser de lui ni d'Antoine comme on le fait penser ici. L'histoire est pleine de leurs jalousies personnelles et réciproques : tous deux s'accusaient et se calomniaient sans cesse, et tous deux avaient des qualités différentes que la postérité a reconnues. Mais Octave en particulier, malgré tous les reproches qu'il avait à se faire, ne pouvait se déprécier devant Marc-Antoine, qui n'avait sur lui d'autre avantage que celui d'un plus grand talent pour la guerre, (quoique Octave lui-même n'en manquât pas), et qui dans tout le reste lui était si prodigieusement inférieur. Je ne dis rien d'une autre disconvenance dramatique, celle de mettre en monologue ce qui exigeait impérieusement une scène de confidence. Jamais un monologue n'a été un discours d'apparat, et celui-ci est absolument du ton d'un orateur prononçant dans la tribune aux harangues l'oraison funèbre de Marc-Antoine. Je m'en rapporte à ceux qui voudront le lire : il est trop long pour être transcrit, et je suis obligé de restreindre les citations au nécessaire absolu.

Et le fourbe, en respect colorant sa réponse...

Racine a dit :

L'ingrat, d'un faux respect colorant son injure...

et cela est aussi correct qu'élégant. Mais Marmontel a confondu ici *colorer* et *colorier*. On dirait bien un papier *colorié en jaune*; mais *colorer* est ici pris figurément, comme il l'est d'ordinaire dans le style soutenu, et alors il équivaut à *couvrir comme d'une couleur* : de mauvaises actions *colorées de* belles paroles, et non pas *en* belles paroles.

Il faut borner ces remarques trop faciles à étendre. Quant au bon, il est clair-semé, et les meilleurs endroits ne sont pas exempts de fautes qui sont autre chose que des négligences. De ce nombre est un long et trop long couplet qui développe et affaiblit un morceau très connu, celui de *la Mort de César* : *Rome a besoin d'un maître*, etc. La première moitié rappelle ce qu'on a lu partout sur la dégradation de l'esprit romain à cette époque; mais on y remarque quelques vers bien faits, la seconde où Octave parle de lui-même, est beaucoup meilleure et n'est pas un lieu commun. Je citerai de préférence les adieux que Cléopâtre, déterminée à mourir, fait porter à son amant par sa confidente Charmion :

Dis-lui que pour lui seul j'ai senti des alarmes,
Que je n'ai craint pour moi ni la mort ni les fers.
Dis-lui que Rome, Octave et des sceptres offerts
Jamais sous d'autres lois ne m'auraient asservie;
Que pour lui seul enfin j'aurais aimé la vie,
Et que, si quelque espoir eût prolongé mes jours,
C'eût été de le suivre et de l'aimer toujours;
Il le croira sans peine, il sait que je l'adore;
Mais c'est peu pour mon cœur : ajoute, ajoute encore
Qu'il n'a jamais bien su, qu'il ne saura jamais
Avec quelle tendresse et combien je l'aimais.
Et toi mon seul appui*, ma dernière défense,
Viens, c'est toi que j'oppose à l'injure, à l'offense.
Si je vis, c'est à toi de me fortifier,
Si je meurs, c'est à toi de me justifier.

Que l'amour de Cléopâtre fût de la passion ou de la politique, ce langage est celui de sa situation et de la tragédie.

Il n'est rien moins qu'inutile de rappeler en passant une entreprise fort étrange du jeune Marmontel, lorsqu'il donna pour le première fois sa *Cléopâtre*. Il n'ignorait pas que la mémoire de cette reine, très malheureusement fameuse, avait été flétrie par le témoignage unanime de tous les historiens; et quoiqu'elle n'eût trouvé dans la postérité que des accusateurs et pas un apologiste, il essaya de la réhabiliter dans le monde avant de la présenter sur la scène, et voulut à toute force qu'on la vît telle qu'il lui plaisait de la montrer. C'était un des premiers effets de ce *pyrrhonisme de l'histoire*

---

* Le vase où sont les aspics.

que Voltaire avait déjà commencé à mettre à la mode, et qu'il porta depuis à un excès vraiment absurde en lui-même, et vraiment coupable par les motifs et les conséquences. Il fallait que son disciple fût imbu de ses leçons, qu'il lui était plus aisé de suivre en histoire qu'en poésie, lorsqu'il hasarda, peu de temps avant la représentation de sa tragédie, un écrit qui a pour titre : *Cléopâtre d'après l'histoire*, c'était au contraire *Cléopâtre d'après Marmontel*. Il s'est très sagement abstenu depuis de le faire entrer dans le recueil de ses OEvres; mais on le trouve à la suite de sa pièce imprimée en 1750. C'est un très curieux échantillon de cette *philosophie* qui était alors la sienne, et qui avait dans tous les genres les deux caractères qui lui sont propres, de douter de tout et de ne douter de rien; de tout quant aux autres, de rien quant à elle-même. C'est certainement le dernier terme de l'orgueil en démence; et pour faire voir que tel a été l'esprit, le résultat, la substance de tous les ouvrages que cette *philosophie* a produits, de tous sans exception, il ne faut que le temps de les extraire, et de leur opposer des faits et des raisonnements également incontestables. Mais il faut ce temps, et l'on conçoit que quelques années ne sont pas de trop pour réfuter ceux qui ont menti pendant cinquante ans.

Marmontel, dans sa préface, traite de *prévention*, de *préjugé* (vous reconnaissez les termes consacrés) l'opinion générale sur Cléopâtre; et pourtant, comme son *Essai historique* n'avait pas fait plus d'impression que sa pièce, il avoue de bonne foi qu'*on ne détruit pas en deux jours une opinion de dix-sept siècles.* Eh! mais, je l'espère, où en serions-nous sans cela? où en serait tout ce qu'il a plu à nos *philosophes* d'appeler *opinion?* Graces à la nature de l'homme et à Dieu son auteur, ils ont dû voir que, même en cinquante années d'efforts continuels, même en dix ans de règne de la *philosophie révolutionnaire*, c'est-à-dire d'un règne qu'il n'est donné à personne d'apprécier parfaitement, et que Dieu seul peut juger et punir, parce qu'il sait tout et peut tout, *on ne détruisait pas* ce qu'il a établi pour le maintien de son ouvrage jusqu'à la consommation des temps. Ils n'en sont pas encore bien convaincus, je le sais, et l'évidence de ce qui est n'équivaut pas auprès d'eux à l'affirmation de ce qui doit être. Mais s'il n'y a pas de conviction, ou du moins d'aveu à espérer de leur part, il y a pour le reste du monde deux preuves indubitables qu'eux-mêmes fournissent tous les jours, leur frayeur et leur fureur.

Des paradoxes sur Cléopâtre peuvent paraître assez indifférents en eux-mêmes, et sont loin de la gravité des objets dont je viens de parler. Mais ce qui n'est pas indifférent, c'est de faire voir que cet esprit est le même en tout et partout, et emploie les mêmes moyens, ceux qui n'ont jamais servi qu'à tromper. Ce fragment historique, composé et écrit comme un roman, est plein de toutes les sortes de mensonges, en assertions, en réticences, en déguisement, en hypothèses vagues et contradictoires d'une page à l'autre. Et pourquoi? pour justifier une mauvaise pièce, ou en imputer le mauvais succès à une erreur de *dix-sept siècles*; car l'auteur paraît persuadé que *c'est là ce qui a empêché qu'on ne s'intéressât aux malheurs et à l'amour d'Antoine.* Il se trompait beaucoup, même en ce point; et vous avez vu que c'est la chose même, telle qu'on l'a mise sur la scène, qui repousse tout intérêt, et qu'en accordant à l'auteur ce qu'il réclame, et avec raison (dans la préface de sa nouvelle *Cléopâtre*), comme le privilège de la poésie, en lui passant qu'Antoine ait eu autant de *vertus* qu'il lui en attribue, Cléopâtre autant de passion qu'elle en montre, il n'en résulte pas moins un fonds d'action, de caractères et de situations qui ne sauraient être susceptibles d'un effet tragique : vous en avez vu la démonstration. Ce n'était donc pas la peine de contredire tant de siècles et d'historiens, et l'amour-propre a menti et déraisonné très gratuitement. Il y a beaucoup plus que de l'étourderie à nous dire avec une confiance que la jeunesse même ne peut excuser, que « les « auteurs contemporains d'Auguste, et par consé-« quent ses flatteurs, nous ont représenté son enne-« mie comme une femme sans pudeur et sans foi.... « que les calomnies de Cornélius Népos et de Paterculc « ont passé depuis près de deux mille ans dans le « public pour des témoignages authentiques, et font « regarder comme une prostituée une femme qui « n'eut jamais d'autre crime que d'être aimée éper-« duement des plus grands hommes de son siècle. » Chaque mot est une erreur ou une fausseté. Dans tout ce qui nous reste de Cornélius Népos, Cléopâtre n'est pas même nommée, et l'on ne voit pas trop comment elle l'aurait été dans les écrits de ce biographe; ce ne peut être ici qu'une inadvertance, bien extraordinaire, il est vrai, dans un littérateur aussi studieux que Marmontel. Patercule, quoique excellent écrivain, a toujours été regardé comme un historien suspect, puisqu'il n'a pas même pris soin de dissimuler sa partialité pour la maison des Césars, et jamais son autorité n'a été reçue que lorsqu'elle est d'accord avec d'autres historiens désintéressés et reconnus pour véridiques : ce sont là les règles de la critique en fait d'histoire, observées par les modernes qui ont écrit d'après les anciens. Mais Appien et Plutarque, auteurs grecs, qui écrivaient plus d'un siècle après les guerres du dernier triumvirat, n'étaient ni *contemporains* ni *flatteurs* d'Auguste. La bonne foi de Plutarque n'est pas suspecte; et Appien, né dans Alexandrie, et plus à portée que personne d'être bien instruit de tout ce qui concernait la reine d'Égypte, charge sa mémoire plus qu'aucun autre; et ce qui est plus décisif que tout le reste, jamais personne n'a contredit ni Appien, ni Plutarque, ni aucun des historiens qui ont peint cette reine des mêmes couleurs. Pline l'ancien, qui écrivait sous Vespasien, n'avait assurément aucun intérêt à calomnier Cléopâtre, et c'est lui qui l'appelle *une reine courtisane*, *regina meretrix* (IX, 35); et sur les portraits qu'on nous en a tracés uniformément, on pourrait l'appeler avec justice la reine des courtisanes. Les nombreux détails que nous avons sur sa vie, qui était nécessairement aussi publique qu'il fût possible, ne permettent pas qu'on lui compare aucune des femmes les plus célèbres par les attraits du vice et l'artifice des séductions. Historiens et poètes, tous se sont accordés à louer l'élévation de son courage, si bien attestée par sa mort; mais tous ont reconnu aussi les *crimes* de son ambition, aussi publics que ses débauches avec Antoine. Marmontel ne lui en reconnaît *point d'autre que d'avoir été aimée éperduement*. Si on lui eût dit : Comptez-vous pour rien (sans parler du reste) d'avoir fait périr son frère et sa sœur? je ne sais ce qu'il aurait répondu ; mais dans l'écrit dont il est question, il s'en tire par la méthode *philosophique* dont l'usage est le plus constant et le plus invariable, par le mensonge de réticence. On sait qu'il est de règle parmi les *philosophes* de regarder comme non avenus les faits dont il leur convient de ne pas parler, et quoique Marmontel ait pris sa Cléopâtre depuis le berceau jusqu'aux pyramides, il ne dit pas un mot de ces deux meurtres, non plus que de tous ceux qu'elle ordonna dans Alexandrie lorsqu'elle y rentrait après la journée d'Actium, et qu'à peine arrivée dans son palais, elle fit mettre à mort *les plus honnêtes et les plus illustres citoyens*, comme *suspects* de ne pas approuver la vie qu'elle menait avec Antoine. Vous reconnaissez là *le principe* des méchants, *le principe* le plus sacré de la révolution française : « Pour mériter de vivre, il faut « aimer le mal que nous avons fait, que nous faisons « et que nous ferons. » Cléopâtre, qui ne se piquait pas d'être *philosophe* comme on l'est de nos jours, ne s'exprimait pas avec cette *énergie* et cette *pureté*; mais elle suivait le principe sans l'articuler; et en effet, il n'est pas nouveau en pratique : il n'y a eu de neuf que la proclamation avec toutes ses circonstances, et c'est bien quelque chose : on saura ce que c'est quand tout aura été dit.

Marmontel ne voulait pas que l'on *regardât Cléopâtre comme une femme sans pudeur*. Je dirais qu'il était difficile en *impudeur*, si ce mot était aussi français qu'il est devenu commun; mais, comme il n'est que barbare, je me borne à conclure de cette prétention en faveur de Cléopâtre, que dès 1750 la langue inverse des *philosophes* commençait à précéder celle des *révolutionnaires*, qui en a été le complément : et Dieu me préserve de disputer sur la *pudeur* de Cléopâtre ! Je ne crois pas qu'elle eût beaucoup plus de *foi*, ni que l'âme d'Antoine fût *naturellement élevée et forte*, quoique Marmontel nous avertisse avec toute la gravité convenable à un *philosophe* de ving-cinq ans, qu'*il faut bien distinguer la passion d'Antoine de ce qu'on nomme faiblesse*. Sans entrer dans plus de détails sur cent autres propositions de cet écrit, sur lequel je pourrai revenir ailleurs, je dirai seulement qu'un homme qui a *l'âme naturellement élevée*, ne jette pas *de grands éclats de rire** lorsqu'on lui apporte la tête de son ennemi, quand même cet ennemi ne serait pas Cicéron. A l'égard de la *foi* de Cléopâtre, ce n'est pas ma faute, ni celle des historiens, si

---

* Ce sont les termes de l'histoire.

toute la ville d'Alexandrie fut témoin des précautions que prit Antoine, après sa défaite, pour se préserver d'être empoisonné par sa maîtresse; si toute la ville d'Alexandrie l'entendit crier, après le dernier combat où il vit sa cavalerie l'abandonner et sa flotte passer à l'ennemi, qu'*il était trahi par Cléopâtre, en faveur de ceux dont elle seule lui avait fait des ennemis*; si Cléopâtre elle-même, effrayée de ses fureurs, se réfugia dans ses pyramides bien fermées, et fit dire peu de temps après à son amant qu'elle s'était tuée; si l'on a conclu de ce dernier trait, et avec une extrême vraisemblance, qu'elle n'avait pas trouvé de meilleur moyen pour s'accommoder avec Octave, qui lui faisait entendre, par leurs agents respectifs, qu'il n'y avait point de composition à espérer pour elle sans la mort d'Antoine; et sûre, comme elle l'était, de son empire sur lui, elle pouvait très naturellement se persuader qu'il ne voudrait pas lui survivre, et c'est ce qui arriva. Ces faits décisifs ne sont pas contestés, même par l'apologiste de Cléopâtre, car ils sont tous rapportés par Plutarque, le seul historien qu'il ne récuse pas, et celui qu'il prend même pour garant dans toute sa dissertation. C'est lui qu'il atteste encore dans la nouvelle préface de sa tragédie; et, quoiqu'ici l'apologie soit extrêment restreinte, il ne laisse pas de dire encore qu'*il est au moins douteux que Cléopâtre, en se livrant à l'amour d'Antoine pour elle, n'eût que des vues d'ambition*. Il est sûr qu'en ces sortes de matières il n'y a guère de démonstration absolue : le cœur humain a tant de replis obscurs pour les autres comme pour lui-même! Mais toutes les vraisemblances morales sont ici appuyées sur une multitude de faits : et l'ambition, l'orgueil et l'artifice étant dans Cléopâtre des caractères avoués et bien prouvés par toute sa conduite, il est assurément très permis de ne voir en elle qu'une femme que l'intérêt et le plaisir *livrent* à un homme assez amoureux et assez puissant pour tout donner; et il était tout simple qu'elle fût avec Antoine ce qu'elle avait été avec César. C'est l'opinion universelle : et, quand on veut la *détruire*, il faut autre chose que des possibilités hypothétiques; il faut sur-tout ne pas affirmer si légèrement qu'on n'a pas vu dans Plutarque ce que tout le monde peut y voir. « Plutarque lui-même *n'a pas osé dire* que son amour fût une feinte. » Passons sur cette singulière phrase, *n'a pas osé dire*, comme si Plutarque avait eu quelque intérêt à *oser* ou ne pas *oser*; c'est bien là le style de la prévention. Plutarque, écrivain grave et judicieux, conformait ses expressions aux objets; et comme il était très possible que l'*amour* n'eût pas toujours été pour rien dans une liaison de quatorze ans, il se contente en général, suivant la méthode très sage des anciens, de présenter les faits de manière à mettre le lecteur à portée d'en juger lui-même. Mais quand ils sont caractéristiques et décisifs, les termes dont il se sert le sont aussi : j'en vais donner la preuve textuelle : lorsqu'on ne cherche que la vérité, on ne craint pas de citer, et c'est le moyen de la trouver. Il s'agit du moment où Cléopâtre met tout en œuvre pour empêcher la réunion d'Antoine avec son épouse Octavie, qui l'attendait dans Athènes. Cléopâtre, qui redoutait tout ce que cette vertueuse femme pouvait avoir de droits et de moyens pour reconquérir son époux, « *feignait* alors un ardent amour* pour Antoine, et prenait peu d'aliments pour paraître en langueur; ses regards peignaient un ravissement soudain dès qu'Antoine paraissait, l'abattement et la défaillance dès qu'il s'éloignait; souvent elle tâchait ** qu'il la vît pleurer, et aussitôt elle se hâtait d'essuyer et de cacher ses larmes, comme si elle eût voulu les dérober aux yeux d'Antoine. » Si Marmontel n'a pas vu là le tableau le plus vrai de la fausseté, tout le manège d'une courtisane, comment donc avait-il lu Plutarque, ou du moins Amyot? car, ne sachant pas le grec, c'est toujours Amyot qu'il cite, et avec affectation; mais il se garde bien de le citer ici. Cette peinture n'est sûrement pas celle des symptômes d'une passion véritable, tendre ou violente, selon le caractère de la personne qui aime; c'en est évidemment l'opposé. Marmontel tire toutes ses inductions du désespoir de Cléopâtre, et de ses plaintes vraiment touchantes,

---

* Mot à mot, *feignait d'aimer d'amour.* Ἐργᾷ αὕτη προσεποιεῖτο τοῦ Ἀντωνίου *simulabat se ardere Antonium.* Ceux qui connaissent la langue grecque savent que telle est l'acception du mot ἐρᾷν qui signifie proprement *l'amour d'un sexe pour l'autre,* mot dont les latins n'avaient point d'équivalent: ils y substituaient *ardere, deperire.*

Formosum pastor Corydon ardebat Alexin.

Le mot *feignait* est littéral dans le grec : en latin *simulabat.*

** Πραγματευομένη, *moliens, conatu efficiens* ; tout exprime l'art et l'effort.

lorsqu'elle se meurtrit le visage sur le corps sanglant d'un amant mort pour elle; mais il n'a pas songé que ce désespoir pouvait être très sincère, sans prouver que jusque-là Cléopâtre eût été une amante passionnée et fidèle. Elle perdait tout avec Antoine, du moment où elle n'attendait plus rien d'Octave; et si elle n'eut pas le projet de le séduire et de se l'attacher en le délivrant de son rival, comme l'ont cru quelques historiens, à la vérité sans le prouver, au moins est-il constant qu'elle ne pouvait plus s'en flatter quand elle fut très positivement informée, après la mort d'Antoine, qu'Octave n'avait d'autre dessein que de la mener en triomphe au Capitole. Dès-lors, résolue à mourir en reine, il suffisait qu'elle ne fût pas dépourvue de tout sentiment pour être vivement affectée du spectacle déchirant de cet infortuné, qui s'était fait porter expirant jusque dans l'asyle où elle était retirée, et avait encore voulu mourir dans les bras d'une femme qui était la seule cause de tous ses malheurs. Voilà ce qu'on aperçoit sans peine avec un peu de connaissance du cœur humain : mais tout ce qu'écrivait alors Marmontel prouve combien cette connaissance lui était encore étrangère.

Numitor, ouvrage de sa pleine maturité, est entièrement d'invention; et pour sentir combien la fable en est hasardeuse, il suffit d'observer que c'est exactement le fond du conte de La Fontaine, connu sous le titre du *Fleuve Scamandre*. C'est risquer beaucoup; et rien n'est si voisin du ridicule que l'aventure de la prêtresse Ilie, avec qui Amulius, roi d'Albe, devient père de Romulus et de Rémus en se faisant passer pour le dieu Mars. Ce genre d'imposture et de crédulité semble toucher de plus près au comique qu'au tragique, et d'autant plus qu'Ilie, dans toute la pièce, et vingt ans après son aventure, est encore persuadée qu'elle est l'épouse de Mars : ce n'est que vers la fin qu'Amulius lui-même la détrompe. Il n'en est pas moins certain qu'ici la manière de l'auteur est devenue sans comparaison plus tragique, son dialogue plus soutenu, sa versification plus forte. La pièce a des beautés réelles avec de grands défauts : lequel des deux l'emporterait à la représentation ? c'est ce que je ne prendrai pas sur moi de décider, sachant par expérience que l'effet dramatique ne peut être bien constaté qu'au théâtre. La singularité du sujet ne consiste pas seulement dans l'erreur continuelle d'Ilie, qui peut prêter beaucoup au ridicule, sur-tout devant le public français : l'idée du rôle d'Amulius est aussi une sorte de nouveauté qui a certainement son mérite, mais qui n'est pas sans inconvénients. C'est un tyran converti par les remords, et qui veut réparer le mal qu'il a fait : il en a fait beaucoup; il a usurpé le trône sur Numitor, dont il passe pour être l'assassin, mais qu'en effet il tient depuis vingt ans enfermé dans un cachot sous les voûtes du temple de Mars et sous la garde du pontife Agénor. L'affreuse captivité de cet auguste vieillard, décrite avec énergie, et plus intéressante encore quand il paraît sous les yeux du spectateur dans l'horreur de son cachot, avec ses cheveux blancs et ses chaînes, peut affaiblir beaucoup l'impression que doivent produire les remords d'Amulius, d'après ce principe, que le mal présent se pardonne bien moins sur la scène que le mal passé; et c'est ce qui fait de la Sémiramis de Voltaire un personnage si tragique : ses fautes sont dans l'éloignement des temps, et tous les genres de grandeur l'environnent à nos yeux. C'est une très belle conception dont Crébillon ne se douta pas quand il imagina sa Sémiramis, aussi odieuse dans l'action même de la pièce que dans l'histoire du passé. Amulius n'offre aucune espèce de grandeur, et n'a pour lui que son repentir, dont les effets ne vont pas même très loin. Il a retrouvé son Ilie, condamnée autrefois comme une prêtresse infidèle, et condamnée par son père Numitor, alors sur le trône d'Albe; il l'a sauvée du supplice et arrachée aux bourreaux : et c'est en ce moment qu'il a détrôné Numitor. Ilie et ses deux enfants qu'elle allaitait, ont trouvé un asyle dans ces forêts qui depuis sont devenues la ville de Rome sous les auspices de Romulus et de Rémus. Tous deux y régnaient quand la guerre a éclaté entre Rome et Albe, à l'occasion de l'enlèvement des Sabines. La trève s'est ensuivie, et c'est même pendant cette trève qu'Ilie a été enlevée par des soldats albains, et conduite, sans être connue, dans ce même temple de Mars où elle a jadis échappé à la mort. Amulius la reconnaît et n'en est pas reconnu, ce qui est un peu romanesque : car il semble assez naturel qu'elle n'ait pas dû l'oublier à ce point, après tout ce qui s'est passé. Amulius, qui l'aime toujours, se propose de l'épouser, en lui avouant le crime qu'il veut réparer, et il serait juste qu'il rendît en même temps le sceptre à Numitor; mais il n'est pas décidé sur ce point, et demande avant tout que Numitor jure de lui pardonner. C'est à ce prix qu'il met sa délivrance; et cela forme un caractère indécis, un mélange de bien et de mal qui en lui-même est peu intéressant, et d'autant moins qu'Amulius menace toujours en promettant, et que sa conduite semble dépendre, non pas d'un trop juste retour sur lui-même, mais des résolutions de Numitor. C'est un défaut, et le rôle de Pallante en est un beaucoup plus grand. Il est absolument épisodique, et pourtant il tient dans ses mains les principaux ressorts de la pièce; ce qui est contraire aux lois de l'unité et de l'action dramatique. Ce Pallante est un froid scélérat, ministre et confident d'Amulius, et c'est lui que cet usurpateur charge de traiter avec Numitor. Pallante, instruit des projets de son maître, a les siens aussi, et ne prétend rien moins que le trône d'Albe, où il se flatte de monter en obtenant de Numitor la main de sa fille Ilie. Il est maître du sort de ce vieillard; et en le produisant tout à coup aux yeux de ses sujets, qui le regrettent, il fera aisément périr Amulius, et s'assurera l'héritage du vieux Numitor en épousant sa fille. Rien n'est plus froid au théâtre que ces scélérats qui viennent tout à coup vous révéler les secrets d'une ambition sans titres, qui n'a de moyens que le concours fortuit de circonstances où ils ne sont pour rien. C'est un des grands vices du théâtre anglais et espagnol, et c'est avec ces ressorts grossiers et mal construits qu'ils amènent des situations. Cela est directement opposé aux principes de l'art, et n'est plus pardonnable depuis Corneille, qui le premier a su bâtir autrement ses intrigues. Racine et Voltaire ont marché, et plus sûrement, dans la même route; mais comme la route contraire est infiniment plus facile à suivre, jamais les grands exemples et la bonne critique n'ont pu en écarter le plus grand nombre des écrivains. Il n'y a que ceux qui ont suivi les traces des maîtres, quoique avec plus ou moins de talent, qui soient parvenus à obtenir de grands effets sans ces moyens petits et faux. C'est de ce genre que sont les tragédies de *Rhadamiste*, de *Manlius*, d'*Iphigénie en Tauride*, et cinq ou six autres encore, que le succès constant du théâtre et le suffrage des connaisseurs ont fait regarder comme les premières du second rang. Elles sont plus ou moins des chefs-d'œuvre qui réunissent dans le plus haut degré l'effet tragique et les beautés de l'exécution; mais elles prouvent une force qui est encore assez rare, celle de maintenir l'art à la hauteur des principes.

Ce Pallante exige la main d'Ilie, et sur son refus jure de poignarder Numitor. Elle est arrêtée par les nœuds qu'elle croit avoir formés avec un dieu, et l'on sent qu'un pareil motif nuit à l'intérêt que peut produire sa résistance : ce vice de la fable se retrouve partout. D'un autre côté, Numitor est implacable, et veut le sang d'Amulius. Arrive Romulus au quatrième acte, fait prisonnier dans un combat. Il retrouve sa mère Ilie, qui l'instruit successivement de ce qui doit amener la reconnaissance; il apprend que Numitor est vivant et dans les fers; il ne respire que vengeance, et ne peut concevoir que sa mère s'y oppose. Mais bientôt Amulius lui-même se fait reconnaître pour le père de celui qui se croyait fils de Mars; et au moment où Pallante veut égorger Numitor dans le temple, Amulius et Pallante se frappent mutuellement de coups mortels, et Amulius vient demander à Numitor un pardon que celui-ci n'accorde à son oppresseur que quand il le voit expirant.

On voit que cette fable est très compliquée, et j'en ai indiqué les défauts les plus sensibles. Mais les beautés peuvent former un contre-poids suffisant : chaque acte présente une situation, le plus souvent un peu forcée, mais non pas invraisemblable, et toutes produisent au moins beaucoup de surprise et d'incertitude, et rendent la pièce attachante jusqu'à la fin. La plus belle sans contredit, celle dont l'effet me paraît sûr, est la scène du troisième acte où le pontife Agénor amène Ilie dans le cachot de son père qu'elle croit mort, qui la croit morte, et se reproche depuis vingt ans de l'avoir fait périr. La situation est forte et neuve, et l'exécution y répond : c'est sans contredit ce que l'auteur a conçu de plus tragique. Il a su y ajouter encore par un moyen très naturel : Numitor dans son cachot, déchiré du regret d'avoir condamné sa fille, croit sans cesse l'entendre gémir sous les voûtes de ce temple où elle a été livrée par un père entre les mains des bourreaux; et il n'est point du tout étonnant que, dans une tête affaiblie par une si longue et si cruelle solitude, une triste illusion produise des instants d'une sorte de délire. C'est ce qui arrive quand il revoit sa fille, et croit ne voir que son ombre : cet instant est court, et la mesure n'est passée en rien ; ce qui rend l'effet plus grand. C'est là l'espèce de délire qui est vraiment de la tragédie, et non pas une longue et puérile imbécillité, spectacle qu'il eût fallu laisser au théâtre anglais, et qui a déshonoré le nôtre aux yeux de tous les gens sensés.

Les scènes entre Amulius et Romulus sont pleines de noblesse et de force, et offrent de beaux détails de mœurs et de caractères, que les destinées de Rome fournissaient à la poésie. En total, cet ouvrage est digne d'estime, et il serait à souhaiter qu'on en essayât la représentation. Je me garderais d'en garantir le succès ; mais sur un auditoire tel qu'il doit être au théâtre de la nation, ce serait du moins une expérience curieuse et instructive, qui ne pourrait que tourner au profit de l'art sans pouvoir faire aucun tort à la mémoire de l'auteur.

Les Héraclides ne peuvent que lui faire honneur : c'est le seul ouvrage régulier qu'il ait fait. Le sujet est puisé dans la nature, mais d'après Euripide ; et quoique ce ne soit pas un de ceux que le poète grec a su remplir, il a servi sans doute à préserver l'auteur français des écarts et des bizarreries où il n'était que trop sujet. Ici rien que de raisonnable et de vrai, rien que d'intéressant. La veuve d'Hercule, Déjanire, la jeune Olympie sa fille, et des enfants en bas âge, toute la famille d'un demi-dieu poursuivie par Eurysthée, viennent chercher un asyle dans Athènes, auprès du roi Démophon. Coprée, ambassadeur de l'implacable Eurysthée, tyran d'Argos, vient réclamer tous ces fugitifs comme nés sujets de son maître. Démophon s'y refuse par respect pour l'hospitalité et pour sa propre dignité, et son fils Sthénélus, jeune héros, l'amour et l'espérance d'Athènes, partage ces sentiments généreux, et y joint celui de l'amour qu'il a conçu pour Olympie à la première vue. Il est à remarquer qu'ici cet amour, quoique récent, n'est point répréhensible, parce qu'il naît très naturellement de la situation d'Olympie, ne produit rien qui ne s'y rapporte, et tire tous ses effets des dangers respectifs de ces deux jeunes amants. Il ne fait qu'ajouter un intérêt plus vif et plus tendre, d'un côté à la générosité, et de l'autre à la reconnaissance, qui de part et d'autre agiraient encore de même, et avec des motifs suffisants et vraisemblables, quand l'amour n'y serait pour rien. C'est ce qui fait que cet amour n'est point un ressort forcé ni un sentiment exagéré, comme nous l'avons observé souvent, de ces passions subites qui généralement sont contraires aux principes de l'art : l'exception est donc ici suffisamment justifiée. Le nœud de l'intrigue est formé par la haine d'Eurysthée et par la politique perfide de son ministre Coprée. Les troupes d'Argos sont aux frontières, et prêtes à envahir l'Attique si Démophon ne rend pas les Héraclides ; et Coprée a gagné le grand-prêtre de Cérès-Éleusine, pour faire intervenir un faux oracle qui déclare qu'en cas de guerre les Athéniens n'obtiendront la victoire qu'au prix du sang d'une jeune vierge immolée sur l'autel de Cérès. Olympie, instruite de cet oracle, est résolue à se dévouer volontairement pour faire triompher les armes de Démophon son protecteur, qui ne s'expose que pour elle. Une mère désespérée combat cette funeste résolution avec toute la force que la nature peut opposer à l'héroïsme. Voilà sans doute un fond vraiment tragique : il est presque tout entier d'Euripide, et les personnages de la pièce française sont ceux de la pièce grecque, hors Sthénélus, sans lequel il ne pouvait y avoir d'amour dans ce sujet, et l'on sent que l'amour est ici très bien placé. Marmontel a fait un autre changement qui me paraît très heureux : chez lui, c'est Déjanire qui remplace l'Alcmène d'Euripide, et c'est une source de nouvelles beautés. Cette Déjanire est celle qui a été la cause innocente de la mort d'Hercule; et l'on conçoit que les reproches qu'elle se fait d'une imprudence qui a eu des suites si cruelles, et qui n'était pourtant que l'erreur d'un amour extrême et crédule, répandent sur son rôle une teinte sombre et tragique que ne pouvait avoir celui d'Alcmène : celui-ci est peu de chose dans Euripide, et ici Déjanire est le premier personnage. Son malheur passé ajoute à ses dangers présents, et cette conception est dramatique : elle est moins forte et moins frappante que celle de *Numitor*, mais elle me paraît d'un effet plus sûr que celle de cette dernière pièce, dont les moyens ne sont pas à beaucoup près aussi bons.

Nous avons vu, dans le théâtre des Grecs, qu'Euripide, dès le troisième acte, semble abandonner ce beau sujet, qu'on ne sait pas même ce que devient Macarie, qui est l'Olympie de la pièce française, et que les trois derniers actes ne contiennent plus rien qui ne soit hors du sujet. Marmontel s'y est renfermé, et l'a conduit jusqu'à un dénouement fort heureux, par des incidents bien ménagés, et par le développement pathétique des sentiments que chaque personnage doit puiser dans sa situation. On voit qu'elle est violente pour tous, même pour le vieux roi d'Athènes, qui est équitable et généreux et qui se trouve partagé entre ce qu'il doit aux enfants d'Hercule, autrefois le libérateur de son père Thésée, et ce qu'il doit à son peuple, exposé à une guerre sanglante, et menacé par un oracle qui met toutes les familles d'Athènes dans la plus juste épouvante. La conduite du drame ne manque point d'art : le dévouement secret d'Olympie, confié au seul Iolas, ancien ami et compagnon d'Hercule, est découvert à Déjanire ; ce qui amène les combats de la mère et de la fille, et des scènes attendrissantes ; il est caché à Sthénélus, qui, n'étant pas pour Olympie ce qu'Achille est pour Iphigénie, n'aurait pu que retomber dans les scènes de Déjanire, et affaiblir la situation en la répétant. Cette marche est bien entendue, et le dénouement bien amené. Au moment où les deux armées vont combattre d'un côté, tandis que de l'autre Olympie est au temple, un esclave argien, arrêté près de la ville, où il portait une lettre de Coprée au grand-prêtre de Cérès, est conduit à Sthénélus, qui est à la tête de l'armée, et la lettre ouverte prouve le complot atroce de ces deux traîtres. Sthénélus vole au temple, et arrive à l'instant même où le pontife allait consommer son crime. La vue de l'esclave et de la lettre lui font comprendre que tout est découvert, et il ne lui reste d'autre parti à prendre que de tourner contre lui-même le glaive qu'il allait lever sur Olympie. Sthénélus présente à ses soldats la fille d'Hercule, qu'il vient de sauver lorsqu'elle allait s'immoler pour eux, et leur inspire ainsi un nouveau courage qui est bientôt couronné par la victoire.

Ce plan me paraît à l'abri de tout reproche grave, et l'exécution, sans être supérieure, est généralement bonne, et quelquefois belle. La versification est beaucoup plus facile et plus pure que dans les autres pièces de Marmontel : il y a encore bien des endroits faibles, mais peu de fautes marquées, et nombre de beaux vers. On a peine à comprendre qu'ayant à choisir entre cette tragédie et *Cléopâtre*, lorsqu'il voulut reparaître sur la scène, il ait donné la préférence à la dernière, qui, dans aucun temps, ne pouvait réussir; ce fut par le conseil de ses amis, tous *philosophes*, et qui furent plus frappés des détails politiques et historiques de *Cléopâtre*, que du pathétique des *Héraclides*. Je ne citerai qu'un morceau de celle-ci, tiré du rôle d'Olympie, lorsqu'elle charge Démophon de porter ses derniers adieux à Sthénélus; ce morceau finit le troisième acte; j'allongerais trop cet article si je multipliais les citations :

Consolez un héros dont mon cœur fut charmé.

Que je le plains s'il m'aime autant qu'il est aimé !
Dites-lui qu'au tombeau j'emporte son image,
Qu'entre une mère et lui mon âme se partage.
Témoin de mon amour, témoin de mes douleurs,
Rendez-lui mes adieux, confiez-lui mes pleurs.
Dites-lui qu'effrayé du coup qui nous sépare,
Mon cœur s'est révolté contre une loi barbare,
Dites-lui que la fille et d'Hercule et des dieux
N'a cherché qu'en tremblant un trépas glorieux.

(Ces deux derniers vers sont admirables.)

Ne m'attribuez point un orgueil qui le blesse :
Il verra plus d'amour dans un peu de faiblesse.
Je lui lègue une mère : il sera son appui :
Si sa fille eût pu vivre, elle eût vécu pour lui.
Mais pourquoi s'attendrir ? Ce ne sont point des larmes
Qui peuvent assurer le succès de vos armes ;
Et ce n'est point à vous à pleurer sur mon sort
Quand je vole à la gloire en affrontant la mort.
La route à tous les deux en doit paraître aisée :
Je suis fille d'Hercule, et vous fils de Thésée.
Allez, seigneur, pressez ce glorieux instant
D'un front aussi serein que ma vertu l'attend.

Nous venons de voir les adieux de Cléopâtre dans un moment à peu près semblable, et qui sont ce qu'ils pouvaient être. Voyez quelle différence ! Celle du style est en raison de celle des choses. J'avoue qu'ici Marmontel s'est surpassé; et qu'il n'y a peut-être pas dans *les Héraclides* trois morceaux de la même force. Mais le sujet a porté son talent au-delà de ce qu'il pouvait d'ordinaire. Combien d'exemples attestent la vérité de ce mot profond d'Horace :

> Cui lecta potenter erit res,
> Nec facundia deseret hunc, nec lucidus ordo.

Vous demanderez sans doute comment il se fait que cette tragédie ait eu peu de succès dans sa nouveauté. D'abord, c'est qu'elle n'était pas ce qu'il en a fait depuis : il s'en faut de beaucoup. Quoique le fond fût en général le même, il y avait dans l'exécution toutes sortes de fautes, et jamais sur-tout il n'avait tant négligé la versification, qu'alors un public exercé à juger écoutait ordinairement avec une attention sévère, encore plus quand l'auteur n'était ni sans réputation ni sans ennemis. Marmontel lui-même, dans une préface où il rend compte, et très fidèlement, des divers obstacles qui s'opposèrent à la réussite de cette pièce, avoue la négligence du style, d'autant plus grande qu'il *avait plus compté sur l'effet des situations;* et il ne donne pas ce motif pour excuse, il le propose comme un exemple et une leçon qui doivent détourner les jeunes gens d'une semblable faute. D'ailleurs, des préventions défavorables ajoutèrent la malveillance à la sévérité. L'auteur n'avait que trop laissé percer dans le public ses étranges opinions sur Racine : le sujet des *Héraclides* avait des rapports assez prochains avec celui d'*Iphigénie*, quoique dans le fond il en diffère aussi essentiellement qu'un dévouement volontaire diffère d'un sacrifice forcé. Mais on répandit et l'on crut que Marmontel avait voulu lutter contre *Iphigénie*, et c'était assez pour indisposer les spectateurs.

La pièce ne tomba pas cependant, mais elle fut troublée souvent par des murmures; et comme les nouveautés en ces temps ne ressuscitaient pas aussi aisément qu'il est arrivé depuis, le mauvais effet de cette première représentation ne put être réparé dans les suivantes, où il y eut très peu de monde, et il fallut bientôt retirer l'ouvrage. Je ne suis pas assez au fait de l'état actuel du théâtre pour pouvoir assurer qu'il y eût aujourd'hui du succès; mais je suis convaincu qu'il en mérite, et qu'un public paisible, impartial et libre, l'établirait sur la scène, où il doit rester.

Le sort des opéra comiques de Marmontel est fait depuis long-temps : il ne s'agit plus que de voir dans quel rang ils peuvent être parmi les bons ouvrages de ce genre. Leur premier mérite est certainement celui d'une versification plus correcte, plus soignée qu'elle ne l'est dans aucun des mélodrames du même théâtre : l'auteur a excellé particulièrement dans la coupe des airs, et a soutenu mieux que personne le ton de l'ariette noble. *Lucile*, *Silvain*, *Zémire et Azor* ont de l'intérêt; et la scène du quatuor de *Lucile* et le tableau magique de *Zémire* ont de la grace et du charme. Ce ne sont au fond que de petits romans, mais dont le plan est simple et clair, le dialogue naturel et quelquefois ingénieux; la décence y est toujours observée, et la morale pure. Il y a plus d'esprit proprement dit dans *l'Ami de la maison;* c'est la seule de ses pièces où il y ait quelque chose de la comédie, soit dans le langage des personnages, soit dans leur situation. Mais du reste, c'est par-là sur-tout qu'il est le plus inférieur à ses concurrents : il a peu d'invention et point de gaieté, car sa *Fausse Magie* n'est qu'une farce. Favart l'emporte de beaucoup sur lui par la multitude et la variété des conceptions, par une foule de scènes où brillent la finesse et la grace; et la perfection où il est parvenu dans le vaudeville me paraît un titre bien plus rare et bien plus précieux que celle de l'ariette noble, qui appartient à Marmontel. On trouvera bien plus communément, quand la république des lettres sera sortie de son anarchie, un versificateur capable de faire l'ariette aussi purement que Marmontel, qu'un écrivain dramatique qu'on puisse appeler, comme Favart, un auteur charmant, même à la lecture. C'est à la lecture qu'on s'aperçoit qu'il a cent fois plus d'esprit qu'un académicien, qui pourtant en avait beaucoup; mais qui n'avait pas celui-là. Ses pièces sont assez froides à lire, quoique agréables à voir jouer. Ce qui n'est touchant qu'avec la musique et le jeu du théâtre, n'est à la lecture que d'un sérieux continu qui devient bientôt de la froideur, parce que l'intérêt n'est que dans les situations, et que le genre ne comporte pas les développements. C'est l'inconvénient qu'aura toujours pour le lecteur ce qui vise au pathétique, mais seulement à l'aide de l'acteur et du musicien. C'est ce qui réussit le plus aisément sur la scène, mais ce qui sera toujours un mérite à peu près nul dans un livre. C'en est un au contraire qui plaît par tout, que l'esprit, la gaieté, le comique, quantité de jolis couplets, de jolis vers, de traits saillants; et Marmontel n'a presque rien de tout cela. C'est par cette raison que Favart et d'Hèle après lui, méritent à mes yeux le premier rang* dans le genre de drame où ils ont travaillé.

Cinq ou six ariettes excellentes ne sauraient, à mon avis, ni compenser tout ce qui a manqué à Marmontel dans l'opéra comique, ni balancer tous les avantages de ses deux rivaux les mieux partagés. Ces morceaux d'élite sont les couplets d'Hélène, *Ne crois pas qu'un bon ménage* ; ceux de Lucette dans la même pièce, *Je ne sais pas si ma sœur aime* ; le duo, *Avec ton cœur, s'il est fidèle* ; l'autre duo entre les mêmes personnages, *Dans le sein d'un père* ; *Tout ce qu'il vous plaira*, dans *l'Ami de la maison* ; et le quatuor de Lucile. Il ne faut pas croire non plus que même en ce genre, plus facile que d'autres, l'auteur soit exempt de fautes de goût : elles n'y sont pas communes, mais elles sont remarquables. Dans *Zémire et Azor* :

Quel bonheur ! quel prodige ! et c'est moi qui l'*opère* !

* Je me souviens fort bien d'avoir eu autrefois un avis différent dans le *Mercure*, où, à propos de l'*Amant jaloux*, dont les ariettes sont médiocrement versifiées, je citais celles de Marmontel, qui sont, il est vrai fort supérieures. Mais une partie de l'art n'est pas tout : je n'avais lu alors que les seuls opéra comiques de Marmontel : Sedaine était illisible, et jamais je n'avais lu Favart, qui dans ce même temps commençait à baisser. Voilà les causes de mon erreur, que je m'empresse d'avouer dès que je l'ai reconnue. Il n'y a point de genre qui, pour être bien apprécié, ne demande à être examiné dans toutes ses parties, et avec plus ou moins de réflexion. C'est ce que je n'avais pas été à portée de faire sur tous, avant de m'occuper de l'ouvrage qui m'en faisait un devoir. J'ai dû revenir alors sur toutes mes opinions avec un œil aussi critique pour moi que pour les autres. Aussi n'est-ce pas la seule que j'aie rétractée, et je m'estime encore fort heureux de n'avoir pas eu à en rétracter davantage. C'est qu'au moins j'avais toujours

Cette fin de vers est bien malheureuse. Dans *Lucile* :

> Mais Lucile est éblouissante.
> . . . .
> La trouvez-vous *appétissante?*

C'est son père qui s'exprime ainsi en parlant à un autre vieillard, au père de son gendre : cela serait à peine supportable dans la bouche d'un jeune amoureux, et le ton de la pièce est généralement noble ; c'est là du mauvais goût. Voici dans la même scène une impropriété de terme qui fait un énorme contre-sens :

> ..... Je voudrais que *la mollesse*
> Fût le prix des travaux guerriers ;
> Et je respecte la vieillesse
> Qui repose sur des lauriers.

Les deux derniers vers sont bien, quoiqu'en rappelant ceux de Voltaire :

> Courtisans de la gloire, écrivains et guerriers,
> Le sommeil est permis, mais c'est sur des lauriers.

Mais qui jamais a fait de *la mollesse le prix des travaux guerriers?* Ce qui est partout un vice ne peut être nulle part un *prix*. Il a voulu dire le repos ; mais *la mollesse* est ici un étrange synonyme. On trouve dans cette même pièce une faute d'une espèce plus grave, un mouvement faux, absolument faux. Dans le premier instant où Lucile apprend de Blaise qu'elle a été changée en nourrice, son premier mot, son premier cri est : *Ah! mon père!* en se je-

été de bonne foi, et on en est toujours récompensé en se trompant moins que les autres.

tant dans les bras de Blaise. Voilà encore cette nature exaltée qui trompe Marmontel dans un opéra comique comme dans la tragédie. Qu'on se rappelle la situation, et l'on sentira que, dans une révolution aussi terrible qu'imprévue, le premier mouvement est d'être atterrée, le second de se jeter dans les bras de l'autre père qu'elle retrouve en perdant celui qu'elle avait auparavant : mais du premier mouvement au second, il y a loin dans la nature, et c'est ce qu'il fallait marquer.

Je ne puis croire non plus que la tournure élégante de quelques ariettes puisse valoir le talent de peindre la nature et les mœurs avec des nuances naïves et fines, comme on l'a fait dans *Rose et Colas*, et *On ne s'avise jamais de tout*. Ainsi Sedaine, qui ne compte pas comme écrivain, l'emporte encore ici par un talent dramatique réel et marqué dans son genre ; ce que n'eut point Marmontel, dont le meilleur opéra comique, *Zémire et Azor* est pris tout entier dans un très joli conte, *la Belle et la Bête*, que tout le monde a lu dans l'ouvrage utile et estimable de madame Le Prince de Beaumont. Marmontel n'y a pas même ajouté ce qui pouvait en augmenter l'intérêt, ce qu'exigeait le théâtre, et ce que le sujet offrait de lui-même. Il n'a pas songé à donner à son Azor un amour connu et caractérisé pour la jeune Zémire, qu'il devait, dans la fable de la pièce, avoir depuis long-temps distinguée, de qui seule il devait attendre sa métamorphose, comme du seul objet qui la lui fît désirer ; au lieu qu'il ne l'a vue que de la veille, et ne parle même pas de l'impression qu'elle a pu faire sur lui : il semble qu'elle ne fasse ici que ce que tout autre fille pourrait faire à sa place. Il est difficile de justifier une si grande stérilité quand ses deux concurrents ont montré tant de fécondité, et nous allons voir que d'Hèle a aussi le pas sur lui par des qualités qui sont bien plus du genre que les siennes. Il reste donc au dernier rang parmi ceux qui se sont le plus distingués à ce théâtre, et il n'y a pas après tout de quoi s'en affliger pour lui. Il a d'autres titres, et je ne crois pas que tous ses opéra comiques réunis aient pris deux mois de son travail. Ils lui ont valu, comme on voit, beaucoup plus encore qu'ils ne lui avaient coûté, puisqu'ils sont restés au théâtre et hors de la foule, et que nous leur avons l'obligation de nous avoir donné Grétry.

Sur les Incas.

Quand l'illustre Fénelon donna son *Télémaque*, l'ouvrage du dernier siècle où la prose française eut le plus de douceur et de charme, il ne l'appela ni poème ni roman. Il laissa à son lecteur le soin d'intituler son livre, prenant sur lui le soin de le faire bon, et la postérité l'a nommé un ouvrage charmant.

Cet exemple peut suffire pour justifier Marmontel, qui dit lui-même dans sa préface :

« Quant à la forme de cet ouvrage, considéré
« comme production littéraire, je ne sais, je l'avoue,
« comment le définir. Il y a trop de vérité pour un
« roman, et pas assez pour une histoire. Je n'ai cer-

« tainement pas eu la prétention de faire un poème.
« Dans mon plan, l'action principale n'occupe que
« très peu d'espace : tout s'y rapporte, mais de
« loin. C'est donc moins le tissu d'une fable que le
« fil d'un simple récit dont tout le fond est histo-
« rique, et auquel j'ai entremêlé quelques fictions
« compatibles avec la vérité des faits. »

On peut donc regarder *les Incas* comme une espèce de roman poétique, qui a l'histoire pour fondement, et la morale pour but. Ce serait une vaine chicane de lui demander précisément ce qu'il a voulu faire, et il lui suffirait de répondre : J'ai voulu instruire et intéresser. Nous ajouterons qu'on ne pouvait choisir un sujet plus riche et plus propre à remplir ces deux objets.

Mais peut-être pourrait-on faire à l'auteur un reproche fondé, non pas sur la nature de son ouvrage, mais sur le plan. Il semble que la marche n'en est pas assez déterminée, ni la disposition assez nette. Le lecteur demande d'abord qu'on attache son attention à un objet qu'on lui indique, à un but vers lequel il doit tourner ses regards : de là naît cette unité d'intérêt si précieuse et si nécessaire dans tous les ouvrages où l'imagination entre pour quelque chose. M. Marmontel paraît avoir négligé cette règle dans *les Incas* : l'action principale ne s'y annonce pas assez tôt, et les parties épisodiques n'y sont pas liées par un nœud assez marqué. Il commence par la description des mœurs et de la religion des Péruviens, qui occupe les quatre premiers chapitres, jusqu'à l'arrivée de la famille de Montézuma, qui apprend à l'inca du Pérou, Ataliba, l'effrayante révolution qui a renversé le trône du Mexique sous les coups des Espagnols, les victoires et les cruautés de Cortez, et la mort de Montézuma, frappé de la main de ses sujets. C'est sans doute une idée heureuse que ce récit épisodique qui réunit sous les yeux du lecteur les plus grandes époques de l'invasion du Nouveau-Monde et les plus grands attentats des conquérants européens. Il fallait que, dans le tableau du fanatisme, les désastres du Mexique fussent tracés avec ceux des Incas du Pérou, et cette réunion devait entrer dans le plan de l'auteur. Mais les principaux personnages de ce tableau auraient dû paraître plus tôt sur la scène. Les objets rassemblés dans les quatre premiers chapitres auraient pu être dispersés dans le cours de l'ouvrage, et retardent l'intérêt, qui ne saurait trop tôt commencer.

On croit bien que le vertueux las Cazas, qui mérita le titre de *protecteur de l'Amérique*, est un des personnages les plus intéressants du livre des *Incas*. Le langage qu'il tient dans le conseil des Espagnols avant l'expédition de Pizarre est digne du caractère que l'histoire lui attribue. Il combat sur-tout ce droit prétendu de faire des esclaves, droit que s'arrogeaient les conquérants sur la donation du pontife de Rome.

« Et de quel titre s'autorise la fureur d'opprimer?
« *Conquérants pour la foi!* La foi ne nous demande
« que des cœurs librement soumis. Qu'a-t-elle de

« commun avec notre avarice, nos rapines, nos
« brigandages ? le Dieu que nous servons est-il
« affamé d'or ? *Un pontife a partagé l'Inde.* Mais
« l'Inde est-elle à lui ? mais avait-il lui-même le
« droit qu'on s'arroge en son nom ? Il a pu confier
« ce monde à qui prendrait soin de l'instruire,
« mais non pas le livrer en proie à qui voudrait
« le ravager. Le titre de sa concession est fait pour
« un peuple d'apôtres, non pour un peuple de
« brigands. »

Telle est la morale développée dans tout l'ouvrage, dont l'effet principal est de combattre le plus grand et le plus dangereux ennemi de l'humanité, le fanatisme. On ne peut le combattre mieux qu'en racontant ses forfaits, et les plus horribles qu'il ait commis ont eu pour théâtre les deux Indes. L'abus de la force, l'avarice, la facilité d'opprimer, l'ivresse féroce du carnage, la nécessité même de s'y défendre et de soutenir des injustices par des cruautés, ont pu sans doute produire une partie des horreurs qui ont souillé la conquête du Nouveau-Monde. Mais il n'est que trop prouvé que le fanatisme les a portées à un excès qu'il ne faut attribuer qu'à lui : il n'est que trop vrai que, du moment où les malheureux Américains refusaient le baptême, on se croyait tout permis contre eux ; et quand on les pendait au nombre de douze, en l'honneur des douze apôtres, il est clair que, par un mélange profane et fanatique, on faisait entrer la religion même dans des abominations qu'elle déteste. Voilà ce que l'auteur des *Incas* a cru devoir remettre sous les yeux de toutes les nations, persuadé que, pour empêcher le fanatisme de renouveler ses fureurs, il faut rappeler ses attentats. C'est le dessein qu'il explique dans l'épître dédicatoire, qu'on peut regarder comme un chef-d'œuvre dans ce genre. Elle est adressée à un monarque qui, digne du grand nom de Gustave, a mérité l'amour de ses sujets et les hommages des étrangers.

« La moitié du globe opprimée, dévastée par le
« fanatisme (dit l'académicien philosophe à cet
« illustre souverain), est le tableau que je présente
« aux yeux de votre majesté. Je rouvre la plus
« grande plaie qu'ait jamais faite au genre humain
« le glaive des persécuteurs. Je dénonce à la reli-
« gion le plus grand crime que le faux zèle ait ja-
« mais commis en son nom.... Les attentats du fa-
« natisme ne sont pas du nombre de ceux qu'il
« faut déférer à la rigueur des lois, car les lois ne
« sont plus quand le fanatisme domine. Tous les
« autres crimes ont à redouter ou le châtiment, ou
« l'opprobre : les siens portent un caractère qui
« en impose à l'autorité, à la force, à l'opinion ;
« un saint respect les garantit trop souvent de la
« peine, et toujours de la honte. Leur atrocité
« même inspire une religieuse terreur, et si quel-
« quefois ils sont punis, ils n'en sont que plus ré-
« vérés. Le fanatisme se regarde comme l'ange
« exterminateur, chargé des vengeances du Ciel;
« il ne reconnaît ni frein, ni loi, ni juge sur la
« terre. Au trône il oppose l'autel, aux rois il parle

« au nom d'un Dieu; aux cris de la nature et de
« l'humanité il répond par des anathèmes. Alors
« tout se tait devant lui; l'horreur qu'il inspire est
« muette. Tyran des âmes et des esprits, il y étouffe
« le sentiment de la lumière naturelle; il en chasse
« la honte, la pitié, les remords; plus d'opprobre,
« plus de supplice capable de l'intimider. Tout
« est pour lui gloire et triomphe. Que lui opposer,
« même du haut du trône qu'il regarde du haut
« des cieux? Peuples et rois, tout se confond de-
« vant celui qui ne distingue parmi les hommes
« que ses esclaves et ses victimes; c'est sur-tout aux
« rois qu'il s'adresse soit pour en faire ses ministres,
« soit pour en faire des exemples plus éclatants de
« ses fureurs; car ils ne sont sacrés pour lui qu'au-
« tant qu'il est sacré pour eux : aussi les a-t-on vus
« cent fois le servir en le détestant; et de peur d'at-
« tirer sa rage sur eux-mêmes, lui laisser dévorer
« sa proie et lui livrer des millions d'hommes pour
« l'assouvir et l'apaiser. »

Ce portrait sublime peut donner au lecteur une idée des beautés supérieures répandues dans les *Incas* et que les limites étroites où nous sommes renfermés ne nous permettent pas même d'analyser. En général, la peinture de ces évènements extraordinaires qui firent tomber devant une poignée d'Espagnols les empires du Mexique et du Pérou est tracée avec énergie, avec noblesse, avec intérêt. La description de l'île Christine dans la mer du Sud, description dans laquelle l'imagination de l'auteur s'est rencontrée avec les véritables mœurs de l'île de Taïti, décrites par M. de Bougainville, est un des épisodes les plus agréables du livre. Tous ceux que l'auteur a tirés de l'histoire, ou qu'il a inventés, servent à mettre dans un plus grand jour la bonté des peuples du Nouveau-Monde et la férocité de leurs oppresseurs. On reprochera à l'auteur le très grand nombre de vers accumulés dans sa prose ; mais cette prose est éloquente ; elle offre des traits frappants dans tous les genres : on y retrouve la morale, l'élévation et le pathétique, qui ont fait le succès de *Bélisaire*; et le livre des *Incas* sera regardé comme un des monuments distingués de notre littérature, lorsque, après la voix tumultueuse des partis qui la divisent, il ne restera que le jugement tranquille des lecteurs impartiaux, à qui les défauts ne ferment pas les yeux sur les beautés, et qui, se permettant d'apprécier les uns, sont encore plus jaloux de jouir des autres.

La Harpe, *Cours de Littérature*.

II. Marmontel et La Harpe.

En épargnant à M. de La Harpe les reproches qu'on peut lui faire sur les derniers volumes de son *Cours*, que les hommes raisonnables et libres de tout esprit de parti regardent comme bien inférieurs aux premiers ; et, en ne comparant dans les deux ouvrages (les *Éléments de littérature* de Marmontel et *le Lycée*) que ce qui est relatif à la littérature proprement dite, je dirai : que, dans le *Cours* de M. de La Harpe, on recueille les jugements sains que lui même a portés et qu'on adopte, pour ainsi dire, tout faits, et que, dans celui de Marmontel, on apprend à juger soi-même. Le premier fait d'excellents écoliers, le second forme des maîtres. La Harpe vous enseigne à saisir tous les détails, à ne laisser échapper ni une faute, ni une beauté; Marmontel, à faire un ensemble d'après une connaissance approfondie du caractère et du genre des diverses espèces de compositions*. Celui-là vous conduit dans la pratique de l'art; celui-ci vous ordonne une savante théorie. Les auditeurs naturels de La Harpe étaient et devaient être des gens du monde, et surtout de jeunes gens et de jeunes femmes; ceux de Marmontel peuvent être des hommes destinés à professer eux-mêmes, qui recueilleraient de ses leçons les premiers principes de l'art qu'ils ont à enseigner.

L'abbé MORELLET, *Eloge de Marmontel.*

III. Même sujet.

Marmontel et La Harpe ont d'abord cela de commun qu'ils ont l'un et l'autre beaucoup réfléchi sur la théorie, et très peu réussi dans la pratique; mais l'un cherche à penser par lui-même, et c'est la source de ses erreurs; tandis que l'autre recueillant

---

* Marmontel analysa avec discernement et finesse le genre de sentiment qui caractérise les différentes formes dont se revêtent les productions de l'esprit. Il recherche les causes qui peuvent influer sur ce sentiment et le modifier, il ne s'attache pas à des règles qui sont impuissantes à faire naître le talent; il enseigna à sentir, à admirer les œuvres de l'imagination et non point à les comparer froidement avec le modèle prescrit par la rhétorique, pour les juger d'après leur conformité plus ou moins exacte avec ce modèle.

DE BARANTE, *De la Littérature française pendant le XVIIIe siècle.*

fidèlement ce qu'ont dit et pensé les maîtres de l'art, suit leurs traces avec scrupule, et c'est ce qui rend sa marche si ferme et si droite : Marmontel paraît avoir plus d'esprit, M. de La Harpe plus de raison : si pourtant on peut séparer ces deux choses ; le premier affecte la profondeur, le second se contente d'avoir du goût ; l'auteur du *Cours de Littérature* se borne à faire des applications des principes déjà connus ; l'auteur des *Éléments* a la prétention d'en inventer de nouveaux ; l'un a ce qu'on pourrait appeler la foi littéraire, l'autre veut examiner les dogmes ; l'un reçoit les principes pour ce qu'ils sont, l'autre demande les raisons des principes ; si le premier s'écarte quelquefois de la bonne doctrine, c'est par passion ou par préjugé, quand le second s'en écarte, ce qui arrive assez souvent, c'est par raisonnement et par réflexion ; il y a dans la manière de voir de Marmontel plus d'étendue et moins de justesse, et dans celle de La Harpe, moins de hardiesse et plus de sûreté. Les *Éléments* sont l'ouvrage d'un littérateur plus ingénieux que solide, qui raisonne trop pour ne pas tomber dans le sophisme ; le *Cours de Littérature* est celui d'un vrai, d'un grand critique, qui ne laisserait rien à désirer s'il avait un peu plus de ce qu'on pourrait appeler la philosophie de l'art.

Dussault, *Annales littéraires*.

IV. Même sujet.

Deux hommes, par les circonstances et par le caractère de leurs études, parurent plus particulièrement appelés au rôle d'arbitres du goût et de juges littéraires : tous deux, disciples de Voltaire, s'étaient trompés en le suivant sur la scène tragique ; ils manquaient de génie. Marmontel jouissait de l'honneur d'avoir fait quelques productions piquantes dans le genre qui lui coûta sans doute le moins d'efforts. Il avait beaucoup d'esprit, mais il en abusa d'abord pour se former des erreurs systématiques, auxquelles il renonçait avec peine. Son goût était plus réfléchi qu'inspiré ; et l'on sait que même pour juger, la méditation est moins sûre que le sentiment naturel. La Harpe, à la fois dénué de hardiesse et de profondeur, se distinguait par la pureté du goût, la sagesse du talent, et s'était heureusement élevé jusqu'à l'éloquence tempérée. Dans la composition originale, il paraissait fixé sans retour au second rang, et ne montrait qu'une seule qualité de l'écrivain supérieur, cette noble élégance dont il anima l'éloge de Fénelon et les plaintes de Mélanie. Ces deux hommes de lettres avaient exercé la critique des journaux ; et sans éviter l'exagération qui nous en paraît inséparable, leurs feuilles étaient en général consacrées à l'éloge et souvent à l'apologie du vrai talent. Marmontel, voulant réunir et augmenter les fragments littéraires qu'il avait donnés à l'Encyclopédie, publia ses *Éléments de Littérature;* et, quelques temps après, La Harpe commença son *Lycée.* L'ouvrage de Marmontel, quoiqu'il renferme les noms et quelquefois la censure de plusieurs contemporains, appartient entièrement à cette haute critique qui n'est que la théorie raisonnée des beaux arts. La forme de l'ouvrage ôte une grande difficulté et une grande beauté, la liaison, l'ordonnance. Il y a des paradoxes. L'auteur rencontre souvent des idées fausses, parce qu'il cherche trop les idées neuves; mais il présente beaucoup d'instruction; et ses erreurs font penser.

La Harpe était né pour la critique; son talent s'est augmenté dans l'exercice de sa faculté naturelle; mais a-t-il embrassé le vaste plan qu'il s'était proposé? jette-t-il un coup d'œil hardi sur l'essence des beaux-arts? A-t-il des vues fines et profondes? La connaissance de l'homme, des mœurs, de l'histoire, lui sert-elle à éclairer l'étude des lettres? est-il autre chose qu'un élégant démonstrateur de vérités connues? Non; et cependant il a été et sera long-temps fort utile. Il fallait à cette époque un esprit conservateur. La Harpe n'avait pas assez médité les anciens; mais il en parle avec une vérité d'enthousiasme qui se communique, avec une admiration persuasive. Sans avoir la raison supérieure, la philosophie, la méthode de Quintilien, placé comme lui dans des jours de décadance, il a défendu les droits de la langue et du goût. Lorsqu'il reparut dans la tribune littéraire, à la fin des troubles politiques, ses idées justes, ses théories simples et vraies, son style pur, facile, abondant, devaient réussir et plaire, après la longue confusion du bon sens, comme de tout le reste. Presque toujours il commente les principes de Voltaire; et s'il en émousse la vivacité piquante, il en conserve la justesse et la clareté. Souvent il me présente l'image de cette critique, *à l'œil sévère et juste*, que Voltaire plaçait à la porte du temple dont lui-même était le véritable dieu.

La Harpe poursuivait le mauvais goût avec une sorte de haine; et, comme la passion inspire le talent, il trouvait quelquefois dans sa colère une heureuse énergie; mais sa véritable gloire sera toujours d'avoir proclamé le génie de quelques-uns de nos grands hommes. Je ne sais en effet si dans les lettres, après l'honneur de produire des beautés originales, il est un titre plus noble que de les admirer avec éloquence, d'en expliquer les merveilles, d'en augmenter le sentiment, d'en perpétuer l'imitation. La Harpe, qui n'avait pas assez de force pour recevoir, pour saisir puissamment la première inspiration, s'anime et s'échauffe par le reflet des grandes beautés qu'elle a produites. Cette éloquence, que peut-être il n'eût pas tirée de lui-même, il la trouve en admirant Britannicus ou Zaïre. On regrette que cet écrivain, qui fut souvent l'interprète du goût, se soit emporté à des censures et même à des accusations violentes jusqu'au ridicule : il avait été faible; il fut exagéré.

Villemain, *Discours sur la Critique*.

MORCEAUX CHOISIS.

I. Bélisaire et les jeunes mécontents.

Dans la vieillesse de Justinien, l'Empire, épuisé par de longs efforts, approchait de sa décadence. Toutes les parties de l'administration étaient négligées; les lois étaient en oubli, les finances au pillage, la discipline militaire à l'abandon. L'empereur, lassé de la guerre, achetait de tous côtés la paix au prix de l'or, et laissait dans l'inaction le peu de troupes qui lui restaient, comme inutiles et à charge à l'État. Les chefs de ces troupes délaissées se dissipaient dans les plaisirs; et la chasse, qui leur retraçait la guerre, charmait l'ennui de leur oisiveté.

Un soir, après cet exercice, quelques-uns d'entre eux soupaient ensemble dans un château de Thrace, lorsqu'on vint leur dire qu'un vieillard aveugle, conduit par un enfant, demandait l'hospitalité. La jeunesse est compatissante; ils firent entrer le vieillard. On était en automne, et le froid, qui déjà se faisait sentir, l'avait saisi : on le fit asseoir près du feu.

Le souper continue; les esprits s'animent; on commence à parler des malheurs de l'État. Ce fut un champ vaste pour la censure; et la vanité mécontente se donna toute liberté. Chacun exagérait ce qu'il avait fait, et ce qu'il aurait fait encore, si l'on n'eût pas mis en oubli ses services et ses talents. Tous les malheurs de l'empire venaient, à les en croire, de ce qu'on n'avait pas su employer des hommes comme eux. Ils gouvernaient le monde en buvant, et chaque nouvelle coupe de vin rendait leurs vues plus infaillibles.

Le vieillard, assis au coin du feu, les écoutait, et souriait avec pitié. L'un d'eux s'en aperçut, et lui dit : « Bon homme, vous avez l'air de trouver plai-
« sant ce que nous disons là. Plaisant; non, dit le

« vieillard, mais un peu léger, comme il est naturel
« à votre âge. » Cette réponse les interdit. « Vous
« croyez avoir à vous plaindre, poursuivit-il, et je
« crois comme vous qu'on a tort de vous négliger;
« mais c'est le plus petit mal du monde. Plaignez-
« vous de ce que l'empire n'a plus sa force et sa
« splendeur, de ce qu'un prince, consumé de soins,
« de veilles et d'années, est obligé, pour voir et
« pour agir, d'employer des yeux et des mains in-
« fidèles. Mais dans cette calamité générale, c'est
« bien la peine de penser à vous! Dans votre temps,
« reprit l'un des convives, ce n'était donc pas l'u-
« sage de penser à soi! Hé bien, la mode en est
« venue, et l'on ne fait plus que cela. Tant pis, dit
« le vieillard; et, s'il en est ainsi, en vous négligeant
« on vous rend justice. Est-ce pour insulter les
« gens, lui dit le même, qu'on leur demande l'hos-
« pitalité! Je ne vous insulte point, dit le vieillard;
« je vous parle en ami, et je paie mon asyle en vous
« disant la vérité. »

Le jeune Tibère, qui depuis fut un empereur
vertueux, était du nombre des chasseurs. Il fut
frappé de l'air vénérable de cet aveugle à cheveux
blancs. « Vous nous parlez, lui dit-il, avec sagesse,
« mais avec un peu de rigueur; et ce dévouement
« que vous exigez est une vertu, mais non pas un
« devoir. C'est un devoir de votre état, reprit l'a-
« veugle avec fermeté, ou plutôt c'est la base de
« vos devoirs et de toute vertu militaire. Celui qui
« se dévoue pour sa patrie, doit la supposer insol-
« vable; car ce qu'il expose pour elle est sans prix;

« il doit même s'attendre à la trouver ingrate; car,
« si le sacrifice qu'il lui fait n'était pas généreux,
« il serait insensé. Il n'y a que l'amour de la gloire,
« l'enthousiasme de la vertu, qui soient dignes de
« vous conduire. Et alors, que vous importe com-
« ment vos services seront reçus? La récompense
« en est indépendante des caprices d'un ministre et
« du discernement d'un souverain. Que le soldat
« soit attiré par le vil appât du butin; qu'il s'ex-
« pose à mourir pour avoir de quoi vivre; je le
« conçois. Mais vous qui, nés dans l'abondance,
« n'avez qu'à vivre pour jouir, en renonçant aux
« délices d'une molle oisiveté, pour aller essuyer
« tant de fatigues et affronter tant de périls, esti-
« mez-vous assez peu ce noble dévouement, pour
« exiger qu'on vous le paie? Ne voyez-vous pas que
« c'est l'avilir? Quiconque s'attend à un salaire est
« esclave : la grandeur du prix n'y fait rien; et
« l'âme qui s'apprécie un talent, est aussi vénale
« que celle qui se donne pour une obole. Ce que
« je dis de l'intérêt, je le dis de l'ambition; car les
« honneurs, les titres, le crédit, la faveur du prince,
« tout cela est une solde; et qui l'exige se fait payer.
« Il faut se donner, ou se vendre; il n'y a point de
« milieu. L'un est un acte de liberté, l'autre un
« acte de servitude : c'est à vous de choisir celui
« qui vous convient. Ainsi, bon homme, vous met-
« tez, lui dit-on, les souverains bien à leur aise! Si
« je parlais aux souverains, reprit l'aveugle, je leur
« dirais que, si votre devoir est d'être généreux,
« le leur est d'être justes. — Vous avouez donc qu'il

« est juste de récompenser les services?—Oui ; mais
« c'est à celui qui les a reçus d'y penser : tant pis
« pour lui s'il les oublie. Et puis, qui de nous est
« sûr, en pesant les siens, de tenir la balance égale?
« Par exemple, dans votre état, pour que tout le
« monde se crût placé et fût content, il faudrait que
« chacun commandât, et que personne n'obéît ; or
« cela n'est guère possible. Croyez-moi, le gouver-
« nement peut quelquefois manquer de lumières et
« d'équité ; mais il est encore plus juste et plus
« éclairé dans ses choix, que si chacun de vous en
« était cru sur l'opinion qu'il a de lui-même. Et qui
« êtes-vous, pour nous parler ainsi ? lui dit en haus-
« sant le ton le jeune maître du château. Je suis
« Bélisaire, répondit le vieillard. »

Qu'on s'imagine, au nom de Bélisaire, au nom de ce héros tant de fois vainqueur dans les trois parties du monde, quels furent l'étonnement et la confusion de ces jeunes gens. L'immobilité, le silence, exprimèrent d'abord le respect dont ils étaient frappés ; et, oubliant que Bélisaire était aveugle, aucun d'eux n'osait lever les yeux sur lui. « O grand
« homme ! lui dit enfin Tibère, que la fortune est
« injuste et cruelle ! Quoi ! vous à qui l'empire a dû
« pendant trente ans sa gloire et ses prospérités ;
« c'est vous que l'on ose accuser de révolte et de
« trahison, vous qu'on a traîné dans les fers, qu'on
« a privé de la lumière ! et c'est vous qui venez nous
« donner des leçons de dévouement et de zèle ? Et
« qui voulez-vous donc qui vous en donne ? dit Bé-
« lisaire. Les esclaves de la faveur ? Ah ! quelle honte !

« ah! quel excès d'ingratitude! poursuivit Tibère.
« L'avenir ne le croira jamais. Il est vrai, dit Béli-
« saire, qu'on m'a un peu surpris : je ne croyais pas
« être si mal traité. Mais je comptais mourir en ser-
« vant l'État : et mort ou aveugle, cela revient au
« même. Quand je me suis dévoué à ma patrie, je
« n'ai pas excepté mes yeux. Ce qui m'est plus cher
« que la lumière et que la vie, ma renommée, et
« sur-tout ma vertu, n'est pas au pouvoir de mes
« persécuteurs. Ce que j'ai fait peut être effacé de
« la mémoire de la cour; il ne le sera point de la
« mémoire des hommes; et quand il le serait, je
« m'en souviens, et c'est assez. »

Les convives, pénétrés d'admiration, pressèrent
« le héros de se mettre à table. Non, leur dit-il; à
« mon âge, la bonne place est le coin du feu. » On
voulut lui faire accepter le meilleur lit du château,
il ne voulut que de la paille. « J'ai couché plus mal
« quelquefois, dit-il : ayez seulement soin de cet
« enfant qui me conduit, et qui est plus délicat
« que moi. »

Le lendemain Bélisaire partit, dès que le jour
put éclairer son guide, et avant le réveil de ses
hôtes, que la chasse avait fatigués. Instruits de son
départ, ils voulaient le suivre, et lui offrir un char
commode, avec tous les secours dont il aurait besoin. « Cela est inutile, dit le jeune Tibère, il ne
« nous estime pas assez pour daigner accepter nos
« dons. »

Bélisaire, chap. I.

II. L'Orage et la Caverne des Serpents.

Un murmure profond donne le signal de la guerre que les vents vont se déclarer. Tout à coup leur fureur s'annonce par d'effroyables sifflements. Une épaisse nuit enveloppe le ciel et le confond avec la terre; la foudre, en déchirant ce voile ténébreux, en redouble encore la noirceur; cent tonnerres qui roulent et semblent rebondir sur une chaîne de montagnes, en se succédant l'un à l'autre, ne forment qu'un mugissement qui s'abaisse, et qui se renfle comme celui des vagues. Aux secousses que la montagne reçoit du tonnerre et des vents, elle s'ébranle, elle s'entr'ouvre; et de ses flancs, avec un bruit horrible, tombent de rapides torrents. Les animaux épouvantés s'élançaient des bois dans la plaine; et, à la clarté de la foudre, les trois voyageurs pâlissants, voyaient passer à côté d'eux le lion, le tigre, le lynx, le léopard, aussi tremblants qu'eux-mêmes : dans ce péril universel de la nature, il n'y a plus de férocité, et la crainte a tout adouci.

L'un des guides d'Alonzo, avait, dans sa frayeur, gagné la cime d'une roche. Un torrent qui se précipite en bondissant la déracine et l'entraîne, et le sauvage qui l'embrasse roule avec elle dans les flots. L'autre Indien croyait avoir trouvé son salut dans le creux d'un arbre; mais une colonne de feu, dont le sommet touche à la nue, descend sur l'arbre, et le consume avec le malheureux qui s'y était sauvé.

Cependant Molina s'épuisait à lutter contre la violence des eaux; il gravissait dans les ténèbres, saisissant tour à tour les branches, les racines des bois qu'il rencontrait, sans songer à ses guides, sans autre sentiment que le soin de sa propre vie ; car il est des moments d'effroi où toute compassion cesse ; où l'homme, absorbé en lui-même, n'est plus sensible que pour lui.

Enfin, il arrive en rampant au bas d'une roche escarpée, et, à la lueur des éclairs, il voit une caverne dont la profonde et ténébreuse horreur l'aurait glacé dans tout autre moment. Meurtri, épuisé de fatigue, il se jette au fond de cet antre ; et là, rendant grace au ciel, il tombe dans l'accablement.

L'orage enfin s'appaise : les tonnerres, les vents cessent d'ébranler la montagne ; les eaux des torrents, moins rapides, ne mugissent plus à l'entour ; et Molina sent couler dans ses veines le baume du sommeil. Mais un bruit, plus terrible que celui des tempêtes, le frappe au moment même qu'il allait s'endormir.

Ce bruit, pareil au broiement des cailloux, est celui d'une multitude de serpents dont la caverne est le refuge. La voûte en est revêtue ; et, entrelacés l'un à l'autre, ils forment, dans leurs mouvements, ce bruit qu'Alonzo reconnaît. Il sait que le venin de ces serpents est le plus subtil des poisons ; qu'il allume soudain, et dans toutes les veines, un feu qui dévore et consume, au milieu des douleurs les plus intolérables, le malheureux qui en est atteint. Il les entend, il croit les voir rampants autour de lui, ou pendus sur sa tête, ou roulés sur eux-mêmes, et prêts à s'élancer sur lui. Son courage épuisé succombe; son sang se glace de frayeur; à peine il ose respirer; s'il veut se traîner hors de l'antre, sous ses mains, sous ses pas, il tremble de presser un de ces dangereux reptiles. Transi, frissonnant, immobile, environné de mille morts, il passe la plus longue nuit dans une pénible agonie, désirant, frémissant de revoir la lumière, se reprochant la crainte qui le tient enchaîné, et faisant sur lui-même d'inutiles efforts pour surmonter cette faiblesse.

Le jour qui vint l'éclairer justifia sa frayeur. Il vit réellement tout le danger qu'il avait pressenti; il le vit plus horrible encore. Il fallait mourir ou s'échapper. Il ramasse péniblement le peu de forces qui lui reste; il se soulève avec lenteur, se courbe, et, les mains appuyées sur ses genoux tremblants, il sort de la caverne, aussi défait, aussi pâle qu'un spectre qui sortirait de son tombeau. Le même orage qui l'avait jeté dans le péril l'en préserva; car les serpents en avaient eu autant de frayeur que lui-même; et c'est l'instinct de tous les animaux, dès que le péril les occupe, de cesser d'être malfaisants.

Un jour serein consolait la nature des ravages de la nuit. La terre, échappée comme d'un naufrage, en offrait partout les débris. Des forêts, qui, la veille, s'élançaient jusqu'aux nues, étaient courbées vers la terre; d'autres semblaient se hérisser encore d'horreur. Des collines qu'Alonzo avait vues s'arrondir sous leur verdoyante parure, entr'ouvertes en précipices, lui montraient leurs flancs déchirés. De vieux arbres déracinés, précipités du haut des monts, le pin, le palmier, le gayac, le caobo, le cèdre, étendus, épars dans la plaine, la couvraient de leurs troncs brisés et de leurs branches fracassées. Des dents de rochers, détachées, marquaient la place des torrents; leur lit profond était bordé d'un nombre effrayant d'animaux doux, cruels, timides, féroces, qui avaient été submergés et revomis par les eaux.

Les Incas, chap. XX.

III. Calme au milieu de l'Océan.

Dix fois le soleil fit son tour sans que le vent fût appaisé. Il tombe enfin, et bientôt après, un calme profond lui succède. Les ondes, violemment émues, se balancent long-temps encore après que le vent a cessé. Mais insensiblement leurs sillons s'aplanissent; et, sur une mer immobile, le navire, comme enchaîné, cherche inutilement dans les airs un souffle qui l'ébranle; la voile, cent fois déployée, retombe cent fois sur les mâts. L'onde, le ciel, un horizon vague, où la vue a beau s'enfoncer, dans l'abîme de l'étendue, un vide profond et sans bornes, le silence et l'immensité, voilà ce que présente aux matelots ce triste et fatal hémisphère. Consternés et glacés d'effroi, ils demandent au ciel des orages et des tempêtes; et le ciel, devenu d'airain comme la mer, ne leur offre de toutes parts qu'une affreuse sérénité. Les jours, les nuits s'écoulent dans ce repos funeste : ce soleil, dont l'éclat naissant ranime et réjouit la terre; ces étoiles, dont les nochers aiment à voir briller les feux étincelants; ce liquide cristal des eaux, qu'avec tant de plaisir nous contemplons du rivage, lorsqu'il réfléchit la lumière et répète l'azur des cieux, ne forme plus qu'un spectacle funeste; et tout ce qui, dans la nature, annonce la paix et la joie, ne porte ici que l'épouvante, et ne présage que la mort.

Cependant les vivres s'épuisent, on les réduit, on les dispense d'une main avare et sévère. La nature qui voit tarir les sources de la vie en devient plus avide, et plus les ressources diminuent, plus on sent croître les besoins. A la disette enfin succède la famine, fléau terrible sur la terre, mais plus terrible mille fois sur le vaste abîme des eaux; car au moins sur la terre quelque lueur d'espérance peut abuser la douleur et soutenir le courage; mais au milieu d'une mer immense, solitaire, et environné du néant, l'homme, dans l'abandon de toute la nature, n'a pas même l'illusion pour le sauver du désespoir : il voit comme un abîme l'espace épouvantable qui l'éloigne de tout secours, sa pensée et ses vœux s'y perdent; la voix de l'espérance ne peut arriver jusqu'à lui.

Les premiers accès de la faim se font sentir sur le vaisseau : cruelle alternative de douleur et de rage, où l'on voyait des malheureux, étendus sur les bancs, lever les mains vers le ciel, avec des plaintes lamentables, ou courir, éperdus et furieux, de la proue à la poupe, et demander au moins que la mort vînt finir leurs maux !

Ibid.

IV. Le Volcan de Quito.

Heureux les peuples qui cultivent les vallées et les collines que la mer forma dans son sein, des sables que roulent ses flots, des dépouilles de la terre! Le pasteur y conduit ses troupeaux sans alarmes; le laboureur y sème et y moissonne en paix. Mais malheur aux peuples voisins de ces montagnes sourcilleuses, dont le pied n'a jamais trempé dans l'Océan, et dont la cime s'élève au-dessus des nues! Ce sont des soupiraux que le feu souterrain s'est ouverts, en brisant la voûte des fournaises profondes où sans cesse il bouillonne. Il a formé ces monts de rochers calcinés, des métaux brûlants et liquides, des flots de cendre et de bitume qu'il lançait, et qui, dans leur chute, s'accumulaient au bord de ces gouffres ouverts! Malheur aux peuples que la fertilité de ce terrain perfide attache! Les fleurs, les fruits et les moissons couvrent l'abîme sous leurs pas. Ces germes de fécondité, dont la terre est pénétrée, sont les exhalaisons du feu qui la dévore. Sa richesse, en croissant, présage sa ruine; et c'est au sein de l'abondance qu'on lui voit engloutir ses heureux possesseurs : tel est le climat de Quito. La ville est dominée par un volcan terrible, qui, par de fréquentes secousses, en ébranle les fondements.

Un jour que le peuple indien, répandu dans les campagnes, labourait, semait, moissonnait (car ce riche vallon présente tous ces travaux à la fois), et que les filles du Soleil, dans l'intérieur de leur palais, étaient occupées, les unes à filer, les autres à ourdir les précieux tissus de laine dont le pontife et le roi sont vêtus, un bruit sourd se fait d'abord entendre dans les entrailles du volcan. Ce bruit, semblable à celui de la mer lorsqu'elle conçoit les tempêtes, s'accroît et se change bientôt en un mugissement profond. La terre tremble, le ciel gronde, de noires vapeurs l'enveloppent, le temple et les palais chancellent, et menacent de s'écrouler; la montagne s'ébranle, et sa cime entr'ouverte vomit, avec les vents enfermés dans son sein, des flots de bitume liquide et des tourbillons de fumée qui rougissent, s'enflamment et lancent dans les airs des éclats de rochers brûlants qu'ils ont détachés de l'abîme : superbe et terrible spectacle, de voir des rivières de feu bondir à flots étincelants à travers des monceaux de neige, et s'y creuser un lit vaste et profond !

Dans les murs, hors des murs, la désolation, l'épouvante, le vertige de la terreur se répandent en un instant. Le laboureur regarde et reste immobile. Il n'oserait entamer la terre qu'il sent comme une mer flottante sous ses pas. Parmi les prêtres du Soleil, les uns tremblants, s'élancent hors du temple; les autres consternés, embrassent l'autel de leur Dieu. Les vierges éperdues sortent de leur palais, dont les toits menacent de fondre sur leur tête; et courant dans leur vaste enclos, pâles, échevelées, elles tendent leurs mains timides vers ces murs, d'où la pitié même n'ose approcher pour les secourir.

Ibid.

MAROT (CLÉMENT), né à Cahors en 1495, était fils de Jean Marot, qui eut une grande réputation comme poète à la cour de Louis XII et à celle de François Ier, mais qui fut éclipsé ensuite par son fils, qu'on regarde comme un des créateurs de notre langue.

Amené à Paris dès l'âge de dix ans, le jeune Clément y fit peu de progrès dans ses études scolastiques, et fut placé ensuite chez un praticien, où il réussit encore moins dans celle des lois. Il passa de là en qualité de page chez Nicolas de Neufville, seigneur de Villeroy, et peu après au service de Marguerite de Valois, duchesse d'Alençon et sœur de François Ier.

Clément s'était déjà fait connaître alors par quelques productions qui annonçaient son talent, et il obtint sans peine la faveur d'une cour où il plaisait autant par la politesse de ses manières, par l'enjouement de sa conversation, que par le charme de ses poésies.

Il suivit François Ier en 1521, lorsque ce monarque se rendit à Reims et à Ardres. Quatre ans après, s'étant trouvé à la bataille de Pavie, il y fut blessé et fait prisonnier, et revint ensuite à Paris, où il comptait se dédommager des peines qu'il avait souffertes à l'armée. Mais au milieu des succès que Marot avait eus à la cour, il n'avait pas laissé que de s'y faire un grand nombre d'ennemis. Ses écrits licencieux, la légèreté de sa conduite et de ses discours, le mépris qu'il semblait afficher pour les pratiques religieuses, l'avaient fait dès long-temps soupçonner d'hérésie : il en fut ouvertement accusé à son retour, et fut obligé de comparaître devant le lieutenant criminel, auquel il protesta en vain de la pureté de sa foi. Envoyé dans les prisons du Châtelet, la seule faveur qu'il put obtenir ensuite fut d'être transféré de ce lieu obscur et malsain dans les prisons de Chartres, où les visites qu'il reçut des personnes les plus distinguées de la ville, adoucirent un peu l'ennui de sa captivité. Ce fut là qu'il composa son *Enfer*, satire sanglante contre les gens de justice, et qu'il retoucha le *Roman de la rose*. Enfin au retour de François Ier, en 1526, il fut délivré de sa prison. Mais la leçon qu'il avait reçue ne l'avait pas rendu plus sage; il se vit à peine en liberté qu'il reprit son genre de vie ordinaire, et fut tout aussi léger qu'auparavant dans ses discours.

S'étant avisé en 1530 d'arracher un criminel des mains des archers, Marot fut de nouveau mis en prison, et fut obligé de recourir une seconde fois à la protection de François Ier pour obtenir sa sortie.

Quatre ans après, ses sentiments sur la religion suscitèrent contre lui de nouvelles poursuites; ses papiers et ses livres furent saisis par la justice; il se sauva en Béarn, ensuite à Venise, et n'obtint son rappel en France qu'après une abjuration solennelle qu'il fit entre les mains du cardinal de Tournon.

De retour à Paris, Marot n'y jouit pas long-temps du repos qu'il s'y promettait. Une traduction en vers d'une partie des psaumes qu'il entreprit à la sollicitation de Vatable, et qui eut une très grande vogue à la cour de François Ier, fut censurée par la Sorbonne. Cette version est entièrement dénuée de cette sublimité ravissante et de cette poésie d'expression qui caractérisent l'original. « Marot, dit « l'abbé Goujet, avait chanté sur le même ton les « hymnes du roi prophète et les merveilles d'Alix. » La Faculté de théologie crut y remarquer des erreurs, et la vente de l'ouvrage fut défendue. Marot, effrayé de cette défense et craignant qu'elle n'eût pour lui quelque suite funeste, se sauva à Genève où l'on prétend que la licence de ses mœurs lui attira de nouvelles disgraces. Ayant quitté cette ville, il se rendit à Turin, y fixa sa demeure et y mourut dans l'indigence en 1544 à l'âge de 49 ans.

Ce poète avait beaucoup d'agrément et de fécondité dans l'imagination. On a de lui des *Epitres*, des *Elégies*, des *Rondeaux*, des *Ballades*, des *Sonnets*, des *Epigrammes*. L'estime qu'on a pour ses poésies a triomphé du temps et des vicissitudes du langage. « Il n'y a guère, a dit la Bruyère, entre « Marot et nous que la différence de quelques mots. » Notre langue a acquis dans ses vers de la naïveté, de la finesse et de la grace. « C'est par cette aisance « des tournures, dit Dussault, par cette légèreté et « cette clarté des constructions, par cette liaison « nette et douce des différentes parties de la phrase, « par cette syntaxe facile et coulante, qu'il a mé-« rité d'être célébré depuis près de trois cents ans, « comme un homme de génie qui a jeté les fonde-« ments de notre idiome. »

Les meilleures éditions des poésies de Marot, sont : celle qu'il donna lui-même, purgée des *lour-*

deries qu'on avait, dit-il, *meslées en ses livres*, Lyon, 1538; celle de Niort, 1596, très rare; celle d'Elzevir, 2 vol. in-16; et celle qui a paru à la Haye, en 1731, en 4 vol. in 4° et en 6 vol. in-12.

Cette dernière édition contient les *Œuvres* du père de notre poète et celles de son fils (Michel Marot) qui fit aussi des vers sans avoir, ainsi qu'il le dit lui-même, *ni la grace, ni l'audace, telles que son père avait.*

JUGEMENT.

La poésie a été le berceau de la langue française, comme de presque toutes les langues connues. L'idiome provençal, qui était celui des troubadours, nos plus anciens poètes, est le premier parmi nous qu'elle ait parlé, et même avec succès, pendant plusieurs siècles. Ils nous donnèrent la rime, soit qu'ils en fussent les inventeurs, soit qu'ils l'eussent empruntée des Maures d'Espagne, comme on le croit avec d'autant plus de vraisemblance, que la rime, chez les Arabes, était de la plus haute antiquité, et que l'on sait d'ailleurs que ces peuples conquérants, lorsqu'ils passèrent d'Afrique dans le midi de l'Europe, au VIIIe siècle, la trouvèrent entièrement barbare, et portèrent les premiers dans nos climats méridionaux le goût de la poésie galante et quelque teinture des arts. Les troubadours, qui professaient *la science gaie* (c'est ainsi qu'ils l'appelaient), et qui couraient le monde en chantant l'amour et les dames, furent honorés et recherchés. Leur profession eut bientôt tant d'éclat et d'avantages; les femmes, toujours sensibles à la louange, traitèrent si bien ceux qui la dispensaient, que des souverains se glorifièrent du titre et même du métier de troubadour. Ils fleurirent jusqu'au XIVe siècle : ce fut le terme de leurs prospérités. Ils s'étaient fort corrompus en se multipliant, et, par des abus et des désordres de toute espèce, ils forcèrent le gouvernement de les réprimer, et tombèrent dans le discrédit. Ils firent place aux poètes français proprement dits, c'est-à-dire à ceux qui écrivaient dans la langue nommée originairement *langue romance*, formée d'un mélange du latin et du celte, et qui, vers le XIe siècle, s'appela langue française : c'est le temps où elle paraît avoir eu des articles. Elle adopta la rime; et, quoique cette invention soit beaucoup moins favorable à la poésie que le vers métrique des Grecs et des Latins, elle paraît absolument essentielle à la versification de nos langues modernes, si éloignées de la prosodie presque musicale des anciens. La rime est voisine de la monotonie, mais elle est agréable en elle-même, comme toute espèce de retour symétrique; car la symétrie plaît naturellement aux hommes, et entre plus ou moins dans les procédés de tous les arts d'agrément. Voltaire a eu raison de dire :

> La rime est nécessaire à nos jargons nouveaux,
> Enfants demi-polis des Normands et des Goths.

Les novateurs bizarres, tels que La Motte, qui ont voulu ôter la rime à nos vers, s'y connaissaient un peu moins que l'auteur de la *Henriade*.

Des *fabliaux* et des *chansons*, voilà nos premiers essais poétiques. On sait que les *fabliaux* sont des contes rimés, souvent fort gais et plaisamment imaginés. Ce qui le prouve, c'est que La Fontaine en a tiré plusieurs de ses plus jolis *Contes*; Boccace, un assez grand nombre de ses *Nouvelles*, et Molière même quelques scènes. Un recueil où les nationaux et les étrangers ont également puisé ne peut pas être sans mérite. A l'égard du langage, il est aujourd'hui difficile à entendre; mais, en l'étudiant, on y trouve une manière de raconter qui n'est pas sans agrément. Les sujets roulent la plupart sur l'amour, et ont quelquefois de l'intérêt. Nos chansonniers modernes en ont fait usage, et de là vient que les chansons qui expriment les malheurs et les plaintes de l'amour s'appellent encore des *romances*, du nom que l'on donnait anciennement à la langue française.

Nous avons des chansons provençales de Guillaume, comte de Poitou, troubadour qui vivait au XIe siècle. Les chansons françaises de Thibault, comte de Champagne, sont du XIIIe. Il était contemporain de saint Louis, et a beaucoup célébré la reine Blanche. On voit, par les noms des poètes français inscrits dans les recueils bibliographiques, qu'il y en eut un nombre prodigieux sous le règne de saint Louis, et que l'enthousiasme des croisades échauffa leur verve; mais la langue était encore très informe. On croit que Thibault est le premier qui ait employé les vers à rimes féminines; mais ce ne fut que bien long-temps après que Malherbe nous apprit à les entremêler régulièrement avec les vers masculins.

Quand on lit les chansons de Thibault, qu'à peine pouvons-nous entendre, on ne conçoit pas que dans l'*Anthologie française* on ait imaginé de lui attribuer cette chanson, qu'on a depuis imprimée partout sous son nom :

> Las ! si j'avais pouvoir d'oublier
> Sa beauté, son bien dire
> Et son tant doux, tant doux regarder,
> Finirait mon martyre.
> Mais las ! mon cœur je n'en puis ôter.
> Et grand affolage
> M'est d'espérer.
> Mais tel servage
> Donne courage
> A tout endurer.
> Et puis comment, comment oublier
> Sa beauté, son bien dire
> Et son tant doux, tant doux regarder !
> Mieux aime mon martyre.

Que l'on fasse attention qu'il n'y a dans cette chanson naïve et tendre que le mot d'*affolage* qui ait vieilli, quoique nous ayons conservé *affoler* et *raffoler* (car pour le mot *servage* on l'emploie encore très bien dans le style familier); que, d'ailleurs, toutes les constructions sont exactes, à l'inversion près qui a régné jusqu'au temps de Louis XIV; qu'il n'y a pas un seul de ces *hiatus* qu'on retrouve encore jusque dans Voiture; que l'on compare encore ce style au jargon rude et grossier que l'on parlait au XIIIe siècle, et l'on verra qu'il est impossible que cette chanson date du règne de saint Louis, et qu'elle ne peut pas être plus ancienne que les poésies de Marot, dont les madrigaux, qu'il appelle *épigrammes*, ne sont pas tous si gracieusement tournés. Il s'en fallait bien que la langue eût fait tant de progrès il y a cinq cents ans. C'est alors que parut le *Roman de la Rose*, commencé par Lorris et achevé par Jean de Meun. C'est, parmi les vieux monuments de notre poésie dans son enfance, celui qui eut le plus de réputation : il n'y a rien qui approche de cette chanson attribuée au comte de Champagne. Tout l'esprit de l'auteur, morale, galanterie, satire, tout est en allégorie, genre de fiction le plus froid de tous.

La ballade, le rondeau, le triolet, toutes les sortes de poésies à refrain sont celles qui furent en vogue jusqu'au XVIe siècle. Il faut savoir gré aux auteurs de ce temps d'avoir senti que ces refrains avaient une grace particulière, conforme au caractère de douceur et de naïveté, le seul que notre poésie ait eu jusqu'à Marot, qui le premier y joignit un tour fin et délicat. Dès le XVe siècle, Villon, et auparavant Charles d'Orléans, père de Louis XII, tournaient la ballade et le rondeau avec assez de facilité. Voici des vers de ce dernier sur le retour du printemps : il faut se souvenir, en les jugeant, de quelle date ils sont :

> Le temps a laissé son manteau
> De vent, de froidure et de pluie,
> Et s'est vêtu de broderie
> De soleil luisant, clair et beau.
> Il n'y a bête ni oiseau

> Qu'en son jargon ne chante ou crie :
> Le temps a laissé son manteau
> De vent, de froidure et de pluie.

On peut remarquer que toutes les mesures de vers étaient dès-lors en usage, excepté l'hexamètre ou l'alexandrin, ainsi nommé, à ce qu'on croit, d'un poème intitulé *Alexandre*, qui est du XIIe siècle, et où ce vers est employé pour la première fois. Il fut depuis très rare de s'en servir jusqu'à Dubellay et Ronsard. La noblesse, qui est le caractère de ce vers, n'était pas encore celui de notre langue. Les vers de Marot sont presque tous de cinq pieds. Leur tournure agréable et piquante s'accordait très bien avec celle de son esprit. On trouve dans Cretin et dans Martial de Paris des idylles en vers de quatre et cinq syllabes. Le dernier, qui vivait du temps de Charles VII, fit une espèce d'élégie sur la mort de ce prince. En voici quelques vers, dont la marche est aisée et coulante :

> Mieux vaut la liesse,
> L'amour et simplesse
> De bergers pasteurs,
> Qu'avoir à largesse
> Or, argent, richesse,
> Ni la gentillesse
> De ces grands seigneurs.
> Car pour nos labeurs
> Nous avons sans cesse
> Les beaux prés et fleurs,
> Fruitages, odeurs,
> Et joie à nos cœurs,
> Sans mal qui nous blesse.

En voici de Cretin qui ont une syllabe de moins, et qui ont aussi bien moins de douceur :

> Pasteurs loyaux,
> En ces jours beaux ;
> Je vous convie
> A jeux nouveaux.
>
> . . . .
>
> Bergères franches,
> Cueillez des branches
> De lauriers verts, etc.

Je ne les cite que comme des exemples fort anciens d'une espèce de mètre qui peut quelquefois être employé avec succès, pourvu que ce soit avec sobriété ; car l'oreille serait bientôt fatiguée du retour trop fréquent des mêmes sons. Madame Deshoulières et Bernard se sont servis heureusement de ces petits vers dans des sujets gracieux. Rousseau, dans sa belle cantate de Circé, a su les rendre propres aux images fortes. Tout le monde sait par cœur ces vers :

> Sa voix redoutable
> Trouble les enfers, etc.

Mais il les a placés très judicieusement dans une espèce de poème musical où ils occupent peu de place, et où, parmi des vers de différente mesure, ils forment une variété de plus. Il y aurait de l'inconvénient à les prolonger ; ils ne sont faits que pour des pièces de peu d'étendue. Comme la difficulté de se resserrer dans un rhythme très étroit est un de leur mérite, cette difficulté, trop long-temps vaincue, ne paraîtrait qu'un jeu d'esprit, un effort artificiel, et c'est ce qu'il faut éviter en tout genre.

On ne cite guère qu'en ridicule les vers de Scarron à Sarrazin, d'une mesure encore plus gênante, puisqu'ils ne sont que de trois syllabes :

>Sarrazin
>Mon voisin,

Cette fantaisie convenait à un poète burlesque. On a été plus loin de nos jours ; on a mis *la Passion* en vers d'une seule syllable. Voici un échantillon de cette pièce bizarre, qui, je crois, n'a jamais été imprimée, et qui n'est connue que de quelques curieux :

>De
>Ce
>Lieu
>Dieu
>Mort
>Sort ;
>Sort
>Fort
>Dur,
>Mais
>Très
>Sûr.

Ces prétendus tours de force ne prouvent que la manie puérile de s'occuper laborieusement de petites choses ; et l'on en peut dire autant des acrostiches et de toutes les belles inventions de ce genre, imaginées apparemment par ceux qui avaient du temps à perdre.

Le nom de Marot est la première époque vraiment remarquable dans l'histoire de notre poésie, bien plus par le talent qui brille dans ses ouvrages, et qui lui est particulier, que par les progrès qu'il fit faire à notre versification, progrès qui furent très lents et très peu sensibles depuis lui jusqu'à Malherbe. On retrouve dans ses écrits les deux vices de versification qui dominèrent avant et après lui, les *hiatus* ou concours de voyelles, et l'inobservation de cette alternative nécessaire entre les rimes masculines et féminines. Mais on ne lui a pas rendu justice quand on lui a reproché d'avoir laissé subsister l'*e* muet au premier hémistiche, défaut capital qui anéantit la césure et le nombre en faisant disparaître le repos où l'oreille doit s'arrêter. Cette faute, très commune avant lui, est infiniment rare dans ses vers, et ne reparaît presque plus dans les poètes de quelque nom qui l'ont suivi. Il faut donc le louer d'avoir contribué beaucoup à corriger ce défaut, destructeur de toute harmonie. Mais ce n'est là qu'un de ses moindres mérites : il eut un talent infiniment supérieur à tout ce qui l'avait précédé, et même à tout ce qui l'a suivi jusqu'à Malherbe. On remarque chez lui un tour d'esprit qui lui est propre. La nature lui avait donné ce qu'on n'acquiert point : elle l'avait doué de grace. Son style a vraiment du charme, et ce charme tient à une naïveté de tournure et d'expression qui se joint à la délicatesse des idées et des sentiments. Personne n'a mieux connu que lui, même de nos jours, le ton qui convient à l'épigramme, soit celle que nous appelons ainsi proprement, soit celle qui a pris depuis le nom de *madrigal*, en s'appliquant à l'amour et à la galanterie. Personne n'a mieux connu le rhythme du vers à cinq pieds et le vrai ton du genre épistolaire, à qui cette espèce de vers sied si bien. C'est dans les beaux jours du siècle de Louis XIV que Boileau a dit :

> Imitons de Marot l'élégant badinage.

Il fut sans doute beaucoup plus élégant que tous ses contemporains ; mais comme le choix des termes n'est pas ce qui domine le plus dans son talent, et que son langage était encore peu épuré, on aimerait mieux dire, ce me semble :

> Imitons de Marot le charmant badinage.

Pour peu qu'on soit fait à un certain nombre de mots et de constructions qui ont vieilli depuis, on lit encore aujourd'hui, avec un très grand plaisir, une partie de ses ouvrages ; car il y a un choix à faire, et il n'a pas réussi dans tout. Ses *Psaumes*, par exemple, ne sont bons qu'à être chantés dans les églises protestantes. Mais quoi de plus galant, et même de plus tendre que cette chanson ?

> Puisque de vous je n'ai autre visage,
> Je m'en vais rendre ermite en un désert,
> Pour prier Dieu, si un autre vous sert,
> Qu'ainsi que moi, en votre honneur soit sage.
> Adieu amour, adieu gentil corsage ;
> Adieu ce teint, adieu ces friands yeux.

Je n'ai pas eu de vous grand avantage ;
Un moins aimant aura peut-être mieux.

Que de sentiment dans ce dernier vers ! on a depuis employé souvent la même pensée ; mais jamais elle n'a été mieux exprimée.

On a tant de fois cité la petite pièce intitulée *le Oui* et *le Nenni*, qu'on me reprocherait avec raison de l'omettre ici :

Un doux nenni avec un doux sourire
Est tant honnête ! il vous le faut apprendre.
Quant est d'oui, si veniez à le dire,
D'avoir trop dit je voudrais vous reprendre,
Non que je sois ennuyé d'entreprendre
D'avoir le fruit dont le désir me point ;
Mais je voudrais qu'en me le laissant prendre,
Vous me disiez : Non, vous ne l'aurez point.

Nos agréables rimeurs qui se sont plaints si souvent au public de trouver des maîtresses trop faciles, n'ont fait que commenter et paraphraser ces vers de Marot, et ne les ont sûrement pas égalés. On a de même imité et retourné de cent manières l'idée ingénieuse de ce madrigal, qui n'est pas moins joli que le précédent :

Amour trouva celle qui m'est amère.
(Et j'y étais : j'en sais bien mieux le conte)
Bonjour, dit-il, bonjour, Vénus ma mère ;
Puis tout à coup il voit qu'il se mécompte,
Dont la couleur au visage lui monte,
D'avoir failli, honteux, Dieu sait combien !
Non, non, Amour, lui dis-je, n'ayez honte,
Plus clairvoyants que vous s'y trompent bien.

En voici un autre où il y a moins d'esprit, mais beaucoup de sensibilité, et l'un vaut bien l'autre :

> Un jour la dame en qui si fort je pense,
> Me dit un mot de moi tant estimé,
> Que je ne pus en faire récompense,
> Fors de l'avoir en mon cœur imprimé ;
> Me dit avec un ris accoutumé :
> « Je crois qu'il faut qu'à t'aimer je parvienne. »
> Je lui réponds : « N'ai garde qu'il m'advienne
> « Un si grand bien ; et si j'ose affirmer
> « Que je devrais craindre que cela vienne,
> « Car j'aime trop quand on me veut aimer. »

Voltaire citait souvent l'épigramme suivante, qui est d'un genre tout différent : c'est ce que Despréaux appelait le badinage de Marot :

> Monsieur l'abbé et monsieur son valet
> Sont faits égaux tous deux comme de cire.
> L'un est grand fou, l'autre petit follet.
> L'un veut railler, l'autre gaudir et rire.
> L'un boit du bon, l'autre ne boit du pire.
> Mais un débat le soir entre eux s'émeut ;
> Car maître abbé toute la nuit ne veut
> Être sans vin, que sans secours ne meure,
> Et son valet jamais dormir ne peut,
> Tandis qu'au pot une goutte en demeure.

On connaît la fin tragique de Samblançay, surintendant des finances sous François Ier, et condamné à mort quoique innocent. Il fut mené au supplice par le lieutenant-criminel Maillard, dont la réputation était aussi mauvaise que celle de Samblançay était respectée. Nous avons sur ce sujet une épigramme de Marot, dans le goût de celles des anciens, où l'on traitait quelquefois des sujets nobles ; ce qui n'est point contraire au caractère de l'épigramme, qui peut prendre tous les tons, et qui peut finir aussi bien par une belle pensée que par un bon mot. Martial, Rousseau, Sannazar et beaucoup d'autres l'ont prouvé. Celle de Marot est d'autant plus remarquable, que c'est la seule où il ait soutenu le ton noble, qui n'est pas le sien :

> Lorsque Maillard, juge d'enfer, menait
> A Montfaucon Samblançay l'âme rendre,
> A votre avis, lequel des deux tenait
> Meilleur maintien ? Pour vous le faire entendre,
> Maillard semblait homme que mort va prendre,
> Et Samblançay fut si ferme vieillard,
> Que l'on cuidait pour vrai qu'il menât pendre
> A Montfaucon le lieutenant Maillard.

Maintenant il faut entendre Marot dans la familiarité badine du style épistolaire et de ses correspondances amoureuses ; car ses ouvrages sont pleins de ses amours, qui ont troublé sa vie et embelli ses vers, comme il arrive presque toujours. On sait quel éclat firent à la cour de François Ier les intrigues du poète avec Diane de Poitiers, qui depuis fut à peu près reine de France, sous le règne de Henri II, et avec Marguerite de Valois, d'abord duchesse d'Alençon, et ensuite reine de Navarre. Ces noms-là font honneur à la poésie et au poète qui élevait si haut ses hommages. Diane, la beauté la plus fameuse de son temps, écouta les vœux de Marot avant de se rendre à ceux d'un roi. Il paraît qu'ils ne furent pas mal ensemble, puisqu'ils finirent par se brouiller. Marot eut le malheur de déshonorer son talent jusqu'à l'employer contre celle même à qui d'abord il avait consacré ses chants. Cela fait tant de peine, que, pour l'excuser un peu, l'on voudrait croire qu'il l'aimait encore tout en lui disant des injures, et l'on pardonne bien des choses à l'amour en colère. Diane pourtant ne lui pardonna pas ; elle se servit de son crédit auprès de Henri, alors dauphin, pour faire emprisonner Marot, qu'on accusait de favoriser les nouvelles opinions des réformés. Il subit un procès criminel en l'absence de François Ier, qui l'aimait et le protégeait, et qui alors était prisonnier en Espagne. Marot fut mis alors en liberté par un ordre exprès du roi, qu'il avait sollicité en langage poétique, en lui envoyant une pièce fort plaisante, intitulée *l'Enfer*, composée dans sa prison ; car sa verve et sa gaieté ne l'abandonnèrent jamais. Cet *Enfer*, c'est le Châtelet, et les juges en sont les démons. Marguerite de Valois, dont il était valet de chambre, le servit beaucoup en cette occasion auprès du roi son frère. La reconnaissance dans un cœur tendre devient bientôt de l'amour ; et celui de Marot pour Marguerite éclata d'autant plus, qu'il fut très bien accueilli. Nous avons encore des vers de cette princesse, adressés à Marot, qui dut en être content. Une lettre qu'elle lui écrivit, et que nous ne connaissons que par la réponse, dut lui faire encore plus de plaisir, puisqu'on y joignait l'ordre de la brûler ; c'est là-dessus qu'il lui écrivit :

Bienheureuse est la main qui la ploya,

Et qui vers moi de grace l'envoya ;
Bienheureux est qui envoyer la sut,
Et plus heureux celui qui la reçut.

Il peint avec une vérité touchante le regret qu'il eut, et l'effort qu'il se fit en jetant cette lettre au feu :

Aucune fois au feu je la mettais
Pour la brûler, puis soudain l'en ôtais,
Puis l'y remis, et puis l'en reculai
Mais à la fin à regret la brûlai,
Disant : O lettre ! (après l'avoir baisée)
Puisqu'il le faut, tu seras embrasée ;
Car j'aime mieux deuil en obéissant,
Que tout plaisir en désobéissant.

La Fontaine, qui lisait beaucoup Marot, paraît avoir imité la peinture qu'on vient de voir, dans cet endroit d'une de ses meilleures fables, où il dit des souris :

Mettent le nez à l'air, montrent un peu la tête,
Puis rentrent dans leurs nids à rats,
Puis ressortant font quatre pas,
Puis enfin se mettent en quête.

Mais le chef-d'œuvre de Marot dans le genre de l'épître, c'est celle où il raconte à François Ier comment il a été volé par son valet. Otez ce qui a vieilli dans les termes et les constructions, c'est d'ailleurs un modèle de narration, de finesse et de bonne plaisanterie.

On dit bien vrai : la mauvaise fortune
Ne vient jamais qu'elle n'en apporte une

Ou deux ou trois avecques elle, sire;
Votre cœur noble en saurait bien que dire;
Et moi chétif, qui ne suis roi ni rien,
L'ai éprouvé, et vous conterai bien,
Si vous voulez, comment vint la besogne.
J'avais un jour un valet de Gascogne,
Gourmand, ivrogne et assuré menteur,
Pipeur, larron, jureur, blasphémateur,
Sentant la hart de cent pas à la ronde,
Au demeurant, le meilleur fils du monde*.

Ce vers si plaisant, après l'énumération des belles qualités de ce valet, est devenu proverbe, et se répète encore tous les jours dans le même sens.

Ce vénérable ilot fut averti
De quelque argent que m'aviez départi,
Et que ma bourse avait grosse apostume.
Si se leva plus tôt que de coutume,
Et me va prendre en tapinois icelle,
Puis vous la met très bien sous son aisselle,
Argent et tout, cela se doit entendre,
Et ne crois pas que ce fût pour la rendre;
Car onc depuis n'en ai ouï parler.
Bref, le vilain ne s'en voulut aller
Pour si petit, mais encore il me happe

---

* Casti, en imitant Marot, fait ainsi le portrait du chien ministre dans les *Animaux parlants*;

> Il était bien, par exemple, un peu vif,
> Un peu hautain, un peu tranchant du maître,
> Un peu pillard, un peu fourbe, un peu traître,
> Un peu railleur, un peu vindicatif;
> A cela près, dans toute sa conduite,
> On découvrait un grand fonds de mérite.
> ANDRIEUX.

Saye, bonnets, chausses, pourpoint et cape.
De mes habits en effet il pilla
Tous les plus beaux, et puis s'en habilla
Si justement, qu'à le voir ainsi être,
Vous l'eussiez pris en plein jour pour son maître.
Finalement de ma chambre il s'en va
Droit à l'étable, où deux chevaux trouva ;
Laisse le pire, et sur le meilleur monte,
Pique et s'en va : pour abréger mon conte,
Soyez certain qu'au partir du lieu,
N'oublia rien, fors à me dire adieu.
Ainsi s'en va chatouilleux de la gorge,
Ledit valet monté comme un saint George,
Et vous laissa monsieur dormir son soûl,
Qui, au réveil, n'eût su finer d'un sou.
Ce monsieur-là, sire, c'était moi-même,
Qui, sans mentir, fus au matin bien blême
Quand je me vis sans honnête vêture,
Et fort fâché de perdre ma monture.
Mais pour l'argent que vous m'aviez donné,
Je ne fus point de le perdre étonné ;
Car votre argent, très débonnaire prince,
Sans point de faute, est sujet à la pince.
Bientôt après cette fortune-là,
Une autre pire encore se mêla
De m'assaillir, et chaque jour m'assaut,
Me menaçant de me donner le saut,
Et de ce saut m'envoyer à l'envers
Rimer sous terre et y faire des vers ;
C'est une longue et lourde maladie
De trois bons mois, qui m'a tout étourdie
La pauvre tête, et ne veut terminer ;
Ains me contraint d'apprendre à cheminer,

Tant faible suis : bref à ce triste corps
Dont je vous parle, il n'est demeuré fors
Le pauvre esprit qui lamente et soupire,
Et en pleurant tâche à vous faire rire.
Voilà comment depuis neuf mois en çà
Je suis traité : or ce que me laissa
Mon larroneau, long-temps a, l'ai vendu,
Et en sirops et juleps dépendu.
Ce néanmoins ce que je vous en mande,
N'est pour vous faire ou requête ou demande,
Je ne veux point tant de gens ressembler,
Qui n'ont souci autre que d'assembler.
Tant qu'ils vivront, ils demanderont, eux ;
Mais je commence à devenir honteux,
Et ne veux plus à vos dons m'arrêter.
Je ne dis pas, si voulez rien prêter,
Que ne le prenne : il n'est point de prêteur,
S'il veut prêter, qui ne fasse un debteur.
Et savez-vous, sire, comment je paie ?
Nul ne le sait si premier ne l'essaie.
Vous me devrez, si je puis, du retour,
Et je vous veux faire encore un bon tour.
A celle fin qu'il n'y ait faute nulle,
Je vous ferai une belle cédule,
A vous payer, sans usure s'entend,
Quand on verra tout le monde content ;
Ou si voulez à payer ce sera
Quand votre lôs et renom cessera.

Depuis Horace, on n'avait pas donné à la louange une tournure si délicate.

Je sais assez que vous n'avez pas peur
Que je m'enfuie ou que je sois trompeur.
Mais il fait bon assurer ce qu'on prête.

Bref, votre paie, ainsi que je l'arrête,
Est aussi sûre, avenant mon trépas,
Comme avenant que je ne meure pas.
Avisez donc si vous avez désir
De me prêter, vous me ferez plaisir;
Car depuis peu j'ai bâti à Clément,
Là où j'ai fait un grand déboursement,
Et à Marot qui est un peu plus loin,
Tout tombera qui n'en aura le soin.
Voilà le point principal de ma lettre;
Vous savez tout; il n'y faut plus rien mettre;
Rien mettre, las! Certes et si ferai,
Et ce faisant mon style hausserai :
Disant : O roi ! amoureux des neuf Muses,
Roi en qui sont leurs sciences infuses,
Roi, plus que Mars d'honneur environné,
Roi, le plus roi qui fut onc couronné,
Dieu tout puissant te doint, pour t'étrenner,
Les quatre coins du monde à gouverner,
Tant pour le bien de la ronde machine,
Que pour autant que sur tous en es digne.

On imagine sans peine que François Ier, qui se glorifiait du titre de père des lettres, voulut bien être le créancier d'un *debteur* qui empruntait de si bonne grace. Marot eut plus d'une fois besoin de la libéralité et de la protection de son maître. Ses succès en poésie et en amour lui avaient fait des ennemis, et la liberté de ses opinions et de ses discours les irritait encore et leur donnait des armes contre lui. Rien n'est si facile que de trouver des torts à un homme qui a la tête vive et le cœur bon. Il fut plusieurs fois obligé de sortir de France, et mourut enfin hors de sa patrie, après une vie aussi agitée que celle du Tasse, et à peu près par les mêmes causes, mais bien moins malheureuse ; parce que le malheur ou le bonheur dépend principalement du caractère, et que celui de Marot était porté à la gaieté, comme celui du Tasse à la mélancolie.

Observons que, dans l'épître qu'on vient de voir, et dans plusieurs autres, l'oreille de l'auteur lui avait appris que l'enjambement, qui est par lui-même vicieux dans l'hexamètre, à moins qu'il n'ait une intention marquée et un effet particulier, non-seulement sied très bien au vers à cinq pieds, mais même produit une beauté rhythmique en arrêtant le sens ou suspendant la phrase à l'hémistiche.

> Bref, le vilain ne s'en voulut aller
> Pour si petit...
>
> Finalement de ma chambre il s'en va
> Droit à l'étable...
>
> Voilà comment depuis neuf mois en ça
> Je suis traité...

Cette coupe est très gracieuse dans cette espèce de vers, pourvu qu'on ne la prodigue pas trop ; car on ne saurait trop redire à ceux qui sont toujours prêts à abuser de tout, que l'excès des meilleures choses est un mal, et que l'emploi trop fréquent des mêmes beautés devient affectation et monotonie. Voyez le commencement de l'*Épître sur la Calomnie*, de Voltaire :

> Écoutez-moi, respectable Émilie :

Vous êtes belle : ainsi donc la moitié
Du genre humain sera votre ennemie.
Vous possédez un sublime génie :
On vous craindra. Votre simple amitié
Est confiante, et vous serez trahie.

Ces vers sont parfaitement coupés : mais, si tous les vers de la pièce l'étaient de même, cela serait insupportable.

Marot, en s'élevant fort au-dessus de ses contemporains, n'eut cependant qu'une assez faible influence sur leur goût; et l'on ne voit pas que la poésie ait avancé beaucoup de son temps. Celui qui s'approcha le plus de lui, fut son ami Saint-Gelais; il a de la douceur et de la facilité dans la versification, et l'on a conservé de lui quelques jolies épigrammes; mais il a bien moins d'esprit et de grace que Marot. Celui-ci eut une destinée assez singulière : il eut une espèce d'école deux cents ans après sa mort. C'est vers le milieu de ce siècle, et lorsque la langue, dès long-temps fixée, était devenue si différente de la sienne, que vint la mode de ce qu'on appelle le *marotisme*. Rousseau, qui avait montré tant de goût et parlé un si beau langage dans ses poésies lyriques, s'avisa, dans ses *Épîtres*, et plus encore dans ses *Allégories*, de rétrograder jusqu'au seizième siècle, et ce dangereux exemple fut imité par une foule d'auteurs. Mais je remets à l'article de ce grand poète à examiner les effets et l'abus de cette innovation, dont je ne parle ici que pour faire voir combien la tournure naïve de Marot avait paru séduisante, puisqu'on empruntait son langage depuis long-temps vieilli, pour tâcher de lui ressembler.

La Harpe, *Cours de Littérature.*

MAROTIQUE. Depuis que Pascal et Corneille, Racine et Boileau ont épuré et appauvri la langue de Marot et de Montaigne, quelques-uns de nos poètes, regrettant la grace naïve des anciens tours qu'elle avait perdus, l'heureuse liberté de supprimer l'article, une foule de mots injustement bannis par le caprice de l'usage, et quelques inversions faciles, qui, sans troubler le sens, rendaient l'expression plus vive et plus piquante, essayèrent, en écrivant dans le genre de Marot, d'imiter jusqu'à son langage. Mais, comme pour manier avec grace un style naïf il faut être naïf soi-même, et que rien n'est plus rare que la naïveté, La Fontaine est le seul poète qui ait excellé dans cette imitation. Boileau n'accordait guère que ce mérite à La Fontaine. Boileau n'avait pas reçu de la nature l'organe avec lequel on sent les beautés simples et touchantes de notre divin fabuliste[*]. Rousseau, dans l'épigramme, a très bien réussi à imiter le style de Marot; mais dans l'épître familière,

---

[*] Boileau a eu, il est vrai, le tort d'oublier dans son *Art poétique* la fable et La Fontaine : mais un parallèle qu'il a fait de cet admirable conteur avec l'Arioste, prouve qu'il n'était pas si incapable de l'apprécier. Ce passage est une nouvelle preuve, ajoutée à tant d'autres, de l'acharnement singulier de Marmontel contre le législateur de notre Parnasse. Voyez dans notre *Répertoire*, t. I, p. 395; IX, 421; XII, 382, 384, 403; XIII, 145; XV, 161; XVII, 297, etc. H.P.

il a fait de ce style un jargon bizarre et pénible, très éloigné du naturel.

Il est à souhaiter qu'on n'abandonne pas ce langage du bon vieux temps : il perpétue le souvenir, il peut ramener l'usage des anciens tours, qui avaient de la grace, et des anciens mots, qui, doux à l'oreille, avaient un sens clair et précis. La Bruyère en a réclamé quelques-uns : il y en a un bien plus grand nombre ; et l'on ferait un joli dictionnaire de ceux qu'on a eu tort d'abandonner et de laisser vieillir, tels que *félon*, *félonne*, *félonie*; *courtoisie et courtois*; *loyal*, *déloyal*, *loyauté*; *servage*; *alléger*, *allégeance*; *discords*, *perdurable*; *animeux*, *tromperesse*, *émoi*, *charmeresse*, *oblivieux*, *brandir*, *concéder*, *dévaler*, *pâtir*, *dolent*, *douloir*, *blême*, *blêmir*, etc. (*Voyez* USAGE.)

L'ancienne langue française était un arbre qu'il fallait émonder, mais qu'on a mutilé impitoyablement ; et il n'est personne qui, en lisant Montaigne, ne reproche à la délicatesse du goût d'avoir été trop loin : d'autant moins excusable dans cet excès de sévérité, qu'elle n'a pas été fort éclairée, et qu'en retranchant des rameaux utiles, elle en a laissé un grand nombre d'infructueux[*].

MARMONTEL, *Éléments de Littérature.*

MARTIAL (M. VALERIUS MARTIALIS) a réussi dans l'épigramme. Il était espagnol, de la ville de Bilbi-

---

[*] Fénelon regrette aussi notre vieux langage, dans une phrase qui se trouve citée t. I, p. 370 de ce recueil. Voyez encore à ce sujet le t. XXVIII, p. 156. H. P

lis, qu'on dit avoir été peu éloignée de celle de Cala-tayud en Arragon. Il naquit sous Claude, vint à Rome sous Néron, à l'âge de vingt ans, et y en demeura trente, aimé des empereurs, sur-tout de Domitien qui lui accorda plusieurs graces. On croit que n'étant pas si bien traité après la mort de cet empereur, il se retira en son pays : il eut tout le temps de s'y ennuyer, n'y trouvant nulle compagnie sortable et qui eût du goût pour les lettres, ce qui lui fit souvent regretter son séjour de Rome : car, au lieu que dans cette savante ville ses vers étaient extrêmement goûtés et applaudis, à Bilbilis ils ne faisaient qu'exciter contre lui l'envie et la médisance : traitement qu'il est difficile de soutenir tous les jours avec patience. Il mourut sous Trajan, vers l'an 100.

Il nous reste de lui quatorze livres d'*Épigrammes* et un livre des *Spectacles*. Vossius croit que ce dernier est un recueil des vers de Martial et de quelques autres poètes de son temps sur les spectacles que Tite fit représenter l'an 80.

Pline, en l'honneur duquel il avait fait une épigramme (la XIXe du livre X), lui donna une somme d'argent lorsqu'il se retira de Rome : car il était peu avantagé des biens de la fortune. A cette occasion Pline remarque que c'était un ancien usage d'accorder des récompenses utiles ou honorables à ceux qui avaient écrit à la gloire des villes ou de quelques particuliers. Aujourd'hui, dit-il, la mode en est passée avec tant d'autres, qui n'avaient pas moins de grandeur et de noblesse. Depuis que nous cessons de faire des actions louables, nous méprisons la louange : *Postquàm, desiimus facere laudanda, laudari quoque ineptum putamus.*

Il pleura la mort de Martial lorsqu'il en sut la nouvelle. Il aimait et estimait son génie : mais il serait à souhaiter qu'il y eût eu autant de pudeur et de modestie dans ses vers, qu'il y a quelquefois d'esprit.

On lui reproche son humeur trop mordante, sa flatterie honteuse à l'égard de Domitien, jointe à la manière indigne dont il le traita après sa mort.

L'amour des subtilités et l'affectation des pointes dans le discours, avaient pris, dès le temps de Tibère et de Caligula, la place du bon goût qui régnait sous Auguste. Ce défaut alla toujours croissant, et c'est ce qui fit si fort goûter Martial. Il s'en faut bien que toutes ses épigrammes soient de la même force : on leur a justement appliqué un vers qui est de lui ;

Sunt bona, sunt quædam mediocria, sunt mala plura.

Le plus grand nombre est des mauvaises : mais il y en a d'excellentes*.

Rollin, *Histoire ancienne*.

JUGEMENT.

L'épigramme, dans le sens que l'on donne aujourd'hui à ce mot, est, de tous les genres de poésie, celui qui se rapproche le plus de la satire, puis-

---

* La meilleure traduction que nous ayons de Martial est celle de feu F. T. Simon, professeur de belles-lettres à l'Académie de Besançon. Elle contient le latin en regard, des notes et les meilleures imitations en vers français, depuis Cl. Marot jusqu'à nos jours.   F.

qu'il a souvent le même objet, la censure et la raillerie, et même, dans le langage usuel, un trait mordant lancé dans la conversation s'appelle une épigramme : mais ce mot s'applique aussi par extension à une pensée ingénieuse, ou même à une naïveté qui fait le sujet d'une petite pièce de vers. Ce terme, en lui-même, ne signifie qu'*inscription*, et il garda chez les Grecs, dont nous l'avons emprunté, son acception étymologique. Les épigrammes recueillies par Agathias, Planude, Constantin, Hiéroclès et autres, qui forment l'*Anthologie grecque*, ne sont guère que des inscriptions pour des offrandes religieuses, pour des tombeaux, des statues, des monuments : elles sont la plupart d'une extrême simplicité, assez analogues à leur destination; c'est le plus souvent l'exposé d'un fait. Beaucoup sont trop longues, et presque toutes n'ont rien de commun avec ce que nous nommons une épigramme. Voltaire, qui savait cueillir si habilement la fleur de chaque objet, a traduit les seules qui remplissent l'idée que nous avons de cette espèce de poésie. (Voyez l'article ÉPIGRAMME du *Répertoire*, t. XII, p. 366.)

Martial, chez les Latins, a aiguisé l'épigramme beaucoup plus que les Grecs. Il cherche toujours à la rendre piquante; mais il s'en faut bien qu'il y réussisse toujours; son plus grand défaut est d'en avoir fait beaucoup trop. Son recueil est composé de douze livres : cela fait environ douze cents épigrammes; c'est beaucoup : aussi en pourrait-on retrancher les trois quarts sans rien regretter. Lui-même s'accuse en plus d'un endroit de cette profusion ; mais cet aveu ne diminue rien de l'importance qu'il a attachée à ces nombreuses bagatelles. Elles nous sont parvenues dans le plus bel ordre, tel qu'il les avait rangées, et même avec les dédicaces à la tête de chaque livre. Cela est fort consolant sans doute, mais pas assez pour nous dédommager de la perte de tant d'ouvrages de Tite-Live, de Tacite et de Salluste, que le temps n'a pas respectés autant que le recueil de Martial. Le premier livre est tout entier à la louange de Domitien. La postérité lui saurait plus de gré d'une bonne épigramme contre ce tyran[*]. Au reste ces louanges roulent toutes sur le même sujet : il n'est question que des spectacles que Domitien donnait au peuple, et Martial répète de cent manières qu'ils sont beaucoup plus merveilleux que tous ceux qu'on donnait auparavant. Cela fait voir quelle importance les Romains attachaient à cette espèce de magnificence,

---

[*] Cet espagnol qui vint de bonne heure à Rome pour y faire des vers, médire et flatter, et qui y eut tout le succès qu'un esprit fin et piquant peut avoir dans une grande ville où il y a de l'oisiveté, des arts et des vices, nous a laissé près de quatre-vingts petites pièces ou épigrammes, faites en l'honneur de Domitien. Ce sont quatre-vingts monuments de bassesse. On y apprend qu'il n'y eut jamais dans Rome, ni de temps si heureux, ni de succès si brillants, ni tant de liberté accordée par le prince aux citoyens, ni tant d'amour des citoyens pour le prince, que sous Domitien. On croirait qu'il est impossible d'être plus vil. Martial a trouvé l'art de l'être encore plus ; c'est de répéter les mêmes éloges pour Trajan, et de blâmer alors les crimes de Domitien, qu'il avait élevé jusqu'au ciel quand il régnait. Quel est l'esclave étalé dans un marché pour être vendu, qui inspire autant de mépris et de pitié qu'un tel écrivain, qui cependant, à la honte de son siècle et de Rome, eut de la réputation. THOMAS, *Essai sur les Éloges*.

et en même temps combien il était peu difficile de flatter l'amour-propre de Domitien.

Martial est aussi ordurier que notre Rousseau dans le choix de ses sujets; mais il y a l'infini entre eux pour le mérite de l'exécution poétique. Rousseau a excellé dans ses épigrammes licencieuses, au point d'en obtenir le pardon, si l'on pouvait pardonner ce qui est contraire aux bonnes mœurs. Martial, pour être obscène, n'en est pas meilleur; et, condamnable en morale, il ne peut pas être absous en poésie : autant valait, ce me semble, être honnête. Il dit quelque part qu'un poète doit être pur dans sa conduite, mais qu'il n'est pas nécessaire que ses vers soient chastes. On peut lui répondre qu'au moins il ne faut pas qu'ils soient licencieux. Le petit nombre d'épigrammes qu'on a retenues de lui est heureusement de celles qu'on peut citer partout. J'en ai traduit une qui peut servir de leçon à Paris comme à Rome, et qui ne corrigera pas plus l'un que l'autre; elle est adressée à un avocat :

On m'a volé : j'en demande raison
A mon voisin, et je l'ai mis en cause
Pour trois chevreaux, et non pour autre chose.
Il ne s'agit de fer ni de poison;
Et toi, tu viens d'une voix emphatique,
Parler ici de la guerre punique,
Et d'Annibal, et de nos vieux héros,
Des triumvirs, de leurs combats funestes.
Eh! laisse là tes grands mots, tes grands gestes :
Ami, de grace, un mot de mes chevreaux.

La Harpe, *Cours de Littérature*.

MASCARON (JULES), connu des littérateurs par une *Oraison funèbre de Turenne*, souvent comparée au chef-d'œuvre de Fléchier, fut un des plus célèbres prédicateurs du siècle de Louis XIV. Il naquit à Marseille en 1634; son père, avocat au parlement d'Aix, avait à cœur de perpétuer dans sa famille les talents oratoires qu'il possédait lui-même. Une éducation très soignée développa bientôt les dispositions naturelles du fils; mais celui-ci préféra l'éloquence de la chaire à celle du barreau, et entra dans la congrégation de l'oratoire. Ses premières prédications eurent tant de succès à Saumur, que Tanneguy Lefèvre, quoique protestant, ne put s'empêcher de dire : *Malheur à ceux qui prêcheront ici après Mascaron*, sentence qu'on n'admettrait pas aujourd'hui sans de grandes restrictions. Ce Tanneguy Lefèvre, professeur d'humanités à Saumur, est moins connu par ses *Remarques* sur divers auteurs grecs et latins, que par la réputation de sa fille, madame Dacier. Mascaron parcourut ensuite les principales villes de province, avec des succès toujours croissants. Mais les suffrages de la capitale pouvaient seuls établir solidement sa réputation comme orateur chrétien. Ses talents lui concilièrent à Paris la stérile approbation des connaisseurs, comme son zèle apostolique avait touché les cœurs dans ses précédents auditoires. Il prêcha à la cour de Versailles douze stations consécutives, et les hommes qui avaient déjà entendu les premiers essais de Bossuet, furent encore captivés par l'éloquence de Mascaron. C'est, à vrai dire, le seul rapprochement que puissent faire entre l'un et l'autre, les hommes qui aiment le plus ces sortes de parallèles. Un prédicateur ordinaire peut quelquefois, par des avantages accessoires, disputer à l'homme de génie la vogue d'une capitale, mais le temps remet les renommées à leur place, et, après un ou deux siècles. Le nom de Bossuet brille d'un éclat immortel, tandis que bien des gens savent à peine ce que fut Mascaron; souvent même la postérité pousse trop loin son indifférence, comme les contemporains avaient accordé trop légèrement leur admiration. Mascaron obtint de Louis XIV l'évêché de Tulles, et ce prince lui dit, après le sermon d'adieu, qui précéda son départ : « Dans vos autres « sermons, vous nous avez touchés pour Dieu, « hier, vous nous touchâtes pour Dieu et pour « vous. » Ce qui prouve qu'on chérissait la personne du prédicateur, autant qu'on goûtait son éloquence. En 1671, le roi lui commanda deux oraisons funèbres qui devaient être prononcées à deux époques très rapprochées. On fit observer à Louis XIV, que cette double commission pouvait devenir embarrassante pour l'orateur : « Songez, répondit-il, que « c'est l'évêque de Tulles; à coup sûr il s'en tirera « bien. » Ces tours de force n'ont rien par eux-mêmes de fort merveilleux, et le monarque fit beaucoup plus d'honneur aux talents et aux vertus de Mascaron, en le nommant à l'évêché d'Agen, dans l'espoir que son zèle, vraiment évangélique, pourrait ramener à l'église les calvinistes de ce diocèse. Le succès répondit à l'attente du roi; la douceur du prélat, sa conduite irréprochable et ses bonnes œuvres opérèrent un grand nombre de conversions. Il fonda à Agen un hôpital qui fait encore aujourd'hui bénir sa mémoire. Rappelé à la cour en 1694, Mascaron n'y fut pas moins applaudi que dans les jours les plus brillants de sa jeunesse. Louis XIV lui dit : « Il n'y a que votre éloquence « qui ne vieillit pas », flatterie charmante dans la bouche d'un grand monarque devant qui Mascaron avait proclamé d'austères vérités. Le prélat passa les derniers jours de sa vie dans son diocèse, où il mourut en 1703, à l'âge de 69 ans. Ses oraisons funèbres ont été recueillies par le P. Borde, de l'Oratoire, en 1740, in-12. Son chef-d'œuvre est l'*Oraison funèbre de Turenne*; on distingue aussi celle du chancelier Séguier ; les autres sont fort défectueuses et soutiennent mal la réputation, que l'orateur obtint de son vivant.

FAVIER.

JUGEMENTS.

I.

Mascaron fut dans l'oraison funèbre ce que Rotrou fut sur le théâtre. Rotrou annonça Corneille; et Mascaron, Bossuet.

On peut dire que cet orateur marque dans l'éloquence le passage du siècle de Louis XIII, à celui de Louis XIV. Il a encore de la rudesse et du mauvais goût de l'un ; il a déjà de l'harmonie, de la magnificence de style, et de la richesse de l'autre. Sa manière tient à celle des deux hommes célèbres qui, en le suivant, l'ont effacé. Il semble qu'il s'essaie à la vigueur de Bossuet, et aux détails heureux de Fléchier; mais, ni assez poli, ni assez grand, il est également loin et de la sublimité de l'un et de l'élégance de l'autre. Au reste, il ne faut pas confondre les derniers discours de cet orateur avec les premiers. A mesure qu'il avance, on voit que son siècle l'entraîne; et de l'*Oraison funèbre* d'Anne d'Autriche, à celle de Turenne, il y a peut-être la même distance que de *Saint-Genêt* à *Vinceslas* *, ou de *Clitandre* à *Cinna*.

En général, Mascaron était né avec plus de génie que de goût, et plus d'esprit encore que de génie. Quelquefois son âme s'élève; mais, soit le défaut du temps, soit le sien, quand il veut être grand, il trouve rarement l'expression simple. Sa grandeur est plus dans les mots que dans les idées. Trop souvent il retombe dans la métaphysique de l'esprit, qui paraît une espèce de luxe, mais un luxe faux, qui annonce plus de pauvreté que de richesse. Il est alors plus ingénieux que vrai, plus fin que naturel. On lui trouve aussi de ces raisonnements subtils qui se rencontrent si souvent dans Corneille; et l'on sait combien ce langage est opposé à celui de la vraie éloquence. Son plus grand mérite est d'avoir eu la connaissance des hommes.

Il a, dans ce genre, des choses senties avec esprit et rendues avec finesse. Ainsi, dans l'*Oraison funèbre* de Henriette d'Angleterre, il dit, en par-

---

* Deux tragédies de Rotrou.

lant des princes, « qu'ils s'imaginent avoir un as-
« cendant de raison comme de puissance ; qu'ils
« mettent leurs opinions au même rang que leur
« personne, et qu'ils sont bien aises, quand on a
« l'honneur de disputer avec eux, qu'on se souvienne
« qu'ils commandent à des légions. »

Plus bas il ajoute : « Que les grands ont une cer-
« taine inquiétude dans l'esprit, qui leur fait tou-
« jours demander une courte réponse à une grande
« question. »

Il dit, en parlant du désintéressement de Turenne, « que les Fabrice et les Camille se sont plus
« occupés des richesses par le soin laborieux de
« s'en priver, que M. de Turenne par l'indifférence
« d'en avoir, ou de n'en avoir pas ». Et en parlant
de la simplicité de ce grand homme, « qu'il ne se
« cachait point, qu'il ne se montrait point, qu'il
« était aussi éloigné du faste de la modestie, que
« de celui de l'orgueil ».

On trouve, dans cette dernière *Oraison funèbre*,
plus de beautés vraies et solides que dans toutes les
autres. Le ton en est éloquent; la marche en est
belle, le goût plus épuré. Il s'y rencontre moins de
comparaisons tirées et du soleil levant et du soleil
couchant, et des torrents et des tempêtes, et des
rayons et des éclairs. Il y est moins question d'ombre et de nuages, d'astre fortuné, de fleuve fécond,
d'océan qui se déborde, d'aigle, d'aiglon, d'apostrophe au grand prince ou à la grande princesse,
ou à l'épée flamboyante du Seigneur, et tous ces
lieux communs de déclamation et d'ennui, qu'on

a pris si long-temps, et chez tant de peuples, pour de la poésie et de l'éloquence.

Thomas, *Essai sur les Éloges.*

II.

Avec les ouvrages oratoires de Bossuet et de Fléchier, on met ordinairement entre les mains des jeunes étudiants ceux de Mascaron, et l'on a grand tort, à moins que le maître ne soit assez éclairé pour les avertir que, si Bossuet et Fléchier sont généralement, chacun dans leur genre, de bons modèles à suivre, Mascaron, malgré la grande réputation qu'il eut de son vivant, n'est le plus souvent qu'un très mauvais modèle, et d'autant plus dangereux pour les jeunes gens, qu'il a tous les défauts les plus propres à les séduire, aujourd'hui sur-tout où il est de mode de faire revivre en tout genre de composition tout ce que l'exemple et l'autorité de nos classiques avait condamné à une réprobation générale et durable. Ce n'est pas que l'esprit de Mascaron ne paraisse tendre naturellement à s'élever, mais non pas comme la lumière qui domine tout pour tout éclairer et tout embellir; c'est au contraire comme une fumée ténébreuse qui ne monte dans les airs que pour les obscurcir et se dissiper. Cette comparaison est l'emblême de la véritable et de la fausse élévation; et celle de Mascaron est presque toujours la dernière. Il précéda de quelques années Bossuet et Fléchier, avant de se trouver en concurrence avec eux dans les mêmes sujets; et l'on voit qu'il était encore plein de tout le mauvais goût qui avait infecté si long-temps l'éloquence de la chaire et du barreau. Au lieu de ces moyens naturels qui proportionnent les paroles aux choses, de ces détails vrais et intéressants qui peignent l'homme qu'on célèbre, et le font aimer et admirer, de ces mouvements qui entraînent l'auditeur dans le sujet, de ces réflexions qui le ramènent à lui-même, de ces tableaux des grands évènements qui les montrent à l'imagination, c'est une décomposition laborieuse d'idées follement alambiquées, un amas d'hyperboles gigantesques qui semblent monter les unes sur les autres, une recherche bizarre de rapprochements forcés, de spéculations fantastiques, de comparaisons fausses, de phrases boursouflées, enfin un fatigant mélange de métaphysique, de mysticité et d'enflure. Tel est Mascaron dans quatre de ses *Oraisons funèbres*, et il n'en a fait que cinq : pour le prouver, il n'y aurait qu'à les citer de page en page; mais un petit nombre d'exemples pris les uns fort près des autres suffira pour démontrer que sa manière d'écrire est précisément telle que je viens de l'exposer.

Son premier discours est consacré à la mémoire d'Anne d'Autriche : la première partie roule tout entière sur la longue *stérilité* de cette reine et sur la *fécondité* qui la suivit. Voici un fragment de son exorde : « S'il n'y a qu'un temple où il soit permis « de lui élever un tombeau dont le marbre et les « pierres précieuses désignent la dignité des cen- « dres qu'il renferme, ne serait-il pas permis à la « douleur de lui élever un autre tombeau et un

« mausolée plus riche que le premier, où toutes les
« vertus chrétiennes et morales, naturelles et sur-
« naturelles, infuses et acquises, tiendront lieu de
« marbre et de pierres précieuses? Mais s'il est dif-
« ficile de faire un chef-d'œuvre quand on travaille
« sur ces matériaux pesants et grossiers que le soleil
« cuit dans le centre de la terre, ou que la rosée
« forme dans le sein de la mer, à quelle difficulté
« ne dois-je pas m'attendre, à quel travail sur ces
« matériaux invisibles et spirituels que le soleil de
« la grace a formés dans le cœur de notre auguste
« princesse? Encore, pour réussir dans ce premier
« ouvrage, souvent il ne faut que retrancher quel-
« que partie superflue avec le ciseau; mais dans ce-
« lui-ci je suis obligé de me comporter d'une manière
« bien différente; et s'il ne me faut rien ajouter par
« la flatterie, aussi faut-il que je tâche de ne rien
« diminuer par la bassesse de mes pensées, etc. »

Après une longue distinction entre les créatures
spirituelles qui sont stériles, et les créatures corpo-
relles qui sont fécondes, il s'écrie : « Si j'en de-
« meurais là, Messieurs, quel partage donneriez-
« vous à Anne d'Autriche? La mettriez-vous parmi
« *le rang des anges* et des substances spirituelles
« dans le temps de sa stérilité; ou bien dans sa fé-
« condité, lui donneriez-vous la première place
« parmi ces *dames* illustres et ces héroïnes qui
« se sont signalées par la production de leurs en-
« fants? .... Le Ciel n'a pas voulu que cette ques-
« tion fût indécise, sa stérilité a fait voir que nous
« devions la regarder comme un ange dont nous ad-

« mirons la beauté et aimons la protection, quelque
« stérile qu'elle puisse être. » Il continue : « Il n'y
« eut pas de bouche qu'elle n'ouvrît pour rendre le
« Ciel exorable à ses vœux. Les pélerinages, les
« aumônes, les pénitences, les libéralités frappaient
« incessament les oreilles de Dieu ; mais je puis
« dire qu'il en était de toutes ces voix différentes
« comme de la voix du Ciel, qui est le tonnerre : il n'y
« a qu'un coup, mais ce coup est redoublé par quan-
« tité d'échos qui se multiplient dans les airs. Dans
« ces prières par lesquelles la terre voulut forcer le
« Ciel, il n'y avait qu'une voix, qui était celle de cette
« grande princesse. Les soupirs des âmes saintes
« étaient joints à ses soupirs, leurs larmes répondaient
« à ses larmes, leurs désirs étaient les échos des siens;
« elle était l'œil de ceux qui pleuraient, et le cœur
« de ceux qui souhaitaient cette auguste naissance. »

Voulez-vous des antithèses? en voici des plus
belles sur la journée de Rocroy : « On demande si
« ce jour fut le dernier miracle de la vie du père, ou
« le premier du règne du fils; si ce fut la suite du
« branle que le roi mort avait donné au bonheur
« de la France, ou le mouvement que le roi vivant
« avait commencé d'imprimer à cette monarchie ?
« tenons le milieu, et disons que le roi mort lui
« avait confié sa fortune, qu'il l'avait fait déposi-
« taire de son bonheur et de cet ascendant qu'il de-
« vait avoir sur tous ses ennemis, et que, comme le
« sang du père, uni au fils, fait son courage, le fils
« vivant par sa force anime la mort du père, et que,
« par des communications réciproques, si le roi vi-

« vant s'enrichit des victoires du roi mort, le roi
« mort n'avait triomphé dans ses cendres que par
« la félicité et le courage de son fils, » Voulez-vous
des comparaisons? en voici dans le même goût. Il
s'agit de la bonté d'âme d'Anne d'Autriche, qui
faisait du bien à ses ennemis : « La rame blesse
« le fleuve; mais ses eaux entourent et caressent
« la rame. Le fleuve pouvait grossir, déraciner et
« entraîner les arbres qui s'opposent à son cours,
« et qui sont à son rivage; mais il donne la fécon-
« dité à ces mêmes arbres...... Il en est des âmes
« basses et vulgaires comme de ces oiseaux domes-
« tiques et terrestres : leurs ailes ne servent qu'à
« les rendre plus pesants; dès qu'on leur ôte ce qui
« leur sert d'appui, ils tombent de toute la pesan-
« santeur de leur corps..... Je regarde le trésor de
« tant de belles qualités qui sont attachées à cet
« amour naturel de la vérité comme des pièces ra-
« res et antiques d'un cabinet curieux : la matière
« en est précieuse l'ouvrage en est exquis; mais
« toutes ces médailles n'ont point de cours dans le
« monde, elles sont marquées à un coin trop an-
« cien....... » Voulez-vous des métaphores, des simi-
litudes, des figures de toute espèce? c'est ici que
Mascaron est le plus abondant : on n'a que l'embar-
ras du choix : « La vérité, maîtresse de cette pointe
« de l'esprit par ses rayons et par ses lumières,
« déclare la guerre à la volonté ou rebelle ou pa-
« resseuse; elle fait des courses sur le cœur, pour
« faire que ce qui est lumière dans l'esprit devienne
« feu dans la volonté..... »

L'époque des premiers exploits du duc de Beaufort fut celle de l'avènement de Louis XIV au trône. « On peut dire, Messieurs, avec vérité, que l'orient « de ce beau soleil fut l'orient de la gloire du duc « de Beaufort. Le signe du lion n'est jamais plus « brillant, ses influences ne sont jamais plus fortes « que lorsqu'il est joint au soleil, et qu'il reçoit un « redoublement d'ardeur, de lumière et d'activité « de la jonction de ce grand luminaire. Jusqu'ici le « duc de Beaufort vous a paru comme un lion dans « les combats, par sa valeur et par sa générosité ; « mais ce lion, joint à ce soleil, brille de son plus « bel éclat, et est embrasé de ses plus beaux feux. »

Mais ce qu'il y a de plus curieux en ce genre, c'est une de ces métaphores prolongées, d'autant meilleures à citer, qu'on les a vues reparaître de nos jours avec les mêmes agréments et la même affectation de connaissances physiques mal appliquées : « L'ombre, Messieurs, est la fille du soleil et de la « lumière, mais une fille bien différente des pères « qui la produisent. Cette ombre peut disparaître « en deux manières, ou par le défaut, ou par l'ex-« cès de la lumière qui la produit : il ne faut qu'un « nuage ou que la nuit pour détruire toutes les om-« bres. Ceux qui sont assez aveugles pour courir « après elle, ont le malheur de perdre et l'ombre « et la lumière lorsqu'un nuage ou la nuit vient à « leur dérober le soleil. Enfants du siècle, voilà vo-« tre sort : tout ce que vous aimez sur la terre, toutes « les grandeurs, les plaisirs, tous ces objets de vos « amours et de votre ambition ne sont que des om-

« bres. Les vrais biens de l'éternité qui doivent oc-
« cuper tout notre cœur, ce Dieu, ce soleil brillant,
« ne les produit ici qu'en passant sur la terre, ré-
« servant pour le Ciel la plénitude de ses lumières.
« Cependant vous tournez le dos à ce soleil pour
« courir après des ombres; vous en êtes amoureux;
« et dans le moment que vous les croyez tenir, le
« nuage d'une mauvaise fortune vous les cache;
« et, plus que tout cela le soleil se couchant sur
« vous par la nuit de la mort, vous perdrez en
« même temps, et la lumière qui vous tourne le
« dos, et les ombres qui étaient le sujet de votre
« amour et de votre poursuite. Il y a une autre fa-
« çon de faire disparaître les ombres, qui se fait
« par la plénitude de la lumière, telle qu'est celle
« du soleil en son midi, lorsque, dardant ses rayons
« à-plomb, il cache l'obscurité de toutes les ombres
« sous la base de tous les corps, et les oblige pour
« ainsi dire de s'aller cacher dans les enfers, leur
« séjour, pour laisser régner la lumière toute seule
« sur l'hémisphère. »

Cette physique est très exacte; mais cette éloquence est bien mauvaise. C'est pourtant celle qui
régnait partout avant qu'on eût entendu les sermons de Bourdaloue et les oraisons funèbres de
Bossuet et de Fléchier. Elle n'était autre chose
qu'une rhétorique puérile, un misérable effort d'esprit pour parler sans rien dire. La scolastique avait
corrompu l'éloquence comme la philosophie, et
apprenait à l'une et à l'autre à se passer de sens.
Vous avez vu qu'il n'y en avait pas la moindre trace

dans tout ce que j'ai cité : ce n'est qu'un fatras inintelligible qu'on admirait d'autant plus, qu'on mettait plus d'amour-propre à s'imaginer qu'on l'entendait. Vous en avez ri, Messieurs; mais avez-vous remarqué que ce style a beaucoup de rapport avec celui que tant d'écrivains se sont efforcés de remettre en vogue? Combien j'en pourrais citer qui n'ont pas manqué de prôneurs, ou qui même en ont encore, et chez qui vous trouverez ce même entassement de figures insignifiantes, de termes d'art ou de science ambitieusement étalés; cette bouffissure de mots qui couvre le vide des idées, ce luxe apparent qui cache l'indigence réelle, sur-tout ces métaphores sans fin, où, en voulant réunir une multitude de rapports frivoles, on fait perdre de vue l'objet essentiel! Et pourquoi est-on revenu à ce style? Par la raison que je viens de dire plus haut: c'est la facilité si heureuse et la prérogative si commode de se dispenser de bon sens.

Après ce que j'ai dit et cité de Mascaron, l'on sera tenté de demander comment il a conservé de la réputation jusque dans ce siècle, et une place parmi nos orateurs. C'est qu'il l'a méritée par la dernière de ses oraisons funèbres, celle de Turenne; c'est qu'il en est de lui comme de plus d'un écrivain en plus d'un genre, et qu'il s'est une fois surpassé lui-même, et de beaucoup, soit que le sujet l'eût porté, soit qu'il eût profité des progrès que faisait le bon goût sous les auspices de Bossuet et de Fléchier. Il eut la gloire de lutter contre ce dernier, et même sans désavantage, en célébrant Turenne avant lui. Il eut un prodigieux succès, et madame de Sévigné, qui en parle avec admiration dans ses Lettres, désespère que Fléchier puisse soutenir la concurrence *. Il la soutient pourtant, et par des moyens différents; il est plus pur, plus égal, plus nombreux, plus touchant. Mascaron garde encore quelques traces de recherche et d'enflure; mais d'abord elles sont bien plus légères et moins fré-

* « Mascaron a surpassé tout ce qu'on espérait de lui dans cette oraison funèbre, dit madame de Sévigné; c'est une action pour l'immortalité... . Il me semble n'avoir jamais rien vu de si beau que cette pièce d'éloquence. On dit que l'abbé Fléchier veut le surpasser, mais je l'en défie; il pourra parler d'un héros, ce ne sera pas de M. de Turenne; et voilà ce que M. de Tulle (Mascaron) a fait divinement à mon gré. La peinture de son cœur est un chef-d'œuvre; et cette droiture, cette naïveté, cette vérité dont il était pétri; enfin, ce caractère, comme il dit, également éloigné de la souplesse, de l'orgueil et du faste de la modestie. Je vous avoue que j'en suis charmée; et si les critiques ne l'estiment plus depuis qu'elle est imprimée,

Je rends graces aux dieux de n'être pas romain. »
(Corn., *les Horaces.*)

« Il faut l'avouer, dit le cardinal Maury, Fléchier reste comme orateur, fort au-dessous de Mascaron dans le récit de la conversion de Turenne. Mascaron y déploie au contraire un vrai talent, souvent aussi une belle manière d'écrire. On croit même quelquefois reconnaître dans son langage l'énergique accent et la simplicité sublime de Bossuet. »

M. Villemain a fait, dans son *Essai sur l'Oraison funèbre*, le parallèle suivant des deux panégyristes de Turenne:

« L'ouvrage de Fléchier est le chef-d'œuvre d'un art qui s'élève quelquefois jusqu'au génie; celui de Mascaron semble l'ébauche brillante du génie, souvent égaré par un faux goût. Mascaron donne plus de prise à la censure. Il est moins soigné que Fléchier, et comme lui, il tombe dans l'affectation. Il a tous les défauts de son rival, et d'autres plus choquants parce qu'ils sont bizarres. Mais quelquefois il s'élève, il s'anime; alors il est grand, et montre une âme éloquente; sa diction même s'épure, et paraît avoir quelque chose de naturel, d'énergique et de précis, qui n'exclut pas l'élégance et vaut mieux que l'harmonie. F.

quentes, et sur-tout elles sont couvertes par de grandes beautés; et il l'emporte sur Fléchier par la force, la rapidité, les mouvements. On pourrait rapprocher nombre de morceaux analogues dans les deux orateurs; je me bornerai à un seul, qui roule entièrement sur le même fonds d'idées que celui que j'ai cité ci-dessus de Fléchier, où il fait voir combien il est difficile d'accorder la modestie, et encore plus l'humilité chrétienne avec la gloire militaire. Ce fonds est traité bien plus supérieurement dans Mascaron; mais aussi c'est l'endroit triomphant de son discours: c'est ce qu'il a écrit de plus beau, et, si j'ose le dire, vous croiriez presque entendre Bossuet.

« Certes, s'il y a une occasion au monde où l'âme,
« pleine d'elle-même, soit en danger d'oublier son
« Dieu, c'est dans ces postes éclatants où un homme,
« par la sagesse de sa conduite, par la grandeur
« de son courage, par la force de son bras, et par
« le nombre de ses soldats, devient comme le Dieu
« des autres hommes, et, rempli de gloire en lui-
« même, remplit tout le reste du monde, d'amour,
« d'admiration ou de frayeur. Les dehors même de
« la guerre, le son des instruments, l'éclat des armes,
« l'ordre des troupes, le silence des soldats, l'ardeur
« de la mêlée, le commencement, le progrès et la
« consommation de la victoire, les cris différents des
« vaincus et des vainqueurs attaquent l'âme par
« tant d'endroits, qu'enlevée à tout ce qu'elle a de
« sagesse et de modération, elle ne connaît plus ni
« Dieu ni elle-même. C'est alors que les impies Sal-
« monées osent imiter le tonnerre de Dieu, et ré-

« poudre par les foudres de la terre aux foudres du
« Ciel ; c'est alors que les sacrilèges Antiochus n'a-
« dorent que leurs bras et leurs cœurs, et que les
« insolents Pharaons, enflés de leur puissance, s'é-
« crient : C'est moi qui me suis fait moi-même. Mais
« aussi la religion et l'humilité paraissent-elles ja-
« mais plus majestueuses que lorsque, dans ce point
« de gloire et de grandeur, elles retiennent le cœur
« de l'homme dans la soumission et la dépendance
« où la créature doit être à l'égard de Dieu ?

« M. de Turenne n'a jamais plus vivement senti
« qu'il y avait un Dieu au-dessus de sa tête que dans
« ces occasions éclatantes, où presque tous les autres
« l'oublient. C'était alors qu'il redoublait ses prières ;
« on l'a vu même s'écarter dans les bois, où, la pluie
« sur la tête et les genoux dans la boue, il adorait
« en cette humble posture ce Dieu devant qui les
« légions des anges tremblent et s'humilient. Les
« Israélites, pour s'assurer de la victoire, faisaient
« porter l'arche d'alliance dans leur camp, et M. de
« Turenne croyait que le sien serait sans force et
« sans défense s'il n'était tous les jours fortifié par
« l'oblation de la divine victime qui a triomphé de
« toutes les forces de l'enfer. Il y assistait avec une
« dévotion et une modestie capables d'inspirer du
« respect à ces âmes dures à qui la vue des terribles
« mystères n'en inspirait pas.

« Dans les progrès même de la victoire, et dans
« ces moments d'amour-propre où un général voit
« qu'elle se déclare pour son parti, sa religion était
« en garde pour l'empêcher d'irriter tant soit peu le

« Dieu jaloux, par une confiance trop précipitée de
« vaincre. En vain tout retentissait des cris de vic-
« toire autour de lui ; en vain les officiers se flattaient
« et le flattaient lui-même de l'assurance d'un heu-
« reux succès ; il arrêtait tous ces emportements de
« joie où l'orgueil humain a tant de part, par ces pa-
« roles si dignes de sa piété : *Si Dieu ne nous soutient,*
« *s'il n'achève pas son ouvrage, il y a encore assez*
« *de temps pour être battus.* »

Est-ce bien le même homme qui tout à l'heure nous semblait si étranger à la saine éloquence. Oui ; mais il avait entendu, il avait lu Bossuet et Fléchier. Et qui sait quelles leçons il avait pu recevoir du génie de l'un et de l'élégance de l'autre ? Qui sait jusqu'où peut s'étendre l'influence d'un esprit supérieur sur ceux qui sont susceptibles d'amélioration ? Qu'on me permette à ce sujet une réflexion que je ne crois pas qu'on ait encore faite, et qui est bien capable d'inspirer la modestie, non pas celle qui n'est que d'usage et de forme, et qui consiste à ne montrer son amour-propre que jusqu'au point où il ne doit pas blesser celui des autres, mais celle qui est intérieure et véritable, qui apprend à ne pas s'apprécier au-delà de sa valeur, et qui doit être l'étude de tout homme sensé. En fait d'esprit et de talent, pour estimer au juste ce qu'on vaut, ne faudrait-il pas pouvoir séparer bien précisément ce qui est de notre fonds et ce qui appartient à autrui ? Or, je demande qui donc pourra se flatter jamais de ne commettre aucun mécompte dans une semblable répartition ?

Je ne dois pas finir cet article sans observer que parmi les défauts de Mascaron il faut compter ces fréquentes citations des auteurs profanes, qui forment par elles-mêmes une disparate choquante avec la gravité religieuse du langage de la chaire : c'était un reste de l'abus qui avait long-temps régné. Ce n'est pas qu'on ne puisse quelquefois citer en chaire un auteur payen ; mais il faut absolument l'à propos le plus heureux, et cet à propos même doit être très rare. Dans Mascaron, ce n'est qu'un luxe d'érudition ; mais il faut ajouter à sa louange, que s'il a trop cité les anciens, il les connaît assez bien pour les imiter, et même les traduire quelquefois avec assez de bonheur ; il a sur-tout profité de quelques passages de Cicéron et de Tacite. On peut dire la même chose de Bossuet et de Fléchier, chez qui l'on remarque souvent avec plaisir des traces de l'étude de l'antiquité.

La Harpe, *Cours de Littérature.*

MORCEAUX CHOISIS.

I. Mort de Turenne.

Cette funeste nouvelle se répandit par toute la France, comme un brouillard épais qui couvrit la lumière du ciel, et remplit tous les esprits des ténèbres de la mort ; la terreur et la consternation la suivaient. Personne n'apprit la mort de M. de Turenne, qu'il ne crût d'abord l'armée du roi taillée en pièces, nos frontières découvertes, et les ennemis prêts à pénétrer dans le cœur de l'état; ensuite, oubliant l'intérêt général, on n'était sensible qu'à la perte de ce grand homme : le récit de ce funeste accident tira des plaintes de toutes les bouches, et des larmes de tous les yeux. Chacun, à l'envi, faisait gloire de savoir et de dire quelque particularité de sa vie et de ses vertus : l'un disait qu'il était aimé de tout le monde sans intérêt; l'autre, qu'il était parvenu à être admiré sans envie; un troisième, qu'il était redouté de ses ennemis sans en être haï. Mais enfin ce que le roi sentit sur sa perte, et ce qu'il dit à la gloire de cet illustre mort, est le plus grand et le plus glorieux éloge de sa vertu. Les peuples répondirent à la douleur de leur prince; on vit, dans les villes par où son corps a passé, les mêmes sentiments que l'on avait vus autrefois dans l'empire romain, lorsque les cendres de Germanicus furent portées de la Syrie au tombeau des Césars. Les maisons étaient fermées; le triste et morne silence qui régnait dans les places publiques n'était interrompu que par les gémissements des habitants*; les magistrats en deuil eussent volontiers prêté leurs épaules pour le porter de ville en ville; les prêtres et les religieux, à l'envi, l'accompagnaient de leurs larmes et de leurs prières; les villes, pour lesquelles ce triste spectacle était tout nouveau, faisaient paraître une douleur encore plus véhémente que ceux qui l'accompagnaient; et comme si, en voyant son cercueil,

---

* Dies, quo (Germanici) reliquiæ tumulo Augusti inferebantur, modò per silentium vastus, modò ploratibus inquies.   Tacit. *Annal.* III, 4.

on l'eût perdu une seconde fois, les cris et les larmes recommençaient*.

Oraison funèbre de M. de Turenne.

* Voyez le même sujet traité par Fléchier, t. XIV, p. 45 du *Répertoire*. Voici cette lettre éloquente dans laquelle madame de Sévigné a surpassé les deux panégyristes de Turenne ;

« Turenne voulait se confesser ; il avait donné ses ordres pour le soir, et devait communier le lendemain dimanche, qui était le jour qu'il croyait donner la bataille. Il monta à cheval le samedi à deux heures, après avoir mangé ; et comme il y avait bien des gens avec lui, il les laissa tous à trente pas de la hauteur où il voulait aller, et dit au petit d'Elbeuf : « Mon neveu « demeurez là ; vous ne faites que tourner autour de moi, vous me feriez « reconnaître. » M. d'Hamilton, qui se trouva près de l'endroit où il allait, lui dit : « Monsieur, venez par ici, on tirera du côté où vous allez. » — « Monsieur, lui dit-il, vous avez raison : je ne veux point du tout être tué « aujourd'hui ; cela sera le mieux du monde. » Il eut à peine tourné son cheval, qu'il aperçut Saint-Hilaire, le chapeau à la main, qui lui dit : « Monsieur, jetez les yeux sur cette batterie que je viens de faire placer là. » M. de Turenne revint, et dans l'instant, sans être arrêté, il eut le bras et le corps fracassés du même coup qui emporta le bras et la main qui tenait le chapeau de Saint-Hilaire. Ce gentilhomme, qui le regardait toujours, ne le voit point tomber ; le cheval l'emporte où il avait laissé le petit d'Elbeuf ; il était penché le nez sur l'arçon. Dans ce moment le cheval s'arrête, le héros tombe dans les bras de ses gens ; il ouvre deux fois de grands yeux et la bouche, et demeure tranquille pour jamais. Songez qu'il était mort, et qu'il avait une partie du cœur emportée.

« On crie, on pleure : M. d'Hamilton fait cesser ce bruit, et ôter le petit d'Elbeuf qui s'était jeté sur ce corps, qui ne voulait pas le quitter, et qui se pâmait de crier. On couvre le corps d'un manteau, on le porte dans une haie, on le garde à petit bruit. Un carosse vient, on l'emporte dans sa tente : ce fut là où M. de Lorges, M. de Roye, et beaucoup d'autres, pensèrent mourir de douleur ; mais il fallut se faire violence, et songer aux grandes affaires qu'on avait sur les bras. On lui a fait un service militaire dans le camp, où les larmes et les cris faisaient un véritable deuil : tous les officiers avaient pourtant des écharpes de crêpes ; tous les tambours en étaient couverts ; ils ne battaient qu'un coup ; les piques traînantes et les mousquets renversés : mais ces cris de toute une armée ne peuvent pas se représenter sans que l'on en soit ému. Ses deux neveux étaient à cette pompe dans l'état que vous pouvez penser. M. de Roye, tout blessé, s'y

II. Modestie de Turenne.

Il revenait de ses campagnes triomphantes avec la même froideur et la même tranquillité que s'il fût

fît porter; car cette messe ne fut dite que quand ils eurent repassé le Rhin. Je pense que le pauvre chevalier de Grignan était bien abîmé de douleur. Quand ce corps a quitté son armée, çà encore été une désolation; et par-tout où il a passé, on n'entendait que des clameurs. Mais à Langres ils se sont surpassés; ils allèrent au devant de lui en habits de deuil, au nombre de plus de deux cents, suivis du peuple; tout le clergé en cérémonie. Il y eut un service solennel dans la ville; en un moment ils se cotisèrent tous pour cette dépense, qui monta à *cinq mille francs*, parce qu'ils reconduisirent le corps jusqu'à la première ville, et voulurent défrayer tout le train. Que dites-vous de ces marques naturelles d'une affection fondée sur un mérite extraordinaire? Il arriva à Saint-Denis ce soir; tous ses gens l'allèrent reprendre à deux lieues d'ici. Il sera dans une chapelle en dépôt; on lui fera un service à Saint-Denis, en attendant celui de Notre-Dame, qui sera solennel.

« Ne croyez point que son souvenir soit déjà fini dans ce pays-ci : ce fleuve qui entraîne tout n'entraîne pas sitôt une telle mémoire; elle est consacrée à l'immortalité. J'étais l'autre jour chez M. de La Rochefoucauld, avec madame de Lavardin, madame de la Fayette, et M. de Marsillac. M. le Premier y vint; la conversation dura deux heures sur les divines qualités de ce véritable héros; tous les yeux étaient baignés de larmes, et vous ne sauriez croire combien la douleur de sa perte est profondément gravée dans les cœurs. Nous remarquions une chose, c'est que ce n'est pas depuis sa mort que l'on admire la grandeur de son cœur, l'étendue de ses lumières et l'élévation de son âme; tout le monde en était plein pendant sa vie; ne croyez point que cette mort soit ici comme celle des autres, et vous pouvez penser ce qu'y ajoute sa perte. Pour son âme, c'est encore un miracle qui vient de l'estime parfaite qu'on avait pour lui; il n'est pas tombé dans la tête d'aucun dévot qu'elle ne fût pas en bon état; on ne saurait comprendre que le mal et le péché pussent être dans son cœur; sa conversion si sincère nous a paru comme un baptême; chacun conte l'innocence de ses mœurs, la pureté de ses intentions, son humilité éloignée de toute sorte d'affectation, la solide gloire dont il était plein, sans faste et sans ostentation, aimant la vertu pour elle-même, sans se soucier de l'approbation des hommes, une charité généreuse et chrétienne. »　　　　　　　　　　F.

revenu d'une promenade, plus vide de sa propre gloire que le public n'en était occupé. En vain, dans les assemblées, ceux qui avaient l'honneur de le connaître le montraient des yeux, du geste et de la voix à ceux qui ne le connaissaient pas; en vain sa seule présence, sans train et sans suite, faisait sur les âmes une impression presque divine qui attire tant de respect, et qui est le fruit le plus doux et le plus innocent de la vertu héroïque : toutes ces choses si propres à faire rentrer un homme en lui-même par une vanité raffinée, ou à le faire répandre au dehors par l'agitation d'une vanité moins réglée, n'altéraient en aucune manière la situation tranquille de son âme, et il ne tenait pas à lui qu'on n'oubliât ses victoires et ses triomphes.

Ibid.

FIN DU DIX-HUITIÈME VOLUME.

www.ingramcontent.com/pod-product-compliance
Lightning Source LLC
Chambersburg PA
CBHW060927230426
43665CB00015B/1857